TÄGLICHE ENTDECKUNGEN

Das ganz besondere
Andachtsbuch

Tägliche Entdeckungen

Englischer Originaltitel:	**THE WONDER DEVOTIONAL BOOK**
Copyright	© 2001 Child Evangelism Felloship® Inc.

Übersetzung:	Ruth Loibl, Kerstin Pletsch, Annegret Pracht, Bernd Willeke
Umschlaggestaltung:	Andrea Hanek, kids-team, Österreich
Satz:	Manfred Fleischer, KEB-Deutschland e. V.
Druck:	CPI – Ebner und Spiegel, Ulm

Bibelzitate: Wenn nicht anders vermerkt, wurden die Bibelzitate aus der **Lutherbibel,** revidierter Text 1984, durchgesehene Ausgabe in neuer Rechtschreibung, © 1999 Deutsche Bibelgesellschaft, Stuttgart, entnommen.

Weitere Bibelzitate: Aus **Hoffnung für alle**® (= Hfa) Copyright ©1983, 1996, 2002 by International Bible Society® wurden folgende Bibelstellen zitiert:

8 – Apg 16,31 • **17** – Jer 31,3 • **31** – Jes 26,3 • **177** – Jer 31,3 • **198** – Ps 147,1 • **221** – Joh 13,4-5 **223** Spr 10,4 • **230** – Spr 9,9 • **235 bis 237** – Eph 4,29 • **236** – Spr 16,28 • **236** – Spr 11,13 **253** – Spr 15,27 • **273** – Jos 1,9 • **277** – 1. Mose 50,20 • **313** – 1. Kor 13,4 • **315** – Joh 1,14 **317** – Hebr 9,27 • **319** – Mt 9,25 • **321** – 2. Pet 1,21 • **321** – 2. Tim 3,16 **321 bis 327** – Röm 1,25 • **338** – Ps 33,9 • **340** – 1. Tim 6,17 • **343 bis 350** – 1. Joh 3,2 **357** – Apg 13,2

Aus **Neues Leben. Die Bibel** © 2002 und 2006 SCM R.Brockhaus im SCM-Verlag GmbH & Co. KG, Witten, wurden folgende Bibelstellen zitiert: **105** – Röm 8,39 • **240** – Spr 15,2

Aus **Gute Nachricht Bibel,** revidierte Fassung, durchgesehene Ausgabe in neuer Rechtschreibung, © 2000 Deutsche Bibelgesellschaft, Stuttgart, wurde folgende Bibelstelle zitiert: **362** – 1. Pet 1,13

Der Abdruck der Bibelverse erfolgt mit freundlicher Genehmigung der Verlage.

Herausgeber: **Kinder-Evangelisations-Bewegung in Deutschland e. V.**

Am Eichelsberg 3 • 35236 Breidenbach •Tel.: 06465 9283-30 • Fax: 06465 9283-20

E-Mail: versand@keb-de.org • Internet: www.keb-de.org

KEB Best.-Nr. 4885

Christliche Literatur-Verbreitung e. V. • Postfach 11 01 35 • 33661 Bielefeld

ISBN 978-3-86699-272-6

CLV Best.-Nr. 256.272

kids-team in Österreich und der Schweiz

Österreich kids-team – damit Kinder ihr Vertrauen auf Gott setzen

Möslstr. 13, 5112 Lamprechtshausen • Tel.: 06274 6877-0 • Fax: 06274 6877-15

E-Mail: info@kids-team.at • Internet: www.kids-team.at

Schweiz kids-team – damit Kinder ihr Vertrauen auf Gott setzen

Galgenfeldweg 1, 3006 Bern • Tel.: 031 330 40 20 • Fax: 031 330 40 21

E-Mail: info@kids-team.ch • Internet: www.kids-team.ch

KEB und kids-team sind Teil von Child Evangelism Felloship® Inc.

2015 • 5-10.000 (39.000)

Dieses Andachtsbuch gehört:

____

*Wir wünschen dir, dass Gott dieses Buch einsetzt,
um dir zu helfen, ihn immer besser kennenzulernen
und
Jesus ähnlicher zu werden.*

Bist du bereit für deine Entdeckungs-Tour?

Gott liebt dich und er kennt dich ganz genau. Kennst du ihn auch? Gott kennenzulernen heißt, immer wieder neue Entdeckungen zu machen. Doch dazu braucht man Zeit. Stell dir vor – Gott möchte, dass du jeden Tag Zeit mit ihm verbringst. Wirklich! Wir nennen diese besondere Zeit mit Gott „Stille Zeit", weil wir uns da Zeit und Ruhe nehmen, um in der Bibel zu lesen, über Gott nachzudenken und mit ihm im Gebet zu sprechen.

Das Andachtsbuch „Tägliche Entdeckungen" wurde geschrieben, um dir bei deiner „Stillen Zeit" zu helfen. Denn du kannst durch jede Andacht täglich mehr über Gott, über dich selbst und über die Welt um dich herum lernen. Das Beste daran ist: Du kannst ein ganzes Jahr lang jeden Tag eine neue Entdeckung machen!

Wähle für deine Stille Zeit einen bestimmten Zeitpunkt am Tag – vielleicht direkt morgens nach dem Aufstehen oder bevor du ins Bett gehst. Du brauchst dazu dieses Buch, einen Stift und – wenn du hast – deine Bibel, und am besten einen Ort, wo du ungestört sein kannst.

So gehst du auf Entdeckungs-Tour!

Die Andachtsstation

Hier steht, was du jeden Tag tun kannst: Zuerst ...

1. **Rede mit Gott.** Bitte ihn, dass er dir dabei hilft, zu verstehen, was du in deiner Stillen Zeit liest.

2. **Lies den Merkvers aus der Bibel.** Er steht oben auf der Seite und wird dich über einige Tage begleiten. Wenn du eine Bibel hast, versuche doch, den Vers auch selbst in der Bibel zu finden. In der ersten Andacht ist die Bibelstelle ***Psalm 19,2***. ***Psalm*** bezeichnet das biblische Buch, in dem sich diese Verse befinden. Du findest es im Inhaltverzeichnis deiner Bibel unter „Altes Testament". Die ***Zahl vor dem Komma nennt dir das Kapitel.*** In deiner Bibel sind die Kapitel durch große Zahlen markiert. ***Nach dem Komma stehen die Verse.*** Die sind in deiner Bibel durch kleine Zahlen gekennzeichnet. Probier mal, wie schnell du den Vers auswendig lernen kannst!

3. **Lies die Andacht.** Jede wird dir eine wichtige Frage beantworten, zum Beispiel: ***Wer ist Gott? Beantwortet Gott mein Gebet immer? Warum soll ich Gott gehorchen, wenn andere es nicht tun?*** Lies jeden Tag eine neue Andacht und nimm dir Zeit, über das, was darin steht, nachzudenken.

4. **Schreibe deine Antwort auf.** Lies die Frage, die am Ende der Andacht steht, und schreibe deine Antwort auf. Das Aufschreiben hilft dir, besser zu behalten, was du gelernt hast.

5. **Schlage die Bibelstelle ganz unten nach.** Dort steht z. B. unter der Andacht Nr. 1: Lies Apostelgeschichte 17,24-25. Diese Bibelverse helfen dir, die Antworten aus der Andacht noch besser zu verstehen, oder ergänzen die Andacht.

6. **Rede nochmals mit Gott.** Am Ende jeder Andacht gibt es den Anfang eines Gebets, aber du kannst auch ein eigenes Gebet sprechen. Du kannst auch noch für andere Dinge beten. Danke Gott für alles, was er für dich tut. Erzähle Gott von deinen Problemen oder bitte ihn, dir oder einem anderen zu helfen. Gott freut sich darauf, von dir zu hören!

Aber das ist noch nicht alles! Es gibt noch mehr spannende Stationen auf deiner Entdeckungs-Tour zu besuchen!

Der Bibelvers-Check

Im ganzen Andachtsbuch verstreut findest du Seiten, auf denen großartige und wichtige Bibelverse zum Lesen aufgelistet sind. Was meinst du? Schaffst du es, sie auswendig zu lernen? Lass dich von einem Freund oder von jemandem aus deiner Familie abfragen. Dann kannst du sehen, ob du alle Verse auf einer Seite aufsagen kannst. Vielleicht machst du dabei noch neue Entdeckungen.

Deine Entdecker-Seite

Am Ende des ersten Monats findest du deine ***Entdecker-Seite.*** Wenn du alle Andachten dieses Monats wirklich gelesen hast, dann fülle die Lücken aus und beantworte die Fragen. Dann trenne die Seite vorsichtig aus dem Andachtsbuch und schicke sie in einem Briefumschlag an den ***KEB-Mailbox-Club.*** Wir werden das Blatt ansehen und es dir mit ein paar Worten zurückschicken. Dabei erhältst du eine neue ***Entdecker-Seite*** für den nächsten Monat. Am Ende eines jeden Monats findest du eine Seite, die dich daran erinnert, die entsprechende ***Entdecker-Seite*** auszufüllen und einzusenden. Bist du bei der zwölften ***Entdecker-Seite*** angelangt und hast diese ausgefüllt an uns geschickt, dann erhältst du einen ganz besonderen Preis.

Jetzt kannst du in diesem Buch „Tägliche Entdeckungen" ein ganzes Jahr lang jede Menge spannende Stationen besuchen! Warte nicht. Schlag Andacht 1 auf und leg gleich los mit deinen täglichen Entdeckungen!

> Wenn du das Andachtsbuch „Tägliche Entdeckungen" mit mehreren Kindern zusammen durchliest, z. B. in der Familienandacht, dann kannst du auch mehrere Entdecker-Seiten anfordern, damit jeder selbst die Rätsel und Aufgaben lösen kann. Unsere Anschrift findest du ganz vorne auf Seite 2 unter: Kinder-Evangelisations-Bewegung in Deutschland e. V.

Inhaltsverzeichnis

80. Wie kann mir der Heilige Geist helfen, treu zu sein?
81. Bin ich sanftmütig?
82. Wie kann mir der Heilige Geist helfen, mich selbst zu beherrschen?
83. Was sind geistliche Gaben?
84. Habe ich eine Aufgabe im Leib (Familie) von Christus?
85. Was ist die Gabe des Dienens?
86. Was ist die Gabe des Gebens?
87. Was ist die Gabe der Barmherzigkeit?
88. Was ist die Gabe des Lehrens?
89. Was ist die Gabe des Leitens?
90. Wie kann ich meine Aufgabe im Leib Christi erfüllen?

Sieg

91. Gibt es Engel wirklich?
92. Wer ist Satan?
93. Wie ist Satan zum Feind Gottes geworden?
94. Warum ist Satan mein Feind?
95. Welche Tricks wendet Satan zum Beispiel an?
96. Ist Satan so stark wie Gott?
97. Warum erlaubt Gott dem Satan, mich zu etwas zu verleiten?
98. Kann ich wirklich gegen Satan gewinnen?
99. Was ist Gottes Verteidigungsplan für mich?
100. Was muss ich tun, bevor ich den Sieg über Satan erringen kann?
101. Wie kann ich mich auf den Kampf vorbereiten?
102. Was ist die Waffenrüstung Gottes?
103. Warum brauche ich die Waffenrüstung Gottes?
104. Wie benutze ich den Gürtel der Wahrheit?
105. Was ist der Panzer der Gerechtigkeit?
106. Warum brauche ich den Helm des Heils?
107. Was sind die Schuhe des Evangeliums des Friedens?
108. Wie gebrauche ich den Schild des Glaubens?
109. Was ist das Schwert des Geistes?
110. Wie ziehe ich die Waffenrüstung Gottes an?
111. Hat auch Jesus die Waffenrüstung Gottes angezogen?
112. Was ist, wenn ich vergesse, die Waffenrüstung zu gebrauchen?
113. Ist das Beten ein Teil meines Schutzanzugs?
114. Hatten die Menschen der Bibel auch mit Versuchung zu kämpfen?
115. Was tat Josef in der Versuchung?
116. Wie stellten sich Daniel und seine Freunde auf Gottes Seite?
117. Was geschah, als David in der Versuchung versagte?
118. Wie bekam Gideon den Mut, für Gott einzustehen?
119. Wie gebrauchte Rahab den Schild des Glaubens?
120. Was geschah, als Petrus den Herrn Jesus im Stich ließ?

Gottes Wort und ich

121. Was ist die Bibel?
122. Woher kommt die Bibel?
123. Ist die Bibel wahr?
124. Warum gibt es zwei Teile in der Bibel?
125. Wie passt das, was in der Bibel steht, zusammen?
126. Was machten die Menschen des Alten Testaments mit ihrer Sünde?
127. Warum ist das Alte Testament für mich wichtig?
128. Um was geht es im Neuen Testament?
129. Warum ist das Neue Testament für mich wichtig?
130. Was ist „Stille Zeit"?
131. Warum soll ich Stille Zeit halten?
132. Was brauche ich für meine Stille Zeit?
133. Wie hilft es mir, wenn ich in der Bibel lese?
134. Warum ist die Bibel wie ein Schwert?
135. Wie lese ich in der Bibel?
136. Wonach sollte ich suchen, wenn ich in der Bibel lese?
137. Wie kann ich Gottes Wort auswendig lernen?
138. Was ist Gebet?
139. Warum soll ich beten?
140. Warum hört Gott meine Gebete?
141. Wann und wo kann ich beten?
142. Wofür soll ich beten?
143. Erhört Gott jedes Gebet?
144. Sollten andere mit mir beten?
145. Welche Teile sollten meine Gebete enthalten?
146. Wie bekenne ich Gott meine Sünden?
147. Wie kann ich Gott loben?
148. Wie sollte ich Gott danken?
149. Wie kann ich für andere beten?
150. Warum soll ich für Menschen beten, die Verantwortung tragen?
151. Ist es richtig, wenn ich für mich selbst bete?

Zeugnis geben

152. Was ist ein Zeuge?
153. Warum sollte ich Zeugnis geben?
154. Was sage ich, wenn ich Zeugnis gebe?
155. Was ist, wenn ich Angst habe, Zeugnis zu geben?
156. Wie kann ich durch mein Leben ein Zeuge sein?
157. Wem kann ich Zeugnis geben?
158. Wo kann ich Zeugnis geben?
159. Haben die Menschen in der Bibel Zeugnis gegeben?

Gott anbeten

Gott gehorchen

236. Was richtet Klatsch an?
237. Wie kann ich andere aufbauen?
238. Was bedeutet „den Namen Gottes missbrauchen"?
239. Warum sollte ich mit meinen Worten vorsichtig sein?
240. Wie bekomme ich „weise Lippen"?
241. Was bedeutet „treu sein"?
242. Wie kann ich Gott treu sein?
243. Warum ist es wichtig, treu zu sein?

Für Gott leben

244. Was sagt Gott über die Achtung vor dem Leben?
245. Wie achteten die Menschen der Bibel das Leben?
246. Wie kann ich Respekt vor dem Leben haben?
247. Was sagt Gott über den Respekt vor Menschen, die Verantwortung für dich haben?
248. Wie zeigte David Respekt vor der Autorität?
249. Wie kann ich Menschen, die für mich Verantwortung haben, achten?
250. Was bedeutet „begehren"?
251. Was sagt Gott über die Zufriedenheit?
252. Wie kann ich zufrieden werden?
253. Was sagt Gott über Gier und Stehlen?
254. Was geschah, als Achan habgierig war?
255. Wie kann ich Gier vermeiden?
256. Was sagt Gott über Geduld?
257. Wie belohnte Gott Hiobs Geduld?
258. Wie kann ich geduldig sein?
259. Was sagt Gott über den Zorn?
260. Ist es überhaupt richtig, zornig zu sein?
261. Wie lerne ich Selbstbeherrschung?
262. Was sagt Gott über die Freundlichkeit?
263. Wie war Abraham freundlich zu Lot?
264. Wie kann ich zu anderen freundlich sein?
265. Was sagt Gott darüber, anderen zu vergeben?
266. Wie ging Josef mit seinen Brüdern um?
267. Wie kann ich denen vergeben, die mich verletzen?
268. Was sagt Gott über Ehrlichkeit?
269. Was geschah, als Jakob unehrlich war?
270. Wie kann ich ehrlich sein in allen Dingen?
271. Was sagt Gott über Angst?
272. Was taten die Jünger von Jesus, als sie Angst hatten?
273. Was sollte ich tun, wenn ich Angst habe?

Gott vertrauen

274. Was ist Gottes Vorsehung?
275. Hat Gott ein Ziel für mein Leben?
276. Was war Gottes Ziel für Josef?
277. Wie reagierte Josef auf schwere Zeiten?
278. Was war Gottes Ziel für Ester?
279. Wie reagierte Ester in schwierigen Zeiten?
280. Was ist Gottes Ziel für mich?
281. Wie sollte ich auf schwere Zeiten reagieren?
282. Warum gibt es Leid in der Welt?
283. Wie kann ich Trost im Leiden finden?
284. Was bedeutet Verfolgung?
285. Was sollte ich tun, wenn ich verfolgt oder benachteiligt werde?
286. Was ist, wenn meine Familie nicht an Jesus glaubt?
287. Kann Gott mir helfen, wenn meine Famillie umziehen muss?
288. Wie kann ich gut mit meinen Geschwistern auskommen?
289. Ist Gott auch im Krankenhaus bei mir?
290. Ist es richtig, wenn ich jemanden vermisse, der gestorben ist?
291. Warum schreien Mama und Papa mich immer an?
292. Wird Gott bei mir sein, wenn meine Eltern sich scheiden lassen?
293. Kann Gott mir helfen, mit meiner Stiefmutter und ihren Kindern auszukommen?
294. Soll ich es sagen, wenn mich jemand belästigt?
295. Kümmert sich Gott darum, wenn in meiner Familie Gewalt angewendet wird?
296. Wird sich Gott darum kümmern, wenn meine Familie kein Zuhause hat?
297. Was ist Glaube?
298. Bin ich ein Zweifler?
299. Warum sollte ich Gott vertrauen?
300. Wie kann ich Gott vertrauen?
301. Löst Gott meine Probleme, wenn ich bete?
302. Wie kann ich Gott in schweren Zeiten danken?
303. Wie soll ich mich dem gegenüber verhalten, der mir wehtut?
304. Was bedeutet Durchhalten?

Stellung beziehen

305. Gibt es Dinge, die auf jeden Fall richtig oder falsch sind?
306. Nimmt Gott die Menschen an, egal, wie sie leben?
307. Wie kann ich Entscheidungen treffen, die Gott gefallen?
308. Achtet Gott darauf, wie ich mit anderen umgehe?
309. Wie kann ich Respekt zeigen und dennoch treu zu Gott stehen?
310. Warum soll ich Gott gehorchen, wenn andere das nicht tun?

311. Wie kann ich Gott gehorchen, ohne andere zu verurteilen?
312. Hatte Gott wirklich vor, alle Menschen verschieden zu machen?
313. Wie kann ich Menschen lieben, mit deren Verhalten ich nicht einverstanden bin?
314. Welche Lügen verbreitet Satan über Gott?
315. Wie lügt Satan über Jesus?
316. Wie lügt Satan über unsere Beziehung zu Gott?
317. Welche Lügen verbreitet Satan über den Menschen?
318. Kann ich ohne Gott gut sein?
319. Warum kann ich mich nicht selbst retten?
320. Gelten Gottes Verheißungen wirklich auch mir?
321. Wie lügt Satan über die Bibel?
322. Was soll ich – nach Satans Willen – über die Schöpfung glauben?
323. Was ist „okkult"?
324. Können Menschen wirklich in die Zukunft schauen?
325. Warum glauben manche Leute an Astrologie?
326. Was ist falsch an okkulten Spielen?
327. Woher kommt wahre Kraft?
328. Wie kann ich weise werden?
329. Wo kann ich Antwort finden auf Dinge, die ich nicht verstehe?
330. Spricht Gott zu mir?
331. Ist Gott jedem gnädig?
332. Hört Gottes Gnade irgendwann einmal auf?
333. Wie kann ich Gottes Gnade erfahren?
334. Wie kann ich aus Gottes Gnade leben?

Was ich glaube

335. Gott ist drei in Einem!
336. Gott ist heilig!
337. Gottes Wort ist wahr!
338. Gott kann alles!
339. Gott hat einen Plan für mich!
340. Ich weiß: Gott liebt mich!
341. Ich kann anderen Gottes Liebe zeigen!
342. Gott will, dass ich anderen von ihm erzähle!
343. Gott hat mich wunderbar gemacht!
344. Ich darf zu Gottes Familie gehören!
345. Es ist nötig, dass ich Gott meine Sünden bekenne (sie ihm sage)!
346. Gott kann mir den Sieg über die Sünde schenken!
347. Ich kann Gottes Waffenrüstung einsetzen!
348. Gott kann mir Selbstbeherrschung schenken!
349. Mit Gottes Hilfe kann ich alles tun!
350. Mein Leben kann ein Zeugnis für andere sein!
351. Ich kann andere zuerst an die Reihe kommen lassen!
352. Gott kann mir dabei helfen, andere zu lieben!
353. Ich kann in Gemeinschaft mit Gott leben!
354. Ich brauche die Gemeinschaft mit anderen Mitgliedern aus Gottes Familie!
355. Die Menschen sind ohne Christus verloren!
356. Gott wird mir Mut schenken, um von ihm zu erzählen!
357. Missionare sind Gottes besondere Boten!
358. Vielleicht will Gott mich zum Missionar berufen!
359. Den Himmel gibt es wirklich!
360. Jesus bereitet für mich einen Platz im Himmel vor!
361. Ich werde im Himmel belohnt werden!
362. Jesus wird wiederkommen!
363. Nicht jeder wird bereit sein, wenn Jesus wiederkommt!
364. Ich möchte bereit sein, wenn Jesus wiederkommt!
365. „Ewig" heißt „für immer"!

Gott,
der Vater

Wer ist Gott?

Die Himmel erzählen die Ehre Gottes, und die Feste*
verkündigt seiner Hände Werk.
Psalm 19,2
*Feste: Anderes Wort für den sichtbaren Himmel.

Wer ist Gott? Manche denken, Gott sei ein alter Mann, der in den Wolken lebt. Andere sagen, er sei jemand, der uns bestraft, wenn wir etwas falsch gemacht haben. Manche meinen, die Sonne und die Sterne seien Götter, weil sie uns Licht geben. Ja, und einige behaupten sogar: „Es gibt überhaupt keinen Gott!"

Die Bibel, Gottes Wort, sagt uns: Der eine wahre Gott ist Geist. Er hat keinen Körper wie du und ich. Deshalb können wir ihn nicht sehen. Aber er sieht und hört uns. Und er hat uns lieb. Gott ist überall. Gott ist der Schöpfer. Er hat die Welt gemacht und alles auf ihr – Berge, Meere und Tiere. **Gott hat auch dich und mich gemacht.** Wir sind seine ganz besondere Schöpfung, und er liebt uns sehr.

Alle – Erwachsene und Kinder – brauchen Gott. Alle Menschen haben etwas in sich, das ihnen sagt: Gott gibt es. Dieses Buch will dir helfen, mehr über Gott zu erfahren. **Du wirst erfahren, wie groß und wunderbar Gott ist.** Du wirst lernen, wie du ihn lieben und in enger Gemeinschaft mit ihm leben kannst, obwohl du ihn nicht siehst. Bist du für die große Entdeckungs-Tour bereit, Gott kennenzulernen?

Schreibe auf, wer Gott deiner Meinung nach ist:

____

____

____

So kannst du heute beten: Lieber Gott, ich danke dir, dass du ein großer Gott bist! Danke, dass du mich geschaffen hast. Hilf mir, mehr über dich zu lernen, damit ich dich auch lieb habe. Amen.

Lies Apostelgeschichte 17,24-25

Gibt es viele Götter?

Die Himmel erzählen die Ehre Gottes, und die Feste*
verkündigt seiner Hände Werk.
Psalm 19,2

*Feste: Anderes Wort für den sichtbaren Himmel.

Menschen beten verschiedene Götter an. Doch die Bibel berichtet uns, dass es nur einen wahren, lebendigen Gott gibt. **Die Bibel sagt, Gott ist drei Personen, aber er ist ein Gott.** Das ist etwas, das wir nicht verstehen können. Die Bibel lehrt uns etwas über Gott, den Vater, und über Gott, den Sohn, und über Gott, den Heiligen Geist. Sie sind die drei Personen.

Gott, der Vater, lebt im Himmel, aber er ist überall. Er ist heilig und ohne Sünde. Gott regiert über seine Schöpfung. Er hat alles in seiner Hand. Er hat jeden lieb.

Jesus ist Gott, der Sohn. Er starb für unsere Sünden und ist wieder auferstanden. Alle Menschen können ihre Sünden vergeben bekommen, wenn sie Jesus als ihrem persönlichen Retter vertrauen. Nachdem Jesus vom Tod auferstand, ist er wieder in den Himmel zurückgekehrt. Jetzt ist Jesus bei seinem Vater, bei Gott.

Gott, der Heilige Geist, kam auf die Erde, nachdem Jesus in den Himmel zurückgekehrt war. Er hilft den Menschen, zu erkennen, dass sie Sünder sind. Außerdem kommt er zu den Menschen, die an Jesus glauben, um in ihren Herzen zu wohnen. Der Heilige Geist hilft uns auch, Gottes Wort, die Bibel, zu verstehen. **Gott, der Vater, Gott, der Sohn und Gott der Heilige Geist – sie zusammen bilden die Dreieinigkeit.** Sie sind drei in einem und sie sind sich in allem völlig einig.

Kannst du die drei Personen der Dreieinigkeit nennen?

____

____

____

So kannst du heute beten: Lieber Gott, ich danke dir, dass du Jesus als Retter geschickt hast. Danke für den Heiligen Geist, der in den Herzen der Menschen wohnt, die an Jesus glauben. Amen.

Lies Jeremia 10,6-10

Wie alt ist Gott?

Die Himmel erzählen die Ehre Gottes, und die Feste*
verkündigt seiner Hände Werk.
Psalm 19,2

*Feste: Anderes Wort für den sichtbaren Himmel.

Hast du dich schon einmal gefragt, wie alt Gott ist? **Gott ist ewig. Niemals gab es eine Zeit, in der es ihn nicht gab.** Und es wird niemals eine Zeit geben, in der es ihn nicht geben wird.

Stell dir einen Kreis vor. Man kann nicht bestimmen, wo der Kreis anfängt und wo er aufhört. Es ist ein durchgehender Ring. Ein Kreis kann dich daran erinnern, dass Gott ewig ist. Der Vater, der Sohn und der Heilige Geist waren immer da und werden immer da sein. Es fällt uns schwer, uns das vorzustellen.

Die Bibel sagt: „... du, Gott, (bist) von Ewigkeit zu Ewigkeit" (Psalm 90,2). Wie lange ist das? Das ist für immer. Wenn du dich Jesus als deinem Retter anvertraut hast, hat Gott dir ewiges Leben gegeben. Wird das jemals zu Ende gehen? Nein! Du bist für immer Gottes Kind! Gott möchte dir in deinem Leben den Weg weisen.

Weil er ewig ist – immer da war und für immer da sein wird –, kann er sehen, was schon passiert ist, was gerade jetzt vor sich geht und was geschehen wird. Welch einen Herrn haben wir in ihm! Wie großartig Gott doch ist! Möchtest du deinem ewigen, himmlischen Vater vertrauen? Du kannst nicht sehen, was in der Zukunft passieren wird, aber Gott sieht es und er möchte dich in deinem Leben führen.

Wie würdest du einem Freund erklären, dass Gott ewig ist?

___

___

___

So kannst du heute beten: Lieber Gott, danke, dass du mich niemals verlassen wirst, weil du ewig bist. Danke, dass ich dir vertrauen kann, weil du immer für mich da sein wirst. Amen.

Lies Jesaja 44,6

Wie mächtig ist Gott?

Die Himmel erzählen die Ehre Gottes, und die Feste*
verkündigt seiner Hände Werk.
Psalm 19,2
*Feste: Anderes Wort für den sichtbaren Himmel.

Das fast 2 Millionen Kilogramm schwere Raumschiff „Columbia" startete mit einem langen Feuerschweif. Zwei Minuten später hatte es bereits eine Höhe von 37 Kilometern erreicht. Es umkreiste den Erdball mit 27.400 Kilometern pro Stunde. Stell dir vor, was für eine Kraft nötig war, um diese riesige Rakete mit so einer Geschwindigkeit in den Weltraum zu schießen!

Wusstest du, dass Gott noch stärker ist? Die Bibel sagt: „Der Herr ist ... von großer Kraft ..." (Nahum 1,3). Er hat Himmel und Erde gemacht. Gott sprach und es war da! Er ist allmächtig. Er herrscht über alle Völker. **Gottes Macht hat keine Grenzen.** Er kann alles geschehen lassen.

Die Bibel erzählt uns von Abraham und Sara. Gott versprach ihnen viele Kinder, aber sie bekamen keine. Eines Tages schickte Gott einen Engel zu Abraham, als Sara und Abraham schon beinahe 100 Jahre alt waren. Der Engel kündigte an, dass Sara im folgenden Jahr einen Sohn haben würde. Das war doch unmöglich!

Als Sara darüber lachte, sagte der Engel: „Sollte dem HERRN etwas unmöglich sein?" (1. Mose 18,14). Und tatsächlich, Sara bekam einen Sohn! **Weil Gott allmächtig ist, konnte er das Unmögliche möglich machen.** Wenn du das nächste Mal in Schwierigkeiten bist, erinnere dich daran, dass Gott mächtig ist und dir helfen möchte.

Kannst du einige Beispiele dafür nennen, wie stark und mächtig Gott ist?

____

____

____

So kannst du heute beten: Lieber Gott, du bist der mächtige Gott! Hilf mir, dir zu vertrauen, wenn ich in einer scheinbar ausweglosen Situation stecke. Hilf mir, mich daran zu erinnern, dass du der Herrscher über alles bist. Amen

Lies Lukas 18,27

Warum erschuf Gott die Menschen?

... wie durch einen Menschen die Sünde in die Welt gekommen ist und der Tod durch die Sünde, so ist der Tod zu allen Menschen durchgedrungen, weil sie alle gesündigt haben.
Römer 5,12

Fragst du dich manchmal, wo die vielen Menschen auf der Erde herkommen? Gott hat sie alle gemacht! Zuerst machte Gott die wunderschöne Erde, dann schuf er einen Menschen. Er formte diesen Menschen aus dem Staub der Erde und blies ihm das Leben ein. Gott nannte diesen Menschen Adam. Später ließ Gott Adam einschlafen und nahm eine Rippe aus seiner Seite, um daraus die erste Frau zu machen. Gott gab Adam diese Frau, Eva, zur Ehefrau. Adam und Eva lebten in einem wunderschönen Garten, den Gott geschaffen hatte.

Später hatten Adam und Eva viele Kinder. Als die Kinder erwachsen wurden, hatten sie selbst Kinder. Bald gab es viele, viele Menschen auf der Erde. Heute gibt es so viele Menschen, dass man sie kaum zählen kann!

Gott hat die Menschen nicht geschaffen, weil er einsam gewesen wäre. **Er machte uns, damit wir ihn lieben und loben können.** Die Bibel sagt: „Groß ist der Herr und hoch zu rühmen ..." (Psalm 48,2). Gott möchte, dass die Menschen ihn loben, weil er großartig und gut ist.

Wenn du all das siehst, was Gott geschaffen hat, kannst du sagen: „Wie groß Gott doch ist!" Du kannst ihn loben, wenn du betest. Sag ihm, dass du ihn liebst und dass du ihn brauchst. Du kannst Gott nie genug loben.

Schreibe drei Dinge auf, für die du Gott heute loben möchtest:

____

____

____

So kannst du heute beten: Lieber Gott, danke, dass du mich geschaffen hast. Ich liebe dich und lobe dich, weil du so groß bist. Amen.

Lies 1. Mose 2,7 und Verse 18-23

Wie kam die Sünde in die Welt?

... wie durch einen Menschen die Sünde in die Welt gekommen ist und der Tod durch die Sünde, so ist der Tod zu allen Menschen durchgedrungen, weil sie alle gesündigt haben.
Römer 5,12

Gott hatte alles in der Welt schön und gut gemacht. Aber in unserer heutigen Welt ist vieles nicht mehr schön und gut. Es gibt Krankheit und Traurigkeit, es wird gekämpft und getötet. Wie ist es dazu gekommen?

Gott setzte die allerersten Menschen, Adam und Eva, in einen schönen Garten. Er sagte ihnen, dass sie von der Frucht eines ganz bestimmten Baumes nicht essen sollten, sonst müssten sie sterben. Gottes Feind, der Satan, verleitete Eva dazu, die Frucht doch zu essen. Auch Adam aß davon. Sie entschlossen sich, Gott nicht zu gehorchen, und sündigten auf diese Weise beide.

Daraufhin sagte Gott zu Adam, dass sie den Garten verlassen müssten. Nun würden sie Schmerzen und Krankheit kennen lernen und ihre Körper würden sterben. Die Sünde trennte Adam und Eva von Gott, denn Gott ist heilig und vollkommen.

Seitdem Adam und Eva gesündigt haben, wird jeder Mensch sündig geboren und ist von Gott getrennt. Die Bibel sagt: „Sie sind allesamt Sünder ..." (Römer 3,23). Sünde ist, etwas zu denken, zu sagen oder zu tun, was gegen Gottes Wort und Gebote verstößt.
Es ist die Sünde in deinem Herzen, die dich dazu bringt, schlechte Dinge zu tun. Du kannst die Sünde nicht allein loswerden. Du verdienst es, für deine Sünde bestraft zu werden. Nur Gott kann dir vergeben, sodass du nicht für immer von ihm getrennt sein musst.

Welche traurigen Dinge passierten, als Adam und Eva sündigten?

____

____

____

So kannst du heute beten: Lieber Gott, danke, dass du mich liebst, obwohl ich gesündigt habe. Danke, dass du mir vergeben willst. Amen.

Lies 1. Mose 2,16-17; 3,1-6

Was tat Gott gegen die Sünde?

... wie durch einen Menschen die Sünde in die Welt gekommen ist und der Tod durch die Sünde, so ist der Tod zu allen Menschen durchgedrungen, weil sie alle gesündigt haben.
Römer 5,12

Die absolut schönste Geschichte auf der ganzen Welt erzählt, was Gott tat, damit uns unsere Sünden vergeben werden können.

Nachdem Adam und Eva gesündigt hatten, versprach Gott, ihnen einen Retter zu schicken. Du und ich, wir wissen heute, dass dieser Retter der Herr Jesus Christus ist, Gottes einziger Sohn. Als Baby wurde er in diese Welt hineingeboren. Als er erwachsen war, gab er sich selbst, um am Kreuz für unsere Sünden zu sterben.

Als Jesus sterbend am Kreuz hing, legte Gott die Sünden der ganzen Welt auf ihn. Die Bibel sagt: „Denn er hat den, der von keiner Sünde wusste, für uns zur Sünde gemacht ..." (2. Korinther 5,21). **Jesus hatte es nicht verdient, zu sterben. Er selbst hatte keine eigene Sünde. Er war vollkommen, aber er hat deinen Platz am Kreuz eingenommen.** Wenn Jesus nicht sein kostbares Blut gegeben hätte, um deine Strafe zu tragen, könnten dir deine Sünden nie vergeben werden. Jesus starb und wurde beerdigt. Am dritten Tag machte Gott ihn wieder lebendig. Später kehrte Jesus in den Himmel zurück, wo er heute lebt.

Gott hat sein Versprechen gehalten, für die Sünde zu bezahlen. Er hat seinen eigenen, geliebten Sohn als Retter der Welt gesandt.

Schreibe auf, warum Jesus deiner Meinung nach sterben musste:

So kannst du heute beten: Lieber Gott, danke, dass du deinen einzigen Sohn, Jesus, gesandt hast, damit er am Kreuz für mich starb. Danke für deine große Liebe. Amen.

Lies 2. Korinther 5,21

Wie kann mir vergeben werden?

... wie durch einen Menschen die Sünde in die Welt gekommen ist und der Tod durch die Sünde, so ist der Tod zu allen Menschen durchgedrungen, weil sie alle gesündigt haben.
Römer 5,12

Jetzt weißt du, dass Jesus für deine Sünden starb. Fragst du dich, wie dir vergeben werden kann? Die Bibel sagt, dass Jesus der einzige Weg zu Gott ist. „Ich bin der Weg und die Wahrheit und das Leben; niemand kommt zum Vater denn durch mich" (Johannes 14,6).

Jesus möchte dein Retter sein. Du kannst dich nicht selbst von der Sünde retten. Du wirst nicht von der Strafe der Sünde gerettet, indem du gute Taten tust. Dir kann auch nicht vergeben werden, wenn du Gebete sprichst, Geld spendest oder irgendwie versuchst, Gott zu gefallen. Gott sagt, es gibt nur einen Weg, durch seinen Sohn Jesus Christus.

Die Bibel sagt: „Glaube an den Herrn Jesus, dann werden du und alle, die in deinem Haus leben, gerettet" (Apostelgeschichte 16,31).

Glauben bedeutet, dem Herrn Jesus ganz und gar zu vertrauen. Sein Tod am Kreuz ist die einzige Bezahlung für deine Sünden, die Gott annehmen wird. **Wenn du dem Herrn Jesus als deinem Retter vertraust, sagt Gott: Dir ist vergeben. Du bist befreit von der Strafe für deine Sünden.** Du wirst auch nicht von Gott getrennt an einem Ort der Strafe sein, wenn du stirbst. Du wirst für immer mit Gott zusammen im Himmel* leben.

* Himmel = Hier ist nicht der sichtbare Himmel gemeint, sondern der Ort, wo Gott wohnt.

Was musst du glauben, damit dir deine Sünden vergeben werden?

___

___

___

So kannst du heute beten: Lieber Gott, ich weiß, dass ich ein Sünder bin. Ich glaube an deinen Sohn Jesus, der starb, um die Strafe für meine Sünden zu bezahlen, und der wieder auferstand. Ich möchte, dass Jesus mein Retter ist. Amen.

Lies Apostelgeschichte 16,31

Ist Gott wirklich vollkommen?

...wie der, der euch berufen hat, heilig ist,
sollt auch ihr heilig sein in eurem ganzem Wandel*.
1. Petrus 1,15

*„Wandel" ist ein anderes Wort für „Leben". Es meint alles, was du tust, den ganzen Lebenswandel.

Kennst du jemanden, der nie irgendetwas Schlechtes und nie einen Fehler macht? Manche Leute haben viele Jahre lang nach jemandem gesucht, der vollkommen ist. Aber sie haben nie einen gefunden.

Die Bibel sagt in 1. Johannes 1,5: „... Gott ist Licht, und in ihm ist keine Finsternis." Dieser Vers bedeutet, dass Gott heilig und rein ist. Es gibt kein bisschen Sünde an ihm. Es gibt nicht einmal ein bisschen Schlechtes an ihm. Er ist anders als die Sünde – anders als alles, was böse oder schlecht ist. Gott und Sünde sind Gegensätze wie Licht und Finsternis. Gott ist heilig. Der Vater ist heilig; der Sohn, der Herr Jesus Christus, ist heilig und der Heilige Geist ist heilig.

Es gibt jemanden, der vollkommen ist – das ist Gott! Nur er allein ist vollkommen. Wir alle haben gesündigt, und die Sünde trennt uns von Gott. Weil Gott heilig ist, muss er Sünde bestrafen. Aber er gab seinen Sohn, der für die Sünde sterben sollte, damit uns vergeben werden kann und wir heilig werden können. Als du dich Jesus als deinem Retter anvertraut hast, sind dir deine Sünden vergeben worden und du bist vor Gott heilig gemacht worden. Macht dich das nicht froh?

Worin unterscheiden wir uns von Gott?

___

___

___

So kannst du heute beten: Lieber Gott, du bist heilig und vollkommen. Du allein bist gut. Danke, dass ich durch den Herrn Jesus, meinen Retter, zu dir, dem heiligen Gott, kommen kann. Amen.

Lies 1. Johannes 1,5

Gott ist heilig. Was bedeutet das?

...wie der, der euch berufen hat, heilig ist,
sollt auch ihr heilig sein in eurem ganzem Wandel*.
1. Petrus 1,15

*„Wandel" ist ein anderes Wort für „Leben". Es meint alles, was du tust, den ganzen Lebenswandel.

Jesaja war einer von Gottes großen Propheten. Gott redete zu Jesaja. Gott forderte Jesaja auf, den Menschen zu sagen, dass der Retter der Welt kommen würde.

Einmal sprach Gott zu Jesaja in einer Vision. Eine Vision ist etwas Ähnliches wie ein Traum. Jesaja berichtete, dass er Gott auf einem Thron sitzend, hoch und erhaben gesehen hatte. Engel waren um ihn. Sie riefen sich gegenseitig zu: „Heilig, heilig, heilig ist der HERR Zebaoth, alle Lande sind seiner Ehre voll!" (Jesaja 6,3).

Als Jesaja diese Vision sah, bekam er Angst. Er sah, wie sündig er im Vergleich zu Gott war. Diese Vision half ihm, zu erkennen, dass Gott heilig ist.

Was bedeutet es, dass Gott heilig ist? **Er ist zu 100% rein. Niemals tut er irgendetwas Böses – er ist einfach vollkommen! Gott tut immer das, was richtig ist. Er ist absolut gut.** Gott hasst die Sünde.

Wenn wir Sünder sind, wie können wir dann zu Gott beten? Gott möchte, dass wir mit ihm reden. Er sagte zu Jesaja, dass er sich nicht fürchten müsste. Gott sagt auch zu uns, dass wir keine Angst haben sollen. Wenn wir an den Herrn Jesus als unseren Retter glauben, nimmt er uns unsere Sünde weg und macht uns rein, sodass wir mit dem heiligen Gott reden können.

Gott ist heilig. Was bedeutet das?

____

____

____

So kannst du heute beten: Lieber Gott, du bist ein heiliger Gott. Danke, dass der Herr Jesus meine Sünden weggenommen hat, sodass ich zu dir beten kann. Amen.

Lies Jesaja 6,1-5

Erwartet Gott von mir, heilig zu sein?

...wie der, der euch berufen hat, heilig ist,
sollt auch ihr heilig sein in eurem ganzem Wandel*.
1. Petrus 1,15

*„Wandel" ist ein anderes Wort für „Leben". Es meint alles, was du tust, den ganzen Lebenswandel.

Als der Prophet Jesaja die Vision Gottes sah und die Engel, die ihre Gesichter in Ehrfurcht bedeckten, erkannte er, wie heilig Gott ist. Wenn du Jesaja gewesen wärst, was hättest du in diesem Moment gedacht? Vielleicht hättest du darüber nachgedacht, wie sündig du wirklich bist.

Wenn du Jesus als deinen Retter angenommen hast, erwartet Gott von dir, dass du ein reines Leben führst. Er erwartet von dir, dass du heilig bist. Du hast die Wahl. Du kannst der Sünde nachgeben oder du kannst dich für Gottes Weg entscheiden. **Gott wird dir helfen, zur Sünde „Nein" zu sagen.** Er erwartet von dir, dass du seinem Wort, der Bibel, gehorsam bist und das tust, was richtig ist. Gott erwartet von dir, dass du die Wahrheit sagst und dass du freundlich, liebevoll und geduldig zu anderen bist. Er möchte, dass du ehrlich bist und dich so verhältst, wie es ihm gefällt.

Erinnere dich daran, dass Gottes Geist in dir lebt, um dir die Kraft zu geben, ein reines, heiliges Leben zu führen und nicht zu sündigen. Wenn du trotzdem sündigst, denke daran, wie heilig Gott ist. Bekenne ihm sofort deine Sünde. Gott sagt, wenn du deine Sünde bekennst, wird er dir vergeben (1. Johannes 1,9). Bekennen bedeutet, ihm die falschen Dinge, die du getan oder gedacht hast, zu sagen. Möchtest du heilig leben?

Wie kannst du heilig leben?

___

___

___

So kannst du heute beten: Lieber Gott, danke, dass du ein heiliger Gott bist. Bitte gib mir die Kraft, ein heiliges Leben zu führen. Amen.

Lies 1. Petrus 1,14-16

Wer ist zuständig?

...wie der, der euch berufen hat, heilig ist,
sollt auch ihr heilig sein in eurem ganzem Wandel*.
1. Petrus 1,15

*„Wandel" ist ein anderes Wort für „Leben". Es meint alles, was du tust, den ganzen Lebenswandel.

Hat deine Mutter jemals zu dir gesagt: „Dafür bist du verantwortlich!"? Wenn dir die Verantwortung für etwas übertragen wird, bist du wie ein König, der über etwas regiert. Du hast die Kontrolle und bist dafür zuständig, dass die Aufgabe auch ausgeführt wird.

Fragst du dich manchmal, wer für die Welt zuständig ist? Die Bibel sagt uns, dass Gott der König ist. Er ist souverän. Das bedeutet, er trägt die Verantwortung und hat alles unter Kontrolle. Er ist der höchste Herrscher. Es gibt keinen, der über Gott steht. Gott regiert zu jeder Zeit über alles und jeden. Nichts kann passieren, es sei denn, Gott erlaubt es. Er hat alles unter Kontrolle, an jedem Tag und in jeder Nacht – 24 Stunden am Tag, sieben Tage pro Woche, 52 Wochen im Jahr. Niemals schläft er oder macht Urlaub.

Wie lange wird Gott herrschen? **Die Bibel sagt: „Der HERR wird König sein immer und ewig" (2. Mose 15,18).** Gott hatte immer alles unter Kontrolle und wird immer alles unter Kontrolle haben. Was bedeutet das für dich? Was auch immer in deinem Leben passiert: Du brauchst keine Angst oder Sorgen zu haben, denn Gott hat alles unter Kontrolle. Er liebt dich und er möchte, dass du dich ganz auf ihn verlässt. Gott ist der Größte. Er steht an der Spitze. Er ist der König der Könige.

Was bedeutet: Gott ist souverän?

____

____

____

So kannst du heute beten: Lieber Gott, ich lobe dich, weil du wirklich alles unter Kontrolle hast. Hilf mir, dir jeden Tag zu vertrauen. Amen.

Lies Psalm 47,7-10

Was sind Gottes Regeln für uns?

...wie der, der euch berufen hat, heilig ist,
sollt auch ihr heilig sein in eurem ganzem Wandel*.
1. Petrus 1,15

*„Wandel“ ist ein anderes Wort für „Leben“. Es meint alles, was du tust, den ganzen Lebenswandel.

Vor langer Zeit gab Gott seinem Volk zehn besondere Gesetze, um ihnen zu zeigen, wie heilig er ist und wie sündig die Menschen sind. Diese Gesetze zeigen uns auch, wie wir nach seinem Willen leben sollen. Wir nennen diese Gesetze die 10 Gebote*:

1. Ich bin der Herr, dein Gott. Du sollst keine anderen Götter neben mir haben. (Bete nur Gott an und verlass dich nur auf ihn.)
2. Du sollst dir kein Bildnis (von Gott) machen. (Wir sollen Gott in keiner Weise abbilden, sondern an ihn glauben, wie er sich in seinem Wort zeigt.)
3. Du sollst den Namen Gottes nicht missbrauchen. (Benutze Gottes Namen mit Respekt)
4. Denke an den Sabbat und halte ihn heilig. (Ein Tag in der Woche soll zur Erholung und Anbetung Gottes dienen.)
5. Du sollst deinen Vater und deine Mutter ehren. (Behandle deine Eltern mit Respekt)
6. Du sollst nicht töten. (Schütze das Leben; zerstöre es niemals.)
7. Du sollst nicht ehebrechen. (Verheiratete Leute sollen einander treu sein.)
8. Du sollst nicht stehlen. (Nimm nichts, das dir nicht gehört.)
9. Du sollst kein falsches Zeugnis geben. (Lüge nicht; sag die ganze Wahrheit.)
10. Du sollst nicht begehren. (Sei nicht neidisch auf Dinge, die anderen gehören.)

*Es gibt unterschiedliche Zählweisen. Den Inhalt der Gebote findest du in 2. Mose 20.

Als Gott diese Gebote befahl, fürchteten sich die Menschen. Aber ihr Anführer Mose erklärte, dass Gott ihnen seine Größe zeigte, um sie von der Sünde fernzuhalten. Die Israeliten beschlossen, Gott zu gehorchen. Und du?

Warum gab Gott die 10 Gebote?

______

______

______

So kannst du heute beten: Lieber Gott, ich möchte dir gehorchen, indem ich deine Gebote halte. Hilf mir, jeden Tag das zu tun, was richtig ist. Amen.

Lies 5. Mose 6,4-5

Regiert Gott mein Leben?

...wie der, der euch berufen hat, heilig ist,
sollt auch ihr heilig sein in eurem ganzem Wandel*.
1. Petrus 1,15

*„Wandel" ist ein anderes Wort für„Leben". Es meint alles, was du tust, den ganzen Lebenswandel.

Gott ist souverän. Er regiert – er hat immer alles unter Kontrolle. Gott tut, was immer ihm gefällt. Er entscheidet, ob wir tun können, was wir geplant haben. Er hat absolute Macht über alle Menschen. Nichts, was in unserem Leben passiert, gerät jemals außer Gottes Kontrolle.

Hast du jemals gedacht, dass Dinge in deinem Leben außer Kontrolle geraten? Vielleicht wurde jemand, den du liebst, bei einem Unfall verletzt, oder jemand starb an einer schlimmen Krankheit. Vielleicht geht deine Familie gerade durch eine schwierige Zeit, weil einer oder beide Elternteile ihre Arbeit verloren haben. Vielleicht ist jemand gemein zu dir und behandelt dich ungerecht. Wenn du krank bist oder wenn Schwierigkeiten kommen, vertraue darauf, dass Gott dich liebt und alles unter Kontrolle hat. Er wird das tun, was das Beste für dich ist, auch wenn du meinst, dass es für dich schlecht aussieht.

Die Bibel sagt: „Wir wissen aber, dass denen, die Gott lieben, alle Dinge zum Besten dienen ..." (Römer 8,28). Nichts, was dir passiert, ist zu gering, als dass Gott es nicht wüsste. **Nichts ist zu groß für Gott, um nicht alles unter Kontrolle zu haben.**

Wenn du nicht verstehst, warum etwas Bestimmtes geschieht, erinnere dich daran, dass Gott alles unter Kontrolle hat. Du kannst deinem liebenden himmlischen Vater vertrauen.

Woran solltest du dich erinnern, wenn du schwierige Situationen erlebst?

___

___

___

So kannst du heute beten: Lieber Gott, danke, dass du mein Leben unter Kontrolle hast. Hilf mir, mich daran zu erinnern, dass du mich liebst und tun wirst, was das Beste für mich ist. Amen.

Lies Römer 8,28

Zeigt es sich in meinem Leben, dass Gott mein Herr ist?

...wie der, der euch berufen hat, heilig ist,
sollt auch ihr heilig sein in eurem ganzem Wandel*.
1. Petrus 1,15

*„Wandel" ist ein anderes Wort für „Leben". Es meint alles, was du tust, den ganzen Lebenswandel.

Gott hat nie versprochen, dass seine Kinder ein Leben ohne Probleme und Schmerzen haben würden. Gott lässt es zu, dass schwierige Dinge in unserem Leben passieren. Das gehört zu seinem Plan für uns.

Gott zu vertrauen, ist genauso wichtig, wie Gott zu gehorchen. Wenn du Gott nicht vertraust, bezweifelst du, dass er alles unter Kontrolle hat und dass er gut ist. Gott möchte, dass du lernst, ihm jeden Tag und den ganzen Tag lang zu vertrauen. Er möchte, dass du ihm in den guten und in den schlechten Zeiten vertraust. Gott zu vertrauen bedeutet, von ganzem Herzen zu glauben, dass er alles unter Kontrolle hat und dass er das tut, was das Beste für dich ist.
Wie zeigt es sich in deinem Leben, dass Gott dafür die Verantwortung hat? Wenn du einem Problem gegenüberstehst, sollte deine erste Reaktion sein, Gott zu vertrauen (dich auf ihn zu verlassen). Du kannst ihm vertrauen, denn du weißt, dass Gott das Problem aus einem bestimmten Grund zulässt.

Sprich mit Gott im Gebet und erzähl ihm von deinen Problemen. **Wenn du Gott vertraust, wird er dir Frieden geben, eine innere Ruhe.** Danke ihm, dass er in deinem Leben wirkt, um dich Jesus immer ähnlicher zu machen.

Warum ist es für dich wichtig, Gott zu vertrauen?

____

____

____

So kannst du heute beten: Lieber Gott, hilf mir, dir in guten und auch in schwierigen Zeiten zu vertrauen. Danke für den inneren Frieden. Amen.

Lies Hebräer 10,35-36

Warum bestraft Gott Sünder?

Danket dem HERRN; denn er ist freundlich,
und seine Güte währet ewiglich.
Psalm 118,1

Hast du schon mal ausgerufen: „Das ist nicht fair!"? Niemand kann das jemals von Gott sagen. **Gott ist immer fair (oder gerecht) in allem, was er tut.** Die Bibel sagt: „Treu ist Gott und kein Böses an ihm, gerecht und wahrhaftig ist er" (5. Mose 32,4). Gott ist unser Richter, und er richtet fair.

Seit Adam und Eva wurde jeder Mensch in dieser Welt mit der Neigung geboren, zu sündigen. Gott ist heilig; er hasst die Sünde. Er kann die Menschen nicht falsch handeln lassen, ohne sie zu bestrafen, denn er ist gerecht und fair. Die Bibel sagt: „Denn der Sünde Sold ist der Tod ..." (Römer 6,23). Sold bedeutet Lohn, das, was wir für unser Tun verdienen. Was verdienen wir für die Sünde? Den Tod. Gott hat gesagt, dass wir es wegen der Sünde verdienen, für immer von ihm getrennt zu sein. Das ist die Strafe, die unser gerechter Gott für die Sünde vorgesehen hat. Sie wird „der ewige Tod" genannt.

Aber Gott sandte seinen einzigen Sohn, den Herrn Jesus Christus, um am Kreuz zu sterben und die Strafe zu tragen, die wir für die Sünde verdienen. Menschen, die den Herrn Jesus zurückweisen, werden für immer an einem schrecklichen Ort, der Hölle, verloren sein. Aber alle, die sich Jesus als ihrem Retter anvertraut haben, sind von ihrer verdienten Strafe gerettet (Apostelgeschichte 16,31).

Wie bestraft Gott Sünder, die nicht an ihn glauben?

____

____

____

So kannst du heute beten: Lieber Gott, du bist immer gerecht in allem, was du tust. Danke, dass Jesus die Strafe getragen hat, die ich für die Sünde verdiene, damit ich gerettet werden kann. Amen.

Lies Römer 6,23

Wie lieb hat mich Gott?

Danket dem HERRN; denn er ist freundlich,
und seine Güte währet ewiglich.
Psalm 118,1

Du weißt sicher, was Liebe ist. Wenn du jemanden liebst, möchtest du in seiner Nähe sein. Du möchtest dich um ihn kümmern und schöne Dinge für ihn tun. Es fällt dir nicht schwer, ihm zu vergeben, wenn er etwas Falsches getan hat.

Gottes Liebe ist viel größer und wundervoller als die Liebe, die wir für andere haben. Gott sagt in Jeremia 31,3: „Ich habe euch schon immer geliebt ..." Gottes Liebe ist so groß, dass sie für immer anhält! Seine Liebe für dich wird nie aufhören.

Niemals gab es eine Zeit, in der Gott dich nicht geliebt hat. Er liebte dich sogar schon, bevor du überhaupt geboren warst. Er wusste ganz genau, wann du auf die Welt kommen, welche Haar- und Augenfarbe du haben wirst und wer deine Eltern sein werden. Er liebt dich so sehr, dass er nur das Beste für dich will.

Gott hat dich so lieb, dass er seinen vollkommenen, einzigen Sohn, den Herrn Jesus, sandte, damit er an deiner Stelle am Kreuz sterben sollte. **Der Tod von Jesus am Kreuz ist der größte Beweis der Liebe Gottes.** Er hat versprochen: Wenn du an Jesus als deinen Retter glaubst, bringt er dich eines Tages in den Himmel, damit du für immer bei ihm lebst. Siehst du, wie sehr Gott dich liebt?

Wie zeigt Gott, dass er dich liebt?

___

___

___

So kannst du heute beten: Lieber Gott, danke für deine große Liebe zu mir. Hilf mir, dich zu lieben und dir mein Bestes zu geben. Amen.

Lies 1. Johannes 4,9-10

Was ist Gottes Gnade?

Danket dem HERRN; denn er ist freundlich,
und seine Güte währet ewiglich.
Psalm 118,1

Hast du schon einmal ein Geschenk bekommen, das du nicht verdient hattest? Das Geschenk wurde dir aus Liebe gegeben. Gott ist so groß, dass er uns seine Gnade schenkt, weil er uns so lieb hat.

Gnade bedeutet: Gott zeigt dir seine Liebe, obwohl du sie nicht verdienst. Du hast keinen Anspruch auf Gottes Gnade. Du hast kein Recht darauf, von der Sünde gerettet zu sein und ewiges Leben zu haben. Aber Gott gab dir seine Gnade und rettete dich von der Strafe der Sünde, als du dich Jesus als deinem Retter anvertraut hast. Gott zeigt dir auch seine Gnade, indem er dir Kraft und Wegweisung schenkt und indem er dich jeden Tag versorgt.

Gott gibt dir durch seine Gnade Kraft, auch mit den schwierigen Problemen in deinem Leben klarzukommen. Ist Gottes Gnade nicht wunderbar?

Wenn du Jesus als deinen Retter kennengelernt hast, kannst du dankbar sein, dass Gott dich durch seine Gnade gerettet hat. Die Bibel sagt: „Denn aus Gnade seid ihr selig* geworden durch Glauben ..." (Epheser 2,8). Du kannst dich wirklich jeden Tag darauf verlassen, dass Gott dir die Gnade gibt, die du brauchst, um für ihn zu leben. Weil Gott dir seine Gnade zeigt, kannst du sie auch anderen zeigen. Hast du Gott schon einmal für seine Gnade in deinem Leben gedankt?

* selig = gerettet

Wie zeigt Gott dir seine Gnade?

___

___

___

So kannst du heute beten: Lieber Gott, danke, dass du mich durch deine Gnade gerettet hast. Ich danke dir auch für den Segen, den du mir jeden Tag schenkst, obwohl ich ihn nicht verdient habe. Amen.

Lies Epheser 2,8-10

Was ist Gottes Barmherzigkeit?

Danket dem HERRN; denn er ist freundlich,
und seine Güte währet ewiglich.
Psalm 118,1

Hast du schon einmal darüber nachgedacht, wie barmherzig Gott ist? Die Bibel sagt: „Barmherzig und gnädig ist der HERR ... Er handelt nicht mit uns nach unsern Sünden ..." (Psalm 103,8-10).

Barmherzigkeit bedeutet, die Not des anderen zu sehen, mit ihm zu leiden und entschlossen zu sein, etwas gegen diese Not zu unternehmen. Es bedeutet, jemandem Freundlichkeit zu zeigen, besonders dann, wenn er eigentlich keinen Anspruch darauf hat. Genau das hat Gott für dich getan. Aus Barmherzigkeit dir und allen Menschen gegenüber sandte Gott seinen Sohn Jesus Christus auf die Erde und ließ ihn an unserer Stelle die Strafe tragen, die wir verdient hätten. Gott zeigt dir Barmherzigkeit – Freundlichkeit und Liebe – jeden Tag auf ganz verschiedene Art und Weise. Er versorgt dich mit allem, was du brauchst. Er hört und beantwortet deine Gebete.

Jetzt erwartet Gott, dass du auch barmherzig zu anderen bist. Du kannst freundlich sein und denen helfen, die Hilfe brauchen. Sieh nicht auf andere herab und verurteile sie nicht. Barmherzig zu sein kann bedeuten, dass du jemandem ein Freund bist, den andere zurückweisen. Es bedeutet, mit deinen jüngeren Geschwistern geduldig umzugehen, auch wenn sie dich ärgern.
Gott verspricht einen besonderen Segen für die, die freundlich und barmherzig sind. Sie werden Barmherzigkeit empfangen. Darum: Wenn du barmherzig bist, dann sei nicht überrascht, wenn andere barmherzig zu dir sind.

Warum sollst du zu anderen barmherzig sein?

___

___

___

So kannst du heute beten: Lieber Gott, danke, dass du mir deine Barmherzigkeit und Gnade zeigst, die ich nicht verdiene. Hilf mir, zu anderen barmherzig zu sein. Amen.

Lies Psalm 103,8-12

Warum passieren Menschen, die Böses tun, gute Dinge?

Danket dem HERRN; denn er ist freundlich,
und seine Güte währet ewiglich.
Psalm 118,1

Warum erleben gerade die Menschen, die Gott nicht lieb haben, manchmal so viele gute Dinge? Vielleicht haben sie viel Geld oder sind besonders erfolgreich. Dagegen haben manche, die Gott lieben, viele Schwierigkeiten. Das ist doch scheinbar ungerecht.

Gott ist souverän, erinnerst du dich? **Er regiert und hat alles in seiner Hand, auch das Leben von den Menschen, die ihn zurückweisen.** Gott führt ihr Leben, so wie es seinem Willen und seinem Plan entspricht. In Sprüche 16,9 steht: „Des Menschen Herz erdenkt sich seinen Weg; aber der HERR allein lenkt seinen Schritt." Gott überlässt es den Menschen, ihre eigenen Entscheidungen zu treffen, und dennoch tun sie letztlich genau das, was Gott geplant hat.

Manchmal erscheint es uns so ungerecht, wenn wir sehen, wie den schlechten Menschen lauter Gutes geschieht. Gott lässt diese Dinge zu, weil er gnädig und barmherzig ist. Aber Gott ist gerecht. Eines Tages wird jeder Mensch vor ihm stehen. Alle, die nicht an Gottes Sohn, den Herrn Jesus, geglaubt haben, werden für ihren Unglauben bestraft werden. Alle, die sich Jesus als ihrem Retter anvertraut haben, werden belohnt werden. Viele, die in dieser Welt nicht sehr viel hatten, werden im Himmel reich sein!

Sei nicht neidisch auf andere, die mehr haben als du. **Sei Gott dankbar für das, was du hast und für das, was er in deinem Leben geschehen lässt – sowohl Schönes als auch Schweres.** Er liebt dich und er hat alles, was passiert, unter Kontrolle.

Warum passieren schlechten Menschen gute Dinge?

____

____

____

So kannst du heute beten: Lieber Gott, danke, dass du so gut bist. Hilf mir, dir zu vertrauen, ganz gleich, was du in meinem Leben oder im Leben der anderen Menschen tust. Amen.

Lies Matthäus 5,44-45

Wird Gott mich jemals im Stich lassen?

Danket dem HERRN; denn er ist freundlich,
und seine Güte währet ewiglich.
Psalm 118,1

Hat dir schon einmal jemand etwas versprochen und es dann nicht gehalten? Du hast wirklich auf jemanden gezählt und er hat dich im Stich gelassen. Vielleicht hast du dich gefragt, auf wen du dich wirklich verlassen kannst.

Die Bibel sagt, es gibt jemanden, der dich niemals im Stich lassen wird, der seine Versprechen an dich nie brechen wird – das ist Gott! Gott wird immer seinem Wort treu bleiben und auch jedem Versprechen, das er darin gemacht hat. Weil Gott vollkommen ist, kann er dich nicht auch nur ein einziges Mal im Stich lassen! Die Bibel sagt: „So sollst du nun wissen, dass der HERR, dein Gott, allein Gott ist, der treue Gott ..." (5. Mose 7,9).

Dieses Wissen soll dir Frieden und festen Halt für dein tägliches Leben geben.
Was ist, wenn du Gott untreu bist? Was ist, wenn du ihn im Stich lässt? Wird er immer noch treu zu dir stehen? Oder wird er dich dann auch aufgeben?

Das Erstaunliche bei Gott ist, dass er uns ohne Unterbrechung treu bleibt, auch wenn wir ihm untreu sind. Vielleicht laufen die Dinge mal nicht so, wie du es gerne hättest. Vielleicht steckst du in Schwierigkeiten, die scheinbar außer Kontrolle geraten. Dann kannst du dich darauf verlassen, dass Gott dich niemals im Stich lassen wird. Danke ihm, dass er zu dir steht und jeden Tag treu ist.

Woher weißt du, dass Gott dich niemals im Stich lassen wird?

____

____

____

So kannst du heute beten: Lieber Gott, danke, dass du immer bei mir sein und mich niemals im Stich lassen wirst. Danke, dass du jeden Tag treu bist. Amen.

Lies 2. Timotheus 2,13

Kann ich Gott wirklich glauben?

Danket dem HERRN; denn er ist freundlich,
und seine Güte währet ewiglich.
Psalm 118,1

Hat dich schon einmal jemand angelogen? Es ist schwierig, den Menschen zu glauben, wenn es so aussieht, als ob jeder von Zeit zu Zeit lügt. In vielen verschiedenen Situationen fragen Menschen: „Was ist denn nun wahr?“

Gott ist ganz und gar Wahrheit – er lügt niemals. Gott sieht und kennt die Dinge, wie sie wirklich sind. Die Bibel sagt: „Gott ist nicht ein Mensch, dass er lüge ...“ (4. Mose 23,19). Weil Gott heilig (ohne Sünde) ist, kann er gar nicht anders, als ehrlich zu sein.

Nicht nur Gott selbst ist die Wahrheit, sondern auch sein Wort, die Bibel. Sein Wort ist absolut vertrauenswürdig. Psalm 119,151 sagt, dass alle Gebote des Herrn wahr sind. Wenn du weißt, dass Jesus dein Retter ist, kannst du Gott völlig vertrauen, indem du allem, was er in seinem Wort sagt, gehorchst. **Gottes Versprechen sind wahr. Er hat seine Versprechen von Beginn der Zeit an immer gehalten.**

Vor vielen Jahren hat Gott einem Mann namens Noah das Versprechen gegeben, die Erde nie wieder mit einer Überschwemmung zu zerstören (1. Mose 9,11-13). Wenn du einen Regenbogen siehst, kannst du dich daran erinnern, dass Gott die Wahrheit ist. Er hielt, was er Noah versprach; er wird auch halten, was er dir verspricht. Du kannst von ganzem Herzen dem Gott der Wahrheit glauben.

Warum kannst du glauben, was Gott sagt?

___

___

___

So kannst du heute beten: Lieber Gott, danke, dass du die Wahrheit bist und dass ich glauben kann, was du sagst. Amen.

Lies 1. Mose 9,11-13

Weiß Gott wirklich alles?

Danket dem HERRN; denn er ist freundlich,
und seine Güte währet ewiglich.
Psalm 118,1

Hast du schon einmal jemanden getroffen, der meint, er wüsste alles? Vielleicht kann er alle deine Fragen beantworten oder er schreibt in der Schule lauter Einsen. Du denkst, er ist der gescheiteste Mensch auf der Welt. Aber egal wie viel dein Freund auch weiß, im Vergleich zu Gott weiß er nichts. Gott weiß alles.

Gott hat das gesamte Wissen – er weiß alles in der ganzen Welt. Weil Gott gut ist, benutzt er all diese Informationen in der bestmöglichen Art und Weise. Weil Gott alles geschaffen hat und alles versteht, sind seine Pläne vollkommen. Er weiß, was das Beste für dich ist. In seiner Weisheit führt er seine Pläne für dich aus. **Gott weiß genau, was er in deinem Leben zulässt, auch wenn manche Sachen vielleicht schwierig sind. Durch solche Situationen bewirkt er Gutes für dich und Ehre für sich.** Alles, was dein liebender, himmlischer Vater in deinem Leben geschehen lässt, ist weise und gut.

Die Bibel sagt: „HERR, wie sind deine Werke so groß und viel! Du hast sie alle weise geordnet ..." (Psalm 104,24). Gott hat alles gemacht und er weiß alles. Er liebt dich und möchte, dass du ihm völlig vertraust. Willst du ihm heute vertrauen?

Wie benutzt Gott seine Weisheit in deinem Leben?

____

____

____

So kannst du heute beten: Lieber Gott, du hast alles gemacht und du weißt alles. Ich will dir heute vertrauen, weil ich weiß, dass alles, was in meinem Leben passiert, von dir kommt. Amen.

Lies Psalm 104,24

Was ist die Furcht des Herrn?

... lasst uns dankbar sein und so Gott dienen
mit Scheu und Furcht, ...
Hebräer 12,28

Mose, der große Anführer des Volkes Israel, war alt und sollte bald sterben. Eines Tages befahl er den Priestern, sie sollten dem Volk alle sieben Jahre das Gesetz laut vorlesen.

Er sagte: „Versammle das Volk, die Männer, Frauen und Kinder ..., damit sie es hören und lernen und den HERRN, euren Gott, fürchten und alle Worte dieses Gesetzes halten und tun" (5. Mose 31,12). Wenn das Gesetz vorgelesen würde, würde das Volk mehr über Gott und sein Wort lernen. Auch die Kinder würden das Gesetz hören und lernen, den Herrn zu fürchten und ihm zu gehorchen.

Was bedeutet es, den Herrn zu fürchten? **Es bedeutet, dass du dir der Heiligkeit und der Macht Gottes so bewusst wirst, dass du dich wirklich davor fürchtest, ihm nicht zu gehorchen.** Du möchtest Gott gefallen. Wenn du Gott fürchtest, erkennst du seine Größe und zeigst ihm Ehrfurcht – du zeigst ihm Respekt und Liebe. Wegen seiner großen Macht denkst du an ihn mit Hochachtung und Bewunderung. **Gott zu fürchten, bedeutet auch, dass du ihn anbetest, ihm dienst und ihm vertraust.**

Erkennst du, wie unglaublich groß und Ehrfurcht gebietend Gott ist? Wenn ja, wirst du ihm mehr als alles andere gefallen und gehorchen wollen.

Gott will, dass du ihn fürchtest. Wie kannst du dies tun?

____

____

____

So kannst du heute beten: Lieber Gott, danke, dass du mein himmlischer Vater bist und mich so sehr liebst. Hilf mir, dir in allem zu gefallen, indem ich dir gehorche. Amen.

Lies 5. Mose 31,12-13

Wie zeige ich Gott Ehrfurcht?

... lasst uns dankbar sein und so Gott dienen
mit Scheu und Furcht, ...
Hebräer 12,28

Wie würdest du dich verhalten, wenn du einen König besuchen würdest? Würdest du lachend und plappernd in seinen Thronsaal laufen? Würdest du den König nicht beachten oder ihn mit seinem Vornamen anreden? Wahrscheinlich würdest du eher still und respektvoll sein. Wie wäre es, wenn du zu einem Treffen mit dem König aller Könige, mit Gott selbst, eingeladen würdest? Wie würdest du dich verhalten? Ohne Zweifel würdest du ihm mit großer Ehrfurcht begegnen.

Gott mit Ehrfurcht zu begegnen, bedeutet, ihm und seinem Wort liebevolle Hochachtung zu zeigen. Du zeigst Gott keine Ehrfurcht, wenn du abfällig oder schlecht über ihn redest oder seinen Namen als Schimpfwort benutzt. Weil Gott vollkommen und rein ist, ist es eine ernste Sache, wenn seine Kinder ihm die Ehrfurcht vorenthalten. Du solltest dich Gott nicht leichtfertig nähern, als wenn er nicht wichtig wäre. Er ist der Wichtigste im ganzen Universum.

Gott ist heilig und er verdient deine Ehrfurcht. Achte darauf, wie du über Gott sprichst. Denk daran, wie heilig Gott ist, bevor du seinen Namen auf eine falsche Art und Weise benutzt. Deine Ehrfurcht vor Gott zeigt anderen, dass du eine besondere Beziehung zu ihm hast. Willst du Gott heute mit deinem Leben Ehre und Ehrfurcht zeigen?

Nenne drei Möglichkeiten, wie du Gott Ehrfurcht zeigen kannst:

____

____

____

So kannst du heute beten: Lieber Gott, danke, dass du ein großer und heiliger Gott bist. Hilf mir, dir heute und an jedem Tag mit Ehrfurcht zu begegnen. Amen.

Lies Hebräer 12,28

Was tut Gott für mich?

... lasst uns dankbar sein und so Gott dienen
mit Scheu und Furcht, ...
Hebräer 12,28

Jeder von uns hat Bedürfnisse – Dinge, die wir brauchen, wie z. B. Essen, Kleidung und ein Dach über dem Kopf. Wahrscheinlich kümmern sich deine Eltern für dich um all diese Dinge. Aber wusstest du, dass Gott es ist, der sie gegeben hat, damit deine Bedürfnisse gestillt werden?

Gott kennt deine grundlegenden Bedürfnisse. Er weiß auch, dass du es brauchst, geliebt und angenommen zu sein und dich sicher und beschützt zu fühlen. Vielleicht konnten die Menschen, die sich eigentlich um dich kümmern sollten, deine Bedürfnisse nicht stillen. Vielleicht war deine Familie auf die Hilfe von anderen Menschen angewiesen. Manchmal hast du vielleicht versucht, selbst für dich zu sorgen. Aber Gott möchte, dass du dich zuerst an ihn wendest, damit er für dich sorgt. Er ist dein himmlischer Vater, der sich mehr um dich kümmert, als irgendjemand anders es je könnte.

Es gibt kein Bedürfnis, das zu groß oder zu umfangreich ist, als dass Gott es nicht stillen könnte. In der Bibel steht: „Mein Gott aber wird all eurem Mangel abhelfen ..." (Philipper 4,19). Gott besitzt alle Reichtümer der Welt. Niemals fehlt ihm irgendetwas. Deshalb ist er sehr gut in der Lage, jedes Bedürfnis zu stillen.

Gott verspricht nicht, dir alles zu geben, was du willst. Aber deine Bedürfnisse werden niemals ungestillt bleiben. Verlass dich auf Gott. Sag ihm, was du brauchst, und vertrau ihm, dass er für dich sorgt.

Wie sorgt sich Gott um dich?

____

____

____

So kannst du heute beten: Lieber Gott, danke, dass du die Macht hast, alle meine Bedürfnisse zu stillen. Hilf mir, dir zu vertrauen. Amen.

Lies Philliper 4,19-20

Was macht Gott in der Welt?

... lasst uns dankbar sein und so Gott dienen
mit Scheu und Furcht, ...
Hebräer 12,28

Fragst du dich manchmal, was Gott den ganzen Tag macht? Was macht Gott eigentlich? Du weißt, dass Gott als Erstes die Welt und alles darauf geschaffen hat. Die Bibel sagt: „... du hast gemacht den Himmel und aller Himmel Himmel mit ihrem ganzen Heer, die Erde und alles, was darauf ist, die Meere und alles, was darinnen ist; du machst alles lebendig ..." (Nehemia 9,6). Alles gehört Gott.

Was tut Gott heute in der Welt? **Er herrscht über seine Schöpfung. Gott hat alles vollständig unter Kontrolle.** Er herrscht über das Universum, die Tiere, die Länder der Erde und über die Menschen. Er hat Macht über die Natur, über den Sonnenschein, den Donner, den Blitz, den Regen und den Schnee. Die gesamte Natur gehorcht seinem Willen. Gott hält alles in der Welt am Laufen, so wie es seinem Plan entspricht. Ihm liegt immer das Gute für seine Schöpfung am Herzen.

Sieht es nicht manchmal so aus, als hätte Gott die Kontrolle verloren? Vielleicht erscheint das so, weil so viele schlimme Dinge auf der Welt passieren. **Doch Gott kümmert sich wirklich um alles. Du brauchst keine Angst zu haben, denn Gott kümmert sich um diese riesige Welt und er kümmert sich auch um dich!**

Nenne zwei Dinge, die Gott in der Welt macht:

____

____

____

So kannst du heute beten: Lieber Gott, danke, dass du die Welt und alles darin unter Kontrolle hast. Hilf mir, dir zu vertrauen und mir keine Sorgen zu machen. Amen.

Lies Hiob 12,7-10

Bin ich Gott dankbar?

... lasst uns dankbar sein und so Gott dienen
mit Scheu und Furcht, ...
Hebräer 12,28

Wenn dir jemand etwas Gutes tut, sagst du gewöhnlich „Danke". Du sagst diesem Menschen, wie dankbar du für das bist, was er für dich getan hat. Manchmal wirst du demjenigen vielleicht sogar ein Geschenk kaufen.

Gott hat so viele wundervolle Dinge für dich getan. Er hat dich lieb und er sorgt für dich. Wie sagst du ihm, dass du dankbar bist für all das, was er für dich getan hat? Ein Weg ist, Gott die Ehre zu geben. Gott die Ehre zu geben, bedeutet, ihm einen hohen Platz in deinen Gedanken einzuräumen. Du zeigst ihm auch Ehre, wenn du anderen erzählst, wie groß Gott ist. Die Bibel sagt in Psalm 66,2: „Lobsinget zur Ehre seines Namens; rühmet ihn herrlich!" Anstatt anzugeben, wenn dich jemand lobt, ehrst du Gott, wenn du sagst: „Danke. Es war Gott, der mir geholfen hat." Dabei gibst du ihm die Ehre für das, was er in deinem Leben tut.

Gott ist derjenige, der unser Lob und unsere Ehre verdient. Willst du ihn heute und jeden Tag ehren? Wenn Gott dir hilft, sag ihm, wie dankbar du ihm für seine Hilfe bist. Lass andere wissen, wie groß unser himmlischer Vater ist. Sie werden ihn auch kennenlernen wollen.

Wie kannst du Gott zeigen, dass du ihm dankbar bist?

____

____

____

So kannst du heute beten: Lieber Gott, ich habe dich lieb. Danke für alles, was du für mich getan hast. Amen.

Lies Hebräer 13,15

Weiß Gott über alles in meinem Leben Bescheid?

... lasst uns dankbar sein und so Gott dienen
mit Scheu und Furcht, ...
Hebräer 12,28

Hast du schon einmal versucht, einem Freund etwas zu erklären, und er hat dich nur verständnislos angeschaut? Vielleicht denkst du: Versteht denn keiner, was ich denke oder fühle?

Gott weiß alles in der ganzen Welt und er weiß alles über dich. Die Bibel sagt: „Ich sitze oder stehe auf, so weißt du es; du verstehst meine Gedanken ... und siehst alle meine Wege" (Psalm 139,2-3). Gott kennt deine Gedanken und weiß wie du dich zu jeder Tageszeit fühlst. Er weiß, wann du morgens aufstehst und wann du ins Bett gehst. Er sieht deine Tränen und hört dein Lachen. Gott weiß, wann du niedergeschlagen und wann du traurig bist. Er kennt die kleinste Bewegung, die du machst. Er kennt auch jede geheime Sünde. Obwohl Gott alles über dich weiß, liebt er dich!

Nicht eine einzige Sache in deinem Leben passiert, ohne dass Gott sie nicht mitbekommt. Vielleicht gibt es keinen, der dich und deine Situation versteht, aber Gott versteht dich völlig. Er kennt deine Vergangenheit, deine Gegenwart und deine Zukunft. Weil Gott deine Zukunft kennt, kann er dich darauf vorbereiten. Ist es nicht großartig zu wissen, dass Gott alles über dich weiß? Vertraue darauf, dass er das tut, was in deinem Leben das Beste ist.

Nenne vier Dinge, die Gott über dich weiß:

___

___

___

So kannst du heute beten: Lieber Gott, danke, dass du alles über mich weißt und mich lieb hast. Hilf mir, dir zu vertrauen und mich darauf zu verlassen, dass du das tust, was das Beste für mich ist. Amen.

Lies Psalm 139,1-4

Kümmert sich Gott um mich?

... lasst uns dankbar sein und so Gott dienen
mit Scheu und Furcht, ...
Hebräer 12,28

Hast du manchmal das Gefühl, niemand würde sich um dich kümmern? Wenn schlimme Dinge passieren, fühlst du dich vielleicht völlig allein. Aber es gibt jemanden, der immer nach dir schaut; und das ist Gott.

Wenn du den Herrn Jesus Christus als deinen Retter kennst, kannst du darauf vertrauen, dass Gott sich um dich kümmert. Vielleicht musst du, wenn du von der Schule nach Hause kommst, allein klarkommen, während deine Eltern noch auf der Arbeit sind. Vielleicht lebst du irgendwo, wo es viel Gewalt gibt und du hast Angst um deine Sicherheit. Es ist ganz natürlich, manchmal Angst zu haben. Aber meinst du, dass Gott die Gefahren in deinem Leben nicht kennt? Doch, das tut er, und er sorgt für dich. Was solltest du tun, wenn du dich einsam oder ängstlich fühlst? Die Bibel sagt: „Alle eure Sorge werft auf ihn; denn er sorgt für euch" (1. Petrus 5,7). Was auch immer das Problem ist, Gott kann für dich sorgen.

Weil du sein Kind bist, hat Gott einen Plan für dein Leben. Er kann jede Situation zu einem guten Ende bringen, egal wie schwierig sie auch sein mag. Wenn du in einer schwierigen Lage bist, dann sag es Gott. Denk daran, wie mächtig er ist – er kann alles! Danke ihm, dass er dich liebt und sich um dich kümmert.

Woher weißt du, dass Gott sich um dich kümmert?

____

____

____

So kannst du heute beten: Lieber Gott, danke, dass du mich liebst und dich um mich kümmerst. Hilf mir, dir in allem, was passiert, zu vertrauen. Amen.

Lies 1. Petrus 5,7

Wie kann ich jeden Tag an Gott denken?

... lasst uns dankbar sein und so Gott dienen
mit Scheu und Furcht, ...
Hebräer 12,28

David war ein Hirtenjunge. Weit weg von zu Hause versorgte er seine Schafe. Er führte sie dahin, wo sie grünes Gras fressen und frisches Wasser trinken konnten. Ab und zu spielte David auf seiner Harfe. Er liebte Gott und dichtete Lieder über ihn. David dachte immer an Gott.

Denkst du tagsüber an Gott? Weißt du, dass er bei dir ist, auch wenn du ihn nicht sehen kannst? Du solltest jeden Tag immer wieder an ihn denken. Wenn du die Blumen siehst oder die Vögel hörst, kannst du daran denken, wie wunderbar Gott ist. Wenn du in der Schule oder beim Spielen an Gott denkst, wirst du ihm gefallen wollen.

Wenn du beim Spielen an Gott denkst, wirst du nicht ärgerlich oder egoistisch werden. Wenn du bei deinen Schulaufgaben an Gott denkst, wirst du gute Arbeit leisten. Wenn du viel an Gott denkst, wie kannst du dann etwas tun, was ihm nicht gefällt? Wie kannst du dir Sorgen machen oder traurig sein? Die Bibel sagt: „Herr, du gibst Frieden dem, der sich fest an dich hält und dir allein vertraut!“ (Jesaja 26,3). **Gott möchte, dass du ganz oft an ihn denkst.**

Nenne einige besondere Zeitpunkte, wann du an Gott denken kannst:

____

____

____

So kannst du heute beten: Lieber Gott, danke, dass du bei mir bist. Hilf mir, immer an dich zu denken und mich daran zu erinnern, wie groß du bist. Amen.

Lies Sprüche 3,6

Deine Entdecker-Seite Nr. 1:

GOTT, DER VATER

Wenn du die Andachten aufmerksam durchgelesen hast, wird es dir sicher leicht fallen, die nachfolgenden Fragen zu beantworten:

1. Was bedeutet: Gott ist ewig?

___

2. Was ist Sünde?

___

3. Wie kannst du Vergebung deiner Sünde bekommen?

___

4. Was bedeutet: „Gott ist heilig"?

___

5. Nenne zwei Gebote Gottes für uns.

___

6. Woher kannst du wissen, dass Gott seine Versprechen hält?

___

Wenn du Hilfe brauchst, kannst du noch einmal in den Andachten dieses Monats nachsehen. In Klammern steht, in welcher Andacht du die Antwort finden kannst. Frage 1 (Andacht 3), Frage 2 (Andacht 6), Frage 3 (Andacht 8), Frage 4 (Andacht 10), Frage 5 (Andacht 13), Frage 6 (Andacht 21)

Hier abtrennen und an den KEB-Mailbox-Club senden.

Die Dreieinigkeit

Gott ist Einer in drei Personen. Versuch einmal, diese Lücken hier zu füllen!

Gott, der

V ____________

Gott, der

S ____________

Gott, der H ____________ G ____________

Ich zeige Gott meine Ehrfurcht, indem ich ________________________________

Name: ____

Geburtsdatum: ______________________________ Junge ☐ Mädchen ☐

Straße und Hausnr.: ____

Postleitzahl und Ort: ____

Eltern/Erziehungsberechtigte*: ______________________________

* Bitte bei abweichendem Familiennamen aus postalischen Gründen angeben

Vorder- und Rückseite fertig ausgefüllt? Dann schneide sie heraus und schicke sie in einem Briefumschlag an nebenstehende Adresse. Bitte Briefmarke nicht vergessen. Wir werden uns deine Antworten ansehen und sie dir mit ein paar persönlichen Zeilen zurücksenden. Darüber hinaus bekommst du die Entdecker-Seite Nr. 2, die du nach der Andacht 59 ausfüllen kannst.

KEB-Mailbox-Club
Am Eichelsberg 3
35236 Breidenbach

Gott, der Sohn

Was ist Prophetie?

Als aber die Zeit erfüllt war, sandte Gott seinen Sohn ...
Galater 4,4

Kannst du dir vorstellen, wie es wäre, wenn Gott direkt vom Himmel aus zu dir reden würde? Wie würde seine Stimme klingen? Was würde er sagen?

Vor Hunderten von Jahren sprach Gott zu besonderen Männern, die man Propheten nannte. Diese Männer gaben an andere Menschen weiter, was Gott sagte. Manchmal schrieben sie es auf, damit die Menschen es lesen konnten. Die Propheten erinnerten die Menschen an Gottes große Liebe für sie. Aber Gott benutzte die Propheten auch, um die Menschen zu warnen, damit sie falsche Dinge bleiben ließen. Sonst würden sie bestraft werden.

Oft teilte Gott den Propheten mit, was in der Zukunft geschehen würde. Da Gott ja alles weiß, war das nicht schwer für ihn. Die Leute wussten, dass es sich um eine Botschaft Gottes handelte. Nur er konnte solche Dinge wissen.

Weil Gott durch einen Propheten sprach, wurde die Botschaft „Prophetie" genannt. Viele dieser besonderen Botschaften stehen in der Bibel. Aber sie gelten nicht nur für die Menschen von damals. Sie sind auch heute noch für dich und mich da! Die aufregendsten Botschaften Gottes handeln von seinem Sohn Jesus. Wenn du in den nächsten Tagen weiterliest, wirst du diese Botschaften kennenlernen.

Schreibe eine Prophetie auf, über die du dich freust:

____

____

____

So kannst du heute beten: Lieber Gott, danke, dass du alles weißt, schon bevor es überhaupt geschieht. Hilf mir, jeden Tag in deinem Wort zu lesen. Amen.

Lies Hebräer 1,1

Wer waren Gottes Propheten?

Als aber die Zeit erfüllt war, sandte Gott seinen Sohn ...
Galater 4,4

Wer ist die weiseste Person auf der Welt? Gott natürlich! Er weiß sogar, was in Zukunft passieren wird! In der Bibel steht: „Herr, du weißt alle Dinge ..." (Johannes 21,17). Es gibt nichts, was Gott überraschen könnte! **Hast du dir schon einmal gewünscht, wie Gott im Voraus zu wissen, was passieren wird?**

Bevor Gott seinen Sohn Jesus auf die Erde sandte, teilte Gott dies seinen extra dafür ausgesuchten Propheten mit. Nun wussten sie, was erst in vielen Jahren geschehen würde. Sie sagten es den Menschen und schrieben es auf. **Viele Leute haben vielleicht gedacht, dass diese Propheten besonders schlau seien, aber es war der Heilige Geist, der ihnen mitteilte, was sie sagen sollten.** „... getrieben von dem Heiligen Geist haben Menschen im Namen Gottes geredet" (2. Petrus 1,21). Was immer diese auch verkündeten, es traf ein! Der erste Prophet, der ein Buch in der Bibel schrieb, war Jesaja. Sein Buch ist im Alten Testament zu finden.

Die Propheten sprachen zu verschiedenen Gruppen von Leuten. Sie liebten Gott und die Menschen sehr. Manche Menschen behandelten die Propheten schlecht, wenn diese Gottes Botschaften weitergaben. Andere glaubten Gottes Botschaften nicht. Vielen gefiel nicht, was die Propheten zu sagen hatten. Aber diese mutigen Propheten hörten nicht auf, Gottes Botschaften an die Menschen weiterzugeben.

Warum hatten die Propheten den Mut, Gottes Botschaften weiterzuerzählen?

____

____

____

So kannst du heute beten: Lieber Gott, hilf mir, genauso mutig zu sein, wie deine Propheten, wenn ich anderen von dir erzähle. Danke, dass du mir die Kraft gibst, nicht aufzugeben. Amen.

Lies 2. Petrus 1,20-21

Was sagten Gottes Propheten über Jesus?

Als aber die Zeit erfüllt war, sandte Gott seinen Sohn ...
Galater 4,4

Liest du gerne rätselhafte, geheimnisvolle Geschichten? Ein Rätsel ist ein Geheimnis, das du mit Hilfe von Hinweisen herausfinden kannst.

Sofort nachdem die ersten Menschen Gott ungehorsam geworden waren, versprach er, einen Retter auf die Erde zu schicken. Diese einzigartige Person sollte die Strafe für die Sünden, die sie begangen hatten, auf sich nehmen. Der Retter sollte auch für deine Sünden bestraft werden. Niemand wusste, wer es war. Es war ein Geheimnis. **Aber Gott gab den Propheten, seinen Botschaftern, Hinweise. Wir können sie im Alten Testament, dem ersten Teil der Bibel, finden.**

Hier sind einige der vielen Hinweise, die die Propheten aufgeschrieben haben: Gottes versprochener Retter sollte in der Stadt Bethlehem geboren werden. Er sollte aus der gleichen Familie wie König David kommen. Er sollte von den Menschen zurückgewiesen und sogar getötet werden. **Die Propheten sagten, wie und warum der Retter sterben sollte. Sie sagten sogar, dass er wieder auferstehen würde**. Wer ist der versprochene Retter? Du hast es erraten. Es ist der Herr Jesus Christus.

Manche dieser Hinweise wurden schon 700 Jahre vor der Geburt von Jesus aufgeschrieben. Die Propheten hätten diese Dinge unmöglich vorher wissen können, wenn Gott sie ihnen nicht gesagt hätte.

Schreibe drei Hinweise über den versprochenen Retter auf:

____

____

____

So kannst du heute beten: Lieber Gott, ich weiß, dass Jesus der versprochene Retter ist, den du gesandt hast. Danke, dass er meine Schuld auf sich genommen hat. Ich glaube an Jesus, deinen Sohn! Amen.

Lies Lukas 24,25-27

Haben sich Gottes Prophezeiungen über Jesus wirklich erfüllt?

Als aber die Zeit erfüllt war, sandte Gott seinen Sohn ...
Galater 4,4

„Ist dies wirklich der von Gott Versprochene?", fragten viele Leute, als sie Jesus Christus begegneten. Sie hatten die Hinweise der Propheten gelesen. Sie warteten und beobachteten, ob es geschähe. Und dann, genau zur richtigen Zeit in der Geschichte kam Jesus! „Als aber die Zeit erfüllt war, sandte Gott seinen Sohn."

Ein Hinweis der Propheten nach dem anderen erfüllte sich. Nicht in irgendeiner der vielen Städte der Welt, sondern genau in Bethlehem wurde Jesus geboren. In einem Stall kam er zur Welt. Aus der Familie von König David stammte er. Nazareth wurde seine Heimatstadt. **Alle Prophezeiungen über die Geburt des Retters hatten sich erfüllt.**

Als Jesus erwachsen war, tat er viele Wunder, die sonst nur Gott tun konnte! Aber Jesus wurde von den Menschen zurückgewiesen und sehr schlecht behandelt. Er wurde zwischen zwei Verbrechern an ein Kreuz genagelt. Da nahm er die Strafe der gesamten Welt auf sich – auch deine.

Auch alle Prophezeiungen über den Tod von Jesus wurden wahr. Am dritten Tag, nachdem Jesus gestorben und begraben war, wurde er wieder lebendig. Dann kehrte er zurück in den Himmel, um bei seinem Vater zu sein. All dies und noch vieles mehr hatten die Propheten aufgeschrieben. Jesus ist der versprochene Retter!

Warum glauben manche Menschen nicht, dass Jesus Gottes versprochener Retter ist?

____

____

____

So kannst du heute beten: Lieber Gott, danke, dass du Jesus zur richtigen Zeit auf die Erde geschickt hast, so wie du es versprochen hast. Du bist ein wunderbarer Gott. Amen.

Lies Lukas 24,45-47a

Ist Jesus wirklich der von Gott versprochene Retter?

Als aber die Zeit erfüllt war, sandte Gott seinen Sohn ...
Galater 4,4

„Folge mir nach. Ich zeige dir den Weg ins Himmelreich. Lebe so gut wie ich und dann wirst du eines Tages bei Gott sein! Ich zeige dir den Weg."

Viele Leute sagten dies, aber sie haben nicht die Wahrheit gesagt. Heutzutage glauben Millionen von Menschen, dass Leute wie Buddha oder Mohammed ihnen den Weg zu Gott zeigen können. Andere glauben, dass sie selbst den Weg ins Himmelreich finden können.

Als Jesus auf der Erde lebte, sagte er: „Ich bin der Weg und die Wahrheit und das Leben; niemand kommt zum Vater denn durch mich" (Johannes 14,6). Er sagte nicht nur die Wahrheit, er ist die Wahrheit.

Nur wenn du an Jesus, der für deine Sünde gestorben ist, glaubst und ihm vertraust, kann er dir vergeben, und dann kannst du Gemeinschaft mit Gott haben. Dann kannst du sicher sein, dass du ewiges Leben bei Gott im Himmel hast.

Wen sandte der Vater als versprochenen Retter auf die Erde? Die Bibel sagt: „... dass der Vater den Sohn gesandt hat als Heiland der Welt" (1. Johannes 4,14). Mit Heiland ist der gemeint, der uns von unserer Sünde errettet. Nur Jesus war Gottes vollkommener Sohn. **Nur Jesus wurde für deine Sünden bestraft. Nur Jesus kam zurück ins Leben. Nur Jesus ist der von Gott versprochene Retter!**

Schreibe 1. Johannes 4,14 vollständig auf und sage den Vers einem Freund oder einer Freundin auf:

____

____

____

So kannst du heute beten: Lieber Gott, ich bin froh, dass ich die Wahrheit über deinen Sohn Jesus wissen darf. Behüte mich davor, von anderen in die Irre geführt zu werden. Amen.

Lies 1. Johannes 4,14

Was wird Jesus in der Zukunft tun?

Als aber die Zeit erfüllt war, sandte Gott seinen Sohn ...
Galater 4,4

Als Jesus in Jerusalem einzog, riefen die Menschen: „... Gelobt sei ..., der König von Israel!" (Johannes 12,13). Die Propheten hatten vorausgesagt, dass der Retter über die Welt herrschen würde. Die Menschen glaubten, dass diese Zeit jetzt da sei, aber Jesus war nicht aus diesem Grund auf die Erde gekommen. Er kam, um für unsere Sünden zu sterben. Die Menschen konnten das nicht verstehen. Sie waren traurig und verwirrt, als sie sahen, dass Jesus nicht sofort König wurde. Im Gegenteil – er wurde sogar an ein Kreuz genagelt.

Doch Jesus wurde wieder lebendig und lebt nun im Himmel. **Gottes Wort sagt, dass Jesus einmal zurückkommen wird, um über die Welt als König zu herrschen.** „Wenn aber der Menschensohn* kommen wird in seiner Herrlichkeit ... dann wird er sitzen auf dem Thron ... und alle Völker werden vor ihm versammelt werden ..." (Matthäus 25,31-32). Kannst du dir vorstellen, wie es sein wird, wenn Jesus sichtbar König ist? **Er wird ein gerechter König sein, der auf der ganzen Welt für Frieden sorgen wird. Was für eine wunderbare Zeit wird das sein!** * Menschensohn = Bezeichnung für Jesus

Alle Menschen, die sich von der Sünde abwenden und auf Jesus als ihren Retter vertrauen, werden für immer bei ihm sein! Die, die nicht an ihn glauben, werden von ihm getrennt an einem Ort der Bestrafung leiden. Wenn du Jesus bis jetzt noch nicht als deinen Retter angenommen hast, dann kannst du das unten stehende Gebet sprechen.

Schreibe hier das Datum und den Ort auf, an dem du Jesus als deinen Retter angenommen hast, wenn du es weißt:

____

____

____

So kannst du heute beten: Lieber Gott, ich weiß, dass ich ein Sünder bin. Ich glaube an Jesus, der für meine Schuld gestorben und wieder vom Tod auferstanden ist. Bitte vergib mir meine Schuld. Amen.

Lies Matthäus 25,31-32a

Warum hält Gott seine Versprechen?

Als aber die Zeit erfüllt war, sandte Gott seinen Sohn ...
Galater 4,4

Hast du schon einmal ein Versprechen gemacht und es dann nicht gehalten? „Ich verspreche, ab heute werde ich jeden Tag Mathe üben!" „Ich werde nie mehr im Leben ein Wort mit dir reden!" „Ich verspreche dir, immer pünktlich zu Hause zu sein, wenn ich heute auf die Party gehen darf."

Hat Gott jemals ein Versprechen gemacht, das er nicht gehalten hat? Nein! **Gott hält immer seine Versprechen, denn er ist die Wahrheit.** Du kannst glauben, was er sagt. Einige von den Dingen, die die Propheten vorausgesagt haben, sind noch nicht eingetroffen, aber wir können uns darauf verlassen, dass dies eines Tages passieren wird. Die Bibel sagt: „Denn des Herrn Wort ist wahrhaftig, und was er zusagt, das hält er gewiss" (Psalm 33,4). In der Vergangenheit konnten wir beobachten, wie Hunderte von Prophezeiungen in Erfüllung gingen, genauso wie Gott es versprochen hatte.

Das größte Versprechen Gottes war, seinen Sohn Jesus auf die Erde zu senden. Warum machte Gott dieses Versprechen? Gott wusste, dass du einen Retter brauchst. Du hast gesündigt und brauchst seine Vergebung. Warum hat Gott sein Versprechen gehalten? Weil Gott die Wahrheit ist – er lügt nicht (Titus 1,2). Ein weiterer Grund, warum Gott sein Versprechen gehalten hat, ist, weil er dich liebt. Du verdienst seine Liebe nicht, aber weil Jesus kam, kannst du nun Gottes Kind sein.

Möchtest du ein Gedicht oder einen Satz für Gott schreiben, in dem du ihm für seine Liebe dankst?

____

____

____

So kannst du heute beten: Lieber Gott, danke für deine Liebe. Ich habe sie nicht verdient. Du liebst mich sogar, wenn ich sündige. Du bist wunderbar. Ich liebe dich auch. Amen.

Lies 5. Mose 32,4

Woher kam Jesus?

Im Anfang war das Wort, und das Wort war bei Gott,
und Gott war das Wort.
Johannes 1,1

Die Bibel sagt uns, dass Jesus schon lebte, bevor die Erde gemacht wurde. Seine Zeit begann nicht als Baby in Bethlehem. Er war im Himmel, bevor er auf die Erde kam. Er hat keinen Anfang und er wird für immer leben. Wie so etwas möglich ist? Weil Jesus Gott war und ist.

Jesus war kein Engel, der ein Gott wurde. Er war kein Mensch, der später ein Gott wurde. **Er war schon immer Gott.** Jesus machte das Universum. „Denn in ihm ist alles geschaffen, was im Himmel und auf Erden ist ..." (Kolosser 1,16).

Genau zum richtigen Zeitpunkt in der Geschichte sandte Gott seinen Sohn Jesus als Baby auf die Erde, um wie du und ich als Mensch zu leben. „Und das Wort* ward Fleisch**..." (Johannes 1,14). Während Jesus auf der Erde lebte, bewies er durch seine Worte und Taten, dass er Gott ist. Er heilte die Kranken, weckte Menschen vom Tod auf und stillte den Sturm. Er vergab Sünden und sündigte selbst kein einziges Mal!

* das Wort = Jesus

** ward Fleisch = wurde Mensch

Als Jesus hier auf der Erde lebte, sprach Gott, der Vater, vom Himmel herab und sagte: „Dies ist mein lieber Sohn, an dem ich Wohlgefallen habe" (Matthäus 3,17). **Gott, der Vater, wollte, dass wir sicher wissen: Jesus ist wirklich der Sohn Gottes.**

Schreibe einen Vers der heutigen Lektion auf, der dir hilft zu erklären, wer Jesus ist:

____

____

____

So kannst du heute beten: Lieber Gott, ich weiß, dass Jesus dein Sohn ist. Danke, dass du mir hilfst, das zu wissen und auch der Wahrheit zu glauben. Amen.

Lies Johannes 1,1-3

Wie kann Jesus gleichzeitig Gott und Mensch sein?

Im Anfang war das Wort, und das Wort war bei Gott,
und Gott war das Wort.
Johannes 1,1

Der König des Universums sollte als Kind zur Welt kommen? Ist so etwas möglich? Ja, denn genau das geschah. Jesus, der Sohn Gottes, verließ sein wunderschönes Zuhause im Himmel, um als Kind auf die Erde zu kommen. Die Bibel sagt: „Und das Wort ward Fleisch und wohnte unter uns ..." (Johannes 1,14). Ein Wunder war geschehen!

Im Himmel hatte Jesus genauso wie Gott alle Macht und Autorität. Als Jesus ein Mensch wurde, gab er diese Rechte auf. Er wurde wie du und ich. Er wurde hungrig, durstig und auch müde. Er konnte Schmerz und Traurigkeit an sich selbst fühlen. Aber weil Jesus noch immer der Sohn Gottes war, sündigte er kein einziges Mal. **Er war vollkommener Gott und Mensch – perfekt in jedem Sinn!**

Warum kam Jesus als Mensch auf diese Erde? Er kam, um die Strafe für deine Sünde auf sich zu nehmen. „Er ... ward den Menschen gleich ... Er erniedrigte sich selbst und ward gehorsam bis zum Tode, ja zum Tode am Kreuz" (Philipper 2,6-8). Er kam auf die Erde, um dir den Weg zu Gott frei zu machen. Auch als er starb, hörte er keinen Moment auf, Gott zu sein.

Du musst nicht unbedingt verstehen, wie Jesus Gott und Mensch gleichzeitig sein konnte. Du musst es nur glauben. Gott kann alles!

Nenne zwei Dinge, die Jesus aufgab, um als Mensch auf die Erde zu kommen:

___

___

___

So kannst du heute beten: Lieber Gott, obwohl ich nicht alles über dich und deinen Sohn verstehen kann, glaube ich, was die Bibel sagt. Du bist der allmächtige Gott! Amen.

Lies Philipper 2,6-8

Wie wurde Jesus geboren?

Im Anfang war das Wort, und das Wort war bei Gott,
und Gott war das Wort.
Johannes 1,1

Maria war überrascht über das, was sie hörte. Ein Engel sagte zu ihr: „Siehe, du wirst schwanger werden und einen Sohn gebären, und du sollst ihm den Namen Jesus geben. **Der wird groß sein und Sohn des Höchsten genannt werden; ...“ (Lukas 1,31-32).** Maria konnte sich nicht vorstellen, wie das alles geschehen sollte. Sie war eine Jungfrau. Ohne sie in irgendeiner Weise körperlich zu berühren, würde Gott ein Kind in sie hineinlegen. Das war ein Wunder!

Gott gab Maria einen Ehemann namens Josef. Er konnte Maria helfen, für das Kind Jesus zu sorgen. Josef wusste, dass Gott selbst der wirkliche Vater von Jesus war. Ein Engel hatte auch Josef besucht und ihm all das über das Kind mitgeteilt. Vielleicht hatte Josef auch gelesen, was die Propheten über den kommenden Retter geschrieben hatten.

Es gab keinen Platz zum Übernachten in Bethlehem. Jesus wurde in einem Stall geboren. Die Bibel sagt: „Und sie ... wickelte ihn in Windeln und legte ihn in eine Krippe*; ...“ (Lukas 2,7). Das alles war Teil von Gottes Plan. Alles über die Geburt von Jesus erfüllte sich, genauso wie es die Propheten vorausgesagt hatten. **Dieses kleine Kind in der Krippe war der Retter der Welt!**

*ein Futterbehälter für Tiere

Schreibe die Worte deines Lieblings-Weihnachtsliedes auf, in dem von Jesus als Kind in der Krippe die Rede ist:

____

____

____

So kannst du heute beten: Danke, Gott, dass du deinen Sohn Jesus auf so besondere Weise in die Welt gesandt hast. Amen.

Lies Lukas 1,31-35

War Jesus wie ich?

Im Anfang war das Wort, und das Wort war bei Gott,
und Gott war das Wort.
Johannes 1,1

Wie war Jesus als Junge? Jesus ist der vollkommene Sohn Gottes und unterscheidet sich dadurch in vielen Dingen von dir und mir. Aber in einigen Dingen war er wie wir. Er hatte einen menschlichen Körper, er war hungrig und durstig. Jesus konnte glücklich oder traurig sein.

„Und Jesus nahm zu an Weisheit, Alter und Gnade bei Gott und den Menschen" (Lukas 2,52). Darin solltest du auch wachsen!
Jesus nahm zu an „Weisheit". Als Jesus 12 Jahre alt war, ging er in den Tempel (Ort der Anbetung), wo er mit den religiösen Leitern sprach. Sie waren beeindruckt von seinem Verständnis und seinen Antworten. Diese Geschichte steht in Lukas 2,41-52.

Jesus nahm zu an „Alter". Sein Körper wurde immer größer und seine Muskeln wurden stärker.

Jesus nahm zu an „Gnade bei Gott". Alles, was er machte, gefiel Gott, seinem Vater. Jesus wusste, dass sein Vater ihn immer beschützte und ihm half.

Jesus nahm zu an „Gnade bei den Menschen". Andere Menschen schätzten und respektierten ihn.

Wächst du in diesen wichtigen Dingen? Triffst du kluge Entscheidungen? Gefällst du Gott in allem, was du tust? **Behandelst du andere mit Liebe und Respekt?**

Wie kannst du wachsen und Jesus immer ähnlicher werden?

____

____

____

So kannst du heute beten: Lieber Gott, hilf mir so zu wachsen wie dein Sohn Jesus. Danke. Amen.

Lies Lukas 2,46-49

Was hat Jesus auf der Erde gemacht?

Im Anfang war das Wort, und das Wort war bei Gott,
und Gott war das Wort.
Johannes 1,1

„Es ist ein Wunder", hat Jairus wohl voller Freude gerufen! „Meine kleine Tochter war tot, doch Jesus hat sie wieder lebendig gemacht!" Diese Nachricht verbreitete sich rasend schnell durch das Land (Matthäus 9,18-26). Blinde konnten plötzlich wieder sehen (Lukas 18,35-43). Lahme konnten wieder laufen (Lukas 5,17-26). Viele kranke Menschen wurden geheilt (Markus 6,53-56). Aber das ist nicht alles! Jesus ging auf dem Wasser (Markus 6,45-51). Er stillte gewaltige Stürme nur durch ein gesprochenes Wort (Markus 4,35-41). Dämonen (böse Geister) gehorchten seinen Befehlen (Matthäus 17,14-18). Zweimal reichte ihm eine kleine Menge Essen, um damit mehrere tausend Menschen satt zu machen (Johannes 6,3-13, Markus 8,1-9).

Es sah so aus, als hätte Jesus grenzenlose Macht! **Was auch immer das Problem war, er konnte es lösen. Diese Wunder zeigten Gottes Macht und Liebe.** Jesus bewies, dass er wirklich der Sohn Gottes war, genau wie die Propheten es gesagt hatten.

Die Bibel sagt: „Es sind noch viele andere Dinge, die Jesus getan hat. Wenn aber eins nach dem andern aufgeschrieben werden sollte, so würde, meine ich, die Welt die Bücher nicht fassen, die zu schreiben wären" (Johannes 21,25). Welches Problem hast du heute in deinem Leben? Ob es klein oder groß ist, Jesus kann helfen! Sprich mit ihm darüber und vertraue ihm; er wird das Beste für dich tun.

Nenne ein großes Problem, bei dem dir Jesus helfen kann:

____

____

____

So kannst du heute beten: Lieber Gott, deine Macht beweist, dass du dich um alle meine Probleme kümmern kannst. Bitte hilf mir, dir zu vertrauen. Amen.

Lies Johannes 20,30-31

Warum wird Jesus „das Wort" genannt?

Im Anfang war das Wort, und das Wort war bei Gott,
und Gott war das Wort.
Johannes 1,1

Worte können sehr wichtig sein! Sie sagen den anderen, was du denkst, fühlst oder für wahr hältst. Stell dir eine Welt ohne Worte vor!

Die Bibel sagt, dass Jesus „das Wort" war. Das heißt, Jesus war Gottes Botschaft an uns. Alles, was Jesus sagte, zeigt uns, wie Gott denkt und fühlt. Alles, was Jesus tat, zeigt uns, was Gott tun wollte.

Jesus war „das Wort", als er lehrte, wie du nach Gottes Willen denken und handeln sollst. Jesus sagte es nicht nur, er machte es dir auch auf perfekte Weise vor.

Jesus lehrte auch, dass Gott einen Plan für dich hat. Dieser Plan sieht vor, dass du das ewige Leben bekommst, wenn du an Jesus als deinen Retter glaubst. Jesus wird das „Wort des Lebens" genannt. „Was von Anfang an war, was wir gehört haben, was wir gesehen haben mit unsern Augen, was wir betrachtet haben und unsre Hände betastet haben, ... das verkündigen wir auch euch ..." (1. Johannes 1,1 und 3).

Wenn die Menschen Jesus zuhörten und zuschauten, so hörten und sahen sie Gott!

Weil aber Jesus Gottes Botschaft an dich ist, ist es wichtig, dass du ihn gut kennst! Was Jesus sagte und tat, steht in der Bibel in den Büchern Matthäus, Markus, Lukas und Johannes. Auch andere Bücher, so wie dieses Andachtsbuch, können dir helfen, ihn besser kennenzulernen.

Was hast du über Jesus gelernt, was du vorher noch nicht wusstest?

____

____

____

So kannst du heute beten: Lieber Gott, hilf mir, dich jeden Tag besser kennenzulernen. Amen.

Lies Johannes 14,7-9

Würde Jesus jemals zum Sündigen verleiten?

Im Anfang war das Wort, und das Wort war bei Gott,
und Gott war das Wort.
Johannes 1,1

Wolltest du schon einmal perfekt sein? Vielleicht hast du es sogar schon versucht. Wenn dir jemand sagen würde, er oder sie sei perfekt, würdest du sicher sehr genau auf Beweise dafür achten!

Als Jesus auf der Erde lebte, bewies er, dass er perfekt (vollkommen) war! Satan verleitete ihn viele Male dazu, etwas Falsches zu tun, aber Jesus tat das nie.
Eines Tages suchte Satan Jesus in einer Wüste in Judäa auf. „Bist du Gottes Sohn", stichelte er, „so sprich, dass diese Steine Brot werden" (Matthäus 4,3). Er versuchte, Jesus dazu zu bringen, dem Plan Gottes nicht zu folgen. Noch zwei weitere Male versuchte Satan Jesus: Er sollte stolz werden und seine Macht zeigen. Satan wollte Jesus sogar verführen, ihn anzubeten. Jesus kannte Gottes Plan für sein Dasein auf der Erde und wusste, dass diese Dinge nicht dazugehörten. Jesus war entschlossen, nur das zu tun, was sein Vater wollte.

Gab Jesus dem Satan jemals nach? Nein! Er war fähig, nicht zu sündigen, denn er war Gottes perfekter Sohn. Er war genau der, der er beanspruchte zu sein, und er bewies es! Jesus hielt dem Satan die Wahrheit aus Gottes Wort entgegen. Schließlich verließ ihn der Satan.

Jesus bewies mehrmals seine Macht über den Satan. Das ist auch der Grund, warum Jesus dir helfen kann, wenn du in der Gefahr stehst, Falsches zu tun!

Was kannst du tun, wenn du in der Gefahr bist, zu sündigen?

___

___

___

So kannst du heute beten: Lieber Gott, bitte hilf mir, wenn ich in der Gefahr bin, dir ungehorsam zu werden. Ich will mich auf deine Macht verlassen und „Nein" sagen. Amen.

Lies Hebräer 4,15-16

Was geschah in dem großen Raum im oberen Stockwerk?

Denn also hat Gott die Welt geliebt, dass er seinen eingeborenen Sohn gab, damit alle, die an ihn glauben, nicht verloren werden, sondern das ewige Leben haben.
Johannes 3,16

Es war die Nacht, bevor Jesus getötet werden sollte. Seine 33 Jahre auf der Erde waren fast vorbei. Das jüdische Passafest hatte gerade angefangen. Die Propheten hatten gesagt, dass dies die Zeit seines Todes sein würde. Jesus traf sich mit seinen 12 engsten Freunden im Obergeschoss eines Hauses, um dort zum letzten Mal mit ihnen zusammen zu essen (Lukas 22,7-23).

Das Brot und der Wein, die Jesus an diesem Abend an seine Jünger weitergab, hatten eine besondere Bedeutung. Am nächsten Tag würde Jesus am Kreuz sterben. Das Brot und der Wein sollten Erinnerungszeichen sein. Sie sollten hindeuten auf seinen verwundeten Körper und auf sein Blut, das am Kreuz zur Bezahlung für unsere Sünden fließen würde. Judas war auch zum Essen bei ihnen. Doch kurz vor dem Ende des Essens verließ Judas das Zimmer, um Jesus zu verraten, indem er ihn an seine Feinde auslieferte (Johannes 13,21-30).

Jesus gab seinen Jüngern einige wunderbare Verheißungen. Dann sangen sie noch ein gemeinsames Lied und verließen das Haus. Diese Nacht würden sie niemals vergessen!
Jesus sagte seinen Jüngern, sie sollten sich in der Weise an seinen Tod erinnern, wie er es ihnen in dem großen Raum im oberen Stockwerk gezeigt hatte. **Heute nennen wir das „Abendmahl" oder „Brotbrechen". Wir sollen uns in dieser Form an den Tod von Jesus erinnern, bis er wiederkommt.**

Warum ist der Abend in dem großen Raum im oberen Stockwerk für uns heute wichtig?

____

____

____

So kannst du heute beten: Lieber Gott, danke, dass du uns dieses besondere Mahl als Zeichen gegeben hast, um uns daran zu erinnern, was Jesus für uns getan hat. Amen.

Lies Markus 14,22-24

Warum kam Jesus vor Gericht?

Denn also hat Gott die Welt geliebt, dass er seinen eingeborenen Sohn gab, damit alle, die an ihn glauben, nicht verloren werden, sondern das ewige Leben haben.
Johannes 3,16

Die Nacht in dem Obergeschoss war für Jesus und seine Jünger etwas ganz Besonderes. Aber die religiösen Führer hassten Jesus und wollten, dass er starb! Warum? Weil Jesus behauptete, der Sohn Gottes zu sein – der Messias, den Gott versprochen hatte, um die Menschen von der Sünde zu erlösen. Die Obersten wollten Jesus einfach nicht glauben. Sie verhafteten Jesus und stellten ihn vor Gericht.

Da aber Jesus nie gesündigt hatte, brauchten die religiösen Führer Menschen, die Lügen über ihn verbreiteten. Stundenlang hörte Jesus diesen Lügen zu und wurde außerdem hart geschlagen. Die Obersten wollten, dass Jesus zum Tode verurteilt würde und deshalb brachten sie ihn zum Statthalter Pilatus. „Er behauptet, der Sohn Gottes zu sein!", erklärten die Obersten. „Dafür muss er sterben!" Jesus sagte kein Wort (vgl. Johannes 19,7-9).

Pilatus fragte Jesus: „Weißt du nicht, dass ich Macht habe, dich loszugeben, und Macht habe, dich zu kreuzigen?" Jesus antwortete: „Du hättest keine Macht über mich, wenn es dir nicht von oben her gegeben wäre" (Johannes 19,10-11). **Jesus wusste, es war Gottes Plan, dass er vor Gericht kam.** Seine Zeit zu leiden und für die Sünden der Welt zu sterben, war gekommen.

Wenn du bei diesem Gerichtsverfahren dabei gewesen wärest, was hättest du über Jesus erzählt?

____

____

____

So kannst du heute beten: Lieber Gott, ich glaube, dass Jesus dein Sohn ist, wie er es gesagt hat! Danke, dass er bereit war, für meine Sünden zu leiden und zu sterben! Amen.

Lies Johannes 19,6-7

Wo waren die Freunde von Jesus?

Denn also hat Gott die Welt geliebt, dass er seinen eingeborenen
Sohn gab, damit alle, die an ihn glauben,
nicht verloren werden, sondern das ewige Leben haben.
Johannes 3,16

Bevor Jesus verhaftet und vor Gericht gestellt wurde, sprach er mit Petrus, einem seiner Jünger. Jesus sprach zu ihm: „Wahrlich, ich sage dir: In dieser Nacht, ehe der Hahn kräht, wirst du mich dreimal verleugnen." Petrus sprach zu ihm: „Und wenn ich mit dir sterben müsste, will ich dich nicht verleugnen." Das Gleiche sagten auch alle Jünger (Matthäus 26, 34-35). **Aber in der Nacht, als Jesus verraten wurde, flohen die Jünger. Sie hatten Angst.**

Petrus folgte Jesus in einem größeren Abstand. Es war ein furchtbarer Anblick. Jesus wurde für Dinge beschuldigt, die er nicht getan hatte. Er wurde ausgepeitscht und geschlagen, verspottet und bespuckt. Man konnte Jesus kaum wiedererkennen vor lauter Blut und blauen Flecken. Petrus saß draußen und wollte sich bei einem Feuer ein wenig aufwärmen. Ein Dienstmädchen zeigte auf ihn und sagte: „Du warst auch bei Jesus!" (Matthäus 26,69).

„Ich weiß nicht, wovon du sprichst", antwortete Petrus. **Zwei andere erkannten Petrus als einen Nachfolger von Jesus, aber auch diese zwei Male leugnete Petrus, dass er Jesus kannte.** Dann krähte der Hahn.

Da drehte sich Jesus um und schaute Petrus an. Petrus erinnerte sich an die Worte von Jesus. Wie konnte er Jesus nur verleugnen? Petrus ging weinend weg.

Schreibe auf, wie du einmal zu Jesus gestanden hast, obwohl es nicht einfach war:

____

____

____

So kannst du heute beten: Lieber Gott, ich habe verschiedene Male nicht zugegeben, dass ich dich kenne. Bitte vergib mir. Hilf mir, tapfer zu sein und zu dir zu stehen. Amen.

Lies Matthäus 26,69-75

Warum musste Jesus sterben?

Denn also hat Gott die Welt geliebt, dass er seinen eingeborenen Sohn gab, damit alle, die an ihn glauben, nicht verloren werden, sondern das ewige Leben haben.
Johannes 3,16

Die Arme von Jesus waren ausgestreckt, als die Soldaten ihn an das hölzerne Kreuz nagelten. Die Schmerzen waren schrecklich. Der Herr Jesus wurde gekreuzigt.

Die spottende Menge rief: „Wenn du Gottes Sohn bist, dann steig herunter vom Kreuz!" (vgl. Matthäus 27,42). Aber weil Jesus der Sohn Gottes war, stieg er nicht vom Kreuz herunter. Gott, der Vater, legte die ganze Schuld der Welt auf seinen vollkommenen Sohn Jesus. „Denn er hat den, der von keiner Sünde wusste, für uns zur Sünde gemacht, damit wir in ihm die Gerechtigkeit würden, die vor Gott gilt" (2. Korinther 5,21). **Jesus war bereit, zu bluten und am Kreuz zu sterben, um die Bestrafung auf sich zu nehmen, die Gott für die Sünde fordert.**

Stunden später verdunkelte sich der Himmel über dem gesamten Land. Jesus schrie laut: „Mein Gott, mein Gott, warum hast du mich verlassen?" (Matthäus 27,46). Der vollkommen reine, heilige Gott konnte seinen Sohn, der die ganze Schuld der Welt auf sich genommen hatte, nicht mehr ansehen.

Später sagte Jesus: „Vater, ich befehle* meinen Geist in deine Hände!" (Lukas 23,46) und dann starb er. Einige der Soldaten, die alles mit angesehen hatten, meinten: „Dieser Mann ist wirklich Gottes Sohn gewesen!" (Matthäus 27,54). **Als Jesus die gesamte Schuld der Welt am Kreuz auf sich nahm, tat er alles Nötige, um wirklich der Retter genannt zu werden.**

*befehle = gebe

Vervollständige den Satz: Jesus musste sterben, weil ...

____

____

____

So kannst du heute beten: Lieber Gott, danke, dass du deinen Sohn gesandt hast, damit er an meiner Stelle stirbt. Amen.

Lies 1. Petrus 3,18

Wer rollte den Stein weg?

Denn also hat Gott die Welt geliebt, dass er seinen eingeborenen Sohn gab, damit alle, die an ihn glauben, nicht verloren werden, sondern das ewige Leben haben.
Johannes 3,16

Ein Freund mit Namen Josef bat um die Erlaubnis, den Körper von Jesus vom Kreuz herunterzunehmen und ihn begraben zu dürfen. Nachdem der Körper von Jesus in besondere Tücher eingewickelt worden war, legten sie ihn in eine Grabhöhle. Ein großer Stein, der nur von mehreren Männern bewegt werden konnte, wurde vor den Eingang gewälzt. Die Obersten baten Pilatus, am Eingang der Höhle bewaffnete Soldaten aufzustellen und das Grab Tag und Nacht zu bewachen (Matthäus 27,57-65).

Aber plötzlich, am dritten Tag, geschah ein Erdbeben. **Ein Engel kam vom Himmel herab und rollte den Stein weg.** Die Wachen waren starr vor Schreck und fielen um, als ob sie tot wären. Einige Frauen, die mit Jesus befreundet waren, kamen zum Grab. Sie brachten Salben, um Jesus einzubalsamieren. **Doch als sie ankamen, waren sie überrascht: Ein hell strahlender Engel saß auf dem Stein.** Das Grab war leer. Jesus war verschwunden (Matthäus 28,1-4)!

„Aber der Engel sprach zu den Frauen: Fürchtet euch nicht! Ich weiß, dass ihr Jesus, den Gekreuzigten, sucht. Er ist nicht hier; er ist auferstanden, wie er gesagt hat. ... geht eilends hin und sagt seinen Jüngern, dass er auferstanden ist von den Toten ..." (Matthäus 28,5-7). Die Frauen liefen zu den Jüngern, um ihnen davon zu berichten.

Was hättest du zu Jesus gesagt am Tag, als er auferstanden war?

____

____

____

So kannst du heute beten: Lieber Gott, weil dein Sohn auferstanden ist, kann ich nun auf ewig mit dir im Himmel leben. Du bist ein wunderbarer Gott! Amen.

Lies Matthäus 28,1-6

Kann ich sicher wissen, dass mir vergeben ist?

Denn also hat Gott die Welt geliebt, dass er seinen eingeborenen Sohn gab, damit alle, die an ihn glauben, nicht verloren werden, sondern das ewige Leben haben.
Johannes 3,16

Fragst du dich manchmal, ob du wirklich errettet bist? Eines der letzten Dinge, die Jesus am Kreuz sagte, war: „Es ist vollbracht!“ Er meinte damit, dass er nun alles Nötige getan hatte, um für deine Sünden zu bezahlen. **Gott liebte dich schon, als du es noch nicht verdient hattest.** Jesus ist für dich gestorben, damit dir vergeben werden kann. Wenn du Jesus als deinen Retter angenommen hast, hält Gott sein Versprechen. Er hat dir vergeben und du hast ewiges Leben. Ein Schreiber in der Bibel sagt: „Das habe ich euch geschrieben, damit ihr wisst, dass ihr das ewige Leben habt, die ihr glaubt an den Namen des Sohnes Gottes“ (1. Johannes 5,13). Ebenso steht in der Bibel, dass Gott nicht mehr an deine Sünden denken wird, wenn er sie dir vergeben hat (Hebräer 8,12).

Vielleicht denkst du dir: „Aber ich fühle mich nicht so, als ob mir vergeben worden ist!“ **Die Vergebung ist nicht abhängig von deinem Gefühl.** Sie ist abhängig von deinem Glauben an Jesus und von dem, was er für dich getan hat. Schreibe deinen Namen hier in diese Verheißung: „Denn also hat Gott

____

geliebt, dass er seinen eingeborenen Sohn gab, damit

______________________________,

die (der) an ihn glaubt, nicht verloren werde, sondern das ewige Leben hat“ (Johannes 3,16).

Wie kannst du sicher wissen, dass dir vergeben worden ist?

____

____

____

So kannst du heute beten: Lieber Gott, danke, dass du dein Versprechen gehalten hast. Danke, dass du mir vergeben hast, und danke für die Gabe des ewigen Lebens. Amen.

Lies 1. Johannes 5,13

Was bedeutet: „Jesus ist mein Herr"?

Denn also hat Gott die Welt geliebt, dass er seinen eingeborenen
Sohn gab, damit alle, die an ihn glauben,
nicht verloren werden, sondern das ewige Leben haben.
Johannes 3,16

Wenn du Jesus als deinen Retter angenommen hast, ist er dein Herr geworden. Er ist der beste Herr, den du dir vorstellen kannst. Keiner sorgt so für seine Kinder, wie er das tut. Er ist ständig darauf bedacht, dir Gutes zu tun.

Weil Jesus dein Herr ist, möchte er in deinem Leben bestimmen. Er will, dass du ihm gehorchst. Ein Schreiber der Bibel sagt, wie das ganz praktisch aussieht: „Ich ermahne euch nun, liebe Brüder, durch die Barmherzigkeit Gottes, dass ihr eure Leiber hingebt als ein Opfer, das lebendig, heilig und Gott wohlgefällig ist. Das sei euer vernünftiger Gottesdienst" (Römer 12,1).

Gott möchte, dass du ihm dein Leben ganz zur Verfügung stellst. Gib ihm deine Augen und deine Ohren, deine Füße und deine Hände. Gib ihm deinen Verstand und dein Herz. Gib ihm jeden Teil deines Lebens. Das bedeutet, du erlaubst ihm, dein Leben völlig zu bestimmen.

Warum sollst du ihm dein ganzes Leben zur Verfügung stellen? Weil er dein Herr ist. Und weil auch er sein ganzes Leben am Kreuz für dich gegeben hat.
Er möchte, dass du heilig bist. Heilig sein heißt, ganz Gott zu gehören, für ihn abgesondert zu sein. Dann wird er dich nach seinem Willen einsetzen. **Möchtest du ihm dein ganzes Leben ausliefern?**

Wie sorgt Jesus, dein Herr, für dich?

____

____

____

So kannst du heute beten: Lieber Gott, ich gebe mich dir ganz. Ich will gehen, wohin du willst. Ich will tun, was du möchtest. Bitte zeige mir, wo das noch nicht ganz der Fall ist. Amen

Lies Römer 12,1

Wurde Jesus wirklich wieder lebendig?

... als Erstes habe ich euch weitergegeben ...: dass Christus gestorben ist für unsre Sünden nach der Schrift; und dass er begraben worden ist; und dass er auferstanden ist am dritten Tage nach der Schrift. 1. Korinther 15,3-4

„Jesus soll von den Toten auferstanden sein? Ich werde dir beweisen, dass das nicht stimmt!" Viele Leute haben das vom ersten Tag an gesagt, seit Jesus auferstanden ist. Manche sagen es sogar heute noch. Vielleicht hast du auch schon darüber nachgedacht, ob Jesus wirklich auferstanden ist. Aber es stimmt! Dafür gibt es einige Beweise.

Einige wollten beweisen, dass Jesus gar nicht richtig gestorben sei. Sie sagten, er habe alles nur vorgetäuscht und die Jünger hätten nur so getan, als sei Jesus gestorben und wieder auferstanden. Aber die Feinde von Jesus waren darauf bedacht, dass er mit Sicherheit tot war, bevor sein Körper vom Kreuz genommen und ins Grab gelegt wurde. Sie sorgten auch dafür, dass niemand seinen Leichnam stehlen konnte, um dann zu sagen, er sei auferstanden.

Nachdem Jesus auferstanden war, sahen ihn über 500 Menschen bei mindestens 15 verschiedenen Gelegenheiten. Sie berührten ihn, sprachen und aßen mit ihm. Manche dieser Zeugen wurden von den Feinden von Jesus getötet. Wenn die Auferstehung nicht gestimmt hätte, hätten sie es sicher gesagt, um ihr eigenes Leben zu retten.
Über Hunderte von Jahren haben Millionen von Menschen bezeugt, dass Jesus am Leben ist. **Obwohl wir ihn nicht mit unseren Augen sehen können, können wir sehen, wie er unser Leben verändert und unsere Gebete erhört.**

Wie kannst du wissen, dass Jesus lebt?

____

____

____

So kannst du heute beten: Lieber Gott, danke, dass Jesus lebt und dass er in meinem Leben handelt. Amen.

Lies 1. Korinther 15,3-5

Was waren die letzten Worte von Jesus?

... als Erstes habe ich euch weitergegeben ...: dass Christus gestorben ist für unsre Sünden nach der Schrift; und dass er begraben worden ist; und dass er auferstanden ist am dritten Tage nach der Schrift. 1. Korinther 15,3-4

Wenn du deine Familie oder Freunde für eine lange Zeit nicht mehr sehen könntest, was würdest du zu ihnen sagen? Ich bin sicher, dass du deine Worte sehr genau wählen würdest. Sie würden sich deine letzten Worte sicher gern merken.

Nachdem Jesus wieder lebendig geworden war, blieb er noch ungefähr 40 Tage auf der Erde (Apostelgeschichte 1,3). Dann war es Zeit für ihn, wieder in den Himmel zu Gott zurückzukehren. Seine Familie und seine Freunde würden ihn sehr lange nicht mehr sehen. Was waren die letzten Worte von Jesus an die Menschen, die er liebte? **„Und er sprach zu ihnen: Gehet hin in alle Welt und predigt das Evangelium aller Kreatur*" (Markus 16,15).** *aller Kreatur = allen Menschen

Diese Anweisungen von Jesus gelten auch für dich und für mich. **Sage den anderen Menschen überall die gute Botschaft von Jesus Christus.** Er starb und nahm die Strafe für unsere Sünde auf sich. Nach drei Tagen wurde er wieder lebendig (ist er auferstanden). Jetzt kann jedermann an ihn glauben und die Gabe des ewigen Lebens erhalten.

Kennst du jemanden, der unbedingt von Jesus hören sollte? Plane Zeit ein, um ihr oder ihm davon zu erzählen. Kennst du andere Leute, die die frohe Botschaft von Jesus weitergeben? Vielleicht kannst du für sie beten oder Geld für sie spenden.

Wem möchtest du diese Woche die gute Botschaft von Jesus sagen?

____

____

____

So kannst du heute beten: Lieber Gott, hilf mir, anderen von Jesus zu erzählen. Gebrauche mich, um anderen zu helfen, die Botschaft weiterzugeben. Amen.

Lies Markus 16,15

Wie kehrte Jesus in den Himmel zurück?

... als Erstes habe ich euch weitergegeben ...: dass Christus gestorben ist für unsre Sünden nach der Schrift; und dass er begraben worden ist; und dass er auferstanden ist am dritten Tage nach der Schrift. 1. Korinther 15,3-4

Eines Tages nahm Jesus seine Jünger mit auf einen Berg. Er hatte ihnen gerade seine letzten Anweisungen gegeben. **Jetzt war die Zeit gekommen, in den Himmel zurückzukehren.** Plötzlich, während die Jünger still staunend zusahen, begann Jesus, in den Himmel aufzusteigen. Schließlich verbarg ihn eine Wolke, sodass sie ihn nicht mehr sehen konnten. Es war erstaunlich! Jesus' große Macht hatte ihn zurück in den Himmel gebracht (Apostelgeschichte 1,9-10).

Als die Jünger weiter in den Himmel starrten, erschienen ihnen zwei Engel, die sagten zu ihnen: „Ihr Männer von Galiläa, was steht ihr da und seht zum Himmel? Dieser Jesus, der von euch weg gen* Himmel aufgenommen wurde, wird so wiederkommen, wie ihr ihn habt gen* Himmel fahren sehen" (Apostelgeschichte 1,11). **Eines Tages wird Jesus wieder auf den Wolken zu uns zurückkehren.**

*gen = in den

Was machten die Jünger als Nächstes? „Sie aber beteten ihn an und kehrten zurück nach Jerusalem mit großer Freude" (Lukas 24,52). Kannst du dir vorstellen, wie es den Jüngern ging, als sie den Menschen mitteilten, was gerade geschehen war? Das war ein aufregender Tag. Aber noch aufregender ist es, dass Jesus eines Tages wiederkommen wird!

Was hättest du getan, wenn du gesehen hättest, wie Jesus zum Himmel auffuhr?

___

___

___

So kannst du heute beten: Lieber Gott, ich bin froh, dass du im Himmel lebst. Hilf mir, anderen von dieser Nachricht zu erzählen. Amen.

Lies Apostelgeschichte 1,9-11

Was macht Jesus im Himmel?

... als Erstes habe ich euch weitergegeben ...: dass Christus gestorben ist für unsre Sünden nach der Schrift; und dass er begraben worden ist; und dass er auferstanden ist am dritten Tage nach der Schrift. 1. Korinther 15,3-4

Es sind ungefähr 2000 Jahre vergangen, seit Jesus die Erde verlassen hat, um in den Himmel zurückzukehren. Was hat er in dieser langen Zeit getan? **Eines, was er seitdem tut, ist, seinen Kindern eine wunderschöne Wohnung zu bereiten.** Er hat versprochen: „In meines Vaters Hause sind viele Wohnungen. Wenn's nicht so wäre, hätte ich dann zu euch gesagt: Ich gehe hin, euch die Stätte zu bereiten?" (Johannes 14,2).

Wird diese Wohnung wie ein schönes Haus in Asien, Afrika oder Amerika aussehen? Wird es wie eine große Burg in Europa aussehen oder wie ein schönes Zuhause auf einer Insel? Nichts auf der Erde kann annähernd so schön sein! Ein vollkommener Gott, der dich sehr liebt, wird diese vollkommene Wohnung für dich bereiten!

Aber Jesus bereitet nicht nur eine Wohnung für dich, sondern er bereitet auch dich für diese Wohnung vor! Er möchte, dass du bereit bist, all das zu genießen, was er für dich gemacht hat. Deshalb betet er auch für dich: „Christus Jesus ... der auch auferweckt ist, der zur Rechten Gottes ist und uns vertritt*" (Römer 8,34). Ist es nicht wunderbar zu wissen, dass Jesus jetzt gerade an dich denkt? Er liebt dich, er betet für dich, und er freut sich darauf, in Ewigkeit mit dir zusammen zu sein!

* uns vertritt = für uns betet

Wie stellst du dir deinen Platz im Himmel vor?

___

___

___

So kannst du heute beten: Lieber Gott, danke, dass du für mich einen ganz besonderen Platz im Himmel vorbereitest. Lieber Herr Jesus Christus, danke, dass du für mich betest, damit ich für diesen Platz bereit bin. Amen.

Lies Johannes 14,2-3

Betet Jesus wirklich für mich?

... als Erstes habe ich euch weitergegeben ...: dass Christus gestorben ist für unsre Sünden nach der Schrift; und dass er begraben worden ist; und dass er auferstanden ist am dritten Tage nach der Schrift. 1. Korinther 15,3-4

Ja! Jesus betet für dich! Er betet für dich, damit du nicht der Versuchung der Sünde nachgibst. Jesus kann sich an die Zeit auf Erden erinnern, in der er selbst vom Satan versucht wurde. Er weiß, dass du noch immer zur Sünde neigst. **Er betet, dass du zur Versuchung „Nein" sagen kannst.**

Die Bibel sagt, dass Satan Tag und Nacht vor Gottes Thron steht und uns wegen unserer Sünden anklagt (Offenbarung 12,10). Jedes Mal, wenn wir der Sünde nachgeben, teilt Satan es Gott mit. Dann tritt der Herr Jesus vor Gott, den Vater, um für uns einzutreten. Die Bibel sagt: „... so haben wir einen Fürsprecher bei dem Vater, Jesus Christus, der gerecht ist" (1. Johannes 2,1). Jesus, der vollkommen ist, ist für dich wie ein Rechtsanwalt. Er sagt dem Richter, Gott, dem Vater: „Sieh meine Gerechtigkeit an. Ich habe bereits für seine Sünde bezahlt, als ich am Kreuz starb!" **Keine Anklage von Satan kann gegen die Verteidigung von Jesus ankommen.**

Bist du nicht froh, dass Jesus jeden Tag für dich betet?

Warum ist es nötig, dass Jesus für dich betet?

____

____

____

So kannst du heute beten: Lieber Gott, danke für Jesus, der für mich betet. Danke für deine Vergebung. Amen.

Lies 1. Johannes 2,1

Wann kommt Jesus auf die Erde zurück?

... als Erstes habe ich euch weitergegeben ...: dass Christus gestorben ist für unsre Sünden nach der Schrift; und dass er begraben worden ist; und dass er auferstanden ist am dritten Tage nach der Schrift. 1. Korinther 15,3-4

Wenn die wenigsten es erwarten, wird Jesus wiederkommen. Die Propheten haben das erste Kommen von Jesus auf die Erde vorausgesagt, und er kam auch. Die Bibel sagt: „Denn er selbst, der Herr, wird, wenn der Befehl ertönt, wenn die Stimme des Erzengels und die Posaune Gottes erschallen, herabkommen vom Himmel" (1. Thessalonicher 4,16). Jesus selbst hat uns versprochen, dass er eines Tages wieder auf die Erde zurückkehren wird. „Und wenn ich hingehe, euch die Stätte zu bereiten, will ich wiederkommen und euch zu mir nehmen, damit ihr seid, wo ich bin" (Johannes 14,3). Er wird kommen und seine Kinder mit nach Hause in den Himmel nehmen!

Wann wird das passieren? Jesus hat es uns nicht gesagt! Es könnte jeden Tag zu jeder Zeit geschehen! Die Bibel gibt uns einige Hinweise über die Rückkehr von Jesus, auf die wir achten sollen. Seine Wiederkunft könnte während deines Lebens stattfinden. Wenn du Jesus noch nicht als deinen Retter angenommen hast, könnte diese Nachricht dich erschrecken! Du wirst zurückgelassen werden und viel zu leiden haben. Aber du kannst ihn heute als deinen Retter annehmen! Wenn du Jesus schon als deinen Retter angenommen hast, kannst du dich darauf freuen, ihn von Angesicht zu Angesicht zu sehen!

Wie würdest du deine Zeit verbringen, wenn du wüsstest, dass Jesus heute wiederkommt?

____

____

____

So kannst du heute beten: Lieber Gott, danke, dass Jesus wiederkommt. Hilf mir, für seine Wiederkunft bereit zu sein. Amen.

Lies 1. Thessalonicher 4,16-17

Wie kann ich für die Wiederkunft von Jesus bereit sein?

... als Erstes habe ich euch weitergegeben ...: dass Christus gestorben ist für unsre Sünden nach der Schrift; und dass er begraben worden ist; und dass er auferstanden ist am dritten Tage nach der Schrift. 1. Korinther 15,3-4

Wenn du schon einmal eine Reise gemacht hast, weißt du sicher, dass man sich darauf vorbereiten sollte. Schon jetzt ist es nötig, dass du dich für deine Reise in den Himmel vorbereitest. Wenn du Jesus noch nicht als deinen Retter angenommen hast, wäre jetzt ein guter Zeitpunkt! Die Bibel sagt: „Siehe, jetzt ist die Zeit der Gnade, siehe, jetzt ist der Tag des Heils!" (2. Korinther 6,2). Sage Gott, dass dir deine Sünden leidtun. Danke dem Herrn Jesus, dass er deine Strafe am Kreuz auf sich genommen hat. Bitte ihn, dass er dich zu seinem Kind macht. **Wenn du merkst, dass Jesus dein Herr sein will, dann warte nicht!** Weißt du, ob du eine weitere Gelegenheit bekommst?

Wenn du Jesus bereits als deinen Retter angenommen hast, ist nun die Zeit, Gott besser kennenzulernen. Jetzt ist die Zeit, seinem Wort zu gehorchen. Die Bibel sagt: „Und nun, Kinder, bleibt in ihm, damit wir, wenn er offenbart wird, Zuversicht haben und nicht zuschanden werden vor ihm, wenn er kommt" (1. Johannes 2,28). **Wenn du in enger Beziehung zu Jesus Christus stehst, musst du dich nicht schämen, wenn er wiederkommt.** Wenn du in diesem Buch weiterliest, wirst du viele Dinge lernen, die dir helfen, dich auf deine Reise in den Himmel vorzubereiten.

Was kannst du heute tun, um dich auf deine Reise in den Himmel vorzubereiten?

____

____

____

So kannst du heute beten: Lieber Gott, danke, dass ich eines Tages bei dir im Himmel sein werde. Hilf mir, mich jetzt schon auf den Tag vorzubereiten, an dem ich dich sehen werde. Amen.

Lies 1. Johannes 2,28

Prima,

du hast alle Andachten zum Thema „Gott, der Sohn“ durchgelesen.

Nun kannst du deine Entdecker-Seite „Gott, der Sohn“ ausfüllen. Du hast sie mit dem Brief erhalten, in dem wir dir deine Entdecker-Seite Nr. 1 zurückgeschickt haben.

Wenn du die Entdecker-Seite Nr. 2 fertig ausgefüllt hast, dann falte sie an der Linie und stecke sie in einen Briefumschlag. Wenn du möchtest, lege auch den Zettel mit deinen Gebetsanliegen bei. Klebe eine Briefmarke auf den Umschlag und sende alles an die Adresse vom KEB-Mailbox-Club.

Jetzt

darfst du deine Entdecker-Seite Nr. 2 einschicken!

Wir werden uns deine Antworten ansehen und sie wieder mit einigen persönlichen Sätzen und deiner Entdecker-Seite Nr. 3 an dich zurückschicken.

Freue dich darauf, in den nächsten Andachten mehr über das Thema „Gott, der Heiligen Geist“ im Leben als Christ zu erfahren.

Dein KEB-Mailbox-Club

Gott, der Heilige Geist

Wer ist der Heilige Geist?

Wisst ihr nicht, dass ihr Gottes Tempel seid
und der Geist Gottes in euch wohnt?
1. Korinther 3,16

Hast du schon einmal ein Gerät bekommen, auf dem eine Garantie war, z. B. einen MP-3-Player oder eine Play-Station? Eine Garantie ist ein Versprechen, dass das Gerät in Ordnung ist. Wenn du Jesus als deinen Retter annimmst, gibt Gott dir das Versprechen, dass du einmal ewiges Leben bei ihm im Himmel hast. Diese Gewissheit gibt dir der Heilige Geist.

Der Heilige Geist ist eine Person und keine Kraft. Er hat Gefühle wie ein Mensch. Er kann Entscheidungen treffen, weil er einen Willen hat. Er hat einen Verstand und kann lehren. Er ist eine Person und er ist Gott. Unser Gott ist eine „drei-einige" Person. Er ist Gott, der Vater, Gott, der Sohn, und Gott, der Heilige Geist.

Wenn du Jesus als deinen Retter aufnimmst, kommt der Heilige Geist, um in dir zu wohnen. Da er Gott ist, wird dein Körper zum Haus, in dem Gott lebt. Die Bibel sagt: „Wisst ihr nicht, dass ... der Geist Gottes in euch wohnt?" (1. Korinther 3,16). Auch wenn du ihn nicht sehen kannst, ist er doch wirklich da. **Der Heilige Geist erinnert dich stets daran, dass Gott immer bei dir ist! Durch ihn bestätigt dir Gott, ewiges Leben zu haben.**

Schreibe drei Dinge auf, die du über den Heiligen Geist gelernt hast:

____

____

____

So kannst du heute beten: Lieber Gott, danke, dass du mir den Heiligen Geist geschenkt hast, damit ich weiß, dass ich das ewige Leben habe. Amen.

Lies Johannes 7,39

Was bewirkt der Heilige Geist?

Wisst ihr nicht, dass ihr Gottes Tempel seid
und der Geist Gottes in euch wohnt?
1. Korinther 3,16

Der Heilige Geist wohnt in Menschen, die Jesus als ihren Retter angenommen haben. Aber was tut der Heilige Geist für Menschen, die Jesus nicht angenommen haben? Die Bibel sagt, er wird „der Welt die Augen auftun über die Sünde und über die Gerechtigkeit und über das Gericht" (Johannes 16,8). **Der Heilige Geist gebraucht Gottes Wort, um den Menschen zu zeigen, dass sie Sünder sind.**

Vielleicht hast du Jesus noch nicht als deinen Retter angenommen. Hat der Heilige Geist zu dir gesprochen? Dann bekenne Gott deine Sünden und wende dich ganz bewusst von den falschen Dingen ab. Sag ihm, dass du auf Jesus vertraust, der am Kreuz für deine Sünden gestorben ist. Er wird dir noch heute vergeben.

Wenn du Jesus als deinen Retter angenommen hast, kann der Heilige Geist dir helfen, anderen von Jesus zu erzählen. Du kannst z. B. Bibelverse über Jesus an sie weitergeben. Der Heilige Geist wird die Verse als Hilfe benutzen, damit sie verstehen, dass sie Sünder sind und Vergebung brauchen.
Fällt dir jemand ein, der Jesus noch nicht als seinen Retter kennt? Willst du dich vom Heiligen Geist gebrauchen lassen, um diesem Menschen zu zeigen, wie er auf Jesus vertrauen kann? Sprich von der Wahrheit über Jesus und lass den Heiligen Geist sein Werk tun.

Was tut der Heilige Geist für Menschen, die Jesus noch nicht als ihren Retter angenommen haben?

____

____

____

So kannst du heute beten: Lieber Gott, danke für den Heiligen Geist. Hilf mir, jemandem, der dich noch nicht kennt, die gute Nachricht von Jesus´ Vergebung zu sagen. Amen.

Lies 1. Thessalonicher 1,5

Wie wirkt der Heilige Geist in meinem Leben?

Wisst ihr nicht, dass ihr Gottes Tempel seid
und der Geist Gottes in euch wohnt?
1. Korinther 3,16

Landkarten werden benutzt, um den richtigen Weg zu finden. Oft sind Karten schwer zu verstehen. Du brauchst jemanden, der dir zeigt, wie man sie liest. Die Bibel ist wie eine Karte. Sie zeigt dir den Weg, wie du in den Himmel kommen kannst. Sie zeigt dir, wie du für Jesus leben kannst. **Der Heilige Geist hilft dir, diese „Karte" zu lesen.**

Wenn du Jesus als deinen Retter angenommen hast, wohnt der Heilige Geist in dir. Der Heilige Geist hilft dir, die Bibel zu verstehen und Gott immer besser kennenzulernen. Er gibt dir Kraft, das Richtige zu tun und zur Sünde „Nein" zu sagen. Wenn du sündigst, lässt der Heilige Geist dich wissen, dass du etwas falsch gemacht hast. Er hilft dir zu verstehen, dass du Gott sagen musst, was du falsch gemacht hast.

Die Bibel nennt den Heiligen Geist deinen Tröster, das heißt Helfer. Bevor Jesus die Erde verließ, um in den Himmel zurückzukehren, sagte er seinen Jüngern: „Und ich will den Vater bitten, und er wird euch einen andern Tröster geben, dass er bei euch sei in Ewigkeit" (Johannes 14,16). Jesus nannte diesen Tröster oder Helfer den Geist der Wahrheit, der für immer in den Kindern Gottes wohnen wird (Johannes 14,17). Ist es nicht wunderbar zu wissen, dass der Heilige Geist immer in dir wohnen wird? Er ist dein Helfer!

Kannst du dir drei Möglichkeiten vorstellen, wie der Heilige Geist dir hilft? Schreibe sie hier auf:

____

____

____

So kannst du heute beten: Lieber Gott, danke für den Heiligen Geist, der mir hilft. Ich will auf ihn hören und mehr von dir lernen. Amen.

Lies Johannes 14,26

Was bedeutet es, vom Heiligen Geist erfüllt zu sein?

Wisst ihr nicht, dass ihr Gottes Tempel seid
und der Geist Gottes in euch wohnt?
1. Korinther 3,16

Wenn du Jesus als deinen Retter aufnimmst, kommt der Heilige Geist, um für immer in dir zu wohnen. Gott möchte, dass du vom Heiligen Geist erfüllt bist. Das heißt, er möchte alle deine Lebensbereiche kontrollieren. Die Bibel sagt: „... lasst euch vom Geist erfüllen"(Epheser 5,18). Wenn der Heilige Geist dich erfüllt, kontrolliert er deine Gedanken, Worte und Taten. Der Heilige Geist wird für immer in dir wohnen. Deshalb lass ihn auch in die hinterste Ecke deines Lebens hineinleuchten und aufräumen. Dann kannst du Gott mit deinem Leben erfreuen.

Woran merkst du, ob der Heilige Geist in dir ist? Er gibt dir Kraft, über die Sünde zu siegen. Er kontrolliert deine Gedanken, Worte und Taten, sodass sie Gott erfreuen. Zeigen deine Gedanken, Worte und Taten, dass der Heilige Geist in dir wirkt? Wenn nicht, bitte Gott, dass der Heilige Geist wieder mehr Raum in deinem Leben bekommt.

Gott möchte dich jeden Tag mit seinem Geist ausfüllen. Aber hast du schon gewusst, dass Gott dir den Heiligen Geist für ganz besondere Aufgaben schenkt? Gottes Geist befähigt dich dann, diese besonderen Aufgaben auch auszuführen. Aber vergiss nicht, dass er dich jeden Tag ausfüllen möchte, sodass du ihm besser dienen kannst.

Woran kannst du feststellen, ob du vom Heiligen Geist erfüllt bist?

____

____

____

So kannst du heute beten: Lieber Gott, danke für den Heiligen Geist, der mir hilft, so zu leben, wie es dir gefällt. Ich möchte, dass dein Geist alle Bereiche meines Lebens kontrolliert. Amen.

Lies Epheser 5,18-20

Kann der Heilige Geist mir dabei helfen, nicht mehr zu sündigen?

Wisst ihr nicht, dass ihr Gottes Tempel seid
und der Geist Gottes in euch wohnt?
1. Korinther 3,16

Marina starrte grübelnd auf den Computer. Ihre Mutter hatte ihr gesagt: „Keine Computer-Spiele, bevor du deine Hausaufgaben erledigt hast." Marina nahm an, dass ihre Mutter noch mindestens eine Stunde weg sein würde. Sie war versucht (hatte den starken Wunsch), nur ein kleines Spiel zu machen, aber gleichzeitig wusste sie, dass dieser Ungehorsam Sünde sein würde.

Bevor du Jesus als deinem Retter vertraut hast, warst du unter der Macht und Herrschaft der Sünde. Aber nun ist der Heilige Geist in dir. Die Bibel sagt, dass du sein lebendiger Tempel bist. Der Heilige Geist möchte dir dabei helfen, diesen Tempel von Sünde frei zu halten. Er wohnt in dir, um dich von der Macht und der Kontrolle der Sünde zu befreien. „Denn die Sünde wird nicht herrschen können über euch ..." (Römer 6,14).

Das bedeutet jedoch nicht, dass du nie wieder zur Sünde verleitet wirst. Wenn du zur Sünde verleitet wirst, zeigt es dir der Heilige Geist. Er hilft dir dabei, zu erkennen, dass dein Verhalten falsch ist. Aber es liegt an dir, dich dafür zu entscheiden, Gott gehorsam zu sein. Sei aufmerksam, was der Heilige Geist dir zeigen möchte. Er wirkt in dir. Er wird es dir möglich machen, Gott zu gehorchen und nicht zu sündigen.

Möchtest du dich dazu entscheiden, auf den Heiligen Geist zu hören und zu tun, was richtig ist?

Was tut der Heilige Geist, wenn du dazu verleitet wirst zu sündigen?

____

____

____

So kannst du heute beten: Lieber Gott, danke, dass der Heilige Geist es mir deutlich macht, bevor ich sündige. Hilf mir, auf ihn zu hören und nicht zu sündigen. Amen.

Lies Epheser 3,16

Was passiert, wenn ich sündige?

Wisst ihr nicht, dass ihr Gottes Tempel seid
und der Geist Gottes in euch wohnt?
1. Korinther 3,16

Hast du jemals einem Freund etwas Schlechtes angetan und wolltest es vor ihm verbergen? Warst du traurig und hattest du Angst, dass er es herausfinden würde? Hast du dich von ihm fern gehalten? Weil du deinem Freund etwas Schlechtes angetan hast, hast du deine Gemeinschaft (Freundschaft) mit ihm zerstört. Wenn du allerdings deinem Freund sagst, was du getan hast, machst du es wieder gut. Du möchtest wieder mit ihm zusammen sein.

Wenn du gegen Gott sündigst, ist es genau dasselbe. Du willst bald nicht mehr mit ihm im Gebet reden. Du möchtest die Bibel nicht mehr lesen. **Sünde zerstört deine Gemeinschaft (Freundschaft) mit Gott.** Gott wird dich niemals verlassen, aber Sünde macht ihn sehr traurig. Die Sünde wird auch dich traurig machen. Sie wird deinen Frieden und deine Freude wegnehmen. Sünde blockiert auch deine Gebete, sodass Gott dir nicht antworten wird. Die Bibel sagt: „Wenn ich Unrechtes vorgehabt hätte in meinem Herzen, so hätte der Herr nicht gehört“ (Psalm 66,18).

Wenn du sündigst, erlaubst du dem Heiligen Geist nicht mehr, dein Leben zu leiten. Dann beginnt er, dich der Sünde zu überführen (zeigt dir deine Sünde). Er weckt in dir den Wunsch, mit Gott wieder ins Reine zu kommen. Du musst Gott deine Sünden bekennen (mit ihm übereinstimmen, dass du gesündigt hast), um die Dinge wieder in Ordnung zu bringen.

Wie beeinflusst Sünde deine Freundschaft mit Gott?

____

____

____

So kannst du heute beten: Lieber Gott, danke für den Heiligen Geist, der mich von der Sünde überführt. Hilf mir, auf ihn zu hören und das zu tun, was richtig ist. Amen.

Lies Psalm 51,12-14

Wie bekenne ich Gott meine Sünden?

Wisst ihr nicht, dass ihr Gottes Tempel seid
und der Geist Gottes in euch wohnt?
1. Korinther 3,16

Tanja saß im Büro des Direktors. Sie hatte großen Ärger. Ihre Lehrerin hatte sie beim Beschreiben der Toilettenwand erwischt. Der Direktor kam in sein Büro und schloss die Tür. „Tanja," sagte er, „ich bin sehr enttäuscht von dir." – „Es tut mir leid", sagte Tanja. „Wirklich?", fragte er. „Tut es dir leid, dass du etwas Falsches getan hast oder tut es dir leid, dass du erwischt worden bist?"

Wenn du sündigst, macht dich der Heilige Geist, der in dir wohnt, darauf aufmerksam. Er lässt es dich wissen, dass etwas zwischen dir und Gott nicht mehr in Ordnung ist. Es sollte dir leidtun, dass du gegen Gott gesündigt hast, nicht, dass du erwischt worden bist. Bekenne Gott deine Sünden und sei bereit, sie zu lassen. Dann kommt die Beziehung zu Gott wieder in Ordnung.

Bekennen heißt, die Sünden beim Namen zu nennen; das bedeutet, mit Gott übereinzustimmen, dass du falsch gehandelt hast. Gott weiß es bereits, aber er möchte, dass du es ihm sagst. Die Bibel sagt: „Wenn wir aber unsre Sünden bekennen, so ist er treu und gerecht, dass er uns die Sünden vergibt ..." (1. Johannes 1,9).

Sage Gott: „Ich gebe zu, dass ich falsch gehandelt habe, als ich ... (benenne die Sünde)." Gott verspricht, dir zu vergeben. Danke ihm für seine Vergebung und bitte ihn, dir zu helfen, dies nicht wieder zu tun. Eventuell ist es auch nötig, dass du jemanden um Entschuldigung bittest, der durch deine Sünde verletzt oder geschädigt worden ist.

Was verspricht Gott zu tun, wenn du ihm deine Sünden bekennst?

___

___

___

So kannst du heute beten: Lieber Gott, danke für deine Vergebung. Hilf mir, mich richtig zu verhalten und nicht der Sünde nachzugeben. Amen.

Lies 1. Johannes 1,9-10

Was passiert, wenn ich meine Sünden bekenne?

Wisst ihr nicht, dass ihr Gottes Tempel seid
und der Geist Gottes in euch wohnt?
1. Korinther 3,16

Was tust du, wenn du vom Spiel im Freien hereinkommst und schmutzig bist? Du nimmst ein Bad. Dein „wahres Ich" wird schmutzig, wenn du sündigst. Es hat eine Reinigung nötig. Gott deine Sünden zu bekennen, ist wie ein geistliches Bad für dein „wahres Ich".

Erinnerst du dich, was du über den Heiligen Geist gelernt hast? Wenn du Jesus als deinen Retter annimmst, kommt der Heilige Geist, um in dir zu wohnen. Dein Körper ist der Tempel, in dem er wohnt. **Der Heilige Geist ist dein Helfer. Und wenn du der Sünde nachgibst, überführt er dich.**

Gott verspricht, dir zu vergeben, wenn du ihm deine Sünden bekennst. „Wenn wir aber unsre Sünden bekennen, so ist er treu und gerecht, dass er uns die Sünden vergibt und reinigt uns von aller Ungerechtigkeit*" (1. Johannes 1,9). Deshalb ist es wie ein geistliches Bad, wenn du Gott deine Sünden bekennst.

* Ungerechtigkeit = Sünde

Wenn du deine Sünden bekennst, wird deine Beziehung zu Gott wieder in Ordnung gebracht. Dein Frieden und deine Freude kommen zurück. Gott hört und beantwortet wieder deine Gebete. Du bist wieder neu von ihm erfüllt. Er übt wieder die Herrschaft über dich aus.

Es ist ein großartiges Gefühl, wenn man gebadet hat und sauber ist. Aber ein geistliches Bad zu nehmen und Vergebung zu bekommen, ist noch viel besser!

Schreibe drei Dinge auf, die der Heilige Geist tut, nachdem du Gott deine Sünden bekannt hast:

___

___

___

So kannst du heute beten: Lieber Gott, hilf mir, auf den Heiligen Geist zu hören und nicht der Sünde nachzugeben, wenn ich dazu verleitet werde. Ich danke dir für dein Versprechen, mir zu vergeben, wenn ich meine Sünden bekenne. Amen.

Lies Micha 7,19

Wie lehrt mich der Heilige Geist?

Wenn aber jener, der Geist der Wahrheit, kommen wird,
wird er euch in alle Wahrheit leiten.
Johannes 16,13

Hast du Lieblingslehrer? Warum magst du sie am meisten? Weil sie dir helfen, neue Dinge zu lernen? Weil sie dir helfen, den Unterricht zu verstehen? Gute Lehrerinnen und Lehrer bringen dich zum Nachdenken. Sie machen das Lernen einfach und interessant.

Auch der Heilige Geist ist dein Lehrer. Die Bibel sagt: „... der Heilige Geist ... wird euch alles lehren ..." (Johannes 14,26). **Die Bibel ist das Buch, das der Heilige Geist benutzt, um dich zu unterrichten.** Wenn du Gottes Wort liest, hilft dir der Heilige Geist zu verstehen, was gesagt wird. Er hilft dir, mehr über Gott zu lernen. **Er hilft dir, in deinem Leben als Christ zu wachsen und Gott zu erfreuen.**

Bevor du Gottes Wort liest, ist es wichtig zu beten. Bitte Gott, dir durch den Heiligen Geist zu helfen, das zu verstehen, was du jetzt lesen willst. Wenn du fertig bist mit dem Lesen, bitte Gott, dass er dir hilft, dem zu gehorchen, was du gerade gelesen hast. Ärgere dich nicht, wenn du nicht alles verstehst, was in der Bibel steht. Selbst Erwachsene verstehen nicht alles. Aber was der Heilige Geist dich jetzt wissen lassen möchte, wird er dir zeigen.

Schreibe zwei Dinge auf, die der Heilige Geist dir hilft zu lernen und zu verstehen:

____

____

____

So kannst du heute beten: Lieber Gott, danke, dass der Heilige Geist mein Lehrer ist. Hilf mir, dem zu gehorchen, was er mich lehrt. Amen.

Lies Psalm 119,33-37

Wie führt mich der Heilige Geist?

Wenn aber jener, der Geist der Wahrheit, kommen wird,
wird er euch in alle Wahrheit leiten.
Johannes 16,13

Der Heilige Geist ist nicht einfach nur ein Lehrer; er ist auch dein Leiter. **Der Heilige Geist will dich in kleinen Dingen anleiten.** Er wird dir helfen, mit einem Freund über Jesus zu sprechen. Er wird dir zeigen, wie du jemandem helfen kannst, der andere verletzt. **Er wird dich auch in großen Dingen führen, z. B. welchen Beruf du lernen sollst, wenn du erwachsen bist, oder wen du heiraten sollst.**

Wenn du Jesus als deinen Retter angenommen hast, solltest du Gott um Führung bitten. Dann höre still auf seinen Plan. **Ein Weg, wie der Heilige Geist dich führt, ist Gottes Wort.** Das Bibellesen wird dir helfen, Gottes Gedanken zu erkennen. **Ein zweiter Weg, wie er führt, ist durch Dinge, die geschehen.** Finde heraus, wie Gott wirkt. Gott wird Dinge geschehen lassen, die dir seinen Plan Schritt für Schritt zeigen. **Ein dritter Weg, wie der Heilige Geist führt, ist durch andere Christen.** Er gebraucht möglicherweise deine Eltern oder andere, die Gott lieben, um dir gute Ratschläge zu geben.

Gott verspricht: „Ich will dich unterweisen und dir den Weg zeigen, den du gehen sollst“ (Psalm 32,8). **Du weißt nicht, was in der Zukunft passieren wird, aber Gott weiß es.** Er weiß, was für dich am besten ist. Du kannst dem Heiligen Geist vertrauen; er führt dich.

Hast du dem Heiligen Geist erlaubt, dich zu führen? Wenn ja, schreibe eine Begebenheit auf:

____

____

____

So kannst du heute beten: Lieber Gott, hilf mir, dir zu vertrauen und dem Heiligen Geist zu erlauben, mich jeden Tag zu führen. Amen.

Lies Psalm 73,23-24

Was bedeutet es, den Heiligen Geist zu „dämpfen“?

Wenn aber jener, der Geist der Wahrheit, kommen wird,
wird er euch in alle Wahrheit leiten.
Johannes 16,13

Der Heilige Geist gibt dir durch Gottes Wort Anstöße, das zu tun, was Gott will. Auf diese Weise warnt er dich, wenn du im Begriff bist, etwas Falsches zu tun. Er hilft dir und führt dich. Die Bibel sagt: „Den Geist dämpft nicht“ (1. Thessalonicher 5,19). Das bedeutet: Mache die Anstöße und Hinweise, die der Heilige Geist dir gibt, nicht wirkungslos.

Du kennst vielleicht einen Stoßdämpfer im Auto. Er mildert die Stöße ab, die von einer unebenen Straße ausgehen. Während ein Stoßdämpfer im Auto gut ist, wäre es verkehrt, wenn du den Heiligen Geist dämpfst und seine Anstöße überhörst. **Der Einfluss des Heiligen Geistes in deinem Leben wird stärker, wenn du betest, die Bibel liest, Gott gehorchst und von Jesus weitererzählst.** Bist du dagegen ungehorsam, dämpfst du den Geist. Du dämpfst ihn auch dann, wenn du ihm nicht erlaubst, dich im Dienst für Gott zu führen. Ohne die Führung des Geistes hast du keine wirkliche Freude und keinen inneren Frieden.

Wenn die Bibel sagt „Den Geist dämpft nicht“, meint sie damit nicht, dass der Heilige Geist dich dann verlassen wird. Es bedeutet, dass du nicht von ihm geführt und erfüllt bist. Bekenne deine Sünden. Beginne, Gott gehorsam zu sein und erlaube dem Heiligen Geist, in deinem Leben zu wirken.

Nenne zwei Beispiele, wie du den Heiligen Geist dämpfst:

____

____

____

So kannst du heute beten: Lieber Gott, hilf mir, den Heiligen Geist nicht zu dämpfen, sondern ihn in meinem Leben wirken zu lassen. Amen.

Lies Jesaja 59,1-2

Was bedeutet es, den Heiligen Geist zu betrüben?

Wenn aber jener, der Geist der Wahrheit, kommen wird,
wird er euch in alle Wahrheit leiten.
Johannes 16,13

Hast du das Wort „betrübt" schon einmal gehört? Es bedeutet, ein tiefes Gefühl des Schmerzes oder der Traurigkeit zu haben. In unserem Leben gibt es verschiedene Erfahrungen, die uns betrüben. Wenn jemand, den du liebst – oder auch dein Haustier – stirbt, oder wenn du zu einem guten Freund, der wegzieht, „Auf Wiedersehen" sagen musst, bist du über den Verlust betrübt. Wusstest du, dass deine Taten oder Eigenschaften andere veranlassen können, über dich betrübt zu sein? Du betrübst z. B. deine Eltern, wenn du ungehorsam bist. **In deinem Leben als Christ mag es Zeiten geben, in denen du den Heiligen Geist betrübst – ihm Schmerz und Traurigkeit verursachst.** Du betrübst den Heiligen Geist, wenn du gemein bist oder wenn du in einem barschen oder ärgerlichen Ton sprichst. Auch Schlagen und Streiten betrüben den Heiligen Geist. Du machst ihn traurig, wenn du Gott nicht deine Sünden bekennst. Du betrübst ihn, wenn du an Gottes Fürsorge zweifelst oder an Gottes Wort, das dir z. B. verspricht, von der Macht der Sünde befreit zu sein. **Gott sagt: „Und betrübt nicht den Heiligen Geist Gottes, mit dem ihr versiegelt seid für den Tag der Erlösung" (Epheser 4,30).** Du bist nach wie vor Gottes Kind. Du hast nach wie vor Gottes Versprechen für ein ewiges Leben, aber es tut ihm weh, wenn du den Heiligen Geist betrübst. Betrübt sein ist ein Wort der Liebe. Gott liebt dich und ist traurig, wenn du seinen Geist betrübst. Indem du deine Sünden Gott bekennst, erlaubst du dem Heiligen Geist, dein Leben wieder zu leiten.

Nenne drei Möglichkeiten, wie du den Heiligen Geist betrüben könntest:

____

____

____

So kannst du heute beten: Lieber Gott, ich danke dir, dass du mir vergeben hast. Hilf mir, den Heiligen Geist nicht zu betrüben. Amen.

Lies Epheser 4,30-32

Wie verändert mich der Heilige Geist?

Wenn aber jener, der Geist der Wahrheit, kommen wird,
wird er euch in alle Wahrheit leiten.
Johannes 16,13

Als du geboren wurdest, konntest du noch nicht selbst essen. Jemand musste für dich sorgen. Mit der Zeit lerntest du zu krabbeln und zu gehen. Bald darauf begannst du zu sprechen. Du bist gewachsen und hast dich verändert.

Wenn du Jesus als deinen Retter angenommen hast, bist du von Neuem geboren. Die Bibel sagt: „Darum: Ist jemand in Christus, so ist er eine neue Kreatur*; das Alte ist vergangen, siehe, Neues ist geworden" (2. Korinther 5,17). Du bist ein neugeborener Mensch mit einem Wunsch, Gott zu gefallen.

* neue Kreatur = neue Schöpfung

In deinem neuen Leben musst du nun wachsen. Jesus ist dein Vorbild. Gott möchte, dass seine Kinder wachsen und so wie er leben. Es gefällt Gott, wenn du dich wie sein Sohn verhältst. Du bist ja in Gottes Familie hineingeboren.

Der Heilige Geist, der in dir wohnt, hilft dir, zu wachsen und dich zu verändern, damit du so leben kannst, wie es Gott gefällt. Er lehrt dich und leitet dich durch die Bibel an. Er hilft dir zu beten und gibt dir Kraft, Gott gehorsam zu sein. Wenn du sündigst, überführt er dich, damit du deine Sünden Gott bekennst. Stück für Stück arbeitet der Heilige Geist in deinem Leben, um dich zu verändern.

Schreibe drei Möglichkeiten auf, wie der Heilige Geist dich verändert:

___

___

___

So kannst du heute beten: Lieber Gott, ich möchte, dass der Heilige Geist in meinem Leben wirkt, um mich zu verändern, und mir hilft zu wachsen. Amen.

Lies 2. Korinther 3,18

Was ist die Frucht des Geistes?

Die Frucht aber des Geistes ist Liebe, Freude, Friede, Geduld, Freundlichkeit, Güte, Treue, Sanftmut, Keuschheit* ...
Galater 5,22-23

*Keuschheit = Selbstbeherrschung, Enthaltsamkeit

Hast du jemals Bananen auf Apfelbäumen wachsen gesehen? Das ist unmöglich! Apfelbäume tragen Äpfel und Bananenstauden tragen Bananen. **Wenn du ein Kind Gottes wirst, will er in dir Frucht hervorbringen.** Das ist kein Obst wie Äpfel oder Bananen. Das ist eine geistliche Frucht. Diese Frucht zeigt sich in deinen Worten und Taten. Es ist, was du innen bist – dein Charakter. Gott gehorchen und ihm dienen, ist was du tust, aber die geistliche Frucht, wie z. B. Liebe, Freude, ... wird durch den Heiligen Geist hervorgebracht.

Die Bibel zählt die Früchte auf, die du bringen sollst. **„Die Frucht aber des Geistes ist Liebe, Freude, Friede, Geduld, Freundlichkeit, Güte, Treue, Sanftmut, Keuschheit ..." (Galater 5,22-23).**

Diese Frucht wird in deinem Leben erzeugt, wenn du auf den Heiligen Geist hörst und ihm erlaubst, dich zu leiten. Was ist das Ergebnis, wenn du dein Leben selbst in die Hand nimmst? Dann werden schlechte Früchte wie Eifersucht, Ärger oder Selbstsucht erzeugt. Wenn du dem Heiligen Geist gehorsam bist und ihm erlaubst, dich zu leiten, wird gute Frucht erzeugt. Je mehr du dem Heiligen Geist gehorsam bist, desto mehr wird die Frucht des Geistes wachsen und sich entwickeln. Welche Frucht ist in deinem Leben sichtbar – gute oder schlechte?

Kannst du die Früchte auflisten, die Gott in dir erzeugen will?

____

____

____

So kannst du heute beten: Lieber Gott, hilf mir, mein Leben dem Heiligen Geist zu übergeben, und hilf, dass ich ihm erlaube, gute Frucht in meinem Leben zu erzeugen. Amen.

Lies Galater 5,22-26

Kann der Heilige Geist mir helfen, andere zu lieben?

Die Frucht aber des Geistes ist Liebe, Freude, Friede, Geduld, Freundlichkeit, Güte, Treue, Sanftmut, Keuschheit* ...
Galater 5,22-23

*Keuschheit = Selbstbeherrschung, Enthaltsamkeit

Weißt du, was Liebe bedeutet? Du magst denken, Liebe wäre nur so ein Gefühl, aber das ist keine wahre Liebe. Wenn du jemanden liebst, bloß weil diese Person dich liebt, zeigst du noch keine wahre Liebe. Wahre Liebe kommt von Gott.

Die Bibel sagt: „... denn Gott ist die Liebe“ (1. Johannes 4,8). **Gott liebt dich, obwohl du ein Sünder bist. Gott zeigte seine Liebe, indem er seinen Sohn sandte, der am Kreuz für deine Sünde starb.** Wenn du an Jesus als deinen Retter glaubst, füllt dich Gott mit seiner Liebe. Die Bibel sagt: „... denn die Liebe Gottes ist ausgegossen in unsre Herzen durch den Heiligen Geist, der uns gegeben ist“ (Römer 5,5). Wenn der Heilige Geist dich leitet, wird er in deinem Leben Liebe für andere erzeugen.

Wahre Liebe bedeutet, andere zu lieben, wie Jesus es tut. Das bedeutet, von anderen eine höhere Meinung zu haben als von sich selbst. Wahre Liebe ist, das Beste von Gott für andere zu wünschen.

Wenn in deinem Leben die Frucht der Liebe wächst, wirst du nicht erwarten, irgendetwas von der Liebe, die du gibst, zurückzuerhalten. Erzeugt der Heilige Geist die Frucht der Liebe in deinem Leben?

Nenne zwei Möglichkeiten, wie du diese Liebe zu anderen in deinem Leben zeigen kannst:

___

___

___

So kannst du heute beten: Lieber Gott, danke, dass du mich mit deiner göttlichen Liebe liebst. Bitte schenke mir diese Liebe in meinem Leben. Amen.

Lies Philipper 2,1-4

Wie gibt mir der Heilige Geist innere Freude?

Die Frucht aber des Geistes ist Liebe, Freude, Friede, Geduld, Freundlichkeit, Güte, Treue, Sanftmut, Keuschheit* ...
Galater 5,22-23

*Keuschheit = Selbstbeherrschung, Enthaltsamkeit

Es war Mitternacht. Alle Gefangenen waren in ihren Zellen eingesperrt. Plötzlich ertönte Gesang! Zwei Gefangene, Paulus und Silas, sangen Loblieder zu Gott. Sie waren geschlagen und ins Gefängnis geworfen worden, weil sie anderen von Jesus erzählt hatten. **Wie konnten Paulus und Silas zu so einer Zeit Gott loben? Sie hatten innere Freude (Apostelgeschichte 16,16-40).**

Freude ist eine Frucht (ein Ergebnis), die der Heilige Geist in deinem Leben erzeugt, wenn du ihm erlaubst, dich zu leiten. Diese Freude kannst du sogar haben, wenn Dinge nicht so gut laufen. Diese Freude ist kein Glück, das kommt und geht. **Es ist die tiefe innere Freude zu wissen, dass Gott treu ist und seine Versprechen hält.**

Sogar, wenn Probleme auftauchen, kann der Heilige Geist in deinem Leben Freude erzeugen. Freude kommt auf, wenn du Gott gehorsam bist und seinen Versprechen vertraust. Gott gibt dir Freude und Kraft, Probleme zu bewältigen. Die Bibel sagt: „Und seid nicht bekümmert; denn die Freude am HERRN ist eure Stärke“ (Nehemia 8,10). Wenn du dich daran erinnerst, dass Gott dich leitet, wirst du in deinem Herzen ein Lied der Freude singen. Du wirst fähig sein, so wie Paulus und Silas Gott zu loben.

Wie kannst du Freude in deinem Leben haben, auch wenn es nicht so gut für dich läuft?

___

___

___

So kannst du heute beten: Lieber Gott, danke für die Kraft und Freude, die du mir gibst, um meine Probleme zu bewältigen. Amen.

Lies 1. Petrus 1,8-9

Wie kann ich inneren Frieden haben?

Die Frucht aber des Geistes ist Liebe, Freude, Friede, Geduld, Freundlichkeit, Güte, Treue, Sanftmut, Keuschheit* ...
Galater 5,22-23

*Keuschheit = Selbstbeherrschung, Enthaltsamkeit

Maike schaute zum Fenster hinaus. Es regnete. „Wann kommt Mama heim?", fragte sie sich leise. Gedanken rasten durch ihren Kopf. – Was ist, wenn ein Blitz das Haus trifft? Was ist, wenn Mama bei einem Autounfall stirbt? – Dann erinnerte sich Maike an Großmutters Worte: „Vertraue auf Gott und sag ihm deine Ängste. Richte deine Gedanken auf ihn, er wird dir Frieden geben."

Hast du dich schon einmal gefürchtet oder dir Sorgen gemacht? Jesus sagt: „Den Frieden lasse ich euch, meinen Frieden gebe ich euch ..." (Johannes 14,27). **Wenn du an Jesus als deinen Retter glaubst, hast du Frieden mit Gott.** Sünde macht dich nicht länger zu Gottes Feind. Du hast Vergebung, weil Jesus für deine Sünde bezahlt hat, als er starb und wieder auferstand. Jesus ist dein Friede geworden.

Du hast nicht nur Frieden mit Gott, sondern du hast auch den Frieden von Gott. Friede ist eine Frucht des Geistes. Diese innere Ruhe in deinem Herzen und in den Gedanken kommt, wenn du auf Gott vertraust und deine Gedanken auf ihn richtest (Jesaja 26,3). Wenn der Heilige Geist dich leitet, erzeugt er Frieden in deinem Leben. Wenn dich Sorgen oder Ängste plagen, kannst du zu Gott beten und dich auf ihn verlassen, dass er dir Frieden gibt.

Was solltest du tun, wenn du dir Sorgen machst oder Angst hast?

____

____

____

So kannst du heute beten: Lieber Gott, hilf mir meine Gedanken auf dich zu richten, sodass der innere Frieden in meinem Leben wächst. Amen.

Lies Psalm 4,9

Wie gibt mir der Heilige Geist Geduld?

Die Frucht aber des Geistes ist Liebe, Freude, Friede, Geduld, Freundlichkeit, Güte, Treue, Sanftmut, Keuschheit* ...
Galater 5,22-23

*Keuschheit = Selbstbeherrschung, Enthaltsamkeit

„Beeil dich, ich will nicht mehr länger warten!" – „Warum braucht sie so lange?" – „Wann kommen wir endlich an?" Redest du manchmal so? Wenn du so redest, zeigt das, dass du keine Geduld hast. Geduld ist die Fähigkeit, ruhig durch schwere oder langweilige Zeiten zu gehen. Es bedeutet: Ich kann warten, ohne unruhig zu werden oder mich aufzuregen. Wenn du an Jesus als deinen Retter glaubst, kann der Heilige Geist in deinem Leben Geduld schenken.

Geduld entsteht, wenn du auf Gottes Wirken wartest und dich vom Heiligen Geist regieren lässt. Wenn du in deinem Leben Schweres durchmachen musst, wird dir der Heilige Geist die Kraft schenken, Geduld zu haben. Er wird dir helfen, Probleme oder Schmerzen anzunehmen, sogar über eine lange Zeit. Gott sagt: „Seid fröhlich in Hoffnung, geduldig in Trübsal, beharrlich im Gebet" (Römer 12,12). Der Heilige Geist wird dir auch helfen, geduldig zu sein, wenn andere dir gegenüber falsch handeln oder unfreundlich sind.

Wenn du das nächste Mal merkst, dass du zu denken anfängst: „Ich kann nicht länger warten", dann bete. **Danke Gott für den Heiligen Geist, der in dir wohnt. Bitte ihn um Kraft, Geduld zu zeigen.**

Wann hast du Probleme mit der Geduld? Nenne eine mögliche Situation:

So kannst du heute beten: Lieber Gott, ich habe Probleme, geduldig zu sein, wenn ... (benenne die Situation). Bitte schenke mir dann Geduld. Amen.

Lies Römer 5,3-5

Kann der Heilige Geist mir helfen, freundlich zu sein?

Die Frucht aber des Geistes ist Liebe, Freude, Friede, Geduld, Freundlichkeit, Güte, Treue, Sanftmut, Keuschheit* ...
Galater 5,22-23

*Keuschheit = Selbstbeherrschung, Enthaltsamkeit

Jonas saß allein auf dem Schulhof. Seitdem sein Vater im Gefängnis war, machten sich die anderen Jungen über ihn lustig. Sie riefen ihm Schimpfnamen hinterher. Sie sagten, er würde auch im Gefängnis landen. Ihre Worte taten Jonas weh. Er wollte ihnen unfreundlich antworten, aber er wusste, dass das nicht richtig war.

Es überraschte Jonas, als sich Jens zu ihm setzte. Jens hatte sich heute auch schon über ihn lustig gemacht. „Jonas, ich habe dich beobachtet", sagte Jens. „Du wirst nie böse, wenn wir über dich lachen. Genau genommen bist du sogar nett zu uns. Ich habe gesehen, wie du Florian geholfen hast, seine Bücher aufzuheben, als sie ihm vor ein paar Tagen hinuntergefallen waren. Warum machst du das?"

„Weißt du", sagte Jonas, „ich weiß, dass es Gott gefällt, wenn ich freundlich zu anderen bin, auch wenn diese unfreundlich zu mir sind. Ich bin Christ, und Gottes Geist, der in mir lebt, hilft mir, freundlich zu sein."

Gott hat in Jonas' Leben die Frucht der Freundlichkeit wachsen lassen. **Die Bibel sagt: „Seid aber untereinander freundlich und herzlich und vergebt einer dem andern, wie auch Gott euch vergeben hat in Christus" (Epheser 4,32).** Lässt du Gott in deinem Leben Freundlichkeit hervorbringen?

Schreibe etwas auf, was du tun kannst, um zu jemandem freundlich zu sein:

____

____

____

So kannst du heute beten: Lieber Gott, ich danke dir dafür, dass du mir die Kraft gibst, heute zu jemandem freundlich zu sein. Amen.

Lies Kolosser 3,12-13

Was bedeutet es, gütig zu sein?

Die Frucht aber des Geistes ist Liebe, Freude, Friede, Geduld, Freundlichkeit, Güte, Treue, Sanftmut, Keuschheit* ...
Galater 5,22-23

*Keuschheit = Selbstbeherrschung, Enthaltsamkeit

„Warte!", ruft Jens, als er auf Jonas zuläuft. „Ich habe meine Hausaufgaben nicht geschafft. Kann ich deine abschreiben?" „Tut mir leid", antwortet Jonas, „das wäre Betrug." Später, als Jonas zur großen Pause hinausgehen will, sieht er Jens noch an seinem Platz sitzen. Jonas geht zu seiner Lehrerin, um mit ihr zu sprechen. Einige Minuten später kommt er zu Jens' Tisch. „Frau Schmidt sagte, ich darf dir helfen, dass du die Wörter richtig schreiben lernst."

Gestern hat Jonas Jens gegenüber Freundlichkeit gezeigt. Heute zeigt er die Frucht der Güte. Güte bedeutet, zu tun, was richtig ist und es mit Liebe zu machen. Jonas wusste, es wäre falsch, Jens beim Betrügen zu helfen. Er tat das Richtige und war gütig.

Gott ist der Einzige, der vollkommen gütig ist. Gott will, dass seine Kinder so sind wie er. Du solltest Gutes tun. Die Bibel sagt: „Ein guter Mensch bringt Gutes hervor aus dem guten Schatz seines Herzens ..." (Lukas 6,45). **Wenn der Heilige Geist dich leitet, wird sich Güte in deinem Leben zeigen.**

Güte ist mehr, als das Richtige zu tun. Güte zeigt sich in deinen Worten und Taten. Jonas entschied sich dafür, auf seine Pause zu verzichten und Jens zu helfen. Er sprach freundliche Worte. Güte ist Liebe als Tat.

Nenne zwei Möglichkeiten, wie du Güte in deinem Leben zeigen kannst:

___

___

___

So kannst du heute beten: Lieber Gott, ich danke dir, dass du so gut zu mir bist. Hilf mir, gütig zu sein in allem, was ich denke, sage und tue. Amen.

Lies Galater 6,9-10

Wie kann mir der Heilige Geist helfen, treu zu sein?

Die Frucht aber des Geistes ist Liebe, Freude, Friede, Geduld, Freundlichkeit, Güte, Treue, Sanftmut, Keuschheit* ...
Galater 5,22-23

*Keuschheit = Selbstbeherrschung, Enthaltsamkeit

Hältst du deine Versprechen? Treu ist jemand, wenn du dich auf ihn verlassen kannst und er seine Versprechen hält. Gott hält immer seine Versprechen. Er ist treu. Wenn du auf den Herrn Jesus Christus als deinen Retter vertraust, wird sein Heiliger Geist in deinem Leben die Frucht der Treue erzeugen. Treue bedeutet, Gott gegenüber in deinen Gedanken, Worten und Taten wahrhaftig zu sein. Die Bibel sagt: „Treu ist er, der euch ruft; er wird's auch tun" (1. Thessalonicher 5,24).

Wenn Gott in deinem Leben die Frucht der Treue erzeugt, werden andere es an dem sehen, was du tust und sagst. Sie werden bemerken, dass du deine Versprechen hältst. Sie erkennen, dass du Dinge rechtzeitig und so gut du irgend kannst erledigst. Sie werden bemerken, dass du Gott bei allem, was du tust, an die erste Stelle setzt. Aber am allerwichtigsten ist: Gott wird deine Treue sehen und sich darüber freuen. Wenn Gott sieht, dass du in kleinen Dingen treu sein kannst, wird er dir größere Dinge anvertrauen (Matthäus 25,21).

Wenn du deine Versprechen hältst, lässt du Treue in deinem Leben sichtbar werden. Willst du jemand sein, auf den sich andere verlassen und ihm vertrauen können?

Nenne drei Beispiele, wie der Heilige Geist dir helfen kann, treu zu sein:

____

____

____

So kannst du heute beten: Lieber Gott, ich danke dir für die Treue, die du mir erweist. Hilf mir, in meinem Leben treu zu dir und anderen zu stehen. Amen.

Lies 1. Timotheus 6,14

Bin ich sanftmütig?

Die Frucht aber des Geistes ist Liebe, Freude, Friede,
Geduld, Freundlichkeit, Güte, Treue, Sanftmut, Keuschheit* ...
Galater 5,22-23

*Keuschheit = Selbstbeherrschung, Enthaltsamkeit

Christian war ein sanftmütiger Mensch. Er war nett und respektvoll gegenüber anderen. Wann immer er konnte, tat er nette Dinge für andere Leute. Er ließ es nicht zu, dass Ärger seine Worte und Taten bestimmte. Denkst du, dass Christian viele Freunde hatte? Ja! Die Leute sind gerne mit einer sanftmütigen Person zusammen.

Sanftmut bedeutet, andere mit Liebe, Freundlichkeit und Respekt zu begegnen, rücksichtsvoll und nachsichtig zu sein. Wenn du dem Heiligen Geist erlaubst, dein Herr zu sein, wird er die Frucht der Sanftmut in deinem Leben erzeugen. Du denkst vielleicht, sanftmütig zu sein bedeutet, schwach zu sein, aber das stimmt nicht. **Wer sanftmütig ist, zeigt vielmehr große innere Stärke.**

Jesus zeigte sich viele Male sehr sanftmütig, während er auf unserer Erde lebte. Er nahm viele Leute an, die von den anderen abgelehnt wurden, und half ihnen. Kinder waren ihm willkommen, er war sanftmütig zu den Armen und heilte die Kranken. Das Leben von Jesus ist ein Beispiel dafür, wie du anderen mit Sanftmut begegnen solltest.

Wenn du „Entschuldigung", „Bitte" und „Danke" zu anderen sagst, erweist du Sanftmut. Wenn du still nette Dinge für andere tust, erweist du Sanftmut. Wenn du anderen Leuten mit freundlichen Worten antwortest, statt grob zu werden oder verärgert zu schimpfen, erweist du Sanftmut. Gott sagt uns in der Bibel: „Zieht nun an ... Sanftmut ..." (Kolosser 3,12).

Bist du bereit, anderen mit Sanftmut zu begegnen?

Wie kannst du heute jemandem Sanftmut erweisen? Nenne einige Möglichkeiten:

___

___

___

So kannst du heute beten: Lieber Gott, ich danke dir für Jesus Christus, der mir zeigt, wie ich sanftmütig sein kann. Bitte hilf mir, anderen gegenüber sanftmütig zu sein. Amen.

Lies Titus 3,2

Wie kann mir der Heilige Geist helfen, mich selbst zu beherrschen?

Die Frucht aber des Geistes ist Liebe, Freude, Friede, Geduld, Freundlichkeit, Güte, Treue, Sanftmut, Keuschheit* ...
Galater 5,22-23

*Keuschheit = Selbstbeherrschung, Enthaltsamkeit

Hast du einmal zugeschaut, wie ein Top-Athlet eine Medaille oder einen Pokal erhalten hat? Was hat der Athlet getan, um zu gewinnen? Er hat hart trainiert. Er hat Selbstbeherrschung geübt. Er hat viel Zeit damit verbracht, seinen Körper unter Kontrolle zu bekommen.

Die Bibel vergleicht das Leben eines Christen mit einem Wettlauf (1. Korinther 9,24-27). Wenn du ein Kind Gottes bist, braucht dein geistliches Leben Training. Selbstbeherrschung üben ist wie Training, um ein geistlicher Top-Athlet zu werden.
Selbstbeherrschung bedeutet, selbst Herr über seine Gedanken, Gefühle und Taten zu sein, anstatt sich von ihnen beherrschen zu lassen. Es bedeutet, diszipliniert zu sein.

Die Bibel sagt: Wer sich selbst beherrscht, ist besser als einer, der Städte gewinnt (Sprüche 16,32).

Der Heilige Geist, der in dir lebt, kann dir Selbstbeherrschung schenken. Durch seine Kraft kannst du Selbstbeherrschung beim Naschen bekommen. Er hilft dir, dich selbst zu beherrschen, bei dem, was du sagst oder tust. Deine Gedanken und die Dinge, die du dir ansiehst, kannst du durch ihn bestimmen lassen. Wenn er dich leitet, wirst du, anstatt ärgerlich zu werden oder die Beherrschung zu verlieren, mit Freundlichkeit reagieren. Willst du ein geistlicher Top-Athlet werden, indem du dem Heiligen Geist erlaubst, Selbstbeherrschung in deinem Leben zu erzeugen?

Wann hast du es nötig, dass der Heilige Geist dir Selbstbeherrschung gibt? Nenne einige Gelegenheiten:

____

____

____

So kannst du heute beten: Lieber Gott, ich danke dir für die Kraft des Heiligen Geistes, die mir Selbstbeherrschung gibt. Bitte schenke mir dies täglich in meinem Leben. Amen.

Lies 2. Petrus 1,3-7

Was sind geistliche Gaben?

Ihr aber seid der Leib Christi und jeder von euch ein Glied.
1. Korinther 12,27

Dein Körper besteht aus vielen Gliedern, die jeweils eine ganz bestimmte Aufgabe erfüllen. Einige Glieder, wie das Auge oder das Ohr, haben nur die eine Aufgabe, zu sehen oder zu hören. Andere Glieder haben sogar mehrere Aufgaben. Zum Beispiel kann die Hand greifen und etwas ertasten. Alle Glieder in deinem Körper arbeiten zusammen, damit dein ganzer Leib wächst und es ihm gut geht. Was geschieht, wenn ein Glied seine Aufgabe nicht erfüllt? Dann müsste der ganze Leib darunter leiden!

Wenn du den Herrn Jesus als deinen Retter angenommen hast, bist du ein Teil des Leibes (der Familie) von Christus. Die Bibel sagt: „Ihr aber seid der Leib Christi und jeder von euch ein Glied" (1. Korinther 12,27).

Gott möchte, dass der Leib Christi wächst und stark wird. Wie kann das geschehen? Indem jedes Glied an diesem Leib, also jeder Christ, seine Aufgabe in der Familie Gottes erfüllt. Jesus Christus gibt deshalb jedem Christen mindestens eine Aufgabe. Und zur Aufgabe schenkt er die nötige Fähigkeit, damit die Aufgabe auch gut erfüllt werden kann. Diese Befähigung, eine Aufgabe in der Familie Gottes richtig zu tun, wird auch „geistliche Gabe" genannt, denn sie ist ein Geschenk von Jesus Christus. **Einige der Aufgaben und die dazu gehörenden geistlichen Gaben heißen: Helfen, Geben, Barmherzigkeit üben, Lehren und Leiten.** In den nächsten Andachten wirst du mehr darüber erfahren. Du wirst auch lernen, wie du entdecken kannst, welche Aufgabe Gott für dich hat.

Warum schenkt der Heilige Geist jedem Christen eine Aufgabe?

____

____

____

So kannst du heute beten: Lieber Gott, danke, dass du deinen Kindern Aufgaben und die dazu nötigen geistlichen Gaben schenkst. Hilf mir, meine Aufgabe zu entdecken. Amen.

Lies 1. Korinther 12,11-18

Habe ich eine Aufgabe im Leib (Familie) von Christus?

Ihr aber seid der Leib Christi und jeder von euch ein Glied.
1. Korinther 12,27

Sven darf seinem Vater dabei helfen, eine Soundkarte in den Computer einzubauen. Der Vater erlaubt Sven sogar, die Karte vorsichtig am richtigen Steckplatz einzusetzen. Sven erfüllt ein Gefühl der Freude und Dankbarkeit, am meisten darüber, dass sein Vater ihn bei der wichtigen Aufgabe mitmachen ließ.

Der Herr Jesus ist ständig dabei, den Leib der Familie Gottes aufzubauen und zu bewahren. Kann er dabei auch dich gebrauchen? Ja, er kann und er will es!
Er hat für jeden Christen mindestens eine Aufgabe, auch für dich. Manche dürfen sogar zwei oder mehrere übernehmen. Und zur Aufgabe gibt er dir auch die nötige Gabe oder Fähigkeit.

Wie kannst du herausfinden, was du tun darfst?

- Bitte Gott, es dir zu zeigen!
- Achte darauf, ob Gott dir eine bestimmte Aufgabe aufs Herz legt. Vielleicht siehst du etwas, das getan werden sollte.
- Hast du ein Talent? Kannst du etwas besonders gut, das du für Gott einsetzen könntest? Macht dir eine Aufgabe besondere Freude?
- Andere kennen dich oft besser. Frage andere Christen um einen Rat, wo deine Aufgaben und Gaben liegen könnten.
- Sei dir für keine Aufgabe zu schade. Such dir nicht nur Aufgaben, die dir Spaß machen oder wo du groß herauskommst. Und gib nicht beim ersten Misserfolg auf!

Wie kannst du erkennen, welches deine Aufgabe im Leib Christi ist?

____

____

____

So kannst du heute beten: Lieber Gott, danke, dass du auch schon eine Aufgabe für mich hast. Hilf mir zu erkennen, welche es ist, und bereit zu sein, diese auch zu tun, um dir und anderen zu dienen. Amen.

Lies 1. Korinther 12,4-7

Was ist die Gabe des Dienens?

Ihr aber seid der Leib Christi und jeder von euch ein Glied.
1. Korinther 12,27

Tina kommt immer etwas früher zum Kindergottesdienst. Sie hilft mit, die Stühle zu stellen. Hinterher räumt sie noch mit auf. Letzte Woche half sie dabei, Einladungen an die Kinder zu falten und in die Briefumschläge zu stecken. Tina erfüllt ihre Aufgabe fröhlich und gern.

In der Gemeinde werden nicht nur Menschen gebraucht, die predigen oder eine Gruppe leiten können. Es werden auch viele gebraucht, die sich ganz praktisch mit ihren Händen einsetzen.

Der Herr Jesus hat viele praktische Aufgaben in seinem Leib zu vergeben. Sind dir bereits welche aufgefallen? Hat dich jemand gefragt, ob du mithilfst? Vielleicht will Jesus dich dazu gebrauchen.

Zur Aufgabe des Helfens gibt er dir auch die Gabe des Helfens oder Dienens. Deshalb sei treu in der Aufgabe, die du übernommen hast, auch wenn du manchmal etwas anderes lieber tun möchtest. Wenn du die Gabe des Dienens einsetzt, ermöglichst du es anderen, frei zu werden, damit sie ihre eigenen Aufgaben erfüllen können.

Die Bibel sagt: „Tut euren Dienst mit gutem Willen als dem Herrn und nicht den Menschen" (Epheser 6,7). Wenn du eine Aufgabe erkannt hast, willst du sie dann erfüllen, um anderen in der Familie von Christus zu helfen?

Wie könntest du die Gabe des Dienens einsetzen?

____

____

____

So kannst du heute beten: Lieber Gott, bitte zeige mir, wo ich dir dienen kann, und hilf mir, meine Aufgabe gut zu erfüllen. Amen.

Lies 1. Petrus 4,10-11

Was ist die Gabe des Gebens?

Ihr aber seid der Leib Christi und jeder von euch ein Glied.
1. Korinther 12,27

Achim weiß, dass es Gott gefällt, wenn wir „den Zehnten" geben. Schon lange gibt er von jedem Euro, den er als Taschengeld bekommt oder den er sich verdient, den zehnten Teil, also 10 Cent, für Gott. Das Geld legt er in ein Kästchen, das in der Sonntagsschule dafür bereitsteht.
Kürzlich besuchte ein Missionar seine Sonntagsschulgruppe und erzählte von dem Land, in dem er Gott diente, und wie wenige Kinder dort Jesus kennen. Obwohl Achim in dieser Woche schon längst den Zehnten gegeben hatte, öffnete er zu Hause seine Spardose, betete und überlegte, wie viel er zusätzlich für diesen Missionar geben wollte, damit dieser noch mehr Kinder für Christus gewinnen könnte. Achim tat das ganz freiwillig und ohne, dass es ihm jemand gesagt hätte. Er freute sich darüber, dass er auf diese Weise mithelfen durfte, das Evangelium zu verbreiten. **Der Heilige Geist hat Achim die Augen für eine Not geöffnet und ihm außerdem die Gabe des Gebens geschenkt.**

Die Bibel sagt: „... und haben verschiedene Gaben nach der Gnade, die uns gegeben ist ... Gibt jemand, so gebe er mit lauterem Sinn" (Römer 12,6.8). Das bedeutet z. B.: Wenn du Gott etwas von deinem Geld gibst, tue es ohne den Gedanken, etwas wiederzubekommen. Gib freiwillig und gerne. Du kannst übrigens nicht nur Geld geben. Du kannst auch etwas von deinen Spielsachen für ein anderes Kind abgeben.
Bitte Gott, dir zu zeigen, wo du die Tätigkeit des Gebens ausüben kannst.

Was könntest du geben?

____

____

____

So kannst du heute beten: Lieber Gott, bitte zeige mir, was ich für andere geben soll. Hilf mir, freudig zu geben, um anderen in ihrer Not zu helfen. Amen.

Lies 2. Korinther 9,6-9

Was ist die Gabe der Barmherzigkeit?

Ihr aber seid der Leib Christi und jeder von euch ein Glied.
1. Korinther 12,27

Karen merkte, dass etwas mit Anna nicht stimmte. Sie ging zu Anna und setzte sich neben sie. „Stimmt irgendwas nicht?", fragte Karen. „Meine Großmutter ist sehr krank", sagte Anna. „Gott kann helfen", ermutigte Karen sie. „Lass uns gleich jetzt mit ihm reden." Die zwei Mädchen beugten ihre Köpfe und Karen betete. Anna war es danach leichter ums Herz.

Spürst du, wie andere in der Familie Gottes verletzt oder traurig sind, z. B. weil sie eine schlechte Note bekommen haben oder ein Haustier gestorben ist? Dann tröste sie. Du kannst auch für sie beten.

Barmherzigkeit üben bedeutet, mit freundlichen Worten andere zu trösten und zu ermutigen, damit sie Kraft bekommen, um auf dem Weg des Glaubens weiterzugehen oder um Jesus in ihrer Not zu vertrauen.

Der Heilige Geist öffnet dir nicht nur die Augen für Menschen, die Trost brauchen, er gibt dir Weisheit und befähigt dich auch, die richtigen Worte zu finden. Die Bibel sagt: „Die Weisheit aber von oben her ... ist reich an Barmherzigkeit ..." (Jakobus 3,17). Da Leute, die diese Gabe ausüben, anderen helfen wollen, gibt der Geist ihnen auch die Weisheit, nichts für andere zu tun, was diese selbst tun sollten.
Wenn du denkst, Gott möchte dich dabei gebrauchen, die Gabe der Barmherzigkeit zu üben, dann bitte ihn um Weisheit, diejenigen, die verletzt und traurig sind, gut aufrichten zu können.

Wie kann die Gabe der Barmherzigkeit eingesetzt werden?

____

____

____

So kannst du heute beten: Lieber Gott, bitte zeige mir meine Aufgabe. Wenn ich die Gabe der Barmherzigkeit ausüben soll, gib mir Weisheit, es so zu tun, dass andere getröstet werden. Amen.

Lies Römer 12,13-15

Was ist die Gabe des Lehrens?

Ihr aber seid der Leib Christi und jeder von euch ein Glied.
1. Korinther 12,27

Michael darf zum ersten Mal auf dem Campingplatz im Zelt der „Campingkirche" den Bibelvers erklären. Er hat sich den Vers vorher genau angesehen, gebetet und überlegt, was Gott Kindern dadurch sagen möchte. Nun steht er vor seinen jungen Zuhörern und erklärt den Vers so, dass sie ihn gut verstehen. Michael freut sich, dass er dazu beitragen darf, andere zu lehren, was Gott will. Einer der älteren Mitarbeiter sagt ihm anschließend: „Michael, Gott hat dir die Gabe des Lehrens gegeben."

Die Bibel sagt: „Und haben verschiedene Gaben nach der Gnade, die uns gegeben ist. ... Ist jemand Lehre gegeben, so lehre er" (Römer 12,6-7). **Die Gabe des Lehrens ist dazu da, anderen verstehen zu helfen, was Gott uns in seinem Wort sagt und was wir tun sollen.**

Will Gott dir diese Aufgabe jetzt oder später anvertrauen? Du kannst dich darauf vorbereiten, indem du diese Andachten und besonders die Bibelverse aufmerksam liest. **Ein Lehrer in der Familie Gottes muss zuerst selbst wissen und glauben, was er anderen beibringen möchte.** Lerne auch Bibelverse auswendig.
Wenn Gott dir eine Gelegenheit gibt, dann versuche einmal, einem Freund oder einer Freundin zu erklären, wer Gott ist und warum der Herr Jesus am Kreuz gestorben ist. Zuerst ist es vielleicht schwer, aber je öfter du es tust, desto leichter wird es. Gib nicht auf!

Wozu soll die Gabe des Lehrens eingesetzt werden?

___

___

___

So kannst du heute beten: Lieber Gott, wenn du mich dabei gebrauchen möchtest, andere zu lehren, was du uns in deinem Wort sagst, dann hilf mir, dein Wort zu verstehen und gut zu erklären. Amen.

Lies Epheser 4,11-12

Was ist die Gabe des Leitens?

Ihr aber seid der Leib Christi und jeder von euch ein Glied.
1. Korinther 12,27

Robert trifft sich einmal in der Woche mit einigen Freunden, um darüber zu sprechen, was sie in den vergangenen Tagen von Gott entdeckt haben, z. B. beim Lesen ihres Andachtsbuches. Jeder hat sein „Entdecker-Tagebuch" dabei. Dahinein haben sie ihre Entdeckungen notiert.
Manchmal erzählen sie sich zuerst, was sie sonst alles erlebt haben. Doch Robert achtet darauf, dass sie nicht zu viel Zeit damit verbringen. Er leitet ihre Zusammenkunft. Er achtet auch darauf, dass jeder an die Reihe kommt, und seine Entdeckung mitteilen kann.

Die Bibel sagt uns, dass der Heilige Geist verschiedene Gaben gibt. Sie sagt: „... Steht jemand der Gemeinde vor, so sei er sorgfältig" (Römer 12,8). Der Gemeinde sorgfältig vorzustehen bedeutet, behutsam zu leiten – dein Bestes zu geben und nicht aufzugeben.
Einmal bekam Robert mit, dass Viktor keine Lust mehr hatte, im Andachtsbuch zu lesen. Da besuchte er ihn und machte ihm neuen Mut. Leiter kümmern sich um die, die Gott ihnen anvertraut hat. Leiter gehen voran und helfen anderen dabei, Jesus nachzufolgen oder ihm zu dienen. Ein guter Leiter steht nicht im Hintergrund und gibt nur Befehle, sondern beteiligt sich und hilft bei der Arbeit.
Der Herr Jesus schenkt der Gemeinde Menschen mit der Gabe des Leitens, um den Gliedern seines Leibes zu dienen. Wenn er dir diese Aufgabe anvertrauen möchte, bitte ihn darum, einen guten Leiter aus dir zu machen.

Welche Aufgabe hat ein Leiter? Nenne drei Dinge:

______

______

______

So kannst du heute beten: Lieber Gott, wenn du mir die Gabe und Aufgabe des Leitens geben möchtest, dann hilf mir, ein solcher Leiter zu werden, der der Familie von Christus dient. Amen.

Lies 1. Petrus 5,2-4

Wie kann ich meine Aufgabe im Leib Christi erfüllen?

Ihr aber seid der Leib Christi und jeder von euch ein Glied.
1. Korinther 12,27

Du hast jetzt etwas über die Aufgaben in der Familie von Christus gelesen und über die geistlichen Gaben, die wir dafür bekommen – hast du deine Aufgabe schon entdeckt? Die Bibel sagt, dass wir die geistlichen Gaben erhalten, „damit die Heiligen zugerüstet werden zum Werk des Dienstes. Dadurch soll der Leib Christi* erbaut werden" (Epheser 4,12).

* die Familie von Christus

Lass uns noch einmal wiederholen, von welchen Gaben und Aufgaben du gelesen hast: **Dienen**: praktische Arbeiten in der Familie Gottes sehen und tun. **Geben:** Gott und anderen freiwillig und mit Freude von dem geben, was einem gehört. **Barmherzigkeit üben**: erkennen, wenn andere verletzt sind und diese trösten. **Lehren**: sich am Erforschen von Gottes Wort erfreuen und anderen helfen, es zu verstehen. **Leiten** – andere anleiten und ihnen helfen, Jesus nachzufolgen und ihm zu dienen. Bist du wie Tina, die anderen fröhlich und gern dient? Vielleicht bist du auch wie Achim, der freiwillig gegeben hat, um einen Missionar zu unterstützen. Vielleicht sollst du wie Karen schnell zur Stelle sein, um eine verletzte Freundin zu trösten. Oder will Gott dich wie Michael gebrauchen? Er hat die Gabe zu lehren und hat Freude daran, das, was er aus der Bibel gelernt hat, anderen weiterzusagen. Vielleicht hat Gott dir wie Robert die Gabe gegeben, andere anzuleiten, wie man Jesus nachfolgt. Willst du deine geistlichen Gaben dafür nutzen, die Familie von Christus zu bauen? Gott wird dich segnen und dir Freude schenken, während du seine Gaben gebrauchst, um seine Aufgaben zu erfüllen.

Nenne die Aufgaben, von denen du meinst, dass du sie tun sollst:

____

____

____

So kannst du heute beten: Lieber Gott, danke, dass du auch mich gebrauchen willst, um der Familie Gottes zu dienen (zähle Aufgaben auf, die du tun kannst). Bitte hilf mir, meine Aufgabe so zu erfüllen, dass anderen geholfen wird und du dich daran freuen kannst. Amen.

Lies 1. Korinther 12,20-27

Bibelvers-Check

Hier sind einige wichtige Verse zu dem, was du bisher gelernt hast. Mache ein Häkchen in jeden Kreis, wenn du den jeweiligen Vers auswendig kannst!

○ **1. Johannes 1,9:** Wenn wir aber unsere Sünde bekennen, so ist er treu und gerecht, dass er uns die Sünde vergibt und reinigt uns von aller Ungerechtigkeit.

○ **Psalm 32,8:** Ich will dich unterwiesen und dir den Weg zeigen, den du gehen sollst; ich will dich mit meinen Augen leiten.

○ **Psalm 66,18:** Wenn ich Unrechtes vorgehabt hätte in meinem Herzen, so hätte der Herr nicht gehört.

○ **Johannes 14,26:** Aber der Tröster, der Heilige Geist, den mein Vater senden wird in meinem Namen, der wird euch alles lehren und euch an alles erinnern, was ich euch gesagt habe.

○ **2. Korinther 5,17:** Darum: Ist jemand in Christus, so ist er eine neue Kreatur; das Alte ist vergangen, siehe, Neues ist geworden.

○ **Epheser 4,30:** Und betrübt nicht den Heiligen Geist Gottes, mit dem ihr versiegelt seid für den Tag der Erlösung.

○ **Lukas 6,45:** Ein guter Mensch bringt Gutes hervor aus dem guten Schatz seines Herzens; und ein böser bringt Böses hervor aus dem bösen. Denn wes das Herz voll ist, des geht der Mund über.

○ **Epheser 4,3:** ... und seid darauf bedacht, zu wahren die Einigkeit im Geist durch das Band des Friedens.

Prima,

du hast alle Andachten zum Thema „Gott, der Heilige Geist“ durchgelesen.

Nun kannst du deine Entdecker-Seite „Gott, der Heilige Geist“ ausfüllen. Du hast sie mit dem Brief erhalten, in dem wir dir deine Entdecker-Seite Nr. 2 zurückgeschickt haben.

Wenn du die Entdecker-Seite Nr. 3 fertig ausgefüllt hast, dann falte sie an der Linie und stecke sie in einen Briefumschlag. Wenn du möchtest, lege auch den Zettel mit deinen Gebetsanliegen bei. Klebe eine Briefmarke auf den Umschlag und sende alles an die Adresse vom KEB-Mailbox-Club.

Jetzt

darfst du deine Entdecker-Seite Nr. 3 einschicken!

Wir werden uns deine Antworten ansehen und sie wieder mit einigen persönlichen Sätzen und deiner Entdecker-Seite Nr. 4 an dich zurückschicken.

Freue dich darauf, in den nächsten Andachten mehr über „Sieg“ im Leben als Christ zu erfahren.

Dein KEB-Mailbox-Club

Sieg

Gibt es Engel wirklich?

Seid nüchtern und wacht; denn euer Widersacher, der Teufel,
geht umher wie ein brüllender Löwe
und sucht, wen er verschlinge.
1. Petrus 5,8

Im Kino oder im Fernsehen laufen viele Filme über Engel. Doch das meiste, was sie über Engel zeigen, ist nicht wahr. Hast du dich schon einmal gefragt, ob es Engel überhaupt gibt? Ja! Gott hat sie geschaffen, und es gibt sie wirklich.

Engel sind besondere Geschöpfe Gottes und alle verschieden. Wir wissen nicht genau, wie Engel aussehen. Wir wissen aber, dass sie keine Menschen sind. Und Menschen, die sterben, werden nicht zu Engeln. Wir wissen, dass einige Engel Flügel haben und einige aussehen wie wir. Gott hat diese wunderbaren, starken, himmlischen Geschöpfe gemacht, damit sie ihn anbeten, loben und ihm gehorchen. Engel wachen auch über Gottes Kinder. Engel sind mächtiger als Menschen, aber nicht so mächtig wie Gott. Sie können sehr schnell erscheinen und verschwinden. Sie sterben nicht. Einige Leute beten zu Engeln, aber das ist falsch. Nur Gott kann Gebete erhören.

Ein Engel mit Namen Luzifer wurde „Engel des Lichts" genannt. Irgendwann stellte sich Luzifer gegen Gott. Jetzt nennen wir ihn Satan oder Teufel. Einige Engel sind Satan gefolgt. Sie werden „gefallene Engel" oder „Dämonen" genannt. Satan und seine Dämonen sind Gottes Feinde. In den nächsten Tagen wirst du mehr über deinen Feind Satan lernen.

Welche beiden Dinge hast du über Engel gelernt?

____

____

____

So kannst du heute beten: Lieber Gott, danke, dass du Engel gemacht hast, damit sie dir dienen und gehorchen. Amen.

Lies Hebräer 1,14

Wer ist Satan?

Seid nüchtern und wacht; denn euer Widersacher, der Teufel,
geht umher wie ein brüllender Löwe
und sucht, wen er verschlinge.
1. Petrus 5,8

Einige Leute glauben, Satan würde einen roten Anzug tragen und Hörner und einen Schwanz haben. So sieht Satan nicht aus. Die Bibel teilt uns mit, dass Satan, als Gott ihn zuerst erschuf, einer der schönsten Engel war. Er wurde Luzifer genannt. Eines schlimmen Tages beschloss er, sich gegen Gott zu stellen und wurde sein Feind. Er wurde zum Satan.

Die Bibel nennt Satan den „Gott dieser Welt" (2. Korinther 4,4). **Er ist durch und durch schlecht und böse. Es ist sein Plan, die Menschen zu betrügen. Er will, dass sie sich – so wie er – gegen Gott wenden.** Er will Gottes Plan für dich zunichte machen. Es scheint vielleicht, als könnte Satan machen, was er will. Doch er steht immer noch unter der Oberaufsicht Gottes, der allmächtig ist. Wenn Jesus wieder auf die Erde kommt, wird Satan bestraft werden. Wenn sein Urteil gesprochen ist, wird Satan in den Feuersee geworfen werden, wo er für immer bleiben wird.

Satan möchte, dass du glaubst, er sei nur eine ausgedachte Figur in einem komischen roten Anzug. Denke daran, dass es ihn gibt und dass er dein Feind ist. Doch die Bibel sagt: „... der in euch ist, ist größer als der, der in der Welt ist* " (1. Johannes 4,4).

* „der in euch ist" = Gott / „der in der Welt ist" = Satan

Warum ist Satan Gottes Feind?

____

____

____

So kannst du heute beten: Lieber Gott, danke, dass du stärker bist als Satan. Hilf mir, vorsichtig zu sein, damit ich nicht auf Satans Betrug hereinfalle, sondern dir gehorche. Amen.

Lies Johannes 8,44

Wie ist Satan zum Feind Gottes geworden?

Seid nüchtern und wacht; denn euer Widersacher, der Teufel,
geht umher wie ein brüllender Löwe
und sucht, wen er verschlinge.
1. Petrus 5,8

„Ich will tun, was ich will, nicht was du willst." Hast du dies oder etwas Ähnliches schon einmal gesagt oder gedacht? Weißt du, woher diese Art von Gedanken kommt?

Eines Tages hatte Luzifer, Gottes besonderer Engel, diesen Gedanken. Er wollte so sein wie Gott. Vielleicht waren dies seine Gedanken: „Ich will ... meinen Thron über die Sterne Gottes erhöhen ... Ich will auffahren über die hohen Wolken und gleich sein dem Allerhöchsten" (Jesaja 14,13-14). Hörst du die Worte „Ich will ?" Nur Gott kann wirklich mit dieser Macht sprechen, denn nur Gott ist allmächtig.
Was brachte Luzifer dazu, sich gegen seinen Schöpfer zu stellen? Es war der Stolz. Stolz bedeutet, wenn du mehr von dir hältst, als du solltest. Luzifer dachte, er wäre so gut wie Gott. Sein sündhafter Stolz trennte ihn von Gott. Als Luzifer rebellierte, musste Gott sich von Luzifer trennen. Luzifer und die Engel, die ihm folgten, mussten den Himmel verlassen. Nun ist Luzifer unter einem anderen Namen bekannt – Satan oder Teufel. Er ist Gottes Feind, und er ist dein Feind.
Die Bibel sagt: „Gott widersteht den Hochmütigen" (1. Petrus 5,5). Lass dich nicht vom Stolz überwinden und von Gott abbringen. **Denke daran, dass Gott dein Schöpfer ist. Bete ihn allein an und gehorche nur ihm.**

Wie kannst du dich dagegen schützen, dass der Stolz dein Leben beherrscht?

____

____

____

So kannst du heute beten: Lieber Gott, danke, dass du mein großer Schöpfer bist. Hilf mir, mich vor dem Stolz zu schützen, der mich von dir abbringen will. Amen.

Lies Jesaja 14,12-14

Warum ist Satan mein Feind?

Seid nüchtern und wacht; denn euer Widersacher, der Teufel,
geht umher wie ein brüllender Löwe
und sucht, wen er verschlinge.
1. Petrus 5,8

Was bedeutet das Wort „Feind"? Ein Feind ist jemand, der dich hasst und der dir wehtun möchte. Satan hasst Gott und möchte ihm wehtun. **Weil du ein Kind Gottes bist, hasst Satan auch dich und möchte dir wehtun.** Er will alles kaputt machen, was Gott gehört.

Satan zeigt auf vielfache Weise, dass er dein Feind ist. Er lügt dich an. Die Bibel nennt ihn den „Vater der Lüge" (Johannes 8,44). Er versucht, dich mit Tricks dazu zu bringen, falsche Dinge zu tun, damit du Gott traurig machst. Was teilt dir der Bibelvers oben auf dieser Seite über Satan mit? Er ist dein Feind; er schleicht umher wie ein Löwe, der sucht, wen er verschlingen (zerstören) kann.

Gelingt es dem Satan immer, jemanden zu finden, den er zerstören kann? Gewinnt Satan immer? Nein! Du kannst der Gefahr entkommen und dich gegen Satans Angriffe schützen. **Wenn du Gott gehorchst, verliert Satan.** Wenn du den Herrn Jesus als deinen Retter angenommen hast, lebt in dir der Heilige Geist. Gott ist größer als Satan. Wenn du dich vom Heiligen Geist führen lässt, wirst du Gott gehorchen und tun, was richtig ist. Sei wachsam, höre auf Gott und nimm dich vor Satans Angriffen in Acht!

Welche beiden Dinge kannst du zum Beispiel tun, um dich gegen Satans Angriffe zu schützen?

____

____

____

So kannst du heute beten: Lieber Gott, danke, dass du mich liebst. Bitte hilf mir, auf dich zu hören und mich vor Satans Angriffen in Acht zu nehmen. Amen.

Lies 1. Petrus 5,8-9

Welche Tricks wendet Satan zum Beispiel an?

Seid nüchtern und wacht; denn euer Widersacher, der Teufel,
geht umher wie ein brüllender Löwe
und sucht, wen er verschlinge.
1. Petrus 5,8

„Los, Ali! Du musst nur auf den Mann an der Kasse aufpassen, das ist alles“, drängte Jan. „Du musst auch nichts nehmen. Du brauchst nicht zu stehlen. Du passt nur auf. Wenn du mein Freund sein willst, dann hilf mir. O.K.?“ Jan wollte eigentlich gar nicht Alis Freund sein. Er wollte Ali nur verführen, ihm dabei zu helfen, etwas Böses zu tun.

Satan will nicht, dass du Gott liebst und ihm gehorchst. Er versucht, dich zum Bösen zu verleiten. Einer seiner Tricks ist es, dir vorzulügen, du bekämst keine Freunde, wenn du nicht rauchen, keine Drogen nehmen oder keinen Alkohol trinken würdest. Mit einem anderen Trick will er dich so begierig nach etwas machen, dass du bereit bist, Böses zu tun, um es zu bekommen. Hast du schon einmal gedacht, dass Gott dich nicht wirklich liebt? – Dies sind weitere Lügen Satans.

Satan versucht, dich dazu zu bringen, dass du meinst, Jesus wäre nicht am Kreuz gestorben, um für deine Sünden zu bezahlen. Satan möchte nicht, dass du weißt, wie sehr Gott dich liebt. Er will, dass du glaubst, du könntest für dich selbst sorgen und würdest Jesus nicht brauchen. **Nimm dich in Acht vor Satans Tricks.** Denke daran: Er ist ein Lügner.

Wie hat Satan versucht, dich zu verführen? Nenne ein Beispiel:

___

___

___

So kannst du heute beten: Lieber Gott, bitte hilf mir, dass ich merke, wenn Satan versucht, mich auszutricksen. Hilf mir, stattdessen deinem Wort zu vertrauen. Amen.

Lies Apostelgeschichte 5,1-4

Ist Satan so stark wie Gott?

Seid nüchtern und wacht; denn euer Widersacher, der Teufel,
geht umher wie ein brüllender Löwe
und sucht, wen er verschlinge.
1. Petrus 5,8

Satan ist sehr stark. Er ist stärker als wir. Was meinst du: Wer hat mehr Macht, Gott oder Satan? Gott hat die Welt in sechs Tagen gemacht. Gott hat unseren Körper erschaffen. **Gott hat Jesus von den Toten auferweckt. So etwas kann Satan nicht. Gott ist viel mächtiger als Satan.**

Trotzdem hat Satan Macht. Seine Angriffe auf Gottes Leute sind stark und schwer zu bekämpfen, aber Satan ist nicht so mächtig wie Gott. Satan versuchte mit aller seiner Macht, Jesus davon abzuhalten, für deine Sünden zu bezahlen. Vielleicht dachte er, er hätte gewonnen, als Jesus am Kreuz starb. Einige Menschen nahmen den Körper von Jesus vom Kreuz ab und legten ihn ins Grab. Aber am dritten Tag erweckte Gott Jesus wieder zum Leben. Gott ist immer Sieger über Satan.

Gott ist souverän – er ist Herr. Er ist der höchste Herrscher, und er steht über allem und hat alle Macht. Gott hat die Macht, deine Gebete zu hören und zu beantworten. Nur er hat die Macht, dir deine Sünden zu vergeben und dich zu seinem Kind zu machen. Gott regiert auch über Satan. Eines Tages wird Gott Satan bestrafen, indem er ihn und seine Nachfolger für immer in den Feuersee wirft.

Nenne drei Dinge, die dir Gottes Macht zeigen:

____

____

____

So kannst du heute beten: Lieber Gott, danke, dass du mächtiger bist als Satan. Danke, dass du mich liebst. Amen.

Lies 1. Johannes 4,4

Warum erlaubt Gott dem Satan, mich zu etwas zu verleiten?

Seid nüchtern und wacht; denn euer Widersacher, der Teufel, geht umher wie ein brüllender Löwe und sucht, wen er verschlinge.
1. Petrus 5,8

Denke einmal an deinen besten Freund. Hast du ihn gerne, weil du es musst oder weil du es möchtest? Liebe ist etwas, das man freiwillig schenkt.

Gott hat sich dazu entschieden, dich zu lieben, und er möchte, dass du auch ihn von Herzen lieb hast. Wenn Gott dem Satan erlaubt, dich zu versuchen (zu probieren, dich zum Ungehorsam zu verleiten), dann lässt Gott dich wählen, wen du lieben und wem du gehorchen möchtest. Gott möchte, dass du ihm aus Liebe gehorchst.
Ein Weg, um Gott zu gehorchen, ist Nein zu sagen, wenn Satan versucht, dich zum Bösen zu verführen. Das schaffst du nicht allein – du brauchst Gottes Hilfe. Das ist ein weiterer Grund, warum Gott es zulässt, dass du auf die Probe gestellt wirst. Er möchte, dass du lernst, von ihm abhängig zu sein, sodass er dir die Kraft geben kann, zu Satan Nein zu sagen.
In der Bibel steht: „Der Herr ist mein Helfer" (Hebräer 13,6). Du kannst Gott bitten, dir zu helfen, über Satans Versuchungen Sieger zu sein.

Wenn du Gott um Hilfe bittest und ihm gehorchst, lernst du ihn besser kennen. Je besser du jemanden kennst, desto mehr liebst du ihn. Gott möchte, dass du dich entscheidest, ihn zu lieben. Hast du ihn lieb?

Nenne zwei Gründe, weswegen Gott Satan erlaubt, dich zu etwas zu verleiten:

____

____

____

So kannst du heute beten: Lieber Gott, hilf mir, zu Satans Versuchungen Nein zu sagen. Hilf mir, zu zeigen, dass ich dich liebe, indem ich dir gehorche. Amen.

Lies Hiob 1,9-12

Kann ich wirklich gegen Satan gewinnen?

Seid nüchtern und wacht; denn euer Widersacher, der Teufel,
geht umher wie ein brüllender Löwe
und sucht, wen er verschlinge.
1. Petrus 5,8

Wenn du im Krieg allein gegen einen sehr starken Feind kämpfen müsstest, meinst du, du könntest dann siegen? Nein! Wenn du im Kampf gegen denselben Feind den größten und stärksten Helfer hättest, könntest du dann gewinnen? Ja!

Die Bibel erzählt uns von einem Mann, der vor langer Zeit lebte. Sein Name ist Elia. Eines Tages bat Gott ihn um etwas sehr Gefährliches. Gott bat Elia, zum König zu gehen und ihm zu sagen, dass Gott alle Leute bestrafen würde, weil sie sehr schlimme Dinge taten. Die Leute dienten Satan und nicht Gott.

Der König wurde sehr wütend und versuchte, Elia umzubringen, doch Elia entkam (1. Könige 17). Elia lebte weiter und diente Gott. Wie geschah das? Was machte es Elia möglich zu siegen? Er hatte keine Superkraft. **Die Bibel sagt, er war so wie du und ich. Er siegte, weil Gott ihm zur Seite stand.** Wenn du Jesus als deinen Retter kennst, steht er auch dir zur Seite. Die Bibel sagt: „... der in euch ist, ist größer als der, der in der Welt ist“ (1. Johannes 4,4). **Jesus, der in uns ist, ist größer als Satan, der in der Welt ist. Mit Jesus kannst du siegen.**

Warum konnte Elia siegen?

___

___

___

So kannst du heute beten: Lieber Gott, danke, dass ich durch Jesus über Satan siegen kann. Amen.

Lies 1. Korinther 15,57-58

Was ist Gottes Verteidigungsplan für mich?

Seid nüchtern und wacht; denn euer Widersacher, der Teufel,
geht umher wie ein brüllender Löwe
und sucht, wen er verschlinge.
1. Petrus 5,8

Soldaten brauchen einen Plan, der ihnen zeigt, wie sie am besten kämpfen können. Gott hat einen solchen Plan für dich. Du stehst jeden Tag im Krieg, weil Satan dich hasst. Es ist ein Krieg, den du gewinnen kannst, weil du den größten und stärksten Helfer hast: Gott. Wenn du Gottes Plan im Kampf befolgst, wirst du gewinnen.

Hier ist der Plan. Er hat vier Teile:

1. **Glaube**, dass Jesus für deine Sünden gestorben ist.
2. **Denke** daran**,** dass du nicht sündigen musst. Gott sagt, wenn du ihm gehorchen und dich weigern wirst, auf Satan zu hören, dann wird Satan von dir fliehen (Jakobus 4,7).
3. **Gehorche** Gott. Sünde macht Gott traurig und sie kann ihn daran hindern, deine Gebete zu hören. Wenn du gesündigt hast, bekenne Gott deine Sünde.
4. **Danke** Gott für den Sieg über Satan. Die Bibel sagt: „Gott aber sei Dank, der uns den Sieg gibt durch unsern Herrn Jesus Christus!" (1. Korinther 15,57).

Gott hat dir für deinen Kampf gegen Satan einen besonderen Schutz gegeben. Dieser Schutz wird „Waffenrüstung Gottes" genannt. Diese Rüstung kann man nicht sehen, aber sie verteidigt dich gegen Satans Angriffe. Wenn du sie richtig gebrauchst, wird Gott dir helfen, Satan in jedem Kampf zu schlagen. In den nächsten Tagen wirst du mehr über diese Waffenrüstung erfahren.

Kannst du vier Dinge nennen, die du tun kannst, um über Satans Angriffe zu siegen?

____

____

____

So kannst du heute beten: Lieber Gott, danke, dass du mein Helfer bist. Bitte hilf mir, mich daran zu erinnern, wie ich über Satan siegen kann. Amen.

Lies Jakobus 4,7

Was muss ich tun, bevor ich den Sieg über Satan erringen kann?

Zieht an die Waffenrüstung Gottes, damit ihr bestehen könnt gegen die listigen Anschläge des Teufels.
Epheser 6,11

Möchtest du Gewinner sein (den Sieg haben)? Bevor du einen Sieg über Satan erringen kannst, ist es nötig, dass du dich von deiner Sünde abwendest und Jesus als deinen Retter aufnimmst, wenn du das bisher noch nicht getan hast.

Die Bibel sagt: „Wie viele ihn aber aufnahmen, denen gab er Macht, Gottes Kinder zu werden, denen, die an seinen Namen glauben" (Johannes 1,12). Du nimmst ihn (Jesus) auf, indem du zugibst, dass du gesündigt hast. Du bist mit einem Hang zur Sünde geboren. Du sündigst, wenn du lügst, stiehlst, jemandem wehtust oder etwas Schlechtes denkst. Jeder sündigt (Römer 3,23), und Gott muss Sünde bestrafen. Die Strafe für die Sünde ist, für immer weit weg von Gott zu sein.

Was bedeutet „an seinen Namen glauben"? Es bedeutet, dass du glaubst: Jesus ist Gott und er hat niemals gesündigt. **Er starb am Kreuz, um sich für deine Sünden bestrafen zu lassen.** Er starb freiwillig, denn er hat dich lieb. Jesus ist nicht tot geblieben. Am dritten Tag wurde er wieder lebendig. Er ist jetzt im Himmel und betet für dich. Wenn du es noch nicht getan hast, nimm Jesus in dein Leben auf: Sage Gott, dass du gesündigt hast und dass du glaubst, dass Jesus für deine Sünden bestraft worden ist. Bitte ihn, dir zu vergeben und ab jetzt der Herr in deinem Leben zu sein. Dann wirst du Gottes Kind. **Sobald du Gottes Kind bist, kannst du anfangen, über Satan zu siegen.**

Was bedeutet es, wenn du Jesus als deinen Retter aufnimmst?

____

____

____

So kannst du heute beten: Lieber Gott, ich habe gesündigt. Ich glaube, dass Jesus gestorben ist, um die Strafe für meine Sünden auf sich zu nehmen. Bitte vergib mir und mache mich zu deinem Kind. Amen.

Lies Johannes 1,11-13

Wie kann ich mich auf den Kampf vorbereiten?

Zieht an die Waffenrüstung Gottes, damit ihr bestehen könnt gegen die listigen Anschläge des Teufels.
Epheser 6,11

Jeden Tag stehst du im Kampf gegen Satan. Er hasst Gott und will, dass du gegen Gott sündigst. Du musst auf den Kampf vorbereitet sein, denn du kannst nicht aus eigener Kraft über Satan siegen.

Ein wichtiger Teil der Vorbereitung auf den Kampf ist, deine Sünden Gott zu bekennen. Gott ist mit dir, um dir zu helfen, Nein zur Sünde zu sagen. Manchmal jedoch nimmst du seine Hilfe nicht an. Manchmal verleitet Satan dich zur Sünde. Und manchmal wählst du einfach die Sünde. Sobald du merkst, dass du gesündigt hast, solltest du diese Sünde Gott bekennen. Das heißt, du solltest mit Gott übereinstimmen, dass das, was du getan hast, Sünde ist. Die Bibel sagt: „Wenn wir aber unsere Sünden bekennen, so ist er treu und gerecht, dass er uns die Sünden vergibt und reinigt uns von aller Ungerechtigkeit" (1. Johannes 1,9).

Ein anderer wichtiger Teil der Vorbereitung auf den Kampf ist, dich vor Satans Angriffen in Acht zu nehmen. Er sucht immer nach Wegen, dich zum Sündigen zu bringen. Sei vorsichtig und meide Orte, Menschen oder Dinge, die dich oft zur Sünde verleiten.

Um dich für den Kampf zu stärken, verbringe jeden Tag Zeit mit Gott. Bibellesen und Beten stärkt dich gegen Satans Angriffe.

Wie kannst du dich auf den Kampf gegen Satan vorbereiten?

____

____

____

So kannst du heute beten: Lieber Gott, hilf mir, dass ich daran denke, meine Sünden zu bekennen und mich vor Satans Angriffen in Acht zu nehmen, damit ich auf den Kampf vorbereitet bin. Amen.

Lies Johannes 15,4-5

Was ist die Waffenrüstung Gottes?

Zieht an die Waffenrüstung Gottes, damit ihr bestehen könnt
gegen die listigen Anschläge des Teufels.
Epheser 6,11

Weißt du, was eine Rüstung ist? Vielleicht hast du schon einmal Rüstungen gesehen, die die Ritter früher im Kampf trugen. Heute tragen Polizeibeamte einen Schutzanzug: eine kugelsichere Weste und einen Helm. Feuerwehrleute tragen einen Helm und Jacken aus schwer entflammbarem Stoff als Schutzkleidung.

Wenn du Jesus als deinen Retter kennst, hat Gott dir einen Schutzanzug für den Kampf gegen Satan gegeben. Du kannst diesen Schutzanzug nicht sehen – er ist unsichtbar. Aber er ist in der Bibel beschrieben, in Epheser 6,13-17. Der „Helm des Heils“ schützt dein Denken. Der „Panzer der Gerechtigkeit“ beschützt dein Herz, damit du tun wirst, was richtig ist. Der „Gürtel der Wahrheit“ hilft dir, Gottes Wort zu lernen und die Wahrheit zu sagen. Die „Schuhe des Evangeliums des Friedens“ helfen dir, im Kampf gegen Satan festzustehen. Der „Schild des Glaubens“ schützt dich vor Angriffen Satans, die dich zum Zweifeln an Gott bringen wollen. Das „Schwert des Geistes“ ist das Wort Gottes. Es ist deine Waffe gegen Satan.

Der Schutzanzug, den Gott dir gegeben hat, wird niemals abgenutzt und zerreißt auch nicht. In den nächsten Tagen wollen wir mehr davon sprechen, was jedes Teil dieses Schutzanzugs bedeutet und wie es dir helfen kann.

Warum ist die Waffenrüstung Gottes wichtig für dich?

____

____

____

So kannst du heute beten: Lieber Gott, danke, dass du mir deine Waffenrüstung gegeben hast, damit ich siegen kann, wenn Satan mich angreift. Amen.

Lies Epheser 6,10-17

Warum brauche ich die Waffenrüstung Gottes?

Zieht an die Waffenrüstung Gottes, damit ihr bestehen könnt gegen die listigen Anschläge des Teufels.
Epheser 6,11

Warum braucht man einen Schutzanzug? Ein Schutzanzug ist dazu da, etwas zu beschützen. Ein Fußballspieler trägt Schienbeinschützer, um seine Beine zu schonen. Ein Fänger beim Baseball trägt als Schutzanzug eine Maske und einen Brustpanzer, sodass er nicht verletzt wird, wenn der Ball ihn trifft. Weißt du, dass auch Christen einen Schutzanzug brauchen?

Christen brauchen einen Schutzanzug gegen Satans Angriffe. Satan ist Gottes Feind. Weil du Gottes Kind bist, dadurch dass du an Jesus als deinen Retter glaubst, ist Satan auch dein Feind. Die Bibel sagt, dass Satan umherschleicht und sucht, wen er zerstören kann (1. Petrus 5,8). Satan versucht auf viele verschiedene Arten, dein Verhältnis zu Gott zu stören. Er greift dein Denken an, indem er dich dazu verleitet, seinen Lügen zu glauben und an Gottes Liebe und Fürsorge zu zweifeln. Er greift dein Herz an, indem er dir einredet, Dinge nach deinem eigenen Kopf zu tun und nicht auf Gottes Art.

Du bist nicht stark genug, um selbst gegen Satan zu kämpfen. Gott weiß das. Deshalb hat er dir nicht nur seine Waffenrüstung gegeben, er hat dir auch versprochen, dein Helfer zu sein. Die Bibel sagt: „Der Herr ist mein Helfer, ich will mich nicht fürchten ..." (Hebräer 13,6). Ein guter Soldat weiß, dass er ohne seine Rüstung vom Feind besiegt werden kann. **Du brauchst Gottes Waffenrüstung als deinen Schutz.**

Nenne zwei Dinge, die Gott dir gegeben hat, um dir zu helfen, gegen Satan zu siegen:

____

____

____

So kannst du heute beten: Lieber Gott, hilf mir, daran zu denken, dass ich deine Waffenrüstung und dich als meinen Helfer habe. Amen.

Epheser 6,10-13

Wie benutze ich den Gürtel der Wahrheit?

Zieht an die Waffenrüstung Gottes, damit ihr bestehen könnt gegen die listigen Anschläge des Teufels.
Epheser 6,11

Wir haben schon über deinen Feind Satan und seine Angriffe gesprochen. Gott hat dir eine Schutzausrüstung gegeben, aber diese Ausrüstung nützt dir nichts, wenn du sie nicht gebrauchst. In den nächsten Tagen werden wir über jedes Teil dieser Ausrüstung sprechen und davon, wie es dir helfen kann.

Ein Teil des Schutzanzugs, den Gott dir gegeben hat, ist der „Gürtel der Wahrheit". Dieses wichtige Stück hilft dir, zu erkennen, was wahr ist, um dich nicht von Satans Lügen täuschen zu lassen. **Wie kannst du den Gürtel der Wahrheit benutzen? Auf zweifache Art: Erstens verwendest du ihn, indem du so viel wie möglich aus Gottes Wort, der Bibel, lernst.** Du kannst dies tun, indem du die Bibel liest und Bibelverse aus diesem Andachtsbuch auswendig lernst. Das Lernen von Wahrheiten aus Gottes Wort hilft dir, wenn Satan dich dazu bringen will, an Gott zu zweifeln.

Eine andere Art, den Gürtel der Wahrheit zu benutzen, ist, dafür zu sorgen, dass du in allem deinem Tun ehrlich bist. Satan hat auch den Namen „Vater der Lüge". Satan freut sich, wenn du auch nur ein kleines bisschen lügst. Der Gürtel der Wahrheit wird dich gegen Satans Verleiten zur Lüge schützen. Gott kann dir helfen, dass du jeden Tag daran denkst, den Gürtel der Wahrheit zu gebrauchen.

Nenne zwei Arten, wie du den Gürtel der Wahrheit verwenden kannst:

____

____

____

So kannst du heute beten: Lieber Gott, bitte hilf mir, meinen Gürtel der Wahrheit jeden Tag zu benutzen, indem ich in der Bibel lese und die Wahrheit sage. Amen.

Lies Epheser 4,25

Was ist der Panzer der Gerechtigkeit?

Zieht an die Waffenrüstung Gottes, damit ihr bestehen könnt
gegen die listigen Anschläge des Teufels.
Epheser 6,11

Eines der wichtigsten Körperteile, die ein Soldat im Kampf schützen muss, ist sein Herz. **Als Kind Gottes brauchst du auch einen Schutz für dein Herz.** Nicht für das Organ selbst in deinem Körper, das dich am Leben erhält, sondern für deine Empfindungen, Einstellungen und Gefühle. Aus diesem Grund hat Gott dir den „Brustpanzer der Gerechtigkeit" gegeben.

Gerechtigkeit ist ein bedeutendes Wort. Es bedeutet, vor Gott recht zu sein und das Richtige zu tun. Keiner von uns ist immer vollkommen oder gerecht. **Aber da du an Jesus als deinen Retter glaubst, sieht Gott dich nicht länger als Sünder an.** Er sieht dich an durch seinen vollkommenen Sohn, Jesus, der für deine Sünde gestorben ist.

Satan versucht vielleicht, dich anzugreifen, indem er dich an deine Sünde erinnert. Er will, dass du denkst, Gott würde dich wegstoßen. **Wenn du deinen Panzer der Gerechtigkeit anhast, dann weißt du: Satan lügt.** Gott sagt in der Bibel: „... nichts und niemand in der ganzen Schöpfung kann uns von der Liebe Gottes trennen, die in Christus Jesus, unserem Herrn, erschienen ist." (Römer 8,39b - NLB).

Wenn du gerettet bist, ist dies für dich wie ein Panzer, der dich schützt. Doch nur Gott kann dir helfen, die richtige Einstellung zu haben, und die Kraft, es richtig zu machen. Wenn du Gottes Weg wählst – wenn du ehrlich, gehorsam und freundlich bist –, dann zeigt dies ebenfalls, dass du den Panzer der Gerechtigkeit benutzt.

Wie verwendest du den Panzer der Gerechtigkeit?

____

____

____

So kannst du heute beten: Lieber Gott, hab Dank für den Panzer der Gerechtigkeit, der mir hilft, zu glauben, dass du mich gerecht gesprochen hast, und das Richtige zu tun. Amen.

Lies Galater 2,16

Warum brauche ich den Helm des Heils?

Zieht an die Waffenrüstung Gottes, damit ihr bestehen könnt gegen die listigen Anschläge des Teufels.
Epheser 6,11

Was tragen Motorradfahrer, Fahrradfahrer und Soldaten als Kopfschutz? Ja, einen Helm. Als Kind Gottes brauchst du ebenfalls einen Schutz für deinen Kopf – besonders für den Verstand.

Satan will deinen Verstand angreifen und dich von Gott wegführen. Er gibt dir vielleicht falsche Gedanken ein, wie zum Beispiel: „Ich hasse dich," oder „Keiner liebt mich." Satan kann Dinge wie das Fernsehen, Musik oder das Internet benutzen, um dir falsche Gedanken einzuflüstern. Deswegen musst du deinen „Helm des Heils" anziehen. Er hilft dir, Gottes Versprechen zu glauben – dass du gerettet bist von der Strafe für deine Sünde. Er gibt dir auch die Gewissheit, dass Gott dein Denken vor Satans Angriffen bewahren kann.

Wie benutzt du den Helm des Heils? Wenn du deine Bibel liest und gute Gedanken denkst, dann benutzt du deinen Helm, der deinen Verstand schützt. Achte sehr auf das, was du in deine Gedanken aufnimmst – über was du nachdenkst, was du liest, anschaust und dir anhörst. Die Bibel gibt dir den Rat, alles Denken gefangen zu nehmen, das heißt zu bewachen (2. Korinther 10,5). Du brauchst den Helm des Heils als Hilfe, um die richtigen Dinge zum Anschauen oder Anhören auszusuchen. Denke daran: Gott ist mächtiger als Satan. **Nimm deinen Helm und vertraue darauf, dass Gott deine Gedanken beschützt!**

Wie verwendest du heute deinen Helm des Heils?

____

____

____

So kannst du heute beten: Lieber Gott, danke für den Helm des Heils, der mein Denken schützt. Bitte hilf mir, Gutes zum Sehen und Hören auszuwählen. Amen.

Lies Philipper 4,8

Was sind die Schuhe des Evangeliums des Friedens?

Zieht an die Waffenrüstung Gottes, damit ihr bestehen könnt
gegen die listigen Anschläge des Teufels.
Epheser 6,11

Feuerwehrmänner tragen Spezialschuhe, um ihre Füße zu schützen. Diese Schuhe sind aus Gummi gemacht und haben innen Metall als zusätzlichen Schutz. Sie haben außerdem stabile Sohlen, damit die Feuerwehrmänner nicht auf nassem Boden ausrutschen.

Zu der Ausrüstung, die Gott dir gegeben hat, gehören auch Spezialschuhe. **Satan will, dass du ausrutschst und hinfällst.** Er will, dass du dir Sorgen machst, ob du wirklich zu Gott gehörst. Er will nicht, dass du anderen von Jesus erzählst oder sie Gottes Frieden in deinem Leben sehen lässt. Deswegen brauchst du die „Schuhe des Evangeliums" jeden Tag!

Frieden ist eine innere Ruhe. Es ist eine andauernde Gewissheit, dass alles gut ist. Die Bibel sagt: „... er ist unser Friede, ..." (Epheser 2,14). Du hast Frieden mit Gott, wenn du dich Jesus als deinem Retter anvertraust. Gott gibt dir auch Frieden mit dir selbst, denn er hilft dir, dich selbst so zu sehen, wie er dich sieht. Du bist von Gott geliebt. Er hat dir vergeben und dich in seine Familie aufgenommen. Außerdem schenkt dir Gott Frieden mit anderen. Er hilft dir, seine Liebe an andere weiterzugeben. Ziehst du heute deine Spezialschuhe an?

Was bewirken die Schuhe des Evangeliums des Friedens für dich?

____

____

____

So kannst du heute beten: Lieber Gott, hab Dank für die Schuhe des Evangeliums des Friedens. Hilf mir, sie jeden Tag zu gebrauchen, damit ich deinen Frieden und deine Liebe anderen weitergeben kann. Amen.

Lies 1. Petrus 3,15-16

Wie gebrauche ich den Schild des Glaubens?

Zieht an die Waffenrüstung Gottes, damit ihr bestehen könnt gegen die listigen Anschläge des Teufels.
Epheser 6,11

Früher trugen Soldaten oft einen Schild, wenn sie in den Kampf zogen. Diese Schilde waren gewöhnlich groß und schwer. Sie bedeckten fast jeden Körperteil des Soldaten, um ihn vor den Pfeilen des Feindes zu schützen. An den Seiten waren die Schilde oft so gemacht, dass man sie in die Schilde anderer Soldaten einhaken konnte. Die Soldaten konnten so gemeinsam eine Schutzmauer gegen den Feind bilden.

Wenn du Gottes Kind bist, dann hat er dir einen Schutzschild gegen die Angriffe Satans gegeben. Er heißt „Schild des Glaubens". **Glaube ist, wenn man weiß: Was Gott sagt, das tut er.** Glaube bedeutet deshalb auch, Gott zu vertrauen und zu tun, was er sagt, selbst wenn du Zweifel hast. Satan feuert ständig Pfeile des Zweifels auf dich ab. Er will, dass du an Gottes Verheißungen, an seiner Treue, an seiner Güte und seiner Macht zweifelst.

Halte deinen Schild des Glaubens hoch, indem du Gottes Wort vertraust. Verlasse dich auf die Wahrheiten, die du über Gott weißt. Vertraue den Worten der Bibel, die du auswendig gelernt hast. Auch wenn alles irgendwie schief zu gehen scheint: Vertraue darauf, dass Gott mit dir ist und alles unter Kontrolle hat. Mach es wie die Soldaten und tu dich mit deinen gläubigen Freunden zusammen. Ihr könnt euch gegenseitig ermutigen, standfest zu bleiben.

Nenne zwei Arten, wie du den Schild des Glaubens benutzen kannst:

___

___

___

So kannst du heute beten: Lieber Gott, danke für meinen Schild des Glaubens. Hilf mir, dir zu vertrauen, egal was passiert. Amen.

Lies Hebräer 11,1-3

Was ist das Schwert des Geistes?

Zieht an die Waffenrüstung Gottes, damit ihr bestehen könnt gegen die listigen Anschläge des Teufels.
Epheser 6,11

Weißt du, was ein Schwert ist? Es ist so etwas wie ein übergroßes Messer. Es war eine Waffe mit scharfen Kanten und konnte den Feind schneiden oder stechen. Alle übrigen Teile deiner Rüstung kannst du anziehen, um dich zu schützen. Dein Schwert ist eine Waffe, die du benutzt, um die Angriffe des Feindes abzuwehren. **Das „Schwert des Geistes" ist das Wort Gottes.**

Der Herr Jesus gebrauchte das Schwert des Geistes, als Satan ihn angriff. Dreimal kam Satan und versuchte, Jesus zur Sünde zu verleiten. Jedes Mal wehrte Jesus sich mit Worten aus der Bibel. Schließlich ging der Satan weg.

Du kannst dein Schwert benutzen, wenn Satan versucht, dich zur Sünde zu verleiten. Es ist nötig, dass du Bibelverse auswendig lernst. Wenn du keine Bibel hast, dann lerne einige von den Versen in diesem Andachtsbuch. Gottes Heiliger Geist wird dich an diese Verse erinnern, wenn Satan dich zur Sünde verleiten möchte. Diese Verse werden dir helfen, dich zu erinnern, was du nach seinem Willen tun oder lassen sollst. **Jedes Mal, wenn du an einen Vers aus Gottes Wort denkst und ihn anwendest, wirst du geschickter im Gebrauch deiner mächtigen Waffe, und du hältst Satan von dir fern.**

Wie kannst du das Schwert des Geistes gebrauchen?

____

____

____

So kannst du heute beten: Lieber Gott, bitte hilf mir, jede Woche mindestens einen Bibelvers zu lernen, damit ich das Schwert des Geistes gebrauchen kann, um Satan fernzuhalten. Amen.

Lies Psalm 119,11

Wie ziehe ich die Waffenrüstung Gottes an?

Zieht an die Waffenrüstung Gottes, damit ihr bestehen könnt gegen die listigen Anschläge des Teufels.
Epheser 6,11

Stell dir vor, du bist ein Eishockeyspieler: Wärest du dann bereit, ohne deine Schutzkleidung zu spielen? Als Christ kannst du ohne deinen Schutzanzug nicht gegen den Feind kämpfen.

Im Bibelvers für heute befiehlt Gott dir, deinen Schutzanzug anzuziehen. Du musst immer wissen, dass du Gottes Waffenrüstung hast. Wenn du deine Stille Zeit mit Gott hältst, dann denke über den Schutzanzug und wozu er da ist nach. Es hilft dir vielleicht, jedes Teil anzulegen, wenn du mit Gott darüber sprichst. Danke ihm für den Helm; bitte ihn, deinen Verstand zu schützen. Danke ihm für den Gürtel; bitte Gott, dir zu helfen, ehrlich zu sein. Danke ihm für deinen Brustpanzer; bitte Gott, deine Gefühle zu bewahren und dir zu helfen, das Richtige zu tun. Danke ihm für deine Schuhe; bitte Gott, dir seinen inneren Frieden zu schenken. Danke ihm für deinen Schild und vertraue darauf, dass Gott mit dir sein und dir helfen wird. Übe den Umgang mit deinem Schwert, indem du z. B. beim Anziehen morgens einen Bibelvers laut aufsagst. Denke daran, dass dein Schutzanzug für dich unsichtbar ist, aber Gott sieht ihn – und auch Satan.

Warum brauchst du jeden Tag Gottes Waffenrüstung?

___

___

___

So kannst du heute beten: Lieber Gott, danke, dass du mir deine Waffenrüstung gegeben hast, um mich heute zu beschützen. Amen.

Lies 1. Thessalonicher 5,8

Hat auch Jesus die Waffenrüstung Gottes angezogen?

Zieht an die Waffenrüstung Gottes, damit ihr bestehen könnt gegen die listigen Anschläge des Teufels.
Epheser 6,11

Während seines Lebens auf der Erde gab uns der Herr Jesus ein Beispiel, wie wir die Waffenrüstung Gottes verwenden können. Wenn du in den ersten vier Büchern des Neuen Testamentes – Matthäus, Markus, Lukas und Johannes – von ihm liest, wirst du sehen, wie er die Waffenrüstung Gottes auf vollkommene Weise einsetzte.

Jesus benutzte den Brustpanzer der Gerechtigkeit, indem er immer tat, was richtig ist. Er verwendete den Schild des Glaubens, indem er den Versprechen Gottes, seines Vaters, vertraute. Jesus nahm den Helm des Heils, indem er ständig darauf aus war, den Willen seines Vaters zu tun. Er gebrauchte den Gürtel der Wahrheit, indem er immer nur die Wahrheit sagte. Jesus ging in den Schuhen des Friedens, indem er zeigte, wie wir Frieden mit Gott haben können. Jesus gebrauchte ebenfalls das Schwert des Geistes, dadurch dass er Versuchungen widerstand, indem er Verse aus Gottes Wort sagte.

Nahm der Herr Jesus Gottes Waffenrüstung in Anspruch? Ja – er ist sogar selbst die Waffenrüstung! Er ist deine Gerechtigkeit (Philipper 3,9), dein Heil (Psalm 27,1) und dein Friede (Epheser 2,14). Er ist die Wahrheit (Johannes 14,6), und er ist das Wort Gottes (Johannes 1,1). **Wenn du dein Vertrauen auf den Herrn Jesus setzt und sein Wort gebrauchst, kannst du ein Sieger über Satan sein.**

Schreibe einen kurzen Dank an Jesus, weil er dir gezeigt hat, wie du die Waffenrüstung Gottes verwenden kannst:

So kannst du heute beten: Lieber Gott, danke für den Herrn Jesus, der mir gezeigt hat, wie ich die Waffenrüstung verwenden kann. Hilf mir, seinem Beispiel zu folgen. Amen.

Lies die Bibelstellen im Text

Was ist, wenn ich vergesse, die Waffenrüstung zu gebrauchen?

Zieht an die Waffenrüstung Gottes, damit ihr bestehen könnt
gegen die listigen Anschläge des Teufels.
Epheser 6,11

Stell dir vor, ein Feuerwehrmann würde seinen Schutzanzug mitnehmen, wenn es brennt, aber er würde dann versuchen, die Flammen ohne ihn zu bekämpfen. Das wäre keine besonders gute Idee. Er würde sich ernsthaft verletzen – vielleicht sogar sterben.

Du hast gelernt, was es mit dem Schutzanzug auf sich hat – der Waffenrüstung Gottes, die er seinen Kindern gibt. Du hast diese Waffenrüstung in dem Herrn Jesus Christus. Er ist immer bei dir. Aber was ist, wenn du dich entscheidest, dir nicht von dem Herrn Jesus die Kraft geben zu lassen gegen die Versuchungen, etwas Falsches zu tun? Vielleicht meinst du, du würdest stark genug sein, um ohne Gottes Hilfe gegen die Sünde und den Satan in den Kampf zu ziehen. Aber ohne Gott kannst du nicht siegen.

Wenn du deine Waffenrüstung nicht gebrauchst, wie willst du dann Nein sagen, wenn dich ein böser Gedanke überfällt? Was willst du machen, wenn dir etwas Angst einjagt? Du hast dann keine innere Kraft, Sieger über die Sünde zu sein.

Gott hatte es niemals vor, dass du deine Kämpfe allein austragen solltest. Er ist jeden Tag bei dir, überall wo du hingehst, um dir zu helfen, über die Sünde zu siegen. **Wenn Versuchungen kommen, denke an deine Rüstung. Danke Gott für jedes Teil und verwende es. Du wirst im Kampf gewinnen.**

Was passiert, wenn du deine Waffenrüstung nicht gebrauchst?

____

____

____

So kannst du heute beten: Lieber Gott, bitte erinnere mich jeden Morgen daran, meine Waffenrüstung den Tag über zu gebrauchen. Amen.

Lies Galater 2,20

Ist das Beten ein Teil meines Schutzanzuges?

Zieht an die Waffenrüstung Gottes, damit ihr bestehen könnt
gegen die listigen Anschläge des Teufels.
Epheser 6,11

Das Gebet kann mit einem Handy verglichen werden, mit dem du überall Empfang hast. Jederzeit kannst du im Gebet mit Gott sprechen, egal wo du bist. Der Herr Jesus benutzte das Handy des Gebets oft in seinem irdischen Leben. Er wollte immer den Willen seines Vaters tun. Er nahm sich auch Zeit, Gott, seinem Vater, zu danken.

Jesus empfahl denen, die ihm folgten, dringend, immer zu beten und nicht aufzugeben. Das Beten ist ein wichtiger Teil deines Schutzes gegen den Feind. Jeden Tag schleicht Satan, dein Feind, herum und sucht nach jemandem, den er angreifen und überwältigen kann (1. Petrus 5,8). Du allein bist viel zu schwach, um ihn zu besiegen. Aber du kannst beten und deinen Vater im Himmel um Hilfe bitten!

Beten ist Reden mit Gott. Satan zittert, wenn die Kinder Gottes beten. Er weiß, dass Gott hört, wenn du betest, und dass er, Satan, verlieren wird. Ein Teil des Gebetes besteht darin, dass du lernst, zuzuhören und gehorsam zu sein. Beten ist nicht nur eine Gelegenheit für dich, mit Gott zu reden. Das Gebet ist wie ein superstarkes Funkgerät, um Gottes Hilfe herbeizuholen. Aber es nützt dir nichts, wenn du es nicht benutzt. Du kannst jederzeit, überall und wegen allem beten. Tu es einfach!

Warum ist das Gebet ein wichtiger Teil deines Schutzes?

____

____

____

So kannst du heute beten: Lieber Gott, bitte hilf mir, jeden Tag daran zu denken, mit dir zu sprechen. Hilf mir, auf dich zu hören und dir zu gehorchen. Amen.

Lies Markus 14,38

Hatten die Menschen der Bibel auch mit Versuchung zu kämpfen?

So seid nun Gott untertan.
Widersteht dem Teufel, so flieht er von euch.
Jakobus 4,7

Manchmal denken wir, die Personen der Bibel seien Supermenschen gewesen. Wir meinen, sie hätten irgendeine besondere Macht gehabt, die uns fehlt. Vielleicht hast du schon die Geschichten von Noah und der Arche, David und Goliat oder Daniel in der Löwengrube gelesen. Vielleicht wunderst du dich, wie sie so viel Mut fanden. Du wünschst dir, genauso tapfer wie sie zu sein! Vielleicht bist du das auch! **Die Menschen, von denen wir in der Bibel lesen, waren so wie wir. Sie hatten viele Probleme, und sie wurden auch zur Sünde verleitet.**

Jeder muss damit rechnen, zum Bösen verleitet zu werden. Satan greift jeden an. Er will, dass die ganze Welt ihm dient und sich gegen Gott stellt. Satan griff auch die Menschen, von denen du in der Bibel liest, an. Gott ließ ihre Geschichten in sein Wort aufnehmen, so dass du und ich daraus lernen können. Manche Personen in der Bibel waren wahre Helden. **Sie vertrauten auf Gott – dass er ihnen die Kraft geben würde, Nein zur Versuchung der Sünde zu sagen und Ja zum Gehorsam gegenüber Gott.** Die Menschen, von denen du in der Bibel liest, mussten schwierige Entscheidungen treffen. Nicht alle von ihnen entschlossen sich, Gott zu vertrauen und ihm zu gehorchen. Wenn du versucht (zu etwas Bösem verleitet) wirst, wie entscheidest du dich?

Was solltest du tun, wenn du versucht wirst?

____

____

____

So kannst du heute beten: Lieber Gott, bitte hilf mir, so zu werden wie die Helden in der Bibel, die dir vertrauten und gehorchten, als sie zur Sünde verleitet wurden. Amen.

Lies Römer 16,19-20

Was tat Josef in der Versuchung?

So seid nun Gott untertan.
Widersteht dem Teufel, so flieht er von euch.
Jakobus 4,7

Die Bibel erzählt von einem jungen Mann mit Namen Josef und von dem, was er in Versuchung tat (1. Mose 37-47). Er war Gott untertan (er vertraute und gehorchte ihm). Er widerstand (sagte „Nein“ zu) dem Teufel. **Gott half Josef, Sieger über die Versuchung zu sein.**

Josef hatte zehn Brüder, die ihn hassten. Sie verkauften ihn als Sklaven. Er wurde von seiner Familie weit weggebracht. Er war wahrscheinlich versucht, seine Brüder zu hassen, aber er hasste sie nicht. Jahre später, als Josef seine Brüder wieder sah, war er ein sehr mächtiger Mann in Ägypten. Seine Brüder kamen, um Nahrung für ihre Familien zu kaufen, denn es herrschte eine Hungersnot. In ihrem Land wuchs keine Nahrung mehr. In Ägypten gab es zu Essen, weil Gott Josef aufgetragen hatte, Nahrungsmittel aufzubewahren. Der König hatte Josef die Verantwortung über den Nahrungsmittelverkauf übertragen. Als seine Brüder Josef erkannten, bekamen sie Angst. Josef hätte der Versuchung nachgeben können, sich an ihnen zu rächen – aber das tat er nicht. Er sprach zu ihnen: „... ihr habt mich nicht hergesandt, sondern Gott“ (1. Mose 45,8). **Josef unterstellte sich Gott und widerstand dem Teufel. Gott half Josef, in der Versuchung Sieger zu sein.**

Wie kannst du der Versuchung widerstehen?

____

____

____

So kannst du heute beten: Lieber Gott, bitte hilf mir, der Versuchung, dass ich wütend werde und mich rächen will, zu widerstehen. Amen.

Lies Matthäus 6,13

Wie stellten sich Daniel und seine Freunde auf Gottes Seite?

So seid nun Gott untertan.
Widersteht dem Teufel, so flieht er von euch.
Jakobus 4,7

Die Bibel erzählt von einer Gruppe junger Leute, die als Gefangene in ein fremdes Land geführt wurden. Sie sollten dort ausgebildet werden, um einem König zu dienen, der den wahren und lebendigen Gott nicht verehrte. **Anders als die anderen jungen Männer beschlossen Daniel und seine Freunde, für Gott einzustehen und ihn zu ehren, indem sie taten, was richtig war.** Die erste Prüfung kam beim Essen. Sie wussten, dass das Fleisch wahrscheinlich nicht nach den Geboten zubereitet war, die Gott seinem Volk gegeben hatte. Außerdem war es bestimmt falschen Göttern geopfert worden.

Daniel beschloss, dass er Gott nicht durch das Essen dieser Gerichte entehren wollte. Gott gab Daniel Mut und Weisheit, den Aufseher um Erlaubnis zu bitten, dass sie zehn Tage lang nur Gemüse essen und Wasser trinken durften. Danach waren Daniel und seine Freunde gesünder als die anderen Männer. Von der Zeit an half Gott ihnen in ihrer Ausbildung, indem er ihnen besondere Weisheit und Wissen schenkte. Daniel und seine Freunde waren entschlossen, für Gott einzustehen. Gott gab ihnen Kraft, das Richtige zu tun (Daniel 1,6-20).

Wenn du das nächste Mal in einer schwierigen Lage bist, dann denke daran, dass Gott dir die Kraft und den Mut schenken kann, für ihn einzustehen und zu tun, was richtig ist.

Wie bekommst du den Mut, für Gott einzustehen?

____

____

____

So kannst du heute beten: Lieber Gott, bitte gib mir die Kraft und den Mut, für dich einzustehen und zu tun, was richtig ist, egal was andere machen. Amen.

Lies Daniel 1,8-9

Was geschah, als David in der Versuchung versagte?

So seid nun Gott untertan.
Widersteht dem Teufel, so flieht er von euch.
Jakobus 4,7

König David wollte etwas haben, das ihm nicht gehörte. Er wollte die Frau eines anderen Mannes für sich selbst haben. Er wusste, dass das, was er wollte, falsch und sündig war, aber die Versuchung war zu stark. Anstatt Gott untertan zu sein (zu gehorchen), gab König David der Versuchung nach und nahm die Frau des anderen Mannes. Er schickte sogar den anderen Mann absichtlich in den Krieg, sodass dieser getötet wurde. Jetzt hatte David die Freiheit, die Frau zu heiraten. Doch die Bibel sagt: Gott wusste, was David getan hatte, und es gefiel ihm nicht.

Weil David der Versuchung nicht widerstanden hatte, geschahen einige schreckliche Dinge. Erstens starb ein unschuldiger Mann. Danach starb das Baby, das David und seine neue Frau bekamen. David wusste, dass er gegen Gott gesündigt hatte, und das war das Schlimmste. **Schließlich bekannte David Gott seine Sünde, und seine Beziehung zu Gott wurde geheilt.** Jedoch hat David wahrscheinlich nie mehr vergessen, wie gefährlich es ist, in der Versuchung zu versagen (2. Samuel 11-12).

Gott lässt dir Sünde nicht durchgehen. Wenn du der Versuchung nicht widerstehst, wird deine Beziehung zu ihm verletzt. Vielleicht werden auch andere verletzt. Wenn Versuchung kommt, unterstelle dich Gott, dann wird er dir helfen, zu widerstehen!

Was kann geschehen, wenn du in einer Versuchung versagst?

____

____

____

So kannst du heute beten: Lieber Gott, wenn Versuchungen kommen, bitte hilf mir, dir zu gehorchen. Bitte gib mir die Kraft, das Falsche nicht zu tun. Amen.

Lies Psalm 51,1-5

Wie bekam Gideon den Mut, für Gott einzustehen?

So seid nun Gott untertan.
Widersteht dem Teufel, so flieht er von euch.
Jakobus 4,7

Gideon hatte Angst! Feinde waren über Israel, sein Land, hergefallen. Gideon hatte solche Angst, dass er sich versteckte, sodass der Feind ihn nicht finden konnte. Gott sandte einen Engel, der zu Gideon sprach, dass Gott ihn ausgesucht hatte, sein Land gegen den Feind in den Krieg zu führen! **Gideon zweifelte, doch Gott sagte: „Ich will mit dir sein" (Richter 6,16). Gott erinnerte Gideon daran, dass er nicht allein sein würde.**

Als Gideon sich für den kommenden Kampf vorbereitete, gab Gott ihm einige sehr seltsame Befehle. Gideon und sein kleines Heer taten genau, was Gott ihnen aufgetragen hatte. In der Nacht des Kampfes umzingelten sie das Lager des Feindes, bliesen Trompeten und zerbrachen Tontöpfe. Dann hielten sie brennende Fackeln hoch in die Luft und schrien: „Wir kämpfen für den Herrn und für Gideon" (Richter 7,16-25). Staunend sahen sie, wie der Feind vor Schreck in Furcht und Verwirrung weglief. Gideons Heer verfolgte und schlug seinen Feind! Wie bekam Gideon den Mut, für Gott einzustehen? Er erinnerte sich an Gottes Versprechen und gehorchte dem, was Gott sagte (Richter 6-7).

Du kannst es machen wie er! Wenn du den Mut brauchst, für Gott einzustehen, dann gehorche ihm. Denke an sein Versprechen, mit dir zu sein, und tue das, was er von dir möchte. Er wird dir den Sieg geben.

Wie bekam Gideon den Mut, für Gott einzustehen?

____

____

____

So kannst du heute beten: Lieber Gott, ich brauche den Mut, für dich einzustehen. Hilf mir, daran zu denken, dass du mit mir bist, und hilf mir, dir zu gehorchen. Amen.

Lies Richter 6,12-16

Wie gebrauchte Rahab den Schild des Glaubens?

So seid nun Gott untertan.
Widersteht dem Teufel, so flieht er von euch.
Jakobus 4,7

Eine Frau mit dem Namen Rahab wohnte in Jericho. Die Leute in ihrer Stadt glaubten nicht an den wahren und lebendigen Gott und hatten viel Böses getan. Gott hatte seinem Volk Israel befohlen, Jericho zu erobern. Die Israeliten sandten Spione in die Stadt, doch der König von Jericho fand es heraus und suchte nach ihnen (Josua 2).

Rahab half den Spionen, sich zu verstecken. Sie sagte ihnen, dass sie an den Gott Israels glaubte. Später half sie ihnen, zu fliehen, indem sie sie an einem Seil die hohe Stadtmauer hinunterließ. Bevor sie entkamen, machten sie Rahab ein Versprechen: **Wegen ihres Glaubens würde Gott sie im Kampf retten.** Die Spione befahlen ihr, ein rotes Seil in ihr Fenster zu knüpfen und ihre Familie im Haus zu versammeln. Sie versprachen: Wenn der Tag der Schlacht kommen würde, sollten Rahab und ihre Familie in Sicherheit sein (Josua 2,17-20).

Vielleicht kam dies Rahab und ihrer Familie etwas komisch vor, doch Rahab glaubte Gottes Versprechen und tat genau, was man ihr gesagt hatte. Und durch ihren Glauben wurden Rahab und ihre Familie gerettet. In einem anderen Teil der Bibel wird Rahab als Heldin des Glaubens erwähnt. (Hebräer 11,31). Vertraue und gehorche Gott – so gebrauchst du den Schild des Glaubens!

Wie gebrauchte Rahab ihren Schild des Glaubens?

____

____

____

So kannst du heute beten: Lieber Gott, ich will dir vertrauen und gehorchen. Bitte hilf mir, dass ich daran denke, meinen Schild des Glaubens zu gebrauchen. Amen.

Lies Josua 2, 17-21

Was geschah, als Petrus den Herrn Jesus im Stich ließ?

So seid nun Gott untertan.
Widersteht dem Teufel, so flieht er von euch.
Jakobus 4,7

Hast du schon einmal jemandem etwas versprochen zu tun? Wie fühlst du dich, wenn du dein Wort dann nicht hältst? Was würdest du davon halten, wenn dein guter Freund so täte, als ob er dich noch nicht einmal kennen würde?

Als der Herr Jesus seinen Jüngern sagte, dass er nun sterben müsste, versprach ihm Petrus, immer für ihn da zu sein. Petrus sagte: „Und wenn ich mit dir sterben müsste, will ich dich nicht verleugnen" (Matthäus 26,35). Doch Petrus ließ den Herrn Jesus im Stich. Drei Jahre lang waren sie enge Freunde gewesen. Doch ausgerechnet in dieser für Jesus so schweren Situation tat Petrus so, als ob er ihn nicht kennen würde.

Ich bin sicher, Jesus war genauso traurig, wie du es an seiner Stelle gewesen wärest, doch er hörte nicht auf, Petrus zu lieben. Jesus starb, bevor Petrus die Gelegenheit hatte, zu sagen, dass es ihm leidtut. Petrus muss sich schrecklich traurig gefühlt haben. Aber Jesus blieb nicht tot. Als er wieder lebendig geworden war, vergab er Petrus und gab ihm eine weitere Chance. Er gab ihm sogar eine besondere Aufgabe. Das kannst du in Johannes 21,15-19 nachlesen. Du kannst Jesus nicht dazu bringen, dass er aufhört, dich zu lieben, auch wenn du ihn im Stich lässt. **Wenn du Jesus Christus als deinen Retter kennst, ist er immer bereit, dir zu vergeben und dir eine weitere Chance zu geben.**

Was solltest du tun, wenn du den Herrn Jesus im Stich gelassen hast?

____

____

____

So kannst du heute beten: Lieber Gott, danke, dass du mich immer lieb hast. Es tut mir leid, wenn ich dich im Stich gelassen habe. Danke, dass du mir vergibst. Amen.

Lies Johannes 21,15-17

Prima,

du hast alle Andachten über „Sieg" im Leben als Christ durchgelesen.

Nun kannst du deine Entdecker-Seite „Sieg" ausfüllen. Du hast sie mit dem Brief erhalten, in dem wir dir deine Entdecker-Seite Nr. 3 zurückgeschickt haben.

Wenn du die Entdecker-Seite Nr. 4 fertig ausgefüllt hast, dann falte sie an der Linie und stecke sie in einen Briefumschlag. Wenn du möchtest, lege auch den Zettel mit deinen Gebetsanliegen bei. Klebe eine Briefmarke auf den Umschlag und sende alles an die Adresse vom KEB-Mailbox-Club.

Jetzt
darfst du deine Entdecker-Seite Nr. 4 einschicken!

Wir werden uns deine Antworten ansehen und sie wieder mit einigen persönlichen Sätzen und deiner Entdecker-Seite Nr. 5 an dich zurückschicken.

Freue dich darauf, in den nächsten Andachten mehr über „Gottes Wort und ich" zu erfahren.

Dein KEB-Mailbox-Club

Gottes Wort und ich

Was ist die Bibel?

Denn alle Schrift, von Gott eingegeben, ist nütze zur Lehre,
zur Zurechtweisung, zur Besserung,
zur Erziehung in der Gerechtigkeit.
2. Timotheus 3,16

Vielleicht hast du dich gefragt, was an der Bibel so Besonderes ist. Sie ist ein Buch von Gott. Sie ist nicht wie irgendein anderes Buch, das du lesen kannst. Andere Bücher enthalten die Gedanken und Ideen von Menschen, doch die Bibel ist Gottes eigenes Wort. **Sein Wort , die Bibel, ist wahr.**

Durch die Bibel teilt Gott uns mit, was wir nach seinem Willen wissen sollen. Die Bibel sagt, sie ist „nütze zur Lehre, zur Zurechtweisung, zur Besserung, zur Erziehung in der Gerechtigkeit" (2. Timotheus 3,16). Die Bibel sagt uns, wie Gott ist. Sie zeigt dir, was du falsch machst und wie Gott sich dann um diese Dinge kümmern kann. **Die Bibel trainiert dich, so zu leben, wie es vor Gott Recht ist.**

Rufen dich manchmal Leute mit einem anderen Namen? Du heißt vielleicht „Christoph", aber du wirst „Chris" genannt. Die Bibel wird auch mit verschiedenen Namen bezeichnet. Sie kann „Gottes Wort" oder „Heilige Schrift" heißen, weil sie von unserem vollkommenen, heiligen Gott kommt. Obwohl sie verschiedene Namen hat, ist und bleibt sie Gottes Buch, seine Botschaft an uns.

Nenne einige Möglichkeiten, wie die Bibel dir helfen kann:

___

___

___

So kannst du heute beten: Lieber Gott, danke, dass du uns die Bibel gegeben hast. Hilf mir, sie zu gebrauchen und besser zu lernen, wie ich nach deinem Willen leben soll. Amen.

Lies 2. Timotheus 3,14-17

Woher kommt die Bibel?

Denn alle Schrift, von Gott eingegeben, ist nütze zur Lehre, zur Zurechtweisung, zur Besserung, zur Erziehung in der Gerechtigkeit.
2. Timotheus 3,16

Du weißt nun schon, dass die Bibel von Gott kommt. Unser Bibelvers sagt: „Alle Schrift ist von Gott eingegeben." Doch wie hat Gott uns die Bibel gegeben? Ist sie einfach vom Himmel gefallen? Nein. **Gottes Geist sagte 40 verschiedenen Männern, was sie schreiben sollten.** Gott gebrauchte ihren eigenen Stil und ihre Persönlichkeit, um seine Worte niederschreiben zu lassen. Der Heilige Geist inspirierte* und führte sie so, dass es absolut keine Fehler in irgendeinem der Worte gab, als sie ursprünglich aufgeschrieben wurden.

* inspirierte = gab ihnen die Gedanken ein

Dies geschah nicht alles auf einmal. Es dauerte etwa 1600 Jahre, bis die Bibel fertig war. Stell dir einmal vor, so lange an einem Buch zu schreiben! Kein Mensch könnte jemals 1600 Jahre lang leben, aber für Gott spielt die Zeit keine Rolle. Er hat schon immer gelebt und wird ewig weiterleben. Er sagte den Männern zu verschiedenen Zeiten im Verlauf der Geschichte, was sie schreiben sollten. Manchmal schrieben sie das auf, was gerade passierte. Ein anderes Mal schrieben sie über das, was schon geschehen war. Und Gott ließ sie sogar über das schreiben, was erst in der Zukunft passieren würde.

Die Menschen schrieben das, was Gott ihnen auftrug, in Hebräisch (Altes Testament) und Griechisch (Neues Testament). **Später wurde die Bibel auch in viele andere Sprachen übersetzt. Dadurch können sie Menschen auf der ganzen Welt lesen und etwas über Gott erfahren.**

Wie hilft es dir, dass du die Bibel in deiner eigenen Sprache hast?

____

____

____

So kannst du heute beten: Lieber Gott, hab Dank für die Bibel. Danke, dass es sie in meiner Sprache gibt, sodass ich sie lesen kann und erfahre, was ich nach deinem Willen tun soll. Amen.

Lies 1. Thessalonicher 2,13

Ist die Bibel wahr?

Denn alle Schrift, von Gott eingegeben, ist nütze zur Lehre,
zur Zurechtweisung, zur Besserung,
zur Erziehung in der Gerechtigkeit.
2. Timotheus 3,16

Woher kannst du sagen, ob etwas, was du liest, wahr ist? Eine Möglichkeit besteht darin, es mit anderen Dingen zu vergleichen, von denen du weißt, dass sie wahr sind. Die Bibel sagt: „... dein Wort ist die Wahrheit" (Johannes 17,17). Die Tatsachen beweisen das. Vieles in der Bibel wurde von Augenzeugen geschrieben. Das waren Menschen, die selbst gesehen hatten, worüber sie schrieben. **Archäologische* und geschichtliche Schriften aus der Zeit der Bibel stimmen mit dem, was die Bibel sagt, überein.** Das hilft dir zu wissen, dass sie wahr ist.

* Archäologische Schriften = Schriftstücke, die bei Ausgrabungen gefunden wurden.

Die Bibel sprach von vielen Dingen Hunderte von Jahren bevor sie geschahen. Dies nennt man „Prophetie". Viele Prophetien sind schon wahr geworden. **Gott sprach, dass etwas geschehen sollte, und es geschah. Du kannst dir sicher sein, dass alle übrigen Prophezeiungen auch noch wahr werden.** Gott weiß, was in der Zukunft geschehen wird. Er wusste genau, was er die Männer aufschreiben lassen wollte.

Gott hat die Bibel Tausende von Jahren beschützt. Viele Leute haben im Lauf der Geschichte versucht, die Bibel zu vernichten. Gott ließ das nicht zu. Er bewahrte sein Wort sicher auf, so dass du es heute haben kannst. Die Bibel sagt: „Das Gras verdorrt, die Blume verwelkt, aber das Wort unseres Gottes bleibt ewiglich" (Jesaja 40,8).

Was hilft dir zu glauben, dass die Bibel das wahre Wort Gottes ist?

____

____

____

So kannst du heute beten: Lieber Gott, danke, dass du die Bibel bewahrt hast, sodass ich sie heute lesen kann. Hilf mir, daran zu denken, dass alles in deinem Wort wahr ist. Amen.

Lies Johannes 17,17

Warum gibt es zwei Teile in der Bibel?

Denn alle Schrift, von Gott eingegeben, ist nütze zur Lehre,
zur Zurechtweisung, zur Besserung,
zur Erziehung in der Gerechtigkeit.
2. Timotheus 3,16

Weißt du schon, dass unser Kalender etwas über Jesus sagt? Jedes Jahr spricht davon, wie lang es ungefähr her ist, seit Jesus geboren wurde. Die Jahreszahlen bevor Jesus geboren wurde, werden mit dem Zusatz „v. Chr." (vor Christus) versehen.
Die Jahre nach seiner Geburt haben ein „n. Chr." (nach Christus) hinter der Jahreszahl stehen. Alle Jahre werden in unserem Kalender nach der Geburt von Jesus gezählt.

Auch die Bibel ist nach der Geburt von Jesus eingeteilt. Sie besteht aus 66 Büchern. Jedes Buch gehört entweder zum Alten Testament (AT) oder zum Neuen Testament (NT). Das Alte Testament steht vorne in der Bibel. Es spricht von der Schöpfung und anderen Dingen, die geschahen, bevor Jesus Mensch wurde.

Das Neue Testament ist der zweite Teil der Bibel. Diese Bücher wurden geschrieben, nachdem der Herr Jesus auf der Erde war. Sie sprechen von Jesus' Leben. Im Neuen Testament kannst du herausfinden, wie deine Sünden vergeben werden, nämlich dadurch, dass du an Jesus glaubst. **Das Neue Testament berichtet auch, was die Nachfolger von Jesus taten, nachdem er in den Himmel zurückkehrte und wie Jesus wiederkommen wird.**

Wenn du weißt, wie die Bibel eingeteilt ist, hilft es dir, dich darin leichter zurechtzufinden.

Nenne drei Dinge, die du im Neuen Testament finden kannst:

____

____

____

So kannst du heute beten: Lieber Gott, danke, dass du uns beide Teile der Bibel gegeben hast. Hilf mir, mehr über dich herauszufinden, indem ich sie lese. Amen.

Lies Hebräer 1,1-2a

Wie passt das, was in der Bibel steht, zusammen?

Denn alle Schrift, von Gott eingegeben, ist nütze zur Lehre, zur Zurechtweisung, zur Besserung, zur Erziehung in der Gerechtigkeit.
2. Timotheus 3,16

Hast du schon einmal versucht, eine Geschichte oder einen Aufsatz zu schreiben? Manchmal ist es schwierig, das richtig hinzubekommen. Was wäre, wenn viele Menschen versuchen würden, gemeinsam ein Buch zu schreiben? Was wäre, wenn sie zu verschiedenen Zeiten und an verschiedenen Orten lebten? Passte dann alles richtig zusammen? Erstaunlicherweise wurde die Bibel so verfasst.

Es ist ein Wunder, dass die Bibel, so wie sie ist, zusammenpasst. Sie wurde von 40 Männern in Hunderten von Jahren geschrieben. Es ist kaum zu glauben, wie diese Autoren in allen Dingen übereinstimmen konnten! Dennoch trifft dies zu. Die späteren Schreiber stimmen genau mit den früheren überein. Auch in dem, was die Bibel über Jesus sagt, stimmt sie in allen Teilen überein. Im Alten Testament hat Gott versprochen, einen Retter zu senden (1. Mose 3,15). Dieser Retter sollte die Strafe für die Sünde auf sich nehmen (Jesaja 53,5). Die Menschen warteten Hunderte von Jahren, bis Gott sein Versprechen einlöste. Im Neuen Testament wird berichtet, wie Gott Jesus als Retter sandte. Das war schon immer sein Plan gewesen.

Warum passt alles in der Bibel zusammen? Alle Schrift ist von Gott eingegeben (2. Timotheus 3,16). **Nur Gott konnte machen, dass alle Teile der Bibel vollkommen zueinander passen! Du kannst Gottes Wort immer vertrauen. Es wird sich nie verändern.**

Warum ist es wichtig, dass die gesamte Bibel zusammenpasst?

___

___

___

So kannst du heute beten: Lieber Gott, danke, dass alles in der Bibel richtig zusammenpasst. Du hast dafür gesorgt. Hilf mir, dir zu vertrauen und zu glauben, dass du auch alles in meinem Leben richtig machst. Amen.

Lies 2. Petrus 1,21

Was machten die Menschen des Alten Testaments mit ihrer Sünde?

Denn alle Schrift, von Gott eingegeben, ist nütze zur Lehre,
zur Zurechtweisung, zur Besserung,
zur Erziehung in der Gerechtigkeit.
2. Timotheus 3,16

Du weißt schon, dass Jesus für die Sünde gestorben ist. Du kannst dir deine Sünde vergeben lassen, indem du an ihn als deinen Retter glaubst. Wie ging das, bevor Jesus kam? Konnten diese Menschen sich auch ihre Sünden vergeben lassen?

Gottes Volk entschied sich oft, ihm nicht zu gehorchen. Gott ist vollkommen gerecht. Er konnte die Sünde der Menschen nicht einfach übersehen. Die Bibel sagt: „... ohne Blutvergießen geschieht keine Vergebung" (Hebräer 9,22). **Gott zeigte ihnen einen Weg, wie ihre Sünde vergeben werden konnte. Gott gebot ihnen, Tiere als Opfer für ihre Sünde darzubringen.** Die Menschen verdienten eine Strafe, doch stattdessen wurden Tiere getötet. Sie wussten, dass sie etwas falsch gemacht hatten. Die Tiere starben an ihrer Stelle. Das Blut der Tiere bedeckte die Sünde der Menschen. **Eines Tages sollte ein Retter kommen, der diese Sünde für immer wegnehmen würde.** Die Menschen mussten diesem Versprechen glauben.

Jesus ist dieser Retter. Für immer hat er die Strafe für die Sünde auf sich genommen. Jetzt müssen keine Tiere mehr geopfert werden. Jesus ist vollkommen, er ist Gottes Sohn. Er nahm die Strafe jedes Menschen in der ganzen Welt auf sich. Die Bibel sagt: „... Christus hat einmal für die Sünden gelitten" (1. Petrus 3,18).

Warum brauchst du keine Tiere für deine Sünden zu opfern?

____

____

____

So kannst du heute beten: Lieber Gott, hab Dank; du hast einen Weg zur Vergebung der Sünde gemacht – durch deinen Sohn Jesus. Auch für mich hast du das getan. Ich habe dich lieb. Amen.

Lies Hebräer 10,12-14

Warum ist das Alte Testament für mich wichtig?

Denn alle Schrift, von Gott eingegeben, ist nütze zur Lehre,
zur Zurechtweisung, zur Besserung,
zur Erziehung in der Gerechtigkeit.
2. Timotheus 3,16

Manche Leute glauben, es sei nicht wichtig, das Alte Testament zu lesen. Das stimmt nicht! In der Bibel steht: „... alle Schrift, von Gott eingegeben, ist nütze zur Lehre, zur Zurechtweisung, zur Besserung, zur Erziehung in der Gerechtigkeit" (2. Timotheus 3,16). Die ganze Bibel ist für dich wichtig!

Das Alte Testament dient zur Lehre. Die Bibel sagt: „Denn was zuvor geschrieben ist, das ist uns zur Lehre geschrieben ..." (Römer 15,4). **Auch das Alte Testament kann dir vermitteln, richtig zu leben. Es wird dir helfen, zu denken und zu handeln, wie es Gott gefällt.** Er weiß, was für dein Leben das Beste ist. Wenn du so lebst, wie Gott es will, wirst du wahre Freude in dir haben. Du kannst dies entdecken, wenn du vom Leben der Menschen in diesem Teil der Bibel liest.

Viele Gebote Gottes stehen im Alten Testament. Diese Gebote helfen dir, deine Sünde zu erkennen. **Gott weist dich zurecht, indem er dir hilft, zu sehen, was du falsch gemacht hast.** Wenn du Gottes Gebote kennst, können sie dich von der Sünde abhalten. Die Bibel sagt: „Ich behalte dein Wort in meinem Herzen, damit ich nicht wider dich sündige" (Psalm 119,11).

Notiere verschiedene Möglichkeiten, wie das Alte Testament dir helfen kann:

____

____

____

So kannst du heute beten: Lieber Gott, danke, dass mir das Alte Testament auch heute noch helfen kann. Bitte hilf mir, deinen Geboten zu gehorchen und mich vor der Sünde in Acht zu nehmen. Amen.

Lies 1. Korinther 10,11

Um was geht es im Neuen Testament?

Denn alle Schrift, von Gott eingegeben, ist nütze zur Lehre,
zur Zurechtweisung, zur Besserung,
zur Erziehung in der Gerechtigkeit.
2. Timotheus 3,16

Das Wort „Testament" bedeutet „Verfügung" (schriftliches Versprechen). **Das Neue Testament berichtet, wie Gott sein Versprechen hielt und einen Retter sandte. Dieser Retter war Jesus.** Jesus kam vom Himmel und wurde als Kind geboren. Er wuchs heran, ohne jemals zu sündigen. Er ist der vollkommene Sohn Gottes. Jesus lehrte die Menschen über seinen Vater. Danach starb er am Kreuz und nahm die Strafe für die Sünde auf sich. Die Bibel sagt: „Dass Christus gestorben ist für unsre Sünden ..." (1. Korinther 15,3).

Jesus wurde begraben, aber er blieb nicht tot! Am dritten Tag wurde er wieder lebendig. Er verbrachte Zeit mit vielen seiner Nachfolger. Er befahl ihnen, den Menschen auf der ganzen Welt von ihm zu erzählen. Jesus sprach: „Gehet hin in alle Welt und predigt das Evangelium aller Kreatur*" (Markus 16,15). Danach wurde er wieder in den Himmel aufgenommen. *aller Kreatur = allen Menschen

Gott sandte seinen Heiligen Geist, um den Nachfolgern von Jesus zu helfen. Sie erzählten den Menschen überall, dass Jesus für ihre Sünde gestorben war. Viele glaubten an ihn und wurden gerettet. Die neuen Gläubigen trafen sich in Gruppen, um Gott anzubeten und ihm zu dienen. Jede dieser Gruppen wurde „Gemeinde" genannt. **Das Neue Testament berichtet von vielen Gemeinden, die in den ersten Jahren nach der Rückkehr von Jesus in den Himmel entstanden.**

Warum war es wichtig, dass die Nachfolger von Jesus anderen Menschen von ihm erzählten?

___

___

___

So kannst du heute beten: Danke, lieber Gott, dass du dein Versprechen, einen Retter zu senden, gehalten hast. Hilf mir, so zu sein wie die Nachfolger von Jesus und anderen Menschen von ihm zu erzählen. Amen.

Lies Johannes 20,31

Warum ist das Neue Testament für mich wichtig?

Denn alle Schrift, von Gott eingegeben, ist nütze zur Lehre,
zur Zurechtweisung, zur Besserung,
zur Erziehung in der Gerechtigkeit.
2. Timotheus 3,16

Wenn etwas dein Leben retten könnte, würdest du es dann für wichtig halten? Was Gott im Neuen Testament sagt, kann dein Leben retten! Das Neue Testament erzählt, wie Gott seinen einzigen Sohn auf die Erde sandte, der für deine Sünde starb. **Als Jesus wieder lebendig wurde, bewies er, dass er der Sieger über Sünde und Tod ist.**

Die Bibel sagt: „Glaube an den Herrn Jesus, so wirst du ... selig*!" (Apostelgeschichte 16,31). Vertraue dem Herrn Jesus, der für dich gestorben ist! Er nahm die Strafe auf sich, die du verdient hast. Wenn du glaubst, dass Jesus der Einzige ist, der dir vergeben kann, dann wirst du gerettet. Du kannst dann immer bei Gott im Himmel wohnen. Das ist eine sehr wichtige Nachricht! * selig = gerettet

Das meiste im Neuen Testament wurde an Menschen geschrieben, die schon an Jesus glaubten. **Das Neue Testament sagt uns, wie wir als Gottes Kinder leben können.** Es zeigt uns, wie wir Gott lieben und ihm dienen können und wie wir mit anderen Menschen umgehen sollen. Was darin steht, ist auch heute noch wichtig für dich. Wenn du es liest und dich danach richtest, wirst du Gott besser kennenlernen. Du wirst so leben können, wie es ihm gefällt. Das Neue Testament ist von Gott und ist eine wichtige Hilfe, damit du für ihn leben kannst.

Wie kann das Neue Testament dir helfen? Nenne eine Möglichkeit:

____

____

____

So kannst du heute beten: Lieber Gott, danke, dass du deinen Sohn Jesus gesandt hast, der für meine Sünde gestorben ist. Hilf mir, das Neue Testament zu lesen und ihm zu gehorchen, damit ich so leben kann, wie es dir gefällt. Amen.

Lies Johannes 14,6

Was ist „Stille Zeit"?

Bemühe dich darum, dich vor Gott zu erweisen als einen
rechtschaffenen* und untadeligen Arbeiter,
der das Wort der Wahrheit recht austeilt. 2. Timotheus 2,15

* rechtschaffen = bewährt, zuverlässig

Wer sind deine besten Freunde? Bist du oft bei ihnen und sprichst du oft mit ihnen? Gott will dein Freund und Helfer sein. Er ist der beste Freund für dich, den es gibt! Du hast die Möglichkeit, ihn immer besser kennenzulernen. Das bedeutet für dich jedoch, Zeit mit ihm zu verbringen.

Ab und zu einmal beten reicht nicht. Mit anderen gemeinsam etwas über Gott lernen ist gut, aber du solltest dich nicht damit begnügen. Um Gott wirklich gut kennenzulernen, ist es nötig, dass du jeden Tag allein Zeit mit ihm verbringst. Auch Jesus nahm sich Zeit, um allein mit Gott zu sprechen. **Die Zeit, die du dir freihältst, um allein mit Gott zu sein, nennt man „Stille Zeit".**

Wenn du deine Stille Zeit beginnst, bitte Gott, dich zu lehren und dir zu helfen, ihm zu gehorchen. Danach lies Gottes Wort, die Bibel, und denke über die Bedeutung nach. Nimm dir auch Zeit, einen Bibelvers auswendig zu lernen. Wenn du keine Bibel hast, kannst du die Bibelverse, die in diesem Buch stehen, lesen. Beende deine Stille Zeit mit Gebet. Sprich mit Gott über das, was er dir in der Bibel gezeigt hat, und über alles andere in deinem Leben. Stille Zeit zu halten, das ist eine Möglichkeit, um „dich vor Gott zu erweisen als einen rechtschaffenen Arbeiter", wie unser Vers es sagt.

Was solltest du während deiner Stillen Zeit mit Gott machen?

____

____

____

So kannst du heute beten: Danke, lieber Gott, dass ich mit dir reden kann. Danke, dass du durch die Bibel mit mir sprichst. Hilf mir, jeden Tag Zeit mit dir allein zu verbringen. Amen.

Lies Markus 1,35

Warum soll ich Stille Zeit halten?

Bemühe dich darum, dich vor Gott zu erweisen als einen rechtschaffenen* und untadeligen Arbeiter, der das Wort der Wahrheit recht austeilt. 2. Timotheus 2,15

* rechtschaffen = bewährt, zuverlässig

Jonas und Markus waren die besten Freunde. Aber dann zog Jonas weg. Am Anfang schrieben sie sich oft. Markus schrieb Jonas weiter, aber Jonas hörte auf zu antworten. Ihm bedeutete die Freundschaft bald nicht mehr viel.

Dasselbe kann dir mit Gott passieren. Wenn du nicht jeden Tag Stille Zeit mit ihm hältst, wird er dir weniger wichtig werden. Durch seinen Heiligen Geist wird Gott dich an deine Stille Zeit erinnern, aber was machst du? Nimmst du dir Zeit, um mit ihm zusammen zu sein, oder lässt du ihn links liegen?

Wenn du Zeit mit Gott verbringst, lernst du ihn kennen. Die Bibel sagt: „Naht euch zu Gott, so naht er sich zu euch" (Jakobus 4,8). Du wirst erfahren, wie Gott wirklich ist. Du wirst eine enge Freundschaft mit ihm haben und du wirst ihn sogar noch besser kennenlernen wollen.

Wenn du in der Bibel liest, wird Gott dich Dinge lehren, die dir im Leben helfen. Er wird dir jeden Tag die Kraft geben, die du brauchst. Er wird dir die Kraft schenken, ihm zu gehorchen, damit du dich nicht schämen musst für das, was du tust.

Willst du Gott zeigen, wie sehr du ihn liebst, indem du deine Stille Zeit hältst?

Wie kann die Stille Zeit dir helfen?

____

____

____

So kannst du heute beten: Lieber Gott, danke, dass ich dich kennen lernen darf. Hilf mir, jeden Tag an meine Stille Zeit zu denken, um mit dir allein zusammen zu sein. Amen.

Lies Johannes 15,4-5

Was brauche ich für meine Stille Zeit?

Bemühe dich darum, dich vor Gott zu erweisen als einen rechtschaffenen* und untadeligen Arbeiter, der das Wort der Wahrheit recht austeilt. 2. Timotheus 2,15

* rechtschaffen = bewährt, zuverlässig

Was tust du eher: das, wofür du dir eine feste Zeit geplant hast, oder das, was du tust, wenn es dir gerade einfällt? Deine Stille Zeit ist wichtig! Plane dir jeden Tag eine feste Zeit dafür ein. Vielleicht musst du morgens früher aufstehen. Vielleicht ist der Abend am besten für dich. Wichtig ist, dass du dir eine bestimmte, feste Zeit nimmst und dabei bleibst.

Suche dir für deine Zeit allein mit Gott einen Platz, an dem andere dich nicht stören. Es ist wichtig, dass du darüber nachdenken kannst, was Gott dir in der Bibel sagt. Du musst leise mit ihm sprechen können. Lass die Menschen um dich herum wissen, dass du diese Zeit für dich allein jeden Tag brauchst.

Wenn du deine Stille Zeit hältst, brauchst du deine Bibel, etwas Papier und einen Stift. Es ist auch gut, ein Andachtsbuch zu nehmen, so wie dieses hier. **Wenn Gott dir etwas zeigt, schreibe es auf.** Mache eine Liste von Dingen, für die du betest und schreibe dir auch die Antworten auf deine Gebete auf. Dann wirst du dich selbst daran erinnern können, wie treu Gott zu dir steht.

Wann und wo hältst du deine Stille Zeit?

____

____

____

So kannst du heute beten: Lieber Gott, danke, dass ich Zeit mit dir verbringen kann. Hilf mir, jeden Tag treu meine Stille Zeit zu machen. Amen.

Lies Matthäus 6,6

Wie hilft es mir, wenn ich in der Bibel lese?

Bemühe dich darum, dich vor Gott zu erweisen als einen rechtschaffenen* und untadeligen Arbeiter, der das Wort der Wahrheit recht austeilt. 2. Timotheus 2,15

* rechtschaffen = bewährt, zuverlässig

In der Schule ist es wichtig, möglichst viel zu lernen. Dann brauchst du dich nicht für deine Noten zu schämen. Das Lernen hilft dir, dich aufs Leben vorzubereiten. In der Bibel zu lesen, ist noch wichtiger. Es hilft dir, vor Gott rechtschaffen zu sein oder ihm zu gefallen, wie es unser Vers sagt.

Das Bibellesen hilft dir auch noch auf andere Art und Weise. **Du wirst viele Versprechen von Gott finden, die du glauben kannst. Sie werden dir helfen, wenn du Probleme oder Angst hast.** Du wirst lernen, wie Gott ist. Du wirst sehen, dass du dich ganz und gar auf ihn verlassen kannst.

Wenn du die Bibel liest und ihr gehorchst, kann das dein Leben verändern! Die Bibel sagt: „Denn das Wort Gottes ist lebendig und kräftig ..." (Hebräer 4,12). Es hat die Kraft, dich von innen her zu verändern. Es zeigt dir, wie du in den Himmel kommen kannst und wie du hier auf der Erde leben sollst.

Wenn du oft Gottes Wort liest und darüber nachdenkst, wird dein Leben fröhlicher werden. Du wirst lernen, weise Entscheidungen zu treffen, die dich von der Sünde abhalten. Du wirst Gottes Frieden in dir haben, ganz gleich, was um dich herum geschieht.
Willst du dich von Gottes Wort verändern lassen? Die anderen werden den Unterschied merken!

Was soll sich durch die Bibel in deinem Leben verändern?

____

____

____

So kannst du heute beten: Lieber Gott, danke, dass dein Wort lebendig ist und mich verändern kann. Hilf mir, dir gerne zu gehorchen, wenn du durch die Bibel zu mir redest. Amen.

Lies Psalm 119,9-10

Warum ist die Bibel wie ein Schwert?

Bemühe dich darum, dich vor Gott zu erweisen als einen rechtschaffenen* und untadeligen Arbeiter, der das Wort der Wahrheit recht austeilt. 2. Timotheus 2,15

* rechtschaffen = bewährt, zuverlässig

Kannst du dir vorstellen, warum die Bibel „Schwert" genannt wird? Sie sieht gar nicht so aus! Ein Schwert ist lang und spitz und hat scharfe Kanten. Ein Schwert kann tiefe Schnitte machen und Dinge durchtrennen. Manchmal kann Gottes Wort deine Gedanken und Gefühle zerschneiden, indem es das Gute vom Schlechten trennt. Es „ist ein Richter der Gedanken und Sinne des Herzens" (Hebräer 4,12). **Die Bibel wird dir zeigen, was du Gott bekennen solltest und was er in deinem Leben ändern muss.**

Wir haben schon gelernt, dass das Schwert auch eine Waffe ist. Denke daran: Es ist ein Teil der Rüstung, die Gott dir gegeben hat. **Die Bibel ist deine Waffe für den Kampf gegen Satan.** Er wird dich dazu verleiten, Dinge zu tun, von denen du weißt, dass sie falsch sind. Satan versuchte dies auch bei Jesus! Weißt du, was Jesus tat? Er sagte etwas aus Gottes Wort zu ihm, und der Satan musste ihn in Ruhe lassen. Wenn Satan dich versucht, etwas zu stehlen, dann kannst auch du die Bibel verwenden. Du kannst sagen: „Du sollst nicht stehlen" (2. Mose 20,15). Sage diesen Vers laut oder leise auf, und dann gehorche. So kannst du Satan widerstehen. Er kann nicht gegen Gottes Wort bestehen! Willst du im Kampf gegen Satan das Schwert benutzen, das Gott dir gegeben hat?

Bei welchen Gelegenheiten musst du die Bibel als Schwert benutzen?

____

____

____

So kannst du heute beten: Lieber Gott, danke, dass du mir die Bibel als Schwert gegeben hast. Hilf mir, dass ich lerne, es im Kampf gegen Satans Versuchungen zu gebrauchen. Amen.

Lies Hebräer 4,12

Wie lese ich in der Bibel?

Bemühe dich darum, dich vor Gott zu erweisen als einen
rechtschaffenen* und untadeligen Arbeiter,
der das Wort der Wahrheit recht austeilt. 2. Timotheus 2,15

* rechtschaffen = bewährt, zuverlässig

Die Bibel ist ein sehr dickes Buch, nicht wahr? Sie scheint dir vielleicht viel zu lang zum Lesen. Mache dir darüber keine Sorgen. **Gott erwartet nicht von dir, dass du alles auf einmal liest und befolgst. Lies immer nur ein wenig und denke darüber nach.**

Du könntest mit einem der ersten vier Bücher des Neuen Testaments anfangen, mit Matthäus oder Markus, mit Lukas oder Johannes. Sie berichten dir von der Geburt und dem Tod von Jesus. Du erfährst darin auch viele Dinge, die Jesus tat, als er hier auf der Erde war. Die großen Zahlen in der Bibel sind die Kapitel, die kleinen bezeichnen die Verse. Fange am Beginn des Buches mit Kapitel 1 an und lies nur einige Verse. Die meisten Bibeln haben Überschriften, die etwas über die verschiedenen Teile eines Kapitels sagen. Es ist gut, wenn du jeden Tag solch einen Teil eines Kapitels liest. Am nächsten Tag kannst du dort weiterlesen, wo du aufgehört hast.

Während du in der Bibel liest, wird Gott dich bestimmte Dinge lehren. Denke nach über das, was er sagt. Danach tue es. Wenn du Gottes Wort gehorchst, gehst du richtig mit dem Wort Gottes um.

Wie kann es dir helfen, wenn du jeden Tag nur einen kleinen Abschnitt in der Bibel liest?

____

____

____

So kannst du heute beten: Lieber Gott, danke, dass du mich beim Bibellesen lehrst. Hilf mir, dass ich mir Zeit nehme, darüber nachzudenken, was du mir sagen willst. Amen.

Lies 1. Petrus 2,2-3

Wonach sollte ich suchen, wenn ich in der Bibel lese?

Bemühe dich darum, dich vor Gott zu erweisen als einen rechtschaffenen* und untadeligen Arbeiter, der das Wort der Wahrheit recht austeilt. 2. Timotheus 2,15

* rechtschaffen = bewährt, zuverlässig

Wie findest du heraus, was Gott dich durch die Bibel lehren will? Bete zuerst und bitte ihn um seine Hilfe. Danach lies einige Verse und stelle dir folgende Fragen:

1. „Was steht da?" Sage die Gedanken, die dort stehen, mit eigenen Worten. Den ersten Teil des Verses oben kannst du zum Beispiel so wiedergeben: „Tue alles, was du kannst, um Gott Freude zu machen."

2. „Was bedeutet das?" Wenn Wörter vorkommen, die du nicht verstehst, schlage sie in einem Lexikon nach oder frage jemanden, was sie bedeuten. Drücken die Verse etwas über Gott aus? Gibt es eine Verheißung (ein Versprechen) für dich? Sagen die Verse, was du tun oder lassen solltest?

3. „Was sagt Gott zu mir?" Was will Gott von dir und wie sollst du diese Verse in deinem eigenen Leben anwenden? Vielleicht ist es nötig, dass du Gott sagst, wie groß er ist. Danke ihm für seine Verheißungen. Bitte ihn, dich an sie zu erinnern, wenn du einsam bist oder Angst hast. Vielleicht musst du zugeben, dass etwas, was du gewöhnlich tust, falsch ist. Lerne den Vers auswendig, sodass du ihn als Schwert gebrauchen kannst, das dir hilft, nicht wieder zu sündigen. Schreibe auf, was Gott dir zeigt, damit du es nicht vergisst.

Was sagt Gott dir durch den Bibelvers zum Auswendiglernen oben auf der Seite?

So kannst du heute beten: Lieber Gott, ich weiß, es gibt vieles, was du mir zeigen möchtest. Hilf mir, zu begreifen, was ich nach deinem Willen verstehen soll, während ich in der Bibel lese. Amen.

Lies Psalm 119,18

Wie kann ich Gottes Wort auswendig lernen?

Bemühe dich darum, dich vor Gott zu erweisen als einen rechtschaffenen* und untadeligen Arbeiter, der das Wort der Wahrheit recht austeilt. 2. Timotheus 2,15

* rechtschaffen = bewährt, zuverlässig

Weißt du noch, was deine beste Waffe im Kampf gegen die Sünde ist? Es ist die Bibel. Was kannst du machen, wenn du deine Bibel nicht dabei hast? Wenn du dir Verse aus Gottes Wort einprägst, hast du sie immer dabei. Wie ein Schwert sind sie bereit, dir im Kampf gegen die Versuchung zu helfen. Die Bibel sagt: „Ich behalte dein Wort in meinem Herzen, damit ich nicht wider dich sündige" (Psalm 119,11). Fange beim Auswendiglernen mit den Versen in diesem Andachtsbuch an. Danach lerne andere besondere Verse, die Gott dir zeigt.

Lies den Vers, den du lernen möchtest, mehrmals laut. Denke über seine Bedeutung nach. Schreibe den Vers ab und nimm ihn mit, damit du ihn oft während des Tages ansehen kannst. Sage dir den ersten Teil des Verses immer wieder vor, so lange, bis du ihn kannst, ohne nachzuschauen. Dann füge einen Teil hinzu und tue dasselbe. Füge immer weitere Teile hinzu, bis du den ganzen Vers ohne Hilfe aufsagen kannst. **Sage den Vers jemand anderem auf und erkläre ihm oder ihr, was er bedeutet.** Denke daran, dass du auch tust, was der Vers sagt!

Lerne andere Verse, aber wiederhole auch die ersten Verse, die du gelernt hast. Wenn du sie dann brauchst, kann Gottes Geist sie dir wieder in Erinnerung bringen.

Wie helfen dir auswendig gelernte Teile der Bibel?

____

____

____

So kannst du heute beten: Danke, lieber Gott, dass du mir einen Verstand zum Lernen gegeben hast. Hilf mir, Bibelverse auswendig zu lernen und im Kampf gegen die Sünde zu gebrauchen. Amen.

Lies Psalm 119,11-12

Was ist Gebet?

Rufe mich an, so will ich dir antworten und will dir kundtun große und unfassbare Dinge, von denen du nichts weißt.
Jeremia 33,3

Wie wäre es, wenn du einen König zum besten Freund hättest? Was wäre, wenn du immer, wenn du wolltest mit dem Schöpfer des Universums sprechen könntest? Wenn du den Herrn Jesus als deinen Retter kennst, dann geht das! Der eine wahre Gott ist der Schöpfer – der König der Könige. Er hat einen Weg geschaffen, dass du mit ihm sprechen kannst! Diesen Weg nennt man Gebet.

Du brauchst weder Handy noch E-Mail, um mit Gott zu sprechen. Obwohl du ihn nicht sehen kannst, ist er immer überall da. Du kannst laut mit ihm reden oder leise in deinem Herzen. Er kann dich immer hören. Er möchte, dass du oft mit ihm redest. In unserem heutigen Bibelvers sagt Gott; „Rufe mich an, so will ich dir antworten ..." **Wird er dir laut antworten? Nein, aber er wird durch die Bibel zu dir sprechen oder still in deinem Herzen.**

Manchmal denken die Leute, sie müssten Gebete auswendig lernen und sie immer wieder aufsagen. Es ist schön, ein auswendig gelerntes Gebet aufzusagen, wenn du es ehrlich meinst, aber du solltest dich nicht damit begnügen. **Gott möchte, dass du mit deinen eigenen Gedanken oder Worten mit ihm redest. Er hat immer für dich Zeit.**

Worüber möchtest du mit dem Schöpfer des Universums sprechen?

___

___

___

So kannst du heute beten: Lieber Gott, danke, dass du mir einen Weg geschaffen hast, um mit dir zu sprechen! Hilf mir, dies oft zu tun! Amen.

Lies Jeremia 33,2-3

Warum soll ich beten?

Rufe mich an, so will ich dir antworten und will dir kundtun große und unfassbare Dinge, von denen du nichts weißt.
Jeremia 33,3

Gott weiß alles über dich. Er weiß, was du brauchst – schon bevor du es ihm sagst. Warum ist es dann nötig, dass du betest? Ein wichtiger Grund ist, dass Gott dich dazu geschaffen hat, ihn zu lieben und sein Freund zu sein. Freunde reden miteinander. Du sprichst mit Gott im Gebet. Du kannst ihm sagen, wie sehr du ihn liebst und wie wunderbar er ist. Du kannst ihm auch mitteilen, was du brauchst.

Ein anderer wichtiger Grund zum Beten ist, dass du Gottes Hilfe benötigst. Gott hat dir die Möglichkeit gegeben, zu beten. So erbittest du seine Hilfe. Die Bibel sagt: „Ihr ... habt nichts, weil ihr nicht bittet" (Jakobus 4,2). Vielleicht hast du es in der Schule schwer, oder du weißt nicht, wie du mit einem Problem fertig werden sollst. Gott hat die Macht, dir zu helfen, und er kann dir zeigen, was du machen sollst. Unser Vers sagt, er will dir „antworten und will dir kundtun große und unfassbare Dinge, von denen du nichts weißt." Gottes Antwort kann etwas sein, an das du selbst nie gedacht hättest. **Gebetserhörungen (Antworten auf Gebete) helfen dir, daran zu denken, dass es wirklich Gott ist, der dir alles gibt.** Gebetserhörungen helfen dir, dich auf ihn zu verlassen.

Warum möchte Gott, dass du betest? Was meinst du?

So kannst du heute beten: Lieber Gott, ich brauche deine Hilfe jeden Tag. Danke, dass ich mit dir reden kann und dass du mir antworten wirst. Amen.

Lies Jakobus 1,5

Warum hört Gott meine Gebete?

Rufe mich an, so will ich dir antworten und will dir kundtun große und unfassbare Dinge, von denen du nichts weißt.
Jeremia 33,3

Die Bibel erzählt von Elia, einem Propheten des wahren Gottes. Elia machte einen Wettkampf mit 450 Propheten eines falschen Gottes, der Baal hieß. Zuerst beteten die Propheten Baals und baten ihren Gott, Feuer vom Himmel zu senden. Sie schrieen und tanzten viele Stunden lang, aber es kam kein Feuer vom Himmel. Warum? Weil der Gott, dem sie dienten, nicht lebendig war! Er konnte sie noch nicht einmal hören! Danach betete Elia zu dem einen, wahren Gott. Sofort fiel Feuer vom Himmel! Gott bewies, dass er der eine, wahre Gott ist. Er zeigte jedem, dass er auf Gebet hört und antwortet.

Der eine, wahre Gott lebt noch und hört auch heute! Deswegen kann er deine Gebete erhören. Die Bibel sagt: „Rufe mich an, so will ich dir antworten" (Jeremia 33,3). Wenn du mit Gott redest als sein gehorsames Kind, dann wird er dich erhören. Wenn du noch nicht an Jesus, seinen Sohn, glaubst, möchte Gott zuerst von dir hören, dass du deine Sünde zugibst und an Jesus glaubst. An Jesus, der gestorben ist, um deine Strafe auf sich zu nehmen. **Du kannst gerade jetzt mit Gott sprechen. Er liebt dich und wartet auf dein Gebet!**

Woher weißt du, dass Gott deine Gebete hört?

____

____

____

So kannst du heute beten: Lieber Gott, bitte hilf mir, niemals zu vergessen, dass du immer zuhörst und bereit bist, meine Gebete zu erhören. Amen.

Lies 1. Könige 18,36-39

Wann und wo kann ich beten?

Rufe mich an, so will ich dir antworten und will dir kundtun große und unfassbare Dinge, von denen du nichts weißt.
Jeremia 33,3

Jannik und Nico waren mit einem kleinen Boot draußen auf dem See. Plötzlich fuhr ihnen ein großes Motorboot genau in den Weg! Große Wellen brachten ihr kleines Boot zum Schaukeln und ließen es dann umkippen. Jannik konnte nicht gut schwimmen und fing an, in den Wellen unterzugehen. **„Herr!", betete er, „Hilf mir!"** In dem Augenblick stieß etwas gegen ihn. Es war ihr Boot, das umgekehrt auf den Wellen trieb. Schnell hielt sich Jannik daran fest. Dann erblickte er Nico. „Danke, Gott!", sagte Jannik. Er und Nico konnten sich am Boot festhalten, bis Hilfe kam.

Hätte Jannik mit dem Beten warten sollen bis zum Schlafengehen oder bis er in einer Kirche war? Nein! Er machte es genau richtig. Er betete gerade dort, wo er war, als er Hilfe brauchte. Gott ist überall, sodass du ihn jederzeit anrufen kannst. Menschen der Bibel beteten Tag und Nacht zu allen Zeiten, wo immer sie auch waren. Der Herr Jesus betete sogar zu Gott, als er am Kreuz hing. **Du kannst immer mit Gott reden – überall.** Wenn du sein Kind bist, ist er immer bei dir und ist bereit, dir zuzuhören.

Nenne einige Orte, an denen du mit Gott reden kannst:

____

____

____

So kannst du heute beten: Lieber Gott, danke, dass ich immer und überall mit dir sprechen kann. Erinnere mich daran, oft zu beten, egal wo ich bin. Amen.

Lies Jona 2,1-2

Wofür soll ich beten?

Rufe mich an, so will ich dir antworten und will dir kundtun große und unfassbare Dinge, von denen du nichts weißt.
Jeremia 33,3

Hast du deine Hand immer dabei? Sie kann dich erinnern, für wen du beten sollst. Dein **Daumen** kann dich daran er-innern, für die Menschen zu beten, die dir nahestehen. Das können deine Familienmitglieder und gute Freunde sein.

Nach dem **Daumen** kommt der Zeigefinger**.** Er kann dich daran erinnern, für die Leute zu beten, die dir den Weg zum Herrn Jesus zeigten. Das kann dein Pfarrer, dein Pastor oder ein Mitarbeiter sein. Es können auch Leute sein, die Bücher für dich schreiben, damit du etwas über Gott lernst.

Danach kommt dein **Mittelfinger.** Er erinnert dich daran, für die Leute zu beten, die Verantwortung für dich haben. Dazu gehören deine Eltern, Lehrer und die Leute aus der Regierung.

Dein **Ringfinger** ist der schwächste Finger. Er hat Mühe, sich allein zu bewegen. Er kann dich daran erinnern, für die Schwachen zu beten. Du kannst für die Kranken, die Alten und die sehr kleinen Kinder beten. Ebenso kannst du für die beten, die Jesus noch nicht als ihren Retter angenommen haben.

Zuletzt kommt der **kleine Finger** an die Reihe. Er erinnert dich daran, andere an die erste Stelle zu setzen und dann für dich selbst zu beten. Die Bibel sagt: „Seid ... beharrlich im Gebet" (Römer 12,12).

Schreibe die Namen von drei Menschen auf, für die du beten kannst:

____

____

____

So kannst du heute beten: Lieber Gott, hab Dank; du hast mir gezeigt, dass ich für andere beten sollte. Hilf mir, mehr an sie als an mich selbst zu denken. Amen.

Lies Psalm 62,9

Erhört Gott jedes Gebet?

Rufe mich an, so will ich dir antworten und will dir kundtun große und unfassbare Dinge, von denen du nichts weißt.
Jeremia 33,3

Erhört dich Gott, wenn du für etwas betest? Er verspricht, dir zu antworten, wenn du sein Kind bist. Gott spricht: „Rufe mich an, so will ich dir antworten." Er sagt nicht: „... so will ich dir vielleicht antworten", sondern „... so will ich dir antworten". Heißt das, dass er dir immer gibt, was du willst? Nein. **Gott weiß, was am besten für dich ist, und das tut er.**

Manchmal gab Gott den Menschen der Bibel, um was sie gebetet hatten. Er gab Hanna einen kleinen Sohn, als sie darum bat (1. Samuel 1,20). Andere Male lautete seine Antwort „Nein". Paulus wollte, dass Gott ihm ein Problem abnahm (2. Korinther 12,7-9). Gott sagte: „Nein". Statt dessen half er Paulus, mit dem Problem fertig zu werden. Die dritte Antwort, die Gott gab, ist: „Warte". Zwei Schwestern wollten, dass Jesus ihren kranken Bruder Lazarus heilte. Der Herr Jesus wartete, bis Lazarus gestorben war. Dann machte ihn Jesus wieder lebendig! Die Menschen erkannten, dass Jesus wirklich der Sohn Gottes ist (Johannes 11,5.32.43-44)!

Heute antwortet Gott ebenso auf Gebet. Er sagt vielleicht „Ja", „Nein" oder „Warte". Deine Aufgabe ist es, treu weiter zu beten und zu glauben, dass er deine Gebete so erhört, wie es für dich am besten ist.

Schreibe auf, wie es war, als Gott eines deiner Gebete mit „Ja" beantwortete:

____

____

____

So kannst du heute beten: Lieber Gott, hilf mir, darauf zu vertrauen, dass du meine Gebete so erhörst, wie es für mich am besten ist. Du weißt es ja. Danke, dass du mir zuhörst und antwortest. Amen.

Lies Jakobus 4,3

Sollten andere mit mir beten?

Rufe mich an, so will ich dir antworten und will dir kundtun große und unfassbare Dinge, von denen du nichts weißt.
Jeremia 33,3

Wie würdest du dich fühlen, wenn du ins Gefängnis gesteckt würdest, weil du anderen vom Herrn Jesus erzählt hättest? Genau das passierte einem Mann in der Bibel. Petrus wurde ins Gefängnis geworfen. Er wurde von vier Soldaten gleichzeitig bewacht. Zwei von ihnen waren sogar an ihn gekettet! Was meinst du: Betete Petrus um Hilfe? Ganz bestimmt! Er war aber nicht der Einzige, der betete. Die anderen Christen beteten auch für Petrus. Sie wussten: Gott war der Einzige, der ihm helfen konnte.

Gott tat eins dieser „großen und unfassbaren Dinge", von denen unser Vers spricht. Er sandte einen Engel mitten ins Gefängnis. Petrus' Ketten fielen ab. Der Engel ging mit ihm aus dem Gefängnis, vorbei an all den Wachen! **Gott hörte und erhörte die Gebete der Christen auf ganz besondere Art (Apostelgeschichte 12,6-10)!**

Wenn du betest, wird dir Gott in seiner Macht helfen. Es ist sehr wichtig, dass du selbst betest, aber du brauchst es auch, dass andere für dich und mit dir beten. Das vervielfacht die Kraft deines Gebets. **Jesus hat gesagt: „Wenn zwei unter euch eins werden auf Erden, worum sie bitten wollen, so soll es ihnen widerfahren von meinem Vater im Himmel" (Matthäus 18,19).**

Wofür soll jemand anderes mit dir beten?

____

____

____

So kannst du heute beten: Lieber Gott, danke, dass du Gebet erhörst. Hilf mir, anderen meine Nöte zu sagen, sodass sie mich beim Beten unterstützen. Amen.

Lies Matthäus 18,19-20

Welche Teile sollten meine Gebete enthalten?

Des Gerechten Gebet vermag viel, wenn es ernstlich ist.
Jakobus 5,16

Du kannst für viele Dinge beten. Manchmal ist es schwer, an alles zu denken. **Die „4 B's" können dir dabei helfen.**

Das erste „B" steht für „bekennen". Es ist nötig, dass du Gott sagst, was du gemacht hast. Nenne deine Sünde mit Namen und gib zu, dass es dir leidtut. Gott verspricht, dir zu vergeben, wenn du ihm deine Sünde bekennst. Dann vermag (bewirkt) dein Gebet viel, wie unser Vers es sagt.

Das zweite „B" steht für „bewundern". Sage Gott, wie sehr du ihn liebst und respektierst. Lobe ihn, denn er ist wunderbar und mächtig. Du kannst ihm dein Lob auch singen!

Das dritte „B" steht für „bedanken". Wenn dir jemand etwas schenkt oder einen Gefallen tut, bedankst du dich doch bei ihm, oder? Gott hat viel für dich getan. Denke daran, dich bei ihm für das zu bedanken, was du hast und bist, und für das, was er dir gegeben hat.

Das vierte „B" steht für „bitten". Sprich mit Gott über das, was andere Menschen brauchen. Bete auch um die Dinge, die du möchtest und die du brauchst.

Denke beim Beten an die 4 B's. Sie werden dir helfen, so mit Gott zu reden, wie es richtig ist.

Nenne für jedes der 4 B's etwas, das du Gott im Gebet sagen kannst:

____

____

____

So kannst du heute beten: Lieber Gott, du bist so gut zu mir! Hilf mir, nicht nur zu bitten, sondern auch an die anderen Teile des Gebets zu denken. Amen.

Lies Philliper 4,6-7

Wie bekenne ich Gott meine Sünden?

Des Gerechten Gebet vermag viel, wenn es ernstlich ist.
Jakobus 5,16

Kirsten war ein Kind Gottes und wusste, dass sie gehorsam sein sollte. Sie dachte nicht, dass ihre Mutter es ihr erlauben würde, zu ihrer Freundin zu gehen. So sagte sie, sie müsste in der Schulbücherei etwas nachlesen, ging aber zu ihrer Freundin. Später, als sie anfing zu beten, merkte sie, dass etwas nicht stimmte. Sie musste Gott und der Mutter ihre Sünde bekennen.

Wenn du als Gottes Kind die Sünde wählst, ist etwas zwischen dir und Gott nicht in Ordnung. Dein Gebet hat keine Kraft, weil du dich nicht richtig und gut verhalten hast. Sobald du einsiehst, dass du gesündigt hast, bekenne es Gott. Gib zu, was du getan hast und stimme mit Gott überein, dass es falsch war. Die Bibel sagt: „Wenn wir aber unsre Sünden bekennen, so ist er treu und gerecht, dass er uns die Sünden vergibt und reinigt uns von aller Ungerechtigkeit" (1. Johannes 1,9). Du kannst wissen, dass Gott dir vergeben hat, denn er hält immer seine Versprechen. Bringe die Sache auch mit den Menschen in Ordnung, gegen die du gesündigt hast.

Solltest du weiterhin absichtlich sündigen und dann um Vergebung bitten? Nein! **Sei bereit, die falschen Dinge bleiben zu lassen. Bitte Gott, dir zu helfen, das Richtige zu tun.**

Warum ist es wichtig, deine Sünden Gott sofort zu bekennen?

___

___

___

So kannst du heute beten: Lieber Gott, danke für deine Vergebung. Zeige es mir, wenn ich sündige, und erinnere mich daran, es dir sofort zu bekennen. Amen.

Lies 1. Johannes 1,9

Wie kann ich Gott loben?

Des Gerechten Gebet vermag viel, wenn es ernstlich ist.
Jakobus 5,16

Wie fühlst du dich, wenn du gelobt wirst? Vielleicht hast du einen guten Aufsatz geschrieben oder jemandem geholfen. Wenn andere das merken und etwas dazu sagen, dann fühlst du dich innerlich gut.

Gott verdient viel mehr Lob als du oder ich! Er freut sich, wenn du ihm sagst, wie wunderbar er ist.

Immer wieder fordert uns die Bibel auf, Gott zu loben. Ja, sie sagt sogar: „Alles, was Odem hat, lobe den HERRN" (Psalm 150,6)! Gott zu loben, ist eine Möglichkeit, wie du ihm zeigen kannst, dass du ihn liebst.

Du kannst Gott loben, indem du ihm sagst, wie sehr du ihn bewunderst. Sprich mit ihm über seine Größe, Macht, Weisheit und Liebe. Lobe ihn für das, was er geschaffen hat: die hohen Berge und das weite Meer. Lobe ihn, denn er lässt die Planeten auf den richtigen Bahnen kreisen. Allein unser großer Gott kann so etwas tun!

Die Bibel fordert uns auf: „Singet dem HERRN ein neues Lied" (Psalm 149,1). Auch so kann man Gott loben. Vielleicht kennst du Lieder, die von der Größe Gottes handeln. Singe sie für ihn. Du kannst sogar selbst Lieder zu seinem Lob dichten. Er hört dir zu und mag es, dein Lob zu hören!

Schreibe drei Dinge auf, für die du Gott heute loben kannst:

____

____

____

So kannst du heute beten: Lieber Gott, ich staune über dich! Bitte hilf mir, dass ich mir jeden Tag Zeit nehme, um dich zu loben für das, was du bist und was du tust. Amen.

Lies Psalm 103,1-2

Wie sollte ich Gott danken?

Des Gerechten Gebet vermag viel, wenn es ernstlich ist.
Jakobus 5,16

Stell dir vor, du hast dir viel Zeit genommen, um deinem Freund oder deiner Freundin mit etwas eine Freude zu bereiten. Wie würdest du dich fühlen, wenn er oder sie noch nicht einmal „Danke" sagte? Dann würdest du dich sicher fragen, ob ihm oder ihr überhaupt etwas an dir liegt, oder an dem, was du tust. **Auch Gott ist traurig, wenn du vergisst, ihm für das zu danken, was er für dich getan hat.**

Am wichtigsten ist der Dank dafür, dass Gott seinen Sohn Jesus gesandt hat, der am Kreuz für dich gestorben ist. Er hat dir deine Sünde vergeben und bereitet für dich einen Platz im Himmel vor! Außerdem kannst du Gott für viele andere Dinge danken. Weißt du, dass alles Gute, was du hast, in Wirklichkeit von Gott kommt? Ihm gehört die Welt und alles, was darauf ist. Danke ihm für das, was er dir geschenkt hat. Danke ihm für die Menschen, die er dir zur Seite gestellt hat, um dir zu helfen.

Gott gibt dir Kraft genug für jeden Tag. Wenn Probleme auftauchen, ist er ganz nah, um dir zu helfen. Hast du ihm schon für seine Hilfe und Kraft gedankt? Die Bibel fordert uns auf: „Danket dem HERRN, denn er ist freundlich" (1. Chronik 16,34). **Einen großen Teil deiner Gebetszeit solltest du mit Danken verbringen.**

Nenne drei Dinge oder Menschen, für die du Gott danken könntest:

____

____

____

So kannst du heute beten: Lieber Gott, bitte vergib mir, dass ich oft nicht daran gedacht habe, was du alles für mich tust. Danke, dass du mich liebst und dass du so gut für mich sorgst. Amen.

Lies 1. Thessalonicher 5,16-18

Wie kann ich für andere beten?

Des Gerechten Gebet vermag viel, wenn es ernstlich ist.
Jakobus 5,16

Wenn dein Freund bei einem Autounfall verletzt würde – wüsstest du, wie du für ihn beten kannst? Du könntest beten, dass Gott ihn heilt, aber das ist nur ein Anfang. Wenn dieser Freund den Herrn Jesus noch nicht als seinen Retter angenommen hat, dann bete dafür. Wenn er Jesus schon angenommen hat, dann bete, dass er während seiner Heilung Gott näherkommt. Bitte, dass Gott ihm hilft, anderen durch sein Verhalten zu zeigen, dass Jesus in seinem Leben wohnt.

Vielleicht wird jemand dazu verleitet, etwas Böses zu tun. Bete, dass Gott diesem Menschen zeigt, wie er der Versuchung entkommen kann. Vielleicht kommt ein Freund nicht gut mit seinen Eltern aus. Bete, dass er sie durch sein Tun achtet und ihnen Liebe entgegenbringt. Bitte Gott, dir zu helfen, deinem Freund gut zuzuhören und ein guter Helfer zu sein.

Manchmal ist es schwer, zu erkennen, wie wir für andere beten können. Bitte Gott, ihnen zu helfen, wie es für sie am besten ist. Er weiß es ja. Wichtig ist, dass du überhaupt für andere betest. Unser Vers sagt: „Des Gerechten Gebet vermag viel, wenn es ernstlich ist“(Jakobus 5,16). Das gilt für Männer, Frauen und Kinder. Bekenne deine eigenen Sünden und lass Gottes Macht durch deine Gebete im Leben von anderen wirken.

Suche dir drei Menschen aus und schreibe für jeden von ihnen ein Gebetsanliegen (eine Sache, für die du beten kannst) auf:

____

____

____

So kannst du heute beten: Lieber Gott, vielen Dank, dass ich für andere beten kann! Hilf mir, dass ich ihre Nöte sehe und daran denke, für sie zu beten. Amen.

Lies Jakobus 5,16-18

Warum sollte ich für Menschen beten, die Verantwortung tragen?

Des Gerechten Gebet vermag viel, wenn es ernstlich ist.
Jakobus 5,16

Wer hat die Verantwortung für dich? Das können Eltern, Lehrer, Regierungsmitglieder und andere Leute sein. Gott wählt die Menschen aus, die Verantwortung tragen sollen. Die Bibel sagt: „... wo aber Obrigkeit* ist, die ist von Gott angeordnet" (Römer 13,1).

* Obrigkeit = Menschen, die Gott über uns gesetzt hat, Regierung

Was diese Menschen tun, ist wichtig! Ihre Entscheidungen haben Auswirkung auf das Leben vieler Menschen. Deswegen trägt Gott dir auf, für sie zu beten. In der Bibel steht, wir sollen „für die Könige und alle Obrigkeit" beten (1. Timotheus 2,1-2). Menschen, die Verantwortung tragen, brauchen Gottes Hilfe, um weise Entscheidungen zu treffen. Manchmal sind diese Leute Christen. Dann bete, dass Gott ihnen zeigt, was sie machen sollen. Bete, dass sie sich auf Gott verlassen, damit er ihnen hilft, das Richtige zu tun. Viele Menschen, die Verantwortung tragen, sind keine Christen. Bete, dass sie zum Glauben an den Herrn Jesus kommen. Bitte Gott, ihnen zu helfen, Entscheidungen zu treffen, die ihm gefallen.

Gott hat mehr Macht als irgend jemand sonst. Er kann sogar durch Menschen wirken, die ihn nicht kennen!

Vielleicht meinst du, deine Gebete würden nichts bewirken. Das stimmt nicht. Sie wirken doch! Gott sagt, dass deine Gebete Kraft und Macht haben, wenn du nach seinem Willen lebst!

Wofür könntest du diese Woche beten? Schreibe ein Gebetsanliegen für deine Eltern oder Lehrer auf:

____

____

____

So kannst du heute beten: Lieber Gott, danke, dass niemand die Verantwortung bekommt, ohne dass du es zulässt. Erinnere mich daran, täglich für die zu beten, die Verantwortung für mich tragen. Amen.

Lies 1. Timotheus 2,1-2

Ist es richtig, wenn ich für mich selbst bete?

Des Gerechten Gebet vermag viel, wenn es ernstlich ist.
Jakobus 5,16

Ist es egoistisch, mit Gott über seine eigenen Probleme zu sprechen? Solltest du für andere beten und deine eigenen Nöte übersehen? Nein! Gott möchte, dass du für andere betest, aber er möchte auch, dass du für dich selbst betest. Gott liebt dich so sehr! Er möchte in allem für dich sorgen. Wenn du für deine eigenen Nöte betest, dann zeigst du Gott, dass du auf ihn und seine Hilfe vertraust.

Sprich mit Gott über deine körperlichen Bedürfnisse wie Gesundheit, Nahrung und Kleidung. Sage ihm, was du denkst und wie du dich fühlst. Manchmal gibt es etwas, worüber du mit keinem Menschen reden kannst. Sage es Gott. Du kannst dich immer auf ihn verlassen, er versteht dich und hilft dir. Die Bibel sagt: „Alle eure Sorge werft auf ihn; denn er sorgt für euch" (1. Petrus 5,7). Wenn du dir über etwas Sorgen machst, gib es an Gott ab. Er kann das Problem viel besser lösen als du!

Wenn du für dich selbst betest, dann bitte nicht nur um irgendwelche Sachen. Bitte, dass Gott dir hilft, gegen die Versuchung zu kämpfen und so zu leben, wie er es will.

Bete, dass er dir hilft, ihn besser kennenzulernen. Solche Gebete werden Gott gefallen.

Warum will Gott, dass du auch für deine eigenen Bedürfnisse betest?

____

____

____

So kannst du heute beten: Lieber Gott, bitte hilf mir, dir alle meine Nöte und Bedürfnisse zu bringen. Danke, dass du mich liebst und dich um mich kümmerst. Amen.

Lies 1. Petrus 5,7

Bibelvers-Check

Hier sind einige wichtige Verse zu dem, was du bisher gelernt hast. Mache ein Häkchen in jeden Kreis, wenn du den jeweiligen Vers auswendig kannst.

○ **Jesaja 40,8:** Das Gras verdorrt, die Blume verwelkt, aber das Wort unseres Gottes bleibt ewiglich.

○ **Römer 15,4:** Denn was zuvor geschrieben ist, das ist uns zur Lehre geschrieben, damit wir durch Geduld und den Trost der Schrift Hoffnung haben.

○ **Psalm 119,11:** Ich behalte dein Wort in meinem Herzen, damit ich nicht wider dich sündige.

○ **Hebräer 4,12:** Denn das Wort Gottes ist lebendig und kräftig und schärfer als jedes zweischneidige Schwert und dringt durch, bis es scheidet Seele und Geist, auch Mark und Bein, und ist ein Richter der Gedanken und Sinne des Herzens.

○ **Psalm 119,105:** Dein Wort ist meines Fußes Leuchte und ein Licht auf meinem Wege.

○ **Hebräer 4,16** Darum lasst uns hinzutreten mit Zuversicht zu dem Thron der Gnade, damit wir Barmherzigkeit empfangen und Gnade finden zu der Zeit, wenn wir Hilfe nötig haben.

○ **Psalm 34,5:** Als ich den HERRN suchte, antwortete er mir und errettete mich aus aller meiner Furcht.

○ **Philliper 4,6-7:** Sorgt euch um nichts, sondern in allen Dingen lasst eure Bitten in Gebet und Flehen mit Danksagungen vor Gott kundwerden! Und der Friede Gottes, der höher ist als alle Vernunft, bewahre eure Herzen und Sinne in Christus Jesus.

Prima,

du hast alle Andachten über „Gottes Wort und ich" durchgelesen.

Nun kannst du deine Entdecker-Seite „Gottes Wort und ich" ausfüllen. Du hast sie mit dem Brief erhalten, in dem wir dir deine Entdecker-Seite Nr. 4 zurückgeschickt haben.

Wenn du die Entdecker-Seite Nr. 5 fertig ausgefüllt hast, dann falte sie an der Linie und stecke sie in einen Briefumschlag. Wenn du möchtest, lege auch den Zettel mit deinen Gebetsanliegen bei. Klebe eine Briefmarke auf den Umschlag und sende alles an die Adresse vom KEB-Mailbox-Club.

Jetzt

darfst du deine Entdecker-Seite Nr. 5 einschicken!

Wir werden uns deine Antworten ansehen und sie wieder mit einigen persönlichen Sätzen und deiner Entdecker-Seite Nr. 6 an dich zurückschicken.

Freue dich darauf, in den nächsten Andachten mehr über das „Zeugnis geben" zu erfahren.

Dein KEB-Mailbox-Club

Zeugnis geben

Was ist ein Zeuge?

Gehet hin in alle Welt und predigt das Evangelium aller Kreatur.
Markus 16,15

Hast du schon einmal einen Zeugen bei einer Gerichtsverhandlung gesehen? Ein Zeuge sagt dem Richter oder den Geschworenen, was er weiß und was die Wahrheit ist. **Ein Christ ist ein Zeuge, der die Wahrheit über Jesus kennt und erzählt.** Wenn du den Herrn Jesus als deinen Retter angenommen hast, dann kannst du ein Zeuge sein. Du kannst anderen sagen, wie auch sie ihn annehmen können.

Damaris erzählte ihrem Freund Jens, dass Gott ihn liebt. Sie erzählte ihm, wie Gott seinen Sohn Jesus auf die Erde gesandt hat, der am Kreuz für unsere Sünden starb, und wie Jesus wieder lebendig wurde. An dem Tag traf Jens eine wichtige Entscheidung: Er nahm Jesus als seinen Herrn und Retter an und ließ sich von ihm die Sünden vergeben.

Damaris ist eine Zeugin. Sie kennt die Wahrheit aus der Bibel. Jesus hat gesagt: „Ich bin der Weg und die Wahrheit und das Leben; niemand kommt zum Vater denn durch mich“ (Johannes 14,6). Damaris will, dass andere Menschen die Wahrheit über Jesus erkennen.

Auch du kannst ein Zeuge sein. Glaube zuerst an Jesus als deinen Retter und lass dir von ihm die Sünde vergeben. Danach kannst du anderen sagen, wer Jesus ist und dass er am Kreuz für ihre Sünden gestorben ist. Ermutige sie, Jesus als ihren Retter anzunehmen.

Was solltest du als Zeuge für Jesus anderen Menschen sagen?

____

____

____

So kannst du heute beten: Lieber Gott, hilf mir, ein wahrer Zeuge für dich zu sein. Amen.

Lies Apostelgeschichte 1,8

Warum sollte ich Zeugnis geben?

Gehet hin in alle Welt und predigt das Evangelium aller Kreatur.
Markus 16,15

Stell dir vor, deine Mutter oder dein Vater würden auf eine lange Reise gehen. Würdest du dir ihre letzten Worte merken? Wenn sie dir einige besondere Anweisungen geben würden, würdest du ihnen gehorchen?

Gerade als Jesus, Gottes Sohn, die Erde verlassen und in den Himmel zurückkehren wollte, richtete er einige letzte Worte an seine Jünger. Es war ein Befehl. Er sprach: „Gehet hin in alle Welt und predigt das Evangelium aller Kreatur" (Markus 16,15). **Jesus befahl ihnen also, anderen die gute Nachricht weiterzugeben, dass er gestorben und auferstanden ist.** Was meinst du: Taten sie das? Ja! Sie gehorchten Jesus, weil er es ihnen befohlen hatte. Sie gehorchten ihm aber auch, weil sie ihn liebten.

Wenn du Jesus als deinen Retter kennst, gilt dieser Befehl auch für dich. Wenn du hingehst und von Jesus weitersagst, dann bist du ein Zeuge. Jesus möchte, dass du hingehst und so vielen Menschen wie möglich erzählst, was er für dich getan hat. Warum solltest du Zeugnis geben (von Jesus erzählen)? Ein Grund ist: Gott hat es befohlen. Ein weiterer Grund ist, dass du Jesus lieb hast und ihm gehorchen möchtest. **Jesus will, dass du hingehst und von ihm erzählst.** Gehorchst du seinem Befehl? Willst du sein Zeuge sein, weil du ihn liebst?

Überlege dir zwei Gründe, warum es wichtig ist, ein Zeuge zu sein:

____

____

____

So kannst du heute beten: Lieber Gott, ich habe dich lieb. Ich will dir jeden Tag gehorsam sein. Hilf mir, deinem Befehl zu gehorchen, dass ich hingehe und anderen von dir erzähle. Amen.

Lies Markus 16,15-16

Was sage ich, wenn ich Zeugnis gebe?

Gehet hin in alle Welt und predigt das Evangelium aller Kreatur.
Markus 16,15

Wolltest du schon einmal jemandem von Jesus erzählen, aber du wusstest nicht, was du sagen solltest? Fang an damit, von Gott zu erzählen. Er ist der Schöpfer, der uns geschaffen hat – jeden als einen besonderen Menschen. **Sprich davon, wie Gott uns liebt und dass er vollkommen ist und im Himmel wohnt.**

Danach sprich von der Sünde. Sünde ist, wenn wir Gott ungehorsam sind. Die Bibel sagt: „... sie sind allesamt Sünder" (Römer 3,23). Wir sind alle so geboren, dass wir die Sünde wollen. Unsere Sünde trennt uns von Gott. Eines Tages wird jeder, der von Gott getrennt ist, für immer an einem furchtbaren Ort, Hölle genannt, bestraft werden.

Als Nächstes sprich von Jesus, Gottes einzigem Sohn. Erzähle, wie Jesus, der vollkommen war, am Kreuz starb, um die Strafe für unsere Sünde auf sich zu nehmen. Er wurde begraben und drei Tage später kehrte er wieder ins Leben zurück. Sage: „Wenn du an Jesus glaubst (dich ihm ganz anvertraust), dann kannst du von der Strafe für deine Sünde gerettet werden." Danach kannst du fragen: „Möchtest du ab heute an Jesus glauben?"

Bevor du jemand anderem erzählst, wie er an Jesus glauben kann, glaube du selbst an ihn. Wenn du Jesus noch niemals gesagt hast, dass du glaubst, er ist für dich gestorben – tue es jetzt. Danach kannst du anderen erzählen, wie sie an Jesus glauben können – genau so wie du!

Was könntest du jemandem über Gott, die Sünde und Jesus erzählen?

____

____

____

So kannst du heute beten: Lieber Gott, hab Dank für die gute Nachricht, die ich den anderen erzählen kann, dass du sie lieb hast und dass Jesus für ihre Sünden gestorben und wieder lebendig geworden ist. Amen.

Lies Apostelgeschichte 10,37-40

Was ist, wenn ich Angst habe, Zeugnis zu geben?

Gehet hin in alle Welt und predigt das Evangelium aller Kreatur.
Markus 16,15

Die Bibel erzählt, wie Gott einst Mose, dem Führer seines Volkes Israel, einen besonderen Auftrag gab. Mose sollte den Ältesten Israels und dem Pharao, dem König von Ägypten, Gottes Botschaft bringen. Das wollte Mose nicht tun. Er hatte Angst. Er sagte zu Gott: „Siehe, sie werden mir nicht glauben und nicht auf mich hören" (2. Mose 4,1).

Hast du dich schon einmal wie Mose gefühlt? Gott hat dir einen besonderen Auftrag gegeben. Du sollst anderen Menschen Gottes Botschaft weitersagen. **Du sollst ein Zeuge sein.** Bringst du so wie Mose Entschuldigungen vor? Zum Beispiel: „Ich habe Angst, dass ich das Falsche sage." Oder: „Ich fürchte mich davor, dass die Leute sich über mich lustig machen." Gott sagte zu Mose: „Wer hat dem Menschen den Mund geschaffen? ... Habe ich's nicht getan, der HERR? So geh nun hin: Ich will mit deinem Munde sein und dich lehren, was du sagen sollst" (2. Mose 4,11-12).

Gott verspricht dir das Gleiche. Er ist's, der dich geschaffen hat. Er wird bei dir sein. Er wird dir die richtigen Worte schenken. **Du brauchst keine Angst zu haben. Vertraue auf Gott, er wird dir helfen, ein Zeuge für ihn zu sein.**

Was kannst du tun, wenn du Angst hast, von Jesus zu erzählen (Zeugnis zu geben)?

____

____

____

So kannst du heute beten: Lieber Gott, wenn ich Angst habe, Zeugnis zu geben, dann hilf mir, an die Versprechen in deinem Wort zu denken, und gib mir Mut, anderen von dir zu erzählen. Amen.

Lies Matthäus 28,18-20

Wie kann ich durch mein Leben ein Zeuge sein?

Gehet hin in alle Welt und predigt das Evangelium aller Kreatur.
Markus 16,15

Wenn Marina wütend wurde, kam sie oft durch ihre Worte in Schwierigkeiten. Manchmal gebrauchte sie schlimme Ausdrücke. Manchmal sagte sie etwas Gemeines oder gab ihren Eltern freche Antworten.

Eines Tages hörte Marina die gute Nachricht von Jesus. Sie glaubte an Jesus als ihren Retter. Danach betete Marina: „Lieber Herr Jesus, wenn ich dazu verleitet werde, mit meinem Mund zu sündigen, hilf mir, daran zu denken, was du am Kreuz für mich getan hast."

Gott half Marina, ihren Zorn und ihre Worte zu bremsen. Bald begannen ihre Schulfreunde in Marinas Leben eine Änderung zu sehen. Zwei von ihnen fragten, warum sie so verändert war. Marina konnte ihnen von Jesus erzählen. Sie gab nicht nur durch ihre Worte ein Zeugnis, sondern auch durch ihr verändertes Leben.

Auch du kannst durch dein Leben ein Zeugnis geben. Wenn du Jesus als deinen Retter kennst, sollten andere eine Veränderung an dir bemerken. Bitte Gott, dich zu ändern, wo du Veränderung brauchst. Der Heilige Geist, der in dir lebt, kann dir helfen, mit den schlimmen Ausdrücken, die du bisher verwendet hast, aufzuhören. Er kann dir helfen, freundlich anstatt gemein zu sein. Wenn andere dein verändertes Leben sehen, dann werden sie wissen wollen, warum. Dann hast du die Möglichkeit, ihnen die gute Nachricht zu erzählen!

Nenne einige Dinge, die dich davon abhalten, durch dein Leben ein gutes Zeugnis zu sein:

____

____

____

So kannst du heute beten: Lieber Gott, bitte lass mich heute durch meine Worte und mein Leben ein Zeugnis für dich sein. Amen.

Lies Johannes 14,24-26

Wem kann ich Zeugnis geben?

Gehet hin in alle Welt und predigt das Evangelium aller Kreatur.
Markus 16,15

Hast du den Vers oben gelesen? Er sagt, wir sollen in die ganze Welt hinausgehen und jedem die gute Nachricht von Jesus erzählen. Gott hat dich an einen ganz besonderen Ort in seiner Welt gestellt. **Er möchte, dass du jetzt ein Zeuge für ihn bist – gerade da, wo du wohnst.**

Denke an die Menschen, die um dich herum wohnen und die Jesus nicht kennen. Das können deine Freunde aus der Schule oder der Nachbarschaft sein. Vielleicht ist es ein Bruder oder eine Schwester, deine Oma oder dein Opa. Vielleicht muss sogar deine Mutter oder dein Vater von Jesus hören. Weißt du schon, dass Gott vielleicht möchte, dass du ihnen von ihm erzählst? Möglicherweise will Gott auch, dass du jemandem Zeugnis gibst (von Gott und Jesus erzählst), der gemein zu dir gewesen ist. Das wird dir nicht leicht fallen, oder?

Gott hat nicht versprochen, dass das Zeugnisgeben einfach ist, aber dass er immer bei dir ist. Er hat versprochen, er will dir helfen zu wissen, was du sagen sollst. Gott hat bestimmte Leute in dein Leben gebracht, die von ihm hören müssen. Er will dir helfen, denen, die du jeden Tag triffst, ein Zeuge zu sein.

Nenne drei Menschen, denen du ein Zeuge sein könntest:

____

____

____

So kannst du heute beten: Lieber Gott, ich bete für die drei Menschen auf meiner Liste. Gib mir den Mut und die Worte, um ihnen von dir zu erzählen. Amen.

Lies Apostelgeschichte 8,4

Wo kann ich Zeugnis geben?

Gehet hin in alle Welt und predigt das Evangelium aller Kreatur.
Markus 16,15

Victor hasste es, dass er mit dem Schulbus fahren musste. Am meisten deshalb, weil Max mit dem gleichen Bus fuhr wie er. Max war ein Schläger. Er machte immer Schwierigkeiten und belästigte vor allem Victor. Victor sprach mit seiner Mutter über das Problem. Sie schlug vor, zusammen dafür zu beten.

Später fragte ihn seine Mutter, ob er daran interessiert wäre, bei sich zu Hause einen Teenkreis zu haben. Victor fand, das sei eine gute Idee. Danach schlug seine Mutter vor, Max einzuladen. **Sie sagte, Victor solle beten und Gott fragen, was er tun solle.** Victor betete. Er wusste, was Gott von ihm wollte.

Er bat Gott um den Mut, Max im Schulbus von Jesus zu erzählen.
Eines Tages gab Gott ihm den Mut dazu. Victor erzählte Max, wie er Jesus als seinen Retter angenommen hatte. Dann lud er Max in den Teenkreis ein. Und wer kam zum ersten Teenkreis? Max.

Du kannst wie Victor auf dem Schulweg ein Zeuge sein. **Vielleicht kannst du die gute Nachricht einem Freund in der großen Pause erzählen.**

Vielleicht kannst du gleich bei euch zu Hause ein Zeuge sein. Fallen dir noch andere Orte ein, an denen du ein Zeugnis geben könntest?

Schreibe drei Orte auf, an denen du ein Zeuge sein könntest:

___

___

___

So kannst du heute beten: Lieber Gott, hilf mir, Orte zu finden, an denen ich für dich ein Zeugnis geben kann (von dir erzählen kann); und dann hilf mir, es zu tun. Amen.

Lies Apostelgeschichte 8,5-6

Haben die Menschen in der Bibel Zeugnis gegeben?

Wie viele ihn aber aufnahmen, denen gab er Macht,
Gottes Kinder zu werden, denen, die an seinen Namen glauben.
Johannes 1,12

Hier ist ein „W-Test" für dich: Welche Leute aus der Bibel waren Zeugen? Was sagten sie? Wohin gingen sie, um Zeugnis zu geben?

Welche Leute aus der Bibel waren Zeugen? Gott gebrauchte Menschen wie dich und mich. Er gebrauchte ein junges Dienstmädchen, um ihrem Herrn von ihm zu erzählen. Vielleicht war sie in deinem Alter. Macht dir das nicht Mut? Gott will dich gebrauchen, wenn du bereit dazu bist. Die Bibel berichtet uns auch von einem Blinden, einigen Nachfolgern von Jesus und zwei Gefangenen, die seine Zeugen waren.

Was sagten die Zeugen aus der Bibel? Vielleicht meinst du, sie gebrauchten große, schwerwiegende Worte. Nein, sie erzählten den anderen einfach, was sie von Jesus wussten. Ein Mann namens Paulus sagte zu einem anderen Mann: „Glaube an den Herrn Jesus, so wirst du ... selig" – das heißt: gerettet werden (Apostelgeschichte 16,31). Bitte Gott, dir die Worte zu geben, die du brauchst, um anderen weiterzuerzählen, was du von ihm weißt.

Wo gaben sie Zeugnis? Überall dort, wo Gott sie hingeführt hatte. Eine war eine Zeugin in einem anderen Land, ein anderer war ein Zeuge daheim. Ein weiterer war ein Zeuge auf einer Wüstenstraße. Zwei andere waren Zeugen im Gefängnis. Wo hat Gott dich wohl als Zeuge hingestellt?

Was meinst du: Warum will Gott Menschen wie dich als seine Zeugen gebrauchen?

___

___

___

So kannst du heute beten: Danke, Herr, dass du bereit bist, auch mich als deinen Zeugen/deine Zeugin zu gebrauchen. Amen.

Lies Johannes 1,9-12

Sollte ich Menschen, die für mich Verantwortung haben, Zeugnis geben?

Wie viele ihn aber aufnahmen, denen gab er Macht, Gottes Kinder zu werden, denen, die an seinen Namen glauben.
Johannes 1,12

In 2. Könige 5 berichtet die Bibel von einem Militär-Hauptmann mit Namen Naaman. Er hatte eine furchtbare Krankheit, die niemand heilen konnte. Außerdem kannte er den lebendigen Gott nicht.

Naamans Land begann einen Krieg. Ein junges Mädchen wurde gefangen genommen und als Dienstmädchen in sein Haus gebracht. Dieses Mädchen kannte den wahren und lebendigen Gott. Sie hörte von Naamans Krankheit. Sie wusste, ihr Gott konnte ihm helfen.

Tapfer gab das junge Mädchen der Frau von Naaman ein Zeugnis. Sie erzählte höflich von einem Propheten Gottes mit Namen Elisa. Sie wusste, von ihm könnte Naaman erfahren, wie er durch Gottes Macht gesund würde. Naaman fuhr zu Elisa und hörte, wie er geheilt werden konnte. Zuerst folgte Naaman den Anweisungen Elisas nicht, aber dann tat er doch, was Elisa ihm gesagt hatte. Und Gott heilte seine Krankheit! Nun glaubte Naaman an den wahren und lebendigen Gott.

Fürchtete sich das Mädchen, einem Menschen, der über ihr stand, Zeugnis zu geben? Wahrscheinlich! Doch Gott gab ihr Mut. **Gibt es in deiner Umgebung auch Menschen, die von Jesus hören müssen?** Vielleicht sind es deine Eltern oder dein Lehrer. Sei höflich und respektvoll, wenn du ihnen von Jesus erzählst. Gott wird dir Mut geben!

Wie kannst du Mut bekommen, Menschen, die über dir stehen, ein Zeugnis zu geben?

____

____

____

So kannst du heute beten: Lieber Gott, lass meine Worte und Taten denen, die Verantwortung für mich haben, ein Zeugnis sein. Amen.

Lies 2. Könige 5,1-3

Macht Gott bestimmte Menschen zum Hören bereit?

Wie viele ihn aber aufnahmen, denen gab er Macht,
Gottes Kinder zu werden, denen, die an seinen Namen glauben.
Johannes 1,12

Philippus liebte Gott und erzählte anderen von ihm. Die Bibel berichtet, dass eines Tages ein Engel zu ihm sprach. Der Engel sagte Philippus, er solle an eine bestimmte Stelle auf einer Wüstenstraße gehen. Philippus gehorchte ihm.
Ein anderer Mann reiste dieselbe Straße entlang. Dieser Reisende kam aus Äthiopien. In seinem Land war er ein wichtiger Mann. Er war der Schatzmeister der Königin. Dieser Mann wollte Gott in Jerusalem anbeten.

Gott sorgte dafür, dass Philippus und der äthiopische Mann sich auf jener Wüstenstraße trafen. Philippus hörte den Mann im Wort Gottes lesen. Er las Verheißungen über Jesus aus dem Alten Testament. Philippus fragte ihn, ob er verstehen würde, was er dort las. Der äthiopische Mann antwortete: „Wie kann ich, wenn mich nicht jemand anleitet?" (Apostelgeschichte 8,31). Philippus erklärte dem Mann, wer Jesus ist. Er berichtete, wie Jesus für die Sünde am Kreuz gestorben und wieder auferstanden war. Am selben Tag kam der äthiopische Mann zum Glauben an Jesus. Philippus war ein guter Zeuge. Er gehorchte Gott. Gott hatte jemanden vorbereitet, der ihm zuhörte.
Vielleicht hat Gott auch jemanden vorbereitet, der dir zuhören wird. Vielleicht ist es jemand aus deiner Familie. Vielleicht ist es ein Freund, der von Jesus hören muss. Vielleicht ist es jemand, den du noch nie getroffen hast. Bist du bereit, dorthin zu gehen, wohin Gott dich sendet, um jemandem von ihm zu erzählen?

Was meinst du: Wen bereitet Gott vielleicht darauf vor, dir zuzuhören?

___

___

___

So kannst du heute beten: Lieber Gott, lass mich immer bereit sein, von dir zu erzählen (Zeugnis abzulegen) – vor jedermann, an jedem Ort und zu jeder Zeit. Amen.

Lies Apostelgeschichte 8,26-29

Wie kann ich in schweren Zeiten Zeugnis geben?

Wie viele ihn aber aufnahmen, denen gab er Macht,
Gottes Kinder zu werden, denen, die an seinen Namen glauben.
Johannes 1,12

„Werft sie ins Gefängnis", so schrie bestimmt die wütende Menge, als sie über Paulus und Silas herfielen. Die Stadtrichter ordneten an, sie mit dem Stock zu schlagen. Mit blutendem Rücken wurden sie ins Gefängnis geworfen. Wie leicht hätten sie murren und klagen können in jenem dunklen Gefängnis; aber das taten sie nicht.

Die Bibel sagt, dass Paulus und Silas anfingen, zu beten und Gott Lieder zu singen. Die anderen Gefangenen und der Gefängnisaufseher hörten sie. Paulus und Silas waren in ihrer schweren Zeit den Menschen um sie her ein Zeugnis. Es war Mitternacht. Plötzlich geschah ein Erdbeben! Die Türen flogen auf. Der Gefängnisaufseher hatte Angst, sie wären geflüchtet, und wollte sich umbringen. Doch Paulus rief ihn. Der Gefängnisaufseher fragte: „Was muss ich tun, dass ich gerettet werde?" Sie gaben ihm Zeugnis, und noch in derselben Nacht begannen er und seine Familie an Jesus zu glauben (Apostelgeschichte 16,25-31).

Durchlebst du gerade eine schwierige Zeit? Denke daran, was Paulus und Silas taten. Sie beteten und lobten Gott. Ihre richtige Einstellung war ein Zeugnis für die Menschen um sie herum. Wie steht es mit dir? Lässt du dich in dieser schwierigen Zeit von Gott als Zeuge gebrauchen?

Wie kann Gott dich in schwierigen Zeiten als Zeugen gebrauchen?

____

____

____

So kannst du heute beten: Lieber Gott, hilf mir, die richtige Einstellung zu haben, sodass ich ein guter Zeuge für dich sein kann. Amen.

Lies Apostelgeschichte 16,31-34

Kann ich auch meinen eigenen Brüdern oder Schwestern Zeugnis geben?

Wie viele ihn aber aufnahmen, denen gab er Macht,
Gottes Kinder zu werden, denen, die an seinen Namen glauben.
Johannes 1,12

Max kam aus einer großen Familie. Er hatte vier Brüder und zwei Schwestern. Ihre Familie ging nie zum Gottesdienst. Eines Tages lud Frau Schmidt Max zu einem Kinder-Hauskreis in ihr Haus ein. Dort hörte Max zum ersten Mal von Jesus, und er nahm Jesus als seinen Retter an.

In der nächsten Woche hörten die Kinder von einem Mann aus der Bibel, der Andreas hieß. Andreas glaubte, dass Jesus der von Gott versprochene Retter war. **Er wollte, dass auch sein Bruder Petrus Jesus kennenlernte.** Andreas führte seinen Bruder zu Jesus. Die Kinder-Hauskreis-Mitarbeiterin sagte, dass Andreas ein Zeuge war.

Max wollte wie Andreas sein. Er dachte an seine eigenen Brüder. In der nächsten Woche nahm er seine vier Brüder mit zum Kinder-Hauskreis. Er wollte, dass sie auch von Jesus hörten. **In der übernächsten Woche brachte er auch noch seine beiden Schwestern mit!**

Andreas war ein Zeuge. Max war ein Zeuge. Wie steht es mit dir? Hast du Brüder und Schwestern, die von Jesus hören müssen? Manchmal ist es am schwersten, jemandem in der eigenen Familie Zeugnis zu geben. Gott kann dir dabei helfen. Vielleicht gibt es in deiner Nachbarschaft keinen Kinder-Hauskreis, doch du kannst den Menschen dort erzählen, was Jesus für dich getan hat. Gott möchte, dass du ein Zeuge bist.

Wie kannst du deinem Bruder oder deiner Schwester Zeugnis geben? Nenne verschiedene Möglichkeiten:

____

____

____

So kannst du heute beten: Lieber Gott, hilf mir, so zu sein wie Andreas. Zeige mir, wie ich meinem Bruder oder meiner Schwester von dir erzählen kann. Amen.

Lies Johannes 1,40-42

Wie beginne ich ein Gespräch über Gott?

Wie viele ihn aber aufnahmen, denen gab er Macht, Gottes Kinder zu werden, denen, die an seinen Namen glauben.
Johannes 1,12

Zu der Zeit, als Jesus lebte, musste jeder Wasser aus dem Brunnen holen. Die Bibel erzählt uns von einer Frau aus Samarien, die zum Wasserschöpfen an einen Brunnen kam. Der Herr Jesus begann, mit ihr zu sprechen. Er bat sie um Wasser zum Trinken. Dann unterhielten sie sich über das „lebendige Wasser". Jesus sagte ihr, dass er ihr „lebendiges Wasser" (ewiges Leben) geben und ihr ihre Sünden vergeben könne (Johannes 4,7-15).

Was können wir von Jesus Christus darüber lernen, wie wir Zeugnis geben können? Er hat uns gezeigt, wie wir an ganz normalen Tagen nach Gelegenheiten suchen können, um mit Menschen über ihn zu sprechen. Jesus hat das verwendet, wovon die Frau sprach, um mit ihr ein Gespräch über Glaubensdinge zu führen. Du kannst das auch so machen. Vielleicht erzählt dir ein Freund in der Schule, dass seine Eltern sich scheiden lassen wollen. **Du könntest ein guter Zuhörer sein.** Danach kannst du ihm zur richtigen Zeit erzählen, dass Jesus ihn liebt und für ihn sorgt.

Vielleicht möchte ein anderer Freund, dass du etwas Böses tust: Stehlen im Laden oder ein schlechtes Video anschauen. Das könnte deine Gelegenheit sein. Du könntest ihm erklären, warum du so etwas nicht machst. Danach sprich mit ihm über Jesus.

Oft gibt Gott dir Gelegenheiten zum Zeugnisgeben. Sei mutig und nutze sie!

Nenne eine Gelegenheit, die du nutzen könntest, um jemandem von Jesus zu erzählen:

____

____

____

So kannst du heute beten: Lieber Gott, danke für die Gelegenheiten, die du mir gibst, anderen von dir zu erzählen. Amen.

Lies Johannes 4,7-10

Muss ich sehr viel wissen, um ein Zeuge zu sein?

Wie viele ihn aber aufnahmen, denen gab er Macht, Gottes Kinder zu werden, denen, die an seinen Namen glauben.
Johannes 1,12

Die Bibel berichtet uns von einem Mann, der von Geburt an blind war. Als Jesus in seine Nähe kam, bückte Jesus sich zur Erde und machte einen Brei. Mit diesem Brei berührte er die Augen des Blinden. Dann befahl Jesus dem Mann, hinzugehen und seine Augen zu waschen. Sofort ging der Blinde und wusch sich. **Als er zurückkam, konnte er sehen!**

Die religiösen Leiter, die Pharisäer genannt wurden, waren nicht einverstanden mit dem, was geschehen war. Sie nannten Jesus sogar einen Sünder, weil er den Mann an einem Sabbat (ähnlich unserem Sonntag) geheilt hatte.

Der Mann, der blind gewesen war, sagte: „Ist er ein Sünder? Das weiß ich nicht; eins aber weiß ich: dass ich blind war und bin nun sehend" (Johannes 9,25).

Dieser Mann wusste nicht viel über Jesus, aber er erzählte ihnen eifrig das, was er wusste. Er wusste, was Jesus für ihn getan hatte.

Wie ist es mit dir? Vielleicht meinst du, du könntest kein Zeuge sein, weil du nicht viel über Jesus weißt. **Wenn Jesus Christus dein Leben verändert hat, dann hast du anderen viel zu sagen.** Erzähle ihnen, was er für dich getan hat!

Beschreibe, was Jesus für dich getan hat:

____

____

____

So kannst du heute beten: Lieber Gott, hilf mir, dass ich bereit bin, anderen zu sagen, was ich von dir weiß. Amen.

Lies Johannes 9,24-25

Kommt jeder, dem ich Zeugnis gebe, zum Glauben?

Wie viele ihn aber aufnahmen, denen gab er Macht,
Gottes Kinder zu werden, denen, die an seinen Namen glauben.
Johannes 1,12

Hier sind zwei wahre Geschichten von einem Mann in der Bibel mit Namen Paulus und von einem Jungen in New York mit Namen Nathan. Die Bibel erzählt uns, dass Paulus ein Zeuge war, wo immer er auch hinging. Aber nicht jeder, dem er ein Zeugnis sagte, kam zum Glauben. Einmal gab Paulus einem wichtigen König namens Agrippa ein Zeugnis. Nachdem dieser Paulus zugehört hatte, sagte Agrippa: „Es fehlt nicht viel, so wirst du mich noch überreden und einen Christen aus mir machen" (Apostelgeschichte 26,28). **Es gibt keinen Bericht davon, dass König Agrippa jemals Christ geworden wäre.**

Nathan war acht Jahre alt. Er wollte überall, wo er hinging, ein Zeuge sein. Sein Freund hörte ihm eine Weile zu. Dann sagte er zu Nathan, Jesus sei nur ausgedacht, und ging weg. Nathan war entmutigt. Nathans Vater erinnerte ihn: „Alles, was Gott von dir verlangt, ist, deinen Freunden die Wahrheit über Jesus zu erzählen. Sie müssen sich selbst entscheiden, ob sie an Jesus glauben oder ihn ablehnen wollen."

Bist du entmutigt worden, als du anderen von Jesus erzählt hast? Sind die anderen weggegangen? Denke daran, dass nicht jeder, dem du Zeugnis gibst, zum Glauben kommt. **Aber Gott möchte, dass du weiterhin anderen von ihm erzählst. Gib nicht auf.** Vertraue auf Gott und sei ein treuer Zeuge.

Woran kannst du denken, wenn du entmutigt bist, wenn du von Jesus erzählst?

____

____

____

So kannst du heute beten: Lieber Gott, bitte hilf mir, ein treuer Zeuge zu sein, auch wenn die anderen nicht glauben wollen. Amen.

Lies Apostelgeschichte 26,27-29

Was ist das „Wortlose Buch"?

Gott aber erweist seine Liebe zu uns darin,
dass Christus für uns gestorben ist, als wir noch Sünder waren.
Römer 5,8

Hast du schon ein „Wortloses Buch" gesehen? Es hat keine Wörter oder Bilder. Stattdessen hat es fünf Farben: gold, schwarz, rot, weiß und grün. Jede Farbe erzählt einen besonderen Teil der Botschaft des Evangeliums – der guten Nachricht von Jesus.

Christen haben in vielen Ländern das „Wortlose Buch" dazu benutzt, zahlreichen Menschen das Evangelium zu erklären. Vor einigen Jahren ging eine Missionarin in ein Land, in dem es schwierig war, ein Zeuge für Jesus zu sein. In diesem Land gab es Leute, die Christen hassten. Soldaten brachen in die Wohnung der Missionarin ein, nahmen all ihr biblisches Material und verbrannten es. Sie verlor alles – das heißt: fast alles. Sie besaß einen Stapel von „Wortlosen Büchern". Die Soldaten griffen ein Exemplar und schauten es sich an. Dann warfen sie es auf den Boden. Weil es keine Wörter hatte, dachten sie, es sei nicht so wichtig. Sie verbrannten kein einziges „Wortloses Buch"! Sie wussten nicht, wie wertvoll es ist!

Mit dem „Wortlosen Buch" haben schon viele anderen Menschen von Jesus erzählt. Auch du kannst es benutzen, um anderen Zeugnis zu geben. In den nächsten Andachten lernst du, wie du selbst das „Wortlose Buch" gebrauchen kannst.

Schreibe dir drei Personen auf, die die Botschaft des „Wortlosen Buches" hören sollten:

____

____

____

So kannst du heute beten: Lieber Gott, hilf mir, die Botschaft des „Wortlosen Buches" zu lernen, damit ich sie diesen drei Personen erzählen kann. Amen.

167

Lies Römer 5,6-8

Was kann ich mit der goldenen Seite über Gott sagen?

Gott aber erweist seine Liebe zu uns darin,
dass Christus für uns gestorben ist, als wir noch Sünder waren.
Römer 5,8

Jede der fünf Farben im „Wortlosen Buch" erzählt einen bestimmten Teil des Evangeliums. Wir beginnen mit der goldenen Seite. Wenn du einem Freund oder einer Freundin Zeugnis gibst, kannst du das Folgende über Gott sagen:

„Die goldene Seite erinnert mich an einen Ort, von dem die Bibel sagt: Er ist ‚aus reinem Gold, gleich reinem Glas' (Offenbarung 21,18). Der Ort heißt ‚Himmel' und Gott ist auch dort. Gott ist der Schöpfer dieser Welt. Er hat den Himmel, die Bäume, Blumen, Vögel und die anderen Tiere gemacht. Gott schuf alles, er hat auch dich gemacht. Die Bibel sagt: ‚... also hat Gott die Welt geliebt' (Johannes 3,16). Das bedeutet: Gott liebt auch dich. Ist das nicht eine gute Nachricht?

Weil Gott dich gemacht hat und liebt, möchte er, dass du zu seiner Familie gehörst und eines Tages zu ihm in den Himmel kommst. Der Himmel ist ein vollkommener Ort, und Gott ist vollkommen. Das bedeutet, er hat noch nie etwas Falsches gedacht oder getan. Gott möchte, dass du eines Tages zu ihm in den Himmel kommst. Doch etwas wird es im Himmel niemals geben: die Sünde."

Dies ist der erste Teil der Botschaft, die du jemandem weitersagen kannst. Übe das Erzählen laut – auch mit eigenen Worten – bis du, ohne zu stocken, die goldene Seite erklären kannst.

Nenne drei Dinge über Gott, die du einem Freund über die goldene Seite sagen kannst:

____

____

____

So kannst du heute beten: Lieber Gott, hab Dank, dass du mich liebst. Hilf mir, anderen mit der goldenen Seite des „Wortlosen Buches" von deiner Liebe zu erzählen. Amen.

Lies Offenbarung 21,1-2

Was kann ich mit der dunklen Seite über die Sünde sagen?

Gott aber erweist seine Liebe zu uns darin,
dass Christus für uns gestorben ist, als wir noch Sünder waren.
Römer 5,8

Dort, wo du wohnst, wissen viele Jungen und Mädchen nicht, wer Gott ist. Sie wissen nicht, dass er sie geschaffen hat, dass er sie liebt und dass er einen Plan für ihr Leben hat. Vielleicht hat ihnen noch niemand gesagt, dass die falschen Dinge, die sie tun, „Sünde" genannt werden und dass Gott Sünde hasst. Schlage die dunkle Seite in deinem „Wortlosen Buch" auf. Nun kommen einige wichtige Dinge, die du einem Freund oder einer Freundin über die Sünde erzählen kannst:

„Sünde ist alles, was du denkst, sagst oder tust, das Gott nicht gefällt. Lügen, Stehlen oder Ungehorsam sind Dinge, die Gott Sünde nennt. Eine schlechte Einstellung zu haben, gemeine, wütende Worte zu sagen oder etwas zu zerstören, was einem anderen gehört, ist ebenfalls Sünde. Gottes Wort sagt, dass alle gesündigt haben (Römer 3,23). Das bedeutet: Du und ich haben gesündigt. Du bist geboren mit der Neigung zum Sündigen.

Sünde ist in Gottes Augen so schlimm, dass sie bestraft werden muss. Diese Strafe ist, an einem schrecklichen Ort der Dunkelheit und des Leides für immer von Gott getrennt zu sein. Doch Gott hat einen wunderbaren Plan, so dass du nicht für deine Sünde bestraft werden musst."

Übe auf jeden Fall, diesen Teil der Botschaft zu erklären, sodass du ihn einem Freund oder einer Freundin weitergeben kannst.

Nenne drei Dinge, die Gott uns über die Sünde sagt:

____

____

____

So kannst du heute beten: Lieber Gott, bitte hilf mir zu erkennen, wie schlimm die Sünde ist. Hilf mir, es auch anderen zu erklären und mit ihnen über die Sünde zu sprechen. Amen.

Lies Römer 3,11-12

Was kann ich mit der roten Seite über Jesus sagen?

Gott aber erweist seine Liebe zu uns darin,
dass Christus für uns gestorben ist, als wir noch Sünder waren.
Römer 5,8

Die rote Seite des „Wortlosen Buches" erzählt vom Herrn Jesus, dem Sohn Gottes, der vollkommen ist. Sie erzählt, was er tat, damit unsere Sünden vergeben werden können. Folgendes könntest du einem Freund oder einer Freundin dazu sagen.

„Gott liebt dich und mich sehr. Er will nicht, dass wir von ihm getrennt bleiben. Deshalb dachte er sich einen vollkommenem Plan aus. Er sandte seinen einzigen Sohn, den Herrn Jesus Christus, als Kind zur Welt. Jesus lebte ein perfektes Leben. Er sündigte niemals. Als er erwachsen geworden war, erlaubte er es den Menschen, ihn an einem Holzkreuz zu töten. Diese rote Seite erinnert uns daran. Als Jesus an jenem Kreuz litt, blutete und starb, nahm er die Strafe auf sich, die du und ich für unsere Sünde verdienen. Die Bibel sagt: ‚... ohne Blutvergießen geschieht keine Vergebung' (Hebräer 9,22).

Nachdem Jesus gestorben war, wurde er begraben. **Aber Jesus, der allmächtige Gottessohn, blieb nicht tot. Am dritten Tag wurde er wieder lebendig.** Nun wohnt er im Himmel. Weil er das alles für dich getan hat, kannst du dir deine Sünden vergeben lassen."

Bestimmt möchtest du diese Seite üben, damit du deinen Freunden erzählen kannst, was für einen wunderbaren Plan Gott hat, um ihre Sünden zu vergeben.

Wie zeigte Gott uns seine Liebe?

____

____

____

So kannst du heute beten: Lieber Gott, bitte hilf mir, die Botschaft der roten Seite zu lernen, sodass ich anderen erzählen kann, was Jesus für sie getan hat. Amen.

Wie kann ich die weiße Seite gebrauchen, um jemandem zu helfen, an Jesus zu glauben?

Gott aber erweist seine Liebe zu uns darin,
dass Christus für uns gestorben ist, als wir noch Sünder waren.
Römer 5,8

Jesus hat die Macht, Sünde zu vergeben. Das ist die gute Nachricht des Evangeliums, die du mit Hilfe der weißen Seite erzählen kannst. Den folgenden Bibelvers kannst du deinem Freund oder deiner Freundin sagen: „Glaube an den Herrn Jesus, so wirst du ... selig!" (Apostelgeschichte 16,31). „Selig" heißt „gerettet". Wenn du diesen Vers erklären willst, denke an drei wichtige Wörter: zugeben, lassen und glauben.

„Dieser Vers (lies Apostelgeschichte 16,31) bedeutet: Es ist nötig, dass du zugibst: „Ich bin ein Sünder", und dass du bereit bist, die Sünde zu lassen. Dann sage Gott, dass du an Jesus glaubst – dass du ganz auf ihn vertrauen möchtest, der für dich gestorben und auferstanden ist. Bitte den Herrn Jesus, dich von deiner Sünde zu reinigen. Wenn du dies tust, verspricht der Herr Jesus, dir deine Sünde zu vergeben. Eines Tages wirst du dann zu ihm in den Himmel kommen. Möchtest du an Jesus als deinen Retter glauben?"

Wenn dein Freund oder deine Freundin „Ja" sagt, kannst du ihm oder ihr helfen zu beten, so wie du einmal gebetet hast. Wenn sie „Nein" sagen oder „ich möchte darüber nachdenken", dann sei nicht entmutigt. Bete für sie und denke daran, dass dein treues Zeugnis Gott gefallen hat. **Übe diese weiße Seite, sodass du deinem Freund oder deiner Freundin helfen kannst, an Jesus zu glauben.**

Was muss jemand tun, um von Sünde gerettet zu werden?

____

____

____

So kannst du heute beten: Lieber Gott, hilf mir, die Botschaft der weißen Seite zu lernen, sodass ich jemand anderem helfen kann, an Jesus zu glauben. Amen.

Lies Johannes 3,16

Wie kann ich jemandem helfen, zu wissen, dass er gerettet ist?

Gott aber erweist seine Liebe zu uns darin,
dass Christus für uns gestorben ist, als wir noch Sünder waren.
Römer 5,8

Hat dir schon einmal jemand etwas versprochen und konnte es zum Schluss nicht halten? Unser Gott bricht niemals seine Versprechen. Er ist treu!

Der Vers, den du bei der weißen Seite genommen hast, steht in Apostelgeschichte 16,31. Kannst du dich daran erinnern? Dieser Vers ist ein Versprechen Gottes. Wenn dein Freund oder deine Freundin auf den Herrn Jesus Christus als ihren Retter vertrauen, dann macht Gott ihnen ein Versprechen.

In Apostelgeschichte 16,31 verspricht Gott ihnen, dass sie „selig" – also gerettet – werden. **Gerettet heißt: Gott hat ihre Sünde vergeben.** Gott wohnt durch seinen heiligen Geist in deinem Freund oder deiner Freundin, um ihnen zu helfen, das Richtige zu tun. Eines Tages werden sie in den Himmel kommen, um bei Jesus zu sein. Dieses Versprechen wird niemals gebrochen werden!

Du kannst deinem Freund oder deiner Freundin noch ein Versprechen weitergeben. Es befindet sich am Ende von Hebräer 13,5, wo Jesus sagt: „Ich will dich nicht verlassen". Jesus verspricht, immer bei dir zu sein. Du kannst jederzeit und an jedem Ort mit ihm sprechen. Er ist da und kann dir die Kraft geben, das Richtige zu tun. Schau mal deine Hand an. Du kannst dir jedes Wort dieses Versprechens von Jesus mit einem deiner fünf Finger einprägen. Jesus sagt: „Ich – will – dich – nicht – verlassen." **Du kannst Gott vertrauen: Er hält, was er verspricht!**

Was kannst du sagen, wenn du jemandem helfen möchtest, zu wissen, dass er gerettet ist?

____

____

____

So kannst du heute beten: Lieber Gott, danke, dass du so treu deine Versprechen hältst. Du bist wunderbar! Amen.

Lies Hebräer 13,5

Wie kann ich jemandem helfen, in seinem Glauben zu wachsen?

Gott aber erweist seine Liebe zu uns darin, dass Christus für uns gestorben ist, als wir noch Sünder waren.
Römer 5,8

Wenn dein Freund oder deine Freundin Jesus gebeten haben, ihnen die Sünden zu vergeben und ihr Retter zu werden, dann ist es nun wichtig, dass sie in ihrem Glauben wachsen. Dies kannst du mit dem grünen Umschlag des „Wortlosen Buches" zeigen:

„Dieses Grün erinnert mich an das, was wie Gras, Blumen oder Bäume wächst. Nun, da du zur Familie Gottes gehörst, möchte er, dass du wächst, indem du mehr von ihm lernst. Du hast seine Kraft und Stärke, um zu tun, was richtig ist. Wenn du etwas tust, das Sünde ist, dann zeigt Gott dir in der Bibel, was du tun musst. Er sagt: ‚Wenn wir aber unsre Sünden bekennen, so ist er treu und gerecht, dass er uns die Sünden vergibt' (1. Johannes 1,9). „Bekennen" bedeutet: Du nennst deine Sünde und stimmst mit Gott darin überein, dass du etwas Falsches getan hast. Er wird dir vergeben, denn er hat es dir versprochen. Bitte ihn um die Kraft und Stärke, ihm gehorsam zu sein und das Richtige zu tun.

Vier Dinge kannst du tun, um mehr über den Herrn Jesus zu lernen:

1. **Beten** – jeden Tag mit Gott sprechen.
2. **Bibellesen** und der Bibel gehorchen.
3. **Zeugnis geben** – indem du anderen erzählst, was Jesus für dich getan hat.
4. **Zum Kindergottesdienst oder zur Sonntagsschule gehen.**

Was kannst du sagen, wenn du jemandem helfen möchtest, in seiner Beziehung zu Christus zu wachsen? Nenne einige Dinge:

So kannst du heute beten: Lieber Gott, hilf mir, zu lernen, wie ich die grüne Seite des „Wortlosen Buches" gebrauchen kann, um anderen zu zeigen, wie sie in ihrer Beziehung zu Christus wachsen können. Amen.

Lies Johannes 1,8-9

Wem könnte ich das „Wortlose Buch“ erklären?

Gott aber erweist seine Liebe zu uns darin,
dass Christus für uns gestorben ist, als wir noch Sünder waren.
Römer 5,8

Stopp! Das Erste, was du tun musst, bevor du jemandem das „Wortlose Buch" erklärst, ist beten. Mache dir eine Liste von Menschen, die Jesus Christus nicht als Retter kennen. Bete für jeden von ihnen mit Namen. Bitte Gott, dass er sie bereit macht, die gute Nachricht (das Evangelium) zu hören. Wenn du dein „Wortloses Buch" nicht dabei hast, dann schau dich um und sieh, ob du die Farben woanders findest – vielleicht sogar an deiner Kleidung!

Kathi ist neun Jahre alt. Sie hat gerade gelernt, wie sie ihr „Wortloses Buch" gebrauchen kann. Sie hat begonnen, für die Personen auf ihrer Liste zu beten, darunter auch ihre Cousine Lisa. Eines Tages zeigte Kathi Lisa ihr „Wortloses Buch". Sie fragte, ob sie schon einmal ein solches Buch gesehen hätte. Lisa sagte: „Nein“ Kathi erklärt: „Es hat Farben, und die Farben erzählen eine wunderbare und wahre Geschichte aus der Bibel. Möchtest du sie hören?“ Lisa antwortete: „Na klar!“ Da erklärte Kathi ihr das „Wortlose Buch". Später nahm Lisa Jesus als ihren Retter an. Das hat Kathi ermutigt, weiter treu für die übrigen Personen auf ihrer Liste zu beten. Wie ist das bei dir? Hast du deine Liste schon geschrieben? Du wirst erleben, dass Gott deine Gebete erhören wird.

Schreibe ein Gebet für einen Freund oder eine Freundin, die von Jesus hören sollen:

So kannst du heute beten: Danke, lieber Gott, für das „Wortlose Buch". Hilf mir, es den Leuten auf meiner Liste zu erzählen. Amen.

Lies Epheser 1,15-17

Wem sage ich ein „Zeugnis"?

Seid allezeit bereit zur Verantwortung vor jedermann, der von euch Rechenschaft fordert über die Hoffnung, die in euch ist, und das mit Sanftmut und Gottesfurcht ...
1. Petrus 3,15-16

„Sara, wärst du bereit, nächsten Sonntag im Gottesdienst dein Zeugnis zu sagen?", fragte Pastor Karson. **Ein Zeugnis zu sagen bedeutet, anderen zu erzählen, wie du zum Glauben an den Herrn Jesus als deinen Retter gekommen bist und was er dir bedeutet.** Sara hatte ein bisschen Angst davor, das zu erzählen, doch als sie an ihren wunderbaren Retter dachte, war sie dazu bereit. Sie hatte so etwas noch nie gemacht. Saras Kindergottesdienst-Mitarbeiterin half ihr, sich vorzubereiten.

Sie beteten und baten Gott um Hilfe, und dann schlug die Mitarbeiterin Sara vor, aufzuschreiben, was sie gerne sagen würde. Sara schrieb auf, wie ihr Leben war, bevor sie Jesus Christus als ihren Retter angenommen hatte. Danach notierte sie, wann und wie sie zum Glauben an ihn gekommen war. Sara dachte, es wäre wichtig, einen Bibelvers mit einzuschließen. Sie schrieb Johannes 1, Vers 12 Wort für Wort auf. Zum Schluss erwähnte Sara, wie viel Jesus ihr bedeutete. Sie schrieb, wie er ihr half, „Nein" zur Sünde zu sagen und Gott zu gehorchen.

Danach übte Sara, ihre Notizen auswendig aufzusagen. **Nun war sie bereit, jederzeit vor anderen ihr „Zeugnis" zu geben. Wie ist es mit dir?** Wärst du bereit, dein „Zeugnis" zu erzählen?

Schreibe zwei wichtige Dinge auf, die du beim „Zeugnis geben" sagen würdest:

____

____

____

So kannst du heute beten: Lieber Gott, hilf mir, mein Zeugnis vorzubereiten und mache mich bereit, es anderen zu erzählen. Amen.

Lies 1. Petrus 3,15-16

Soll ich meinem Freund ein Traktat geben?

Seid allezeit bereit zur Verantwortung vor jedermann,
der von euch Rechenschaft fordert über die Hoffnung, die in euch ist,
und das mit Sanftmut und Gottesfurcht ...
1. Petrus 3,15-16

„Papiermissionar", so nannte Carlos' Sonntagsschul-Mitarbeiter ein Traktat. Eine Möglichkeit, von Jesus zu erzählen, wäre es, Traktate zu verteilen, so sagte er. Traktate sind kleine Verteilhefte oder -blätter, durch die Menschen erfahren,wie sie gerettet werden können. Der Mitarbeiter von Carlos' Sonntagsschule legte einige Traktate aus und forderte die Kinder auf, eines davon einem Freund zu geben.

Carlos betete um Mut, das Traktat seinem Freund Simon zu geben. Dann betete er, dass Simon es nicht wegwirft. Simon wollte, dass Carlos mit ihm und anderen Jungen Basketball spielte. Nach dem Spielen fragte Carlos Simon, ob er etwas zu trinken haben wollte. Als sie in die Küche gingen, betete Carlos leise: „Lieber Gott, hilf mir." Gerade als Simon gehen wollte, rannte Carlos los und holte seine Bibel. Er zog das Traktat hervor und meinte, Simon sollte es irgendwann einmal lesen. **Zu Carlos' Überraschung setzte Simon sich hin und las es.** Simon fragte: „Wer ist Jesus?"

Für Carlos war das Traktat eine Möglichkeit, Simon mit Jesus bekannt zu machen. Kennst du jemanden, dem du ein Traktat geben könntest? Wenn du kein Traktat besitzt, könntest du dir vielleicht selbst eins machen.

Warum sollte ich meinem Freund ein Traktat geben?

So kannst du heute beten: Lieber Gott, bitte hilf mir, Traktate zu verwenden, um anderen damit von dir zu erzählen. Amen.

Lies Apostelgeschichte 18,9-10

176

ZEUGNIS GEBEN

Wie kann ich das Evangelium mit Hilfe meiner Hand weitersagen?

Seid allezeit bereit zur Verantwortung vor jedermann,
der von euch Rechenschaft fordert über die Hoffnung, die in euch ist,
und das mit Sanftmut und Gottesfurcht ...
1. Petrus 3,15-16

Du kannst das Evangelium mit Hilfe deiner Hand weitersagen: Halte deine Hand hoch, deute mit dem **Daumen** auf dich selbst und sage: „Gott liebt mich. Gott sagt in der Bibel: ‚Ich habe euch schon immer geliebt' (Jeremia 31,3)."

Dann gehe über zu deinem **Zeigefinger** und sage: „Ich bin ein Sünder. Die Bibel sagt: ‚... sie sind allesamt Sünder ...' (Römer 3,23). Meine Sünde trennt mich von Gott."

Deute auf deinen **Mittelfinger** und sage: „Jesus, Gottes Sohn, der vollkommen ist, starb für mich und wurde wieder lebendig. Die Bibel sagt: ‚Dass Christus gestorben ist für unsre Sünden nach der Schrift; und dass er begraben worden ist; und dass er auferstanden ist am dritten Tage ...' (1. Korinther 15,3-4). Jesus hat den Preis für meine Sünde bezahlt."

Mache weiter mit dem **Ringfinger** und sage: „Ich glaube an den Herrn Jesus als meinen Retter. Die Bibel sagt: ‚Glaube an den Herrn Jesus, so wirst du ... selig' (Apostelgeschichte 16,31). Ich glaube, dass Jesus für mich gestorben ist."

Deute auf deinen **kleinen Finger** und sage: „Ich bin gerettet. Die Bibel sagt: ‚Wer an den Sohn glaubt, der hat das ewige Leben.' (Johannes 3,36). Jesus ist der Sohn. Ich weiß, ich werde für immer bei Gott leben."

Lerne diese Bibelverse und übe es, das Evangelium mit Hilfe deiner Hand weiterzusagen!

Welche fünf wichtigen Wahrheiten kannst du mit Hilfe deiner Hand erklären?

So kannst du heute beten: Lieber Gott, bitte hilf mir, die wichtigen Wahrheiten und Verse zu lernen, die ich mit Hilfe meiner Hand weitergeben kann, damit ich immer bereit bin, von dir zu erzählen (ein Zeuge zu sein). Amen.

Lies 2. Korinther 5,20

Wohin könnte ich meine Freunde einladen, damit sie das Evangelium hören?

Seid allezeit bereit zur Verantwortung vor jedermann,
der von euch Rechenschaft fordert über die Hoffnung, die in euch ist,
und das mit Sanftmut und Gottesfurcht ...
1. Petrus 3,15-16

Kannst du dir drei Orte vorstellen, wohin du einen Freund oder eine Freundin mitnehmen könntest, damit sie das Evangelium hören? Die Sonntagsschule oder der Kindergottesdienst sollten auf deiner Liste ganz oben stehen. Wenn es in deiner Gemeinde ein Programm für Kinder gibt, könntest du einen Freund mit dazu einladen. **In den Ferien ist vielleicht eine Kinder-Bibelwoche eine gute Möglichkeit, deinen Freund mitzubringen.** Du könntest ihn auch auf eine christliche Kinderfreizeit einladen. Einige Gemeinden haben eine Missionskonferenz mit einem Kinderprogramm. Manchmal gibt es auch Kindertage oder ein Kinderprogramm der Gemeinde bei einer öffentlichen Veranstaltung wie bei einem Jahrmarkt oder beim Kinderferienprogramm. Gibt es in eurer Nachbarschaft einen Kinder-Hauskreis? Wenn nicht, könnte deine Familie vielleicht einen starten! Was für eine großartige Gelegenheit wäre das! Könnt ihr ein christliches Radioprogramm empfangen? Du könntest einen Freund zum gemeinsamen Hören einladen oder mit ihm zusammen beim Geschichten-Telefon anrufen. Vielleicht wohnst du an einem Ort, an dem es den Menschen nicht erlaubt ist, öffentlich Gott anzubeten und vom Evangelium zu sprechen. Vielleicht werden sogar Menschen dafür bestraft, dass sie dem Herrn Jesus Christus nachfolgen. Bete und bitte Gott, dir zu helfen, damit du Wege findest, mit deinen Freunden über ihn zu sprechen. **Auch wenn du sie nirgends hin einladen kannst, hast du die Möglichkeit, ihnen etwas aus deinem eigenen Leben zu erzählen.**

Wohin könntest du einen Freund oder eine Freundin einladen, damit sie dort das Evangelium hören?

____

____

____

So kannst du heute beten: Danke, lieber Gott, für die Orte, an die ich meine Freunde einladen kann, damit sie dort das Evangelium hören. Amen.

Lies Apostelgeschichte 28,30-31

Ist mein Leben ein gutes Zeugnis für andere?

Seid allezeit bereit zur Verantwortung vor jedermann,
der von euch Rechenschaft fordert über die Hoffnung, die in euch ist,
und das mit Sanftmut und Gottesfurcht ...
1. Petrus 3,15-16

Zeugnisgeben besteht nicht nur aus den Worten, die du sagst. Gott sagt, dass das Licht seiner Liebe durch dein Leben scheinen sollte. Dann werden andere zu ihm hingezogen (Matthäus 5,16). **Sind deine Taten und Einstellungen ein gutes Beispiel für die Menschen um dich herum, oder halten sie die anderen eher vom Glauben ab?**

Erik ist Christ. Es macht meistens Spaß, mit ihm zusammen zu sein. Nur zu Hause, wenn er seinen Willen nicht bekommt, ist er unausstehlich. Er wird gemein und wütend. Er macht seine Familie traurig. Was für ein Zeugnis ist Erik für seine Familie? – Gott kann deine guten Einstellungen und Taten benutzen, um deiner Familie zu zeigen, dass der Herr Jesus in deinem Leben der Herr ist. Aber ein schlechter Eindruck und selbstsüchtige Verhaltensweisen können dein Zeugnis ruinieren.
Marina lud immer ihre Freundin Tina in die Kinderkirche ein. Sie wollte, dass Tina etwas von Jesus hörte. Eines Tages, in der Schule bei einer Klassenarbeit, schaute Marina bei einer Mitschülerin ab. Als sie sich umdrehte, merkte sie, dass Tina sie beobachtete. Was für ein Beispiel gab Marina damit?

Wenn du deiner Familie und deinen Freunden ein gutes Zeugnis sein willst, dann denke daran: **Deine Taten und Einstellungen sprechen lauter als deine Worte.** Was für ein Beispiel gibt dein Leben?

Wie kann dein Leben ein gutes Zeugnis sein?

___

___

___

So kannst du heute beten: Lieber Gott, bitte hilf mir, durch meine Taten und Einstellungen ein gutes Zeugnis für dich zu sein. Amen.

Lies Matthäus 5,14-16

Wie kann ich anderen helfen, das Evangelium weiterzugeben?

Seid allezeit bereit zur Verantwortung vor jedermann,
der von euch Rechenschaft fordert über die Hoffnung, die in euch ist,
und das mit Sanftmut und Gottesfurcht ...
1. Petrus 3,15-16

Du kannst nicht jedem auf der Welt von Jesus erzählen! **Es gibt jedoch einen Weg, wie du Menschen das Evangelium bringen kannst, die du niemals triffst.** Du kannst helfen, einen Missionar auszusenden. Ein Missionar ist ein Christ, dessen Lebensaufgabe es ist, anderen vom Herrn Jesus zu erzählen. Einige Missionare arbeiten in ihrem eigenen Land. Andere ziehen in fremde Länder.

Wie kannst du Missionaren helfen, sich mit dem Evangelium auf den Weg zu machen? Erstens: Bete für sie. Bitte Gott, Menschen auszusenden, die er als Missionare erwählt hat. Wenn du für Missionare betest, denke an die vielen Bedürfnisse, die sie vielleicht haben. Missionare brauchen Essen, Kleidung und eine Wohnung, so wie du. Sie brauchen Medizin, wenn sie krank sind. Sie brauchen Treibstoff für ihre Autos. Sie brauchen Sicherheit an gefährlichen Orten. Missionare brauchen auch Ermutigung, um mit Einsamkeit oder Schwierigkeiten fertig zu werden. Sie brauchen Mut, um anderen von Jesus zu erzählen.

Eine andere Möglichkeit, den Missionaren auf ihrem Weg zu helfen, besteht darin, Geld zu spenden. Du könntest etwas selbst verdientes Geld oder Taschengeld für die Missionare deiner Gemeinde geben. Wenn du dein Geld gibst, um Missionaren zu helfen, dann gibst du es Gott!

Was tust du, um Missionaren zu helfen, sich mit dem Evangelium auf den Weg zu machen?

Schreibe drei Dinge auf, die du tun kannst, um Missionaren zu helfen, sich mit dem Evangelium auf den Weg zu machen:

____

____

____

So kannst du heute beten: Lieber Gott, danke, dass Missionare das Evangelium an viele Orte bringen. Hilf mir, zu beten und zu geben, sodass Missionare sich auf den Weg machen können. Amen.

Lies 2. Korinther 9,6-7

Werde ich vielleicht eines Tages Missionar?

Seid allezeit bereit zur Verantwortung vor jedermann,
der von euch Rechenschaft fordert über die Hoffnung, die in euch ist,
und das mit Sanftmut und Gottesfurcht ...
1. Petrus 3,15-16

Viele Missionare wussten schon als Kind: „Gott will, dass ich diese Arbeit tue." Woher wussten sie das? Sie verbrachten jeden Tag Zeit mit Gott, lasen in der Bibel und beteten. Sie gingen in den Gottesdienst, wo sie mehr von Gott erfahren konnten. Vielleicht lasen sie Missionsgeschichten. **Sie erzählten dort, wo sie lebten, immer wieder von Jesus.**

Nach und nach legte Gott ein tiefes Verlangen in ihr Herz, als hauptamtliche Missionare für ihn zu arbeiten. Vielleicht gab er ihnen eine besondere Liebe zu einem Ort oder einer Volksgruppe.

Eines Tages beruft Gott vielleicht dich zum Missionar. Du kannst dich jetzt schon darauf vorbereiten, indem du so viel wie möglich über Gott lernst. Gehe zum Gottesdienst, so oft du kannst. Du kannst auch für Missionare beten und Geld geben. Lies Missionsgeschichten. Und was am wichtigsten ist: Erzähle dort von Jesus, wo Gott dich hingestellt hat.

Mach dir keine Gedanken, ob Gott dir etwas aufträgt, das du nicht magst oder tun kannst. Wenn Gott möchte, dass du ein Missionar wirst, dann gibt er dir den Wunsch und die Fähigkeit dazu. Bitte Gott um ein williges Herz, das ihm gehorsam ist. **Vielleicht beruft dich Gott eines Tages zum Missionar!**

Woher kannst du wissen, ob Gott möchte, dass du Missionar wirst?

____

____

____

So kannst du heute beten: Lieber Gott, bitte hilf mir zu erkennen, ob du willst, dass ich einmal Missionar werde. Und dann gib mir bitte auch ein Herz, das dir gehorsam ist. Amen.

Lies Jeremia 1,4-8

Prima,

du hast alle Andachten über das „Zeugnis geben" durchgelesen.

Nun kannst du deine Entdecker-Seite „Zeugnis geben" ausfüllen. Du hast sie mit dem Brief erhalten, in dem wir dir deine Entdecker-Seite Nr. 5 zurückgeschickt haben.

Wenn du die Entdecker-Seite Nr. 6 fertig ausgefüllt hast, dann falte sie an der Linie und stecke sie in einen Briefumschlag. Wenn du möchtest, lege auch den Zettel mit deinen Gebetsanliegen bei. Klebe eine Briefmarke auf den Umschlag und sende alles an die Adresse vom KEB-Mailbox-Club.

Jetzt

darfst du deine Entdecker-Seite Nr. 6 einschicken!

Wir werden uns deine Antworten ansehen und sie wieder mit einigen persönlichen Sätzen und deiner Entdecker-Seite Nr. 7 an dich zurückschicken.

Freue dich darauf, in den nächsten Andachten mehr über „Gott anbeten" zu erfahren.

Dein KEB-Mailbox-Club

Gott anbeten

Was ist Anbetung?

Naht euch zu Gott, so naht er sich zu euch.
Jakobus 4,8

Florian arbeitete ausdauernd. Jede Woche trug er Prospekte aus; oft mähte er samstags seinem Nachbarn den Rasen. Er wollte sich ein Fahrrad kaufen! Egal, wie hart er dafür arbeiten musste: Das Fahrrad war es wert!

Was ist dir etwas wert? Überlege einmal, mit was du dich in der letzten Woche beschäftigt hast. Womit hast du die meiste Zeit verbracht? Mit Freunden? Vor dem Fernseher? Mit Computerspielen? Wieviel Zeit hast du mit Gott verbracht? War er dir etwas wert? Hast du ihn angebetet?

Was ist Anbetung? Manche Leute meinen, Anbetung sei nur das, was Christen am Sonntag in der Kirche tun, doch Anbetung ist viel mehr!

Anbetung heißt: Gott zeigen, dass du ihn wertschätzt, ihn sehr gern magst. Du kannst Gott anbeten, indem du Loblieder singst oder Gott im Gebet sagst, was du an ihm großartig findest. Du kannst ihn auch anbeten, indem du gewöhnliche Dinge tust, wie deinen Eltern gehorchen. Auch wenn du im Gottesdienst Geld gibst, ist das schon eine Form der Anbetung. Jedoch ist es noch keine Anbetung, wenn du diese Dinge tust, ohne dir bewusst zu machen, dass du sie für Gott tust und ihn dadurch ehren willst.

Was willst du tun, um Gott zu zeigen, dass er dir „etwas wert ist"?

___

___

___

So kannst du heute beten: Lieber Gott, hilf mir, dich jeden Tag mehr zu lieben und anzubeten. Du bist es wert! Amen.

Lies Kolosser 3,16-17

Wer kann Gott anbeten?

Naht euch zu Gott, so naht er sich zu euch.
Jakobus 4,8

Manche Dinge sehen von außen fast gleich aus. Was ist zum Beispiel der Unterschied zwischen einem rohen und einem gekochten Ei? Oder zwischen einer ausgetrockneten und einer saftigen Orange? Manchmal kannst du nur den Unterschied herausfinden, indem du dir eine Sache von innen anschaust.

Wenn Gott die Menschen ansieht, die ihn anbeten, dann schaut er auf das, was in ihnen ist. Er sieht ihr Herz an. **Nur die, die den Herrn Jesus als Retter angenommen haben, können ihn wirklich anbeten.** Wahre Anbeter sind Menschen, die wissen, dass Jesus der einzige Weg zu Gott, dem Vater, ist.

Was sieht Gott, wenn er dein Herz anschaut? Sieht er jemanden, dem die Sünden vergeben sind? Oder sieht er jemanden, der sein Kind werden sollte? Die Bibel sagt: „Wie viele ihn aber aufnahmen, denen gab er Macht, Gottes Kinder zu werden ..." (Johannes 1,12). Wer bereit ist, die Sünde zu lassen, und Jesus aufnimmt, wird Gottes Kind. Um Gottes Kind werden zu können, brauchst du Vergebung für deine Sünden. **Du kannst gerade jetzt beten und an Jesus glauben, der für dich starb und wieder lebendig wurde.**

Wenn du Jesus aufgenommen hast, dann bist du Gottes Kind und der Heilige Geist lebt in dir. So kannst du Gott wirklich anbeten – als Mitglied seiner Familie!

Gehörst du zu Gottes Familie? Woher weißt du das?

____

____

____

So kannst du heute beten: Lieber Gott, ich freue mich so, dass ich dein Kind bin. Danke, dass du den Heiligen Geist gesandt hast, der immer in mir lebt. Amen.

Lies Johannes 1,12

Warum sollten wir Gott anbeten?

Naht euch zu Gott, so naht er sich zu euch.
Jakobus 4,8

Die Kerze war traurig. Alles andere im Haus schien nützlich zu sein – nur sie nicht. Sie hatte schon alles probiert: vom Öffnen einer Tür bis zum Rühren im Suppentopf. Doch immer versagte sie. Dann, an einem dunklen Tag, zündete der Hausherr ein Streichholz an und hielt es an den Docht der kleinen Kerze. Sofort leuchtete eine kleine Flamme auf und erfüllte das Haus mit Licht! „Oh!", dachte die Kerze. „Nun weiß ich, wofür ich gemacht worden bin."

Weißt du, wofür du gemacht worden bist? **Die Bibel sagt, dass Gott dich für sich geschaffen hat.** Er hat dich geschaffen, um ihn zu lieben, anzubeten und zu ehren. Sein Wort sagt: „... was ihr auch tut, das tut alles zu Gottes Ehre" (1. Korinther 10,31). **Die Welt ist voll von Dingen, an denen du dich freuen kannst.** Und doch möchte Gott, dass du dich am meisten über ihn freust.

Die Bibel sagt: „Naht euch zu Gott, so naht er sich zu euch" (Jakobus 4,8). Du kannst Gott nahekommen, indem du seinem Wort, der Bibel, gehorchst, und indem du Zeit mit ihm verbringst. Gott möchte, dass du ihm nahekommst und ihn anbetest. Gott möchte, dass du ihn als Vater und besonders guten Freund kennst. Er legt dir den Wunsch ins Herz, zu ihm zu kommen. Willst du es tun?

Was willst du jetzt tun, um Gott nahezukommen? Nenne eine Sache:

____

____

____

So kannst du heute beten: Lieber Gott, hilf mir, dich jeden Tag mehr zu lieben und anzubeten. Amen.

Lies Epheser 1,11-12

Wo ist Gott?

Naht euch zu Gott, so naht er sich zu euch.
Jakobus 4,8

Hast du schon einmal die Sterne oben am Himmel betrachtet? Gott hat jeden von ihnen geschaffen – auch die Sterne, die Millionen von Lichtjahren entfernt sind. Ist das nicht zum Staunen? Du könntest niemals lange genug leben, um auch nur einen dieser weit entfernten Sterne zu besuchen, doch Gott kann es! **Ja, Gott ist dort, gerade jetzt, genauso wie er hier bei dir ist.**

In der Bibel steht: Gott ist allgegenwärtig. „Wohin soll ich gehen vor deinem Geist, und wohin soll ich fliehen vor deinem Angesicht?" (Psalm 139,7). Er ist dort und hier und überall sonst zur gleichen Zeit! Gott kümmert sich um hungrige Menschen in einem weit entfernten Land. Er leitet auch Präsidenten; und Gott sorgt für dich.

Nichts ist ihm zu groß oder zu klein, es zu beachten. Du meinst vielleicht, du seist nicht besonders wichtig, doch für Gott bist du es. Er ist jede Sekunde deines Lebens bei dir! Er war schon immer da und hat dich schon immer so wie jetzt geliebt.

Das nächste Mal, wenn du dir die Sterne betrachtest, denke daran: Gott ist allgegenwärtig. Du kannst nicht gleichzeitig an mehreren Orten sein, doch Gott ist immer überall! Je mehr du erkennst, dass Gott allgegenwärtig ist, umso mehr wirst du ihn anbeten wollen.

Wobei würde Gott, der heute über dir wacht, dir gern zuschauen? Nenne eine Sache:

____

____

____

So kannst du heute beten: Lieber Gott, ich lobe dich, denn du bist allgegenwärtig. Wie gut, dass ich weiß: Du passt immer auf mich auf. Amen.

Lies Psalm 139,7-10

Wie viel weiß Gott?

Naht euch zu Gott, so naht er sich zu euch.
Jakobus 4,8

Kannst du ein Geheimnis für dich behalten? Wenn dir jemand sagt, du sollst eine Sache für dich behalten, kannst du das dann? Auch wenn du gut Geheimnisse hüten kannst: Einer kennt sie immer. Dieser Eine ist Gott!

Gott ist nicht nur allgegenwärtig, sondern auch allwissend! Er weiß alles. Er wusste, wann und wo du geboren werden solltest. Er wusste, wer deine Eltern werden würden. Er weiß einfache Dinge – wie du heißt und wie alt du bist. Er weiß schwierige Dinge – zum Beispiel wie viele Haare du auf dem Kopf hast. Er kennt sogar ganz persönliche Dinge wie deine Gedanken und Gefühle.

Nichts kann Gott überraschen! Er weiß schon lange im Voraus, was geschehen wird. Er kennt sogar die Zukunft! Die Bibel sagt, Gott wusste, wie du alle Tage deines Lebens verbringen würdest, „die noch werden sollten und von denen keiner da war" (Psalm 139,16). Gott ist da und führt und liebt dich, während du jeden Tag erlebst!

Bist du nicht froh, dass du vor Gott nichts zu verstecken brauchst? Du kannst in Anbetung zu ihm kommen und wirklich du selbst sein. Je mehr du merkst, dass Gott allwissend ist, desto mehr wirst du ihn anbeten wollen.

Schreibe zwei Dinge auf, für die gilt: „Ich bin froh, dass Gott das über mich weiß":

____

____

____

So kannst du heute beten: Lieber Gott, ich lobe dich, denn du bist allwissend. Ich bin froh, dass du alles weißt, was es zu wissen gibt. Amen.

Lies Psalm 139,1-4

Wie viel kann Gott tun?

Naht euch zu Gott, so naht er sich zu euch.
Jakobus 4,8

Hast du schon einmal darüber nachgedacht, was du tun könntest, wenn du mehr Macht hättest? Was wäre, wenn du stärker oder schneller sein würdest? Was wäre, wenn du die ganze Zeit wach bleiben könntest und niemals schlafen müsstest? **Was wäre, wenn du alles tun könntest, was du wolltest?**

Macht kann manchmal etwas Schlimmes sein. Einige Leute missbrauchen ihre Macht, um das Gesetz zu brechen oder anderen wehzutun. Doch Macht kann auch etwas Gutes sein. Denke nur einmal daran, wie Gott diese Welt in nur sechs Tagen erschaffen hat. Er schuf all die Berge, Flüsse, Tiere und Menschen. Das ist wahre Macht! Die Bibel sagt uns, dass Gott allmächtig ist. **Er hat die Macht, wirklich alles zu tun!** Und weil Gott gut ist, wird er niemals seine Macht missbrauchen, um etwas Böses zu tun.

Du kannst Gott in jeder Situation anbeten und ihm danken, denn er hat die Macht, dir zu helfen.
Die Bibel sagt: „Ist Gott für uns, wer kann wider* uns sein?" (Römer 8,31). Gott hat die Macht, dir zu helfen, richtige Entscheidungen zu treffen. Er hat die Macht, dir zu helfen, auch in schweren Zeiten fröhlich zu sein. Je mehr du erkennst, dass Gott allmächtig ist, desto mehr wirst du ihn anbeten wollen.

* wider = gegen

Auf welche Art hat Gott schon einmal seine Macht in deinem Leben gezeigt?

___

___

___

So kannst du heute beten: Lieber Gott, ich lobe dich, denn du bist allmächtig. Danke, dass du deine Macht immer zum Guten gebrauchst. Amen.

Lies Jeremia 32,27

Bin ich ein Freund von Gott?

Naht euch zu Gott, so naht er sich zu euch.
Jakobus 4,8

Woran kannst du erkennen, ob jemand dein Freund ist? Dieser Mensch verbringt gern Zeit mit dir, um mit dir zu sprechen und dir zuzuhören. Er spricht gut von dir. **Du bist ihm wichtig.** Weißt du schon, wie sehr Gott möchte, dass du sein Freund wirst? Was heißt es, ein Freund Gottes zu sein?

Die Bibel erzählt von einem Mann mit Namen Abraham. Einst betete er falsche Götter an – Götter, die es nicht wirklich gibt. Dann, eines Tages, sprach der wahre Gott zu ihm. Abraham glaubte an Gott und entschloss sich, ihm zu gehorchen. Abraham wurde verändert. Aus einem sündigen Menschen, der Gott nicht kannte, wurde ein Mensch, der ihn besonders gut kannte. Die Bibel sagt, dass Abraham ein Freund Gottes war (2. Chronik 20,7).

Vielleicht bist du wie Abraham. Es gab eine Zeit in deinem Leben, zu der du Gott nicht gekannt oder angebetet hast, doch jetzt tust du es. Würden andere sagen, dass du ein Freund Gottes bist? Verbringst du gerne jeden Tag Zeit mit ihm? Sprichst du gut über ihn? **Ist er dir wichtiger als alles andere?** Wenn du ein Freund Gottes bist, dann möchtest du ihn auch anbeten.

Die Bibel sagt: Naht euch zu Gott, so naht er sich zu euch (Jakobus 4,8). Komm heute nah zu Gott und sei sein Freund!

Was willst du tun, um ein Freund Gottes zu sein? Nenne eine Sache:

____

____

____

So kannst du heute beten: Lieber Gott, ich möchte dein Freund sein. Hilf mir, dich mehr zu lieben als irgendjemand oder irgendetwas anderes. Amen.

Lies Jakobus 2,21-23

Kann ich Gott anbeten, wenn ich ganz alleine bin?

Naht euch zu Gott, so naht er sich zu euch.
Jakobus 4,8

Weißt du noch, was Anbetung ist? Anbetung heißt, Gott zu zeigen: Er ist dir etwas wert. Du ehrst ihn gerne, z. B. sagst du ihm: „Ich habe dich lieb!“ Denn du bist geschaffen worden, um Gott zu ehren. Er ist allgegenwärtig (überall), allwissend (weiß alles) und allmächtig (hat alle Macht). **Er ist größer, als du es dir jemals vorstellen kannst, und doch liebt er dich und will dein Freund sein.**

Kannst du Gott allein anbeten? Ja! Die Bibel sagt: „Denn auch Christus hat einmal für die Sünden gelitten, ... damit er euch zu Gott führte“ (1. Petrus 3,18). Weil Jesus für deine Sünden gestorben und wieder lebendig geworden ist, kannst du im Gebet direkt mit Gott sprechen. **Du kannst ihn anbeten, auch wenn niemand sonst da ist.**

Es ist schön, Loblieder zu singen und mit Musikinstrumenten begleitet zu werden, doch du kannst auch ganz allein für Gott singen. Du kannst sogar deine eigenen Lieder schreiben wie David. Er schrieb viele der Psalmen (Gedichte oder Lieder) in der Bibel! Aus Davids Leben können wir viel lernen. Er liebte und ehrte Gott durch fast alles, was er tat. Ja, die Bibel sagt, David war ein „Mann nach Gottes Herzen“ (vgl. 1. Samuel 13,14).

Möchtest du Gott auch so lieben und anbeten? Heute ist ein guter Tag, um damit zu beginnen!

Wie kannst du Gott jetzt, wenn du mit ihm allein bist, anbeten? Nenne eine Möglichkeit:

____

____

____

So kannst du heute beten: Lieber Gott, ich mag es, wenn ich Zeit mit dir zusammen verbringe! Danke, dass du immer da bist. Amen.

Lies Psalm 63,6-7

Kann ich Gott mit anderen gemeinsam anbeten?

Naht euch zu Gott, so naht er sich zu euch.
Jakobus 4,8

Hast du dich schon einmal gefragt, warum Menschen Gottesdienste besuchen? Gott ist überall und du kannst Gott auch anbeten, wenn du allein bist. Warum ist es dann noch nötig für dich, in die Kirche oder Gemeinde zu gehen und dich mit anderen Leuten zu treffen? Wäre es nicht besser, du würdest nur für dich allein Gott anbeten?

Gott möchte, dass du ihn anbetest, wenn du allein bist. Doch Gott möchte auch, dass du ihn gemeinsam mit anderen Christen anbetest. Wenn wir Gott gemeinsam anbeten, ehren wir ihn als unseren König und Herrn. Dadurch zeigt sich, dass wir zu ihm gehören. Gottes Heiliger Geist führt uns zusammen als Brüder und Schwestern in der Familie von Christus.

Gott gemeinsam anzubeten, macht uns auch innerlich stärker. Wir brauchen einander. Die Bibel sagt: „... lasst uns ... nicht verlassen unsere Versammlungen ... sondern einander ermahnen ..." (Hebräer 10,24-25). Dein Leben als Christ gleicht einem brennenden Stück Holz. Allein hört es schnell auf zu brennen. Doch wenn man es mit anderen brennenden Holzscheiten zusammenlegt, brennt das Feuer heller und länger. **Die gemeinsame Zeit mit anderen, die an Jesus glauben, hilft, dass dein Leben lange und hell für Gott brennt.** Außerdem können andere, die an Jesus glauben, deine besten Freunde werden!

Warum möchte Gott, dass du ihn gemeinsam mit anderen Christen anbetest?

___

___

___

So kannst du heute beten: Lieber Gott, hab Dank für meine Brüder und Schwestern in der Familie von Christus. Hilf uns, hell für dich zu brennen. Amen.

Lies Hebräer 10,24-25

Habe ich Gott alles gesagt?

Gott ist Geist, und die ihn anbeten,
die müssen ihn im Geist und in der Wahrheit anbeten.
Johannes 4,24

Isabelle knetete Plätzchenteig in einer großen Schüssel. Sie gab Zucker, Eier und Mehl hinein. Danach fügte sie alle anderen Zutaten hinzu, die Plätzchen so lecker machen. Etwas jedoch hatte sie am Anfang vergessen: Sie hatte die schmutzige Schüssel nicht gespült!

Manchmal versuchen du und ich, Gott auf diese Weise anzubeten. Wir vergessen, die „Schüssel" sauber zu machen. Bei der Anbetung machen wir alles richtig, doch wir vergessen, am Anfang zu überprüfen, ob unser Leben „sauber" ist. **Wie Plätzchenteig aus einer schmutzigen Schüssel, so ist Anbetung aus unreinem Herzen nichts besonders Gutes.**

Wie kannst du dafür sorgen, dass dein Leben „gereinigt" ist? Gott gibt dir die Antwort in seinem Wort. Dort steht: „Wenn wir aber unsere Sünden bekennen, so ist er treu und gerecht, dass er uns die Sünden vergibt und reinigt uns von aller Ungerechtigkeit*" (1. Johannes 1,9).

* Ungerechtigkeit = Sünde

Bevor du Gott anbetest, sage ihm, was du falsch gemacht hast. Gib es vor Gott zu. Danke ihm für seine Vergebung. Bitte ihn, dir zu helfen, es nicht noch einmal zu tun. Wenn du das tust, verspricht Gott, dir deine Sünden zu vergeben und dein Leben wieder rein zu machen. Dann bist du darauf vorbereitet, Gott auf jede Weise richtig anzubeten – mit einem „gereinigten" Leben!

Warum ist es wichtig, dass du Gott deine Sünden bekennst, bevor du ihn anbetest?

____

____

____

So kannst du heute beten: Lieber Gott, ich weiß, dass ich falsche Dinge getan habe. Danke für deine Vergebung. Hilf mir, für dich zu leben. Amen.

Lies Hebräer 10,22

Mit welcher Einstellung sollte ich Gott anbeten?

Gott ist Geist, und die ihn anbeten,
die müssen ihn im Geist und in der Wahrheit anbeten.
Johannes 4,24

Wie verhältst du dich, wenn du bei einer sehr wichtigen Person bist, wie zum Beispiel bei eurem Schulrektor oder bei dem Pfarrer eurer Gemeinde? Wahrscheinlich gibst du dir große Mühe, durch das, was du sagst und tust, deinen Respekt zu zeigen. Wenn du wichtigen Menschen Respekt zeigst, wie viel mehr solltest du Gott mit Respekt begegnen! Er ist der Allerwichtigste!

Weißt du schon, dass Gott dich jederzeit zu sich einlädt? **Das ist ein unglaublich großes Geschenk, das Gott dir, seinem Kind, macht.** Wie solltest du in deiner Anbetung zu Gott kommen? Was sollte deine Einstellung oder dein Denken und Verhalten sein? Die Bibel sagt: „Gott ist Geist, und die ihn anbeten, die müssen ihn im Geist und in der Wahrheit anbeten" (Johannes 4,24). Gott ist Geist und du kannst ihn nicht sehen. Darum könntest du leicht vergessen, dass er bei dir ist – dort wo du jetzt bist. Doch er ist immer da. Es gibt ihn wirklich, und er ist mächtig. **Er hat unsere Ehrfurcht (Ehre, Lob und Respekt) verdient.**

Die Bibel sagt: „Der HERR ist in seinem heiligen Tempel, des HERRN Thron ist im Himmel" (Psalm 11,4). Das nächste Mal, wenn du betest, denke daran, dass du dich dem König näherst, der die ganze Schöpfung regiert. Ehre ihn durch deine Gedanken und durch die Worte, die du ihm sagst.

Wie könntest du Gott Ehre erweisen?

____

____

____

So kannst du heute beten: Lieber Gott, hilf mir, dich jeden Tag zu ehren und dich mit der richtigen Einstellung anzubeten. Amen.

Lies Johannes 4,23-24

Will Gott meine Anbetung?

Gott ist Geist, und die ihn anbeten,
die müssen ihn im Geist und in der Wahrheit anbeten.
Johannes 4,24

Jemand hat einmal gesagt: „Liebe bringt die Welt dazu, sich zu drehen." Es ist viel Wahres daran! Wir sind von Liebe umgeben, und Liebe ist das, was dem Leben einen Sinn gibt. Denke einmal an die Liebe zwischen Familienmitgliedern und Freunden. Denke an die Liebe, die wir für Haustiere empfinden – oder für Dinge, die wir tun, oder für den Ort, wo wir leben. Alle diese Formen der Liebe sind verschieden.

Unter allen diesen Formen gibt es eine Liebe, die nur für Gott reserviert ist. Weil Gott dich gemacht hat und alles über dich weiß, kann deine Liebe zu ihm die tiefste Liebe sein, die du jemals erfahren wirst. Diese Liebe kannst du durch Anbetung zeigen.

Will Gott meine Anbetung haben? Ja! **Gott liebt dich als vollkommener Vater.** Jede Sekunde deines Lebens wacht er über dir. Es ist wahr, dass Gott alles haben kann, was er will. Er hat alles erschaffen und kann alles, doch du bist für ihn ein besonderer Schatz. Er möchte deine Liebe und Anbetung mehr als alles auf der Welt. Deshalb dichtete ein Schreiber der Bibel, König David, die folgenden Worte: „Kommt, lasst uns anbeten und knien und niederfallen vor dem HERRN, der uns gemacht hat" (Psalm 95,6). Gott sehnt sich nach deiner Anbetung.

Warum sehnt sich Gott nach deiner Anbetung?

____

____

____

So kannst du heute beten: Lieber Gott, ich habe dich lieb. Danke, dass du mich einlädst, dich anzubeten. Amen.

Lies Psalm 95,1-6

Kann ich mit Gott ein Gespräch führen?

Gott ist Geist, und die ihn anbeten,
die müssen ihn im Geist und in der Wahrheit anbeten.
Johannes 4,24

Mit jemandem ein Gespräch führen heißt, mit ihm zu sprechen und ihm zuzuhören. Gespräche können etwas Wunderbares sein, besonders, wenn du mit einem guten Freund oder einer guten Freundin redest. Der beste Freund, mit dem du jemals sprechen kannst, ist Gott!

Du kannst im Gebet mit Gott reden. Du brauchst dazu keine besonderen Worte. Du musst nicht einmal laut sprechen – du kannst einfach die Worte denken und Gott wird sie hören. Wenn du zu aufgewühlt bist, um zu sprechen, kannst du auch vor Gott weinen. **Er hört und versteht dich immer.** Egal, was du sagst – er wird niemals aufhören, dich zu lieben. Er weiß alles über dich und weiß immer, wie er dir helfen kann.

Du kannst Gott durch sein Wort und seinen Heiligen Geist hören. Wenn du in der Bibel liest, erfährst du unter anderem etwas über Dinge, die vor langer Zeit geschehen sind. Gott wird diese Geschichten gebrauchen, um dir zu sagen, was du heute tun sollst. Gott wird seinen Heiligen Geist gebrauchen, um dich anzuleiten, während du täglich Entscheidungen triffst. Er spricht nicht mit einer Stimme, die du hören kannst, sondern er hilft dir, tief innen zu wissen, wann du etwas tun oder lassen sollst.

Wann hast du dir zum letzten Mal Zeit genommen, mit Gott zu reden und auf ihn zu hören?

Warum ist beides wichtig: mit Gott zu sprechen und ihm zuzuhören?

____

____

____

So kannst du heute beten: Lieber Gott, hilf mir, mehr mit dir zu sprechen und zu lernen, auf dich zu hören. Amen.

Lies Römer 8,26-27

Wie erkenne ich die Wahrheit?

Gott ist Geist, und die ihn anbeten,
die müssen ihn im Geist und in der Wahrheit anbeten.
Johannes 4,24

Wenn jemand zu dir sagte: „Alle Äpfel sind rot", würdest du ihm glauben? Natürlich nicht! Du kannst selbst sehen, dass es auch gelbe und grüne Äpfel gibt. Doch manchmal ist es schwieriger, zu erkennen, was wahr ist und was nicht. Wie kannst du das herausfinden?

Das Erste, was du wissen musst, ist: Alle Wahrheit kommt von Gott. Die Bibel sagt, dass Gott „nicht lügt" (Titus 1,2). **Alles, was in seinem Wort geschrieben steht, ist wahr. Ja, Gott ist die Wahrheit!** Der Herr Jesus Christus, Gott, der Sohn, sagte: „Ich bin der Weg und die Wahrheit und das Leben" (Johannes 14,6).

Das Zweite, was du wissen musst, ist: Alle Lügen kommen von Gottes Feind, Satan, dem „Vater der Lüge" (Johannes 8,44). Satan wird nicht versuchen, dir zu erzählen, alle Äpfel seien rot, doch er will dir einreden, Gott liebe dich nicht mehr. Er wird versuchen, dich von Gott wegzuführen und dich zur Sünde zu verleiten.

Es ist nötig, dass du Gottes Wahrheit erkennst. Wenn du in Gottes Wort liest, dann denke wirklich darüber nach, was du da gerade liest. Bete darüber zu Gott und wiederhole das, was er dir gezeigt hat. **So wie Gottes Wort mehr und mehr beginnt, deinen Verstand zu erfüllen, wirst du keinen Platz mehr für Lügen haben.**

Über welche Wahrheit, die du heute gelernt hast, könntest du mit Gott sprechen?

___

___

___

So kannst du heute beten: Lieber Gott, du bist die Wahrheit. Danke, dass ich mich darauf verlassen kann: Du lügst niemals. Amen.

Lies Titus 1,1-2

Möchte Gott, dass du dich freust?

Gott ist Geist, und die ihn anbeten,
die müssen ihn im Geist und in der Wahrheit anbeten.
Johannes 4,24

Was weiß Gott über Freude und Spaß? Viel! Gott ist Geist, und er tut einige Dinge nicht, die du tust, aber er weiß, was Freude ist. Denke daran: Er ist der Schöpfer! Er hat das Lachen erschaffen, die schönen Zeiten und den Spaß! **Er möchte, dass du dich am Leben freust und an den schönen Dingen, die er dir gegeben hat.**

Wenn du allein bist und keine Freunde findest, die mit dir spielen, dann denke daran, dass Gott doch bei dir ist. Sprich mit ihm und bitte ihn, dir zu helfen, dort Freude und Spaß zu haben, wo du gerade bist. Dann suche dir eine Beschäftigung und verbringe diese Zeit weiter mit Gott. Er sieht gern, wie du dich entwickelst, Dinge untersuchst und neue Fertigkeiten erlernst. Er versteht dich und hört dich gern lachen.

Wenn du mit deinen Freunden zusammen bist, dann überlege, ob das, was ihr tut, Gott gefällt. **Wenn ja, dann freue dich darüber und danke Gott dafür.** Es ist eine besondere Freude, mit anderen Christen zusammen zu sein und Gemeinschaft zu haben. Wenn ihr bei der Arbeit oder beim Spielen über Gott sprecht, dann gewinnt eure gemeinsame Zeit dadurch an Bedeutung.

Was willst du tun, um mit Gott Freude und Spaß zu erleben?

____

____

____

So kannst du heute beten: Lieber Gott, danke, dass du alles über Spaß und Freude weißt. Hilf mir, meine schönen Zeiten mit dir zu verbringen. Amen.

Lies Philipper 4,4

Wie bete ich Gott an?

Kommt, lasst uns anbeten und knien und niederfallen vor dem HERRN, der uns gemacht hat. Denn er ist unser Gott ...
Psalm 95,6-7

Wolltest du schon einmal etwas tun, aber du wusstest nicht, wie du es anfangen solltest? Vielleicht geht es dir so mit der Anbetung. Du bist dir nicht ganz sicher, wie du es machen sollst.

Eins solltest du vor allem wissen: **Es kommt bei der Anbetung nicht so sehr darauf an, was du tust, sondern warum du es tust.** Anbetung ist, wenn du Gott zeigst, dass du ihn lieben und ehren möchtest. Wenn du dir eine besondere Zeit für die Anbetung nimmst, achte zuerst darauf, dass du es aus dem richtigen Grund tust.

Vor der Anbetung denke daran, deine Sünden zu bekennen. Dein Gehorsam ist wichtiger als deine Anbetung. Wenn du deine Sünden bekennst, wird Gott dir vergeben. Er wird die Anbetung aus einem reinen Leben gern annehmen.

Danach kannst du Verse aus Gottes Wort lesen oder dich an sie erinnern. Du kannst Gott im Gebet sagen, warum du ihn lieb hast und was an ihm so großartig ist. Du kannst ihm auch Loblieder singen oder Gott auf andere Art etwas geben. Wenn du Gott mit anderen Christen zusammen anbetest, gibt es meist einen bestimmten Ablauf, der euch hilft, ihn gemeinsam anzubeten. Wenn du Gott allein anbetest, kannst du die Zeit besonders schön gestalten. Wie auch immer du ihn anbeten willst: **Sorge dafür, dass du wirklich Gott anbetest. Sorge dafür, dass du ihn wissen lässt, du hast ihn gern.**

Schreibe drei Dinge auf, die du das nächste Mal tun kannst, wenn du Gott anbetest:

____

____

____

So kannst du heute beten: Lieber Gott, bitte hilf mir, dir zu zeigen, wie viel du mir bedeutest. Amen.

Lies Offenbarung 4,10-11

Was bedeutet „Gott loben"?

Kommt, lasst uns anbeten und knien und niederfallen vor dem HERRN, der uns gemacht hat. Denn er ist unser Gott ...
Psalm 95,6-7

Hast du dich schon einmal gefragt, was es heißt, Gott zu loben? Gott loben ist, wenn du ihm sagst, wie sehr du ihn und die großen Dinge, die er tut, gern hast und dankbar dafür bist. **Gott loben, das hört sich vielleicht schwierig an, doch in Wirklichkeit ist es eins der einfachsten Dinge, die du tun kannst.** Du kannst Gott durch Gebete, Lieder, Gedichte oder auch, indem du Bilder malst, loben. Du könntest ihn jeden Moment deines Lebens preisen und dennoch gingen dir die guten Dinge, die du über ihn sagen könntest, nicht aus! Je besser du Gott kennenlernst, umso mehr liebst du ihn und umso mehr merkst du, dass er durch und durch gut ist.

Obwohl es einfach ist, Gott zu loben, müssen wir es üben. Eine einfache Art, mit dem Lob Gottes anzufangen, ist, nach dem Alphabet vorzugehen.

Überlege, zu welchen Buchstaben dir Wörter einfallen, die sagen, wie Gott ist. Du könntest sagen: „Lieber Gott, ich bewundere dich, weil du **a**llmächtig bist. Ich schätze an dir, dass du **b**armherzig bist. Du bist **c**haraktervoll, denn immer kann ich dir vertrauen. Herr Jesus Christus, du warst **d**emütig und Gott, dem Vater gehorsam; hab Dank dafür. Gott, du bist **e**wig...

Die Bibel sagt: „Es ist gut, unserem Gott Loblieder zu singen" (Psalm 147,1). Nimm dir jetzt Zeit, um das herauszufinden!

Wähle dir drei Anfangsbuchstaben und schreibe auf, was du an Gott liebst:

___

___

___

So kannst du heute beten: Lieber Gott, du bist wunderbar! Gib mir jeden Tag neue Ideen, um dich zu loben. Amen.

Lies Psalm 147,1

Warum soll ich Gott loben?

Kommt, lasst uns anbeten und knien und niederfallen vor dem HERRN, der uns gemacht hat. Denn er ist unser Gott ...
Psalm 95,6-7

Hast du schon einmal etwas getan, ohne zu wissen, warum? Wenn du Gott lobst, sollte das niemals der Fall sein. Gott zu loben ist nicht einfach etwas, das du tust, weil du es solltest. Es ist nicht etwas, das du tust, damit Gott etwas für dich tut. Gott zu loben ist eine Art, ihn anzubeten. Gott gibt uns die Anweisung, ihn zu loben. **Er ist all dein Lob wert.** Doch du solltest Gott auch loben, um ihm zu zeigen, wie sehr du ihn liebst.

Die Bibel sagt: „Kommt herzu, lasst uns dem HERRN frohlocken ... Kommt, lasst uns anbeten und knien und niederfallen vor dem HERRN, der uns gemacht hat. Denn er ist unser Gott" (Psalm 95,1. 6-7). Lob kommt aus einem frohen Herzen. Froh sein ist leicht, wenn du daran denkst, wer Gott ist und was er alles für dich getan hat. **Der Herr hat dich geschaffen.** Er ist Gott und regiert Himmel und Erde. Er ist der Vollkommene, der für deine Sünden litt, am Kreuz starb und auferstand. Welch ein großer Gott ist er!

Wenn du Gott lobst, denke daran, wer er ist und bringe ihm die Anbetung, die er wirklich verdient.

Warum solltest du Gott loben? Nenne drei Gründe:

___

___

___

So kannst du heute beten: Lieber Gott, ich lobe dich, denn du bist mein Gott. Hilf mir, dir immer das Lob zu bringen, das dir zusteht. Amen

Lies Epheser 1,3-7

Was kann ich Gott geben?

Kommt, lasst uns anbeten und knien und niederfallen vor dem HERRN, der uns gemacht hat. Denn er ist unser Gott ...
Psalm 95,6-7

Ein Weihnachtslied erzählt von einem kleinen Trommler. Er war zu arm, um dem neu geborenen König ein richtiges Geschenk zu machen, aber er besaß etwas, das er geben konnte: Sein Talent! Der Junge spielte auf der Trommel, so gut er nur konnte. Er wusste, dass das Jesus gefallen würde.

Was solltest du als Gotteskind geben? Die Bibel sagt, dass jede gute Gabe, die du hast, von Gott kommt. Dein Geld, deine Kleidung, dein Zuhause, deine Familie, deine Freunde – alles Gute, was du hast, kommt von Gott. **Um Gott zu zeigen, dass du ihn lieb hast und ihm vertraust, möchte er, dass du ihm etwas von dem, was er dir gegeben hat, zurückgibst.**

Du kannst etwas von deinem Geld als Opfer in deiner Gemeinde geben. Anstatt deine Eltern um Geld zu bitten, überlege dir, wie du ein bisschen Geld verdienen kannst, um es Gott zu geben. Du kannst Gott auch etwas von deiner Zeit geben, indem du in der Gemeinde oder bei einem Nachbarn hilfst. Du kannst ihm auch deine Begabung geben – beim Singen oder indem du im Gottesdienst ein Instrument spielst. Oder du kannst ein anderes Talent für Gott einsetzen.

Du hast so viele Möglichkeiten, Gott etwas zu geben. Nimm dir Zeit und danke ihm für alles, was er dir gegeben hat – und dann gib ihm gerne etwas davon zurück. Auch damit ehrst du ihn.

Was möchtest du Gott geben? Notiere zwei oder drei Dinge:

____

____

____

So kannst du heute beten: Lieber Gott, danke, dass du mir so viel Gutes geschenkt hast. Hilf mir, dir gern etwas davon zurückzugeben. Amen.

Lies 1. Petrus 4,10-11

Mag Gott Musik?

Kommt, lasst uns anbeten und knien und niederfallen vor dem HERRN, der uns gemacht hat. Denn er ist unser Gott ...
Psalm 95,6-7

Wusstest du schon, dass die Bibel voller Lieder ist? Immer wenn Gottes Volk ihn loben und feiern wollte, sangen sie ihm Lieder. Manchmal sangen sie auch traurige Lieder, um ihre Gefühle auszudrücken. Viele ihrer Lieder sind in der Bibel enthalten. Ja, sogar ein ganzes Buch der Bibel – die Psalmen – sind voll von solchen Liedern.

Mag Gott Musik? Ja! Die Bibel sagt: „Singet ihm ein neues Lied; spielt schön auf den Saiten mit fröhlichem Schall!" (Psalm 33,3). **Gott möchte, dass seine Leute ihre musikalische Begabung nutzen, um ihn durch Musik anzubeten.**

Musik gab es schon vor der Schöpfung, „als mich", so sprach Gott, „die Morgensterne miteinander lobten und jauchzten alle Gottessöhne*" (Hiob 38,7). Gott gebraucht wunderbare Worte, um einen ähnlichen Lobgesang in der Natur zu beschreiben: „Berge und Hügel sollen ... frohlocken mit Jauchzen und alle Bäume auf dem Felde in die Hände klatschen" (Jesaja 55,12). **Im Himmel gehen die Lieder weiter, während Gottes Volk ihm sein Lob singt.** * Gottessöhne = Engel

Gott ist der Schöpfer der Musik und er liebt Lieder, die ihn ehren. Wenn du Lieder singst, um Jesus zu loben, kannst du dir sicher sein, dass Gott dir gern zuhört.

Schreibe dein eigenes kurzes Loblied für Gott:

____

____

____

So kannst du heute beten: Lieber Gott, hilf mir, dich durch die Lieder, die ich singe und höre, zu ehren. Lehre mich, dich im Lied zu loben. Amen.

Lies Psalm 33,1-3

Wie kann ich beten?

Kommt, lasst uns anbeten und knien und niederfallen vor dem HERRN, der uns gemacht hat. Denn er ist unser Gott ...
Psalm 95,6-7

Weißt du manchmal beim Beten nicht, was du sagen sollst? Du möchtest mit Gott reden, aber du weißt nicht, wie! Etwas ist dabei wichtig: Sei du selbst. Sprich mit Gott in deinen eigenen Worten – nicht mit den Worten eines anderen. Du musst keine großen schönen Worte machen oder gereimte Gebete aufsagen. Gott möchte hören, was du ihm sagen willst.

Weiter vorn in diesem Buch hast du anhand der 4 B's gelernt, wie du beten kannst. Erinnerst du dich noch, wofür diese 4 B's standen? (siehe Andacht 145)

Das erste B steht für ...

________________________________.

Sage Gott, was du falsch gemacht hast, und stimme ihm zu, dass das Sünde ist.

Das zweite B steht für ...

________________________________.

Sage Gott, wie sehr du ihn liebst, ehrst und respektierst. Lobe Gott für das, was er ist und was er tut.

Das dritte B steht für ...

________________________________.

Danke Gott für alles Gute, das er für dich tut.

Das vierte B steht für ...

________________________________.

Gott ist dein himmlischer Vater. Er möchte, dass du mit ihm über alles redest, was dich beschäftigt. Er gibt dir gern, was du brauchst. Bitte Gott, für deine Bedürfnisse und für die Bedürfnisse anderer zu sorgen.

Warum solltest du in deinen eigenen Worten mit Gott reden?

____

____

____

So kannst du heute beten: Lieber Gott, danke, dass ich zu dir einfach so sprechen kann, wie zu meinem Vater und zu meinem besten Freund oder meiner besten Freundin. Amen.

Lies Römer 12,12

Ist Gott immer bei mir?

Kommt, lasst uns anbeten und knien und niederfallen vor dem HERRN, der uns gemacht hat. Denn er ist unser Gott ...
Psalm 95,6-7

Wo ist Gott? Einige sagen, er sei im Himmel. Andere, die den Herrn Jesus kennen, sagen, dass er in ihnen lebe. Wieder andere meinen, Gott sei weit, weit weg. Alle diese Antworten sind richtig! **Gott ist allgegenwärtig – er ist überall zur gleichen Zeit.**

Wenn du den Herrn Jesus als deinen Retter kennst, dann kennst du Gott auf ganz besondere Art. Die Bibel lehrt, dass dann Gott, der Heilige Geist, in dir lebt! Gott hat dir eine besondere Verheißung gegeben. In der Bibel sagt er: „Ich will dich nicht verlassen ..." (Hebräer 13,5). Egal was passiert oder was du tust: Gott verspricht, immer bei dir zu sein. Hier ist noch eine Verheißung, über die du nachdenken kannst. Die Bibel sagt auch: „Der Herr ist mein Helfer ..." (Hebräer 13,6).

Gott ist nicht nur immer bei dir – er ist immer da, um zu helfen! Er will, dass du dich auf seine Führung im Leben verlässt. Er will, dass du dir von ihm helfen lässt – in großen wie in kleinen Dingen. Er kann dir immer die Hilfe geben, die du brauchst.

Wenn du daran denkst, dass Gott immer bei dir ist, verändert das dein Leben. Dann weißt du, dass er immer da ist, um dir zu helfen, und du kannst ihn anbeten, wo du gehst und stehst.

Was willst du heute anders machen als sonst, weil du weißt, dass Gott bei dir ist?

____

____

____

So kannst du heute beten: Lieber Gott, danke, dass du mich niemals verlassen wirst. Danke, dass du immer da bist, um zu helfen. Amen.

Lies Hebräer 13,5-6

Warum scheint es manchmal so, als sei Gott sehr weit weg?

Kommt, lasst uns anbeten und knien und niederfallen vor dem HERRN, der uns gemacht hat. Denn er ist unser Gott ...
Psalm 95,6-7

Wenn Gott immer bei dir ist, warum scheint er dann manchmal so weit weg zu sein? Ein Grund dafür kann Sünde sein. **Wenn du sündigst, verletzt du deine Beziehung mit Gott.** Du bist immer noch sein Kind, doch Gott möchte, dass du ihm deine Sünde bekennst und ihm für seine Vergebung dankst.

Kennst du noch Gottes Verheißung über das Bekennen der Sünde? Die Bibel sagt: „Wenn wir aber unsre Sünden bekennen, so ist er treu und gerecht, dass er uns die Sünden vergibt und reinigt uns von aller Ungerechtigkeit" (1. Johannes 1,9). Es ist nötig, Gott zuzustimmen, dass du gesündigt hast, und ihn zu bitten, dass er dir hilft, das Richtige zu tun. Wenn du das machst, dann verspricht Gott, dir deine Sünde zu vergeben und dich rein zu machen. Danach wirst du wieder eine enge Beziehung zu Gott haben.

Gott scheint auch weit weg zu sein, wenn du entmutigt oder krank bist. Du verstehst vielleicht nicht, wie Gott in deinem Leben wirkt. **Auch in solchen Zeiten darfst du wissen, dass Gott immer noch bei dir ist und sich um dich kümmert.**

Das nächste Mal, wenn du meinst, Gott sei weit weg, denke an sein Versprechen, immer bei dir zu sein (Matthäus 28,20). Sage Gott, wie du dich fühlst, und bitte ihn, dass er dir hilft, ihm zu vertrauen.

Was kannst du tun, wenn du meinst, Gott sei weit weg von dir?

____

____

____

So kannst du heute beten: Lieber Gott, danke, dass du immer bei mir bist. Amen.

Lies Matthäus 28,20b

Was ist der Leib von Christus oder der „Leib Christi"?

Wenn wir aber im Licht wandeln, wie er im Licht ist,
so haben wir Gemeinschaft untereinander, und das Blut Jesu, seines
Sohnes, macht uns rein von aller Sünde.
1. Johannes 1,7

Als der Herr Jesus auf der Erde lebte, hatte er einen menschlichen Körper. Er lebte in diesem Körper und tat viele große Dinge. Nun, da Jesus im Himmel lebt, tut er große Dinge durch eine andere Art von Körper, der „Leib von Christus" oder „Leib Christi" genannt wird.

Ein Körper kann manchmal aus einer Gruppe von Menschen bestehen. Wenn wir vom „Leib von Christus" reden, sprechen wir nicht von Jesus' menschlichem Körper. Wir sprechen über eine Gruppe von Leuten, durch die Jesus Christus wirkt. Es sind Christen – Männer, Frauen, Jungen und Mädchen, die Jesus als ihren Retter angenommen haben.

In der Bibel wird der „Leib von Christus" mit einem menschlichen Körper verglichen, damit wir es besser verstehen können. In einem menschlichen Körper denkt der Kopf nach und teilt den anderen Körperteilen mit, was sie tun sollen.

Im Leib Christi ist Jesus der Kopf oder Leiter. Er führt die Leute, aus denen seine „Körperteile" bestehen. Diese Leute tun verschiedene Dinge, aber sie sind alle Teil einer Gruppe.

Wenn du Christ bist, gehörst du zum Leib von Christus! Hast du das schon einmal bedacht? Du gehörst zu Jesus, deinem „Kopf", und jeder andere Christ ist Teil seines Leibes wie du.

Wie sollten Christen als Teile des Leibes Christi miteinander umgehen?

____

____

____

So kannst du heute beten Lieber Herr Jesus, danke, dass ich Teil deines Leibes bin. Hilf mir, zu tun, was du sagst. Amen.

Lies 1. Korinther 12,27

Gehöre ich zum Leib Christi?

Wenn wir aber im Licht wandeln, wie er im Licht ist, so haben wir Gemeinschaft untereinander, und das Blut Jesu, seines Sohnes, macht uns rein von aller Sünde.
1. Johannes 1,7

Nun, da du weißt, was der Ausdruck „Leib von Christus" bedeutet, ist es wichtig zu wissen, ob du ein Teil davon bist!

Die Bibel lehrt, dass alle gesündigt haben (Römer 3,23). Wenn du stiehlst, lügst oder irgendetwas anderes Falsches tust, dann sündigst du. Gott ist heilig (sündlos) und muss Sünde bestrafen. **Diese Strafe besteht darin, für immer getrennt von ihm zu sein.**

Der Einzige, der nie gesündigt hat, ist Jesus Christus, Gott, der Sohn. Weil er dich liebt, war er bereit, für deine Sünde zu bezahlen. Dies tat er, indem er sich an ein Kreuz hängen ließ, wo er litt, blutete und starb. Sein Körper wurde in ein Grab gelegt, doch drei Tage später wurde er wieder lebendig. Heute lebt Jesus im Himmel, und er möchte, dass du einmal dorthin zu ihm kommst.

Willst du Vergebung haben und wissen, dass du einmal in den Himmel kommst? Dann hilft nur eins: Nimm Jesus als deinen Retter an, wenn du das bisher noch nicht getan hast. Sage Gott, dass dir deine Sünde leidtut, du sie lassen möchtest und du glaubst, dass Jesus für dich gestorben ist. Bitte den Herrn Jesus, in dein Leben zu kommen und dein Retter zu werden. Gott verspricht, dir deine Sünde zu vergeben und dir zu helfen, so zu leben, wie es ihm gefällt. **Wenn du Jesus als deinen Retter annimmst, wirst du ein Teil des Leibes Christi.**

Was tat Jesus, damit du ein Teil seines Leibes werden kannst?

____

____

____

So kannst du heute beten: Lieber Gott, danke, dass ich ein Teil des Leibes Christi werden kann, indem ich deinen Sohn als meinen Retter annehme. Amen.

Lies 1. Johannes 5,11-12

Wo ist der Leib Christi?

Wenn wir aber im Licht wandeln, wie er im Licht ist, so haben wir Gemeinschaft untereinander, und das Blut Jesu, seines Sohnes, macht uns rein von aller Sünde.
1. Johannes 1,7

Wenn du den Herrn Jesus als deinen Retter annimmst, wirst du ein Teil des Leibes Christi. **Manchmal wird der Leib Christi Kirche oder Gemeinde genannt.** Wer den Herrn Jesus als seinen Retter angenommen hat, ist Christ. Alle Christen sind Teile seines Leibes. Diese große Gruppe von Menschen lebt über die ganze Welt verstreut. Auf der Erde wirst du die meisten von diesen Christen nicht treffen, doch du gehörst zu der gleichen Gruppe wie sie.

Jeder Mensch im Leib Christi muss zu einer Gemeinde gehören. Einige Christen treffen sich in Kirchengebäuden. Andere kommen in einer Wohnung oder einem anderen Gebäude zusammen. Wo ihr euch trefft, ist nicht so wichtig wie das, was ihr tut, wenn ihr zusammen seid. Gott anzubeten, ist der Hauptgrund eurer Treffen. Ihr kommt auch zusammen, um mehr über Gott und sein Wort zu lernen. Ihr ermutigt euch gegenseitig und helft einander, dem Herrn Jesus ähnlicher zu werden. Gottes Plan ist, dass du ein aktiver Teil deiner Gemeinde am Ort bist.

Nicht nur da, wo du wohnst, sondern überall auf der Welt gibt es Christen. Ist das nicht großartig? Welch wunderbares Vorrecht ist es, ein Teil des Leibes Christi zu sein.

Warum ist es nötig, dass du zu einer Gemeinde gehörst?

____

____

____

So kannst du heute beten: Lieber Gott, hab Dank für all die Christen auf der Welt, aus denen der Leib Christi besteht. Amen.

Lies 1. Korinther 12,12

Wie beten wir als Teile des Leibes Christi richtig an?

Wenn wir aber im Licht wandeln, wie er im Licht ist,
so haben wir Gemeinschaft untereinander, und das Blut Jesu, seines Sohnes, macht uns rein von aller Sünde.
1. Johannes 1,7

In einer Familie sind die Menschen besonders eng miteinander verbunden. Sie können laut oder ruhig, vorsichtig oder ungeschickt, liebevoll oder egoistisch sein. Sie können sehr verschieden sein und gehören doch zu einer Familie.

So ist es auch im Leib Christi. **Wir alle gehören zum Herrn Jesus Christus, und doch sind wir verschieden.** Ein wichtiger Unterschied ist die Art, wie wir Gott anbeten. Einige Christen auf der Welt loben Gott laut und fröhlich, andere tun dies leise. Einige bewegen sich dabei, während andere lieber still sitzen. Einige beten Gott mehrere Stunden an, andere nehmen sich dazu weniger Zeit. Bei so vielen Unterschieden – gibt es da eine richtige Art der Anbetung?

Die Antwort ist: Ja! **Ein Mensch, dessen Herz vor Gott in Ordnung ist, der betet richtig an.** Die Bibel sagt, wir sollen Gott „im Geist und in der Wahrheit" anbeten (Johannes 4,24). Wann immer ein gehorsamer Christ Gott durch den Herrn Jesus Christus lobt und preist, betet er richtig an. Die Art, wie ein anderer Christ Gott anbetet, kommt dir vielleicht falsch vor – doch Gott kennt das Herz dieses Menschen.

Wie kannst du Gott richtig anbeten?

____

____

____

So kannst du heute beten: Lieber Gott, hilf, dass ich lerne, dich zusammen mit anderen im Leib Christi anzubeten. Ich will dich immer ehren. Amen.

Lies 1. Korinther 12,4-6

Habe ich im Leib Christi eine besondere Aufgabe?

Wenn wir aber im Licht wandeln, wie er im Licht ist, so haben wir Gemeinschaft untereinander, und das Blut Jesu, seines Sohnes, macht uns rein von aller Sünde.
1. Johannes 1,7

Wenn du Jesus als deinen Retter angenommen hast, hat Gott einige Aufgaben für dich. Und er befähigt dich, sie zu erfüllen. Man nennt diese Fähigkeiten „geistliche Gaben“ (siehe Andachten Nummer 83 bis 90). **Gott will, dass du diese Gaben benutzt und deine Aufgaben wahrnimmst, um anderen im Leib von Christus zu dienen.**

Wenn du die Gabe des Dienens hast, macht es dir Freude, anderen zu helfen. Wenn du die Gabe des Gebens hast, setzt du gerne deine Zeit, dein Geld oder deine Talente ein. So willst du helfen, Bedürfnisse zu stillen. Die Gabe der Barmherzigkeit hilft dir, verletzte Menschen zu trösten. Wenn du dich gern in Gottes Wort vertiefst und anderen weitergibst, was du gelernt hast, hast du vielleicht die Gabe des Lehrens. Wenn es dir Spaß macht, gemeinsame Aktionen zu planen und andere daran zu beteiligen, dann hast du vielleicht die Gabe des Leitens.

Jede dieser Gaben oder Neigungen ist wichtig. Was wäre, wenn jeder im Leib Christi leiten würde? Was wäre, wenn keiner die Gabe des Gebens oder der Barmherzigkeit hätte? Gott ist sehr weise. **Er gibt verschiedenen Menschen verschiedene Gaben und Aufgaben.** Er will, dass wir alle unsere Gaben und Neigungen einsetzen. Wenn du nicht weißt, was deine Aufgabe ist, bitte Gott, sie dir zu zeigen. Wenn du anfängst, Gott zu dienen, wirst du bald herausfinden, was er dir aufträgt zu tun.

Du kannst deine Gaben und Neigungen für den Leib Christi einsetzen. Was könntest du speziell tun?

____

____

____

So kannst du heute beten: Lieber Gott, danke, dass du mir geistliche Gaben gegeben hast. Danke, dass ich dir dadurch dienen kann. Hilf mir, herauszufinden, welche Aufgaben du für mich hast. Amen.

Lies Römer 12,4-8

Wie kann ich meine Aufgabe erfüllen?

Wenn wir aber im Licht wandeln, wie er im Licht ist,
so haben wir Gemeinschaft untereinander, und das Blut Jesu, seines Sohnes, macht uns rein von aller Sünde.
1. Johannes 1,7

Kennst du deine Gaben und Aufgaben? Als neuer Christ vielleicht nicht! **Doch du kannst versuchen, sie herauszufinden.** Das geht am besten, wenn du anfängst, Gott zu dienen. Die Aufgaben, die Gott für dich hat, sind oft Dinge, die du gern tust und gut machst. Lass uns über einige Aufgaben in einer Gemeinde nachdenken und wie du sie wahrnehmen könntest.

Vielleicht hilfst du gerne dabei, für ein Treffen die Stühle zu stellen oder nachher aufzuräumen. Vielleicht macht es dir Freude, einen Teil deines Taschengeldes als Gabe mit in den Gottesdienst zu bringen – besonders wenn für einen bestimmten Zweck gesammelt wird. Oder du möchtest vielleicht einen Kranken besuchen. Du möchtest einfach bei ihm sitzen, um ihm Gesellschaft zu leisten. Möglicherweise überlegst du dir, in der Sonntagsschule oder im Kindergottesdienst mitzuarbeiten. Oder es macht dir Freude, bei gewissen Anlässen die Verantwortung zu tragen. Du planst zum Beispiel gern ein extra Treffen eurer Gruppe und teilst ein, wer dabei welche Aufgabe hat.

Welche Aufgaben du auch immer mit deinen Gaben und Neigungen wahrnimmst: Tu alles in Liebe. Diene Gott, indem du deine Gaben und Neigungen nutzt, um anderen zu helfen. Dabei erlebst du viel Freude.

Schreibe auf, wie du eine deiner Gaben oder Neigungen in deiner Gemeinde nutzen könntest:

___

___

___

So kannst du heute beten: Lieber Gott, zeige mir, wie ich meine Gaben am besten einsetzen kann. Hilf mir, zu erkennen, wie ich dir durch sie am besten dienen kann. Amen.

Lies Epheser 4,15-16

Was ist Gemeinschaft?

Wenn wir aber im Licht wandeln, wie er im Licht ist, so haben wir Gemeinschaft untereinander, und das Blut Jesu, seines Sohnes, macht uns rein von aller Sünde.
1. Johannes 1,7

Die Bibel sagt, dass wir als Christen mit Gott und miteinander Gemeinschaft haben können. Weißt du, was Gemeinschaft ist und wie du sie haben kannst?
Gemeinschaft hat viel Ähnlichkeit mit Freundschaft. Gemeinschaft bedeutet, dass du dich interessierst, wie es einem anderen geht, und dass du gern mit ihm sprichst. Das heißt, ihr verbringt freiwillig Zeit miteinander.
Wie eine Freundschaft, so entsteht auch die Gemeinschaft, wenn wir etwas gemeinsam haben. Was haben Christen gemeinsam? Den Herrn Jesus Christus. **Weil wir Jesus kennen, können wir alle eine besondere Liebe zu Gott und zueinander haben.**
Mag sein, dass es dir schwerfällt, Freundschaften zu schließen, denn die anderen nehmen dich vielleicht nicht immer an. Und trotzdem: Als Christ bist du schon angenommen, denn Jesus Christus nimmt dich an! Seine Liebe ist in dir und in anderen Christen. Diese Liebe lässt euch Gemeinschaft mit Gott und miteinander haben. Es ist, als ob du Freunde hast, überall, egal, wohin du gehst.
Gott ist ein Freund, der dich nie verlassen wird. Auch andere Christen können deine besten Freunde werden.

Wenn du heute Gott anbetest, dann denke über deine Gemeinschaft mit ihm nach. Der Gott, der dich geschaffen hat, möchte eine besonders gute Freundschaft mit dir haben. Er liebt dich mehr als sonst irgendwer es könnte. Er gibt dir noch mehr von seiner Liebe, indem er dir Gemeinschaft mit anderen Christen schenkt.

Warum ist die Gemeinschaft mit Gott und anderen wichtig? Was meinst du?

___

___

___

So kannst du heute beten: Lieber Gott, hab Dank, dass ich mit dir und mit meinen Brüdern und Schwestern in der Familie von Christus Gemeinschaft haben kann. Amen.

Lies 1. Johannes 1,3 und 7

Warum brauche ich Gemeinschaft?

Wenn wir aber im Licht wandeln, wie er im Licht ist,
so haben wir Gemeinschaft untereinander, und das Blut Jesu, seines Sohnes, macht uns rein von aller Sünde.
1. Johannes 1,7

Wenn du Christ bist, hat Gott dir viele gute Gaben gegeben. Er hat dir so viel Gutes gegeben, dass es leicht geschehen kann, dass du etwas davon übersiehst. **Ein Geschenk, das wir manchmal vergessen, ist die Gemeinschaft.** Wir merken nicht, welch eine wunderbare Gabe sie ist!

Die Bibel sagt: „Ein Messer wetzt das andere und ein Mann den anderen" (Sprüche 27,17). Wenn wir mit anderen Christen Gemeinschaft haben, dann machen sie uns stärker und besser. Wenn wir nicht aufpassen, können viele Dinge im Leben uns von Gott wegziehen. Wir brauchen die Gemeinschaft mit anderen Christen. Sie erhält uns stark in ihm. Freunde, die keine Christen sind, können dich manchmal auf Abwege führen. Die Bibel sagt: „Schlechter Umgang verdirbt gute Sitten" (1. Korinther 15,33). Nichtchristen tun vielleicht nicht viel Böses. Weil sie aber nicht an Jesus Christus glauben, schauen sie die Welt mit anderen Augen an. Ihre Freude ist abhängig von Geld, Dingen und anderen Menschen. Du als Christ jedoch weißt, dass der Herr Jesus die wahre Quelle der Freude ist.

Gott weiß, dass du Gemeinschaft brauchst, um als Christ stark zu sein. Die gute Gemeinschaft mit anderen Christen beginnt durch die Gemeinschaft mit ihm. Nimm dir heute Zeit für Gott, einfach, um dich an der Freundschaft mit ihm zu erfreuen. Bete ihn an!

Warum brauchst du Gemeinschaft?

____

____

____

So kannst du heute beten: Lieber Gott, hab Dank für das Geschenk der Gemeinschaft! Hilf mir, dass ich an der Gemeinschaft mit dir und anderen Christen Freude habe. Amen.

Lies Apostelgeschichte 2,41-42

Bibelvers-Check

Hier sind einige wichtige Verse zu dem, was du bisher gelernt hast. Mache ein Häkchen in jeden Kreis, wenn du den jeweiligen Vers auswendig kannst

○ **Psalm 34,4:** Preiset mit mir dem HERRN und lasst uns miteinander seinen Namen erhöhen!

○ **Jakobus 3,9-10:** Mit ihr (der Zunge) loben wir den Herrn und Vater, und mit ihr fluchen wir den Menschen, die nach dem Bilde Gottes gemacht sind. Aus einem Munde kommt Loben und Fluchen. Das soll nicht so sein, liebe Brüder.

○ **1. Korinther 10,31:** Ob ihr nun esst oder trinkt oder was ihr auch tut, das tut alles zu Gottes Ehre.

○ **Hebräer 10,25:** ...und nicht verlassen unsre Versammlungen, wie einige zu tun pflegen, sondern einander ermahnen, und das umso mehr, als ihr seht, dass sich der Tag naht.

○ **Psalm 11,4:** Der HERR ist in seinem heiligen Tempel, des HERRN Thron ist im Himmel. Seine Augen sehen herab, seine Blicke prüfen die Menschenkinder.

○ **Psalm 33,1-3:** Freuet euch des HERRN, ihr Gerechten; die Frommen sollen ihn recht preisen. Danket dem Herrn mit Harfen; lobsinget ihm zum Psalter von zehn Saiten! Singet ihm ein neues Lied; spielt schön auf den Saiten mit fröhlichem Schall!

○ **Sprüche 27,17:** Ein Messer wetzt das andre und ein Mann den andern.

○ **Offenbarung 7,12:** ... Amen, Lob und Ehre und Weisheit und Dank und Preis und Kraft und Stärke sei unserem Gott von Ewigkeit zu Ewigkeit! Amen.

Prima,

du hast alle Andachten über „Gott anbeten“ durchgelesen.

Nun kannst du deine Entdecker-Seite „Gott anbeten“ ausfüllen. Du hast sie mit dem Brief erhalten, in dem wir dir deine Entdecker-Seite Nr. 6 zurückgeschickt haben.

Wenn du die Entdecker-Seite Nr. 7 fertig ausgefüllt hast, dann falte sie an der Linie und stecke sie in einen Briefumschlag. Wenn du möchtest, lege auch den Zettel mit deinen Gebetsanliegen bei. Klebe eine Briefmarke auf den Umschlag und sende alles an die Adresse vom KEB-Mailbox-Club.

Jetzt

darfst du deine Entdecker-Seite Nr. 7 einschicken!

Wir werden uns deine Antworten ansehen und sie wieder mit einigen persönlichen Sätzen und deiner Entdecker-Seite Nr. 8 an dich zurückschicken.

Freue dich darauf, in den nächsten Andachten mehr über „Gott gehorchen“ zu erfahren.

Dein KEB-Mailbox-Club

Gott gehorchen

Wem sollte ich gehorchen?

Ich eile und säume nicht, zu halten deine Gebote.
Psalm 119,60

Florian sieht gerade fern. Da kommt seine Mutter herein, bleibt eine Minute stehen und sagt: „Florian, ich möchte nicht, dass du diese Sendung anschaust." Florian schaltet um. Gehorcht er? Ja! Sobald die Mutter den Raum verlässt, schaltet er jedoch wieder um und sieht sich den Rest der ersten Sendung an. Ups! Die Bibel sagt: „Ihr Kinder, seid gehorsam den Eltern in allen Dingen; denn das ist wohlgefällig in dem Herrn" (Kolosser 3,20).

Franziska hört zu. Ihr Trainer erklärt gerade eine neue Regel. „Die ist aber doof", mault sie. Später bricht sie diese Regel absichtlich. Ist das eine gute Idee? **Die Bibel sagt: „Gehorcht euren Lehrern und folgt ihnen" (Hebräer 13,17).**

Mit „Lehrer" sind auch die Trainer gemeint oder die Mitarbeiter einer Kinderfreizeit. Gott will, dass wir auch ihnen gehorchen und uns unterordnen, solange sie nicht Dinge verlangen, die gegen Gottes Gebote verstoßen. Das gilt auch für die Polizei oder die Regierung. Es gibt viele, nach denen du dich richten musst.

Unser höchster Leiter ist Gott selbst. Er fordert uns auf, ihm gehorsam zu sein. **Und er gibt uns die Kraft, zu tun, was er sagt**. In Psalm 119,34 steht: „Unterweise mich, dass ich bewahre dein Gesetz und es halte von ganzem Herzen." Gott gibt dir Leiter. Wenn du ihnen gehorchst, dann gehorchst du einem Gebot Gottes. Willst du das heute tun?

Nenne einige Personen, denen du nach Gottes Willen gehorchen sollst:

____

____

____

So kannst du heute beten: Lieber Gott, ich möchte deinen Geboten gehorchen. Hilf mir, auf meine Eltern und meine anderen Leiter zu hören. Hilf mir, zu tun, was sie sagen. Amen.

Lies Epheser 6,1

Warum soll ich Gott gehorchen?

Ich eile und säume nicht, zu halten deine Gebote.
Psalm 119,60

Es ist einfach, eine lange Liste zu machen von dem, was Gott von dir möchte. Sei freundlich! Bete! Sag die Wahrheit! Erzähle anderen von Jesus! Gehorche deinen Eltern!

Was für eine Liste! Sicher kannst du noch mehr hinzufügen. Das Schwere daran ist, „zu eilen und nicht zu säumen" (warten), diese Dinge zu tun. Gott will, dass du beachtest, was in der Bibel steht. Und dann gehorche freiwillig und gern.

Wenn du es versäumst, Gott zu gehorchen, wirst du dabei selbst nicht froh und wahrscheinlich auch andere Menschen nicht. Am schlimmsten ist: Du betrübst den Gott, der dich liebt und der Jesus als deinen Retter gesandt hat.

Warum solltest du Gott gehorchen? In der Bibel sagt Jesus: „Liebt ihr mich, so werdet ihr meine Gebote halten" (Johannes 14,15). **Weil du Gott liebst, solltest du ihm gehorchen.** Das ist der Hauptgrund. Sage Gott, dass du ihm gehorchen willst. Bitte ihn um die Kraft dazu. Was wird geschehen, wenn du Gottes Geboten gehorchst? Die Bibel sagt: „... selig seid ihr, wenn ihr's tut" (Johannes 13,17). Gott gehorchen macht froh hier im Leben auf der Erde. Gott gehorchen bringt auch Belohnungen im Himmel.

Welche Gebote Gottes sind für dich schwer zu halten? Nenne einige:

____

____

____

So kannst du heute beten: Lieber Gott, ich brauche deine Kraft, um heute allen deinen Geboten zu gehorchen. Hilf mir, dir willig zu gehorchen und zu tun, was recht ist. Amen.

Lies Johannes 15,9-11

Wie gehorche ich Gottes Geboten?

Ich eile und säume nicht, zu halten deine Gebote.
Psalm 119,60

Chris hört von einem großartigen Job. Der kann ihm helfen, das Geld zu verdienen, das er für ein neues Rennrad braucht. Er ist jedoch enttäuscht, als er erfährt, dass er dann jeden Sonntagmorgen arbeiten muss – wenn er normalerweise zum Gottesdienst geht. Nun muss Chris eine Entscheidung treffen. Er liebt Gott und will ihm wirklich gehorchen.

Wenn du Gott liebst, dann bist du auch bereit, ihm zu gehorchen. Zuerst musst du wissen, was Gottes Gebote sind. Wenn du in seinem Wort liest, versuche zu verstehen, was er dir sagt. Du kannst auch Bibelverse auswendig lernen, damit du dich an seine Gebote erinnerst. Außerdem ist es wichtig, dass du gut zuhörst, wenn jemand Abschnitte der Bibel erklärt. **Wenn du ein Gebot in Gottes Wort entdeckt hast, bitte Gott, dir zu helfen, ihm sofort zu gehorchen.** Deine Liebe zu Gott wird dadurch sichtbar, dass du seinen Geboten schnell gehorchst.

In seiner Stillen Zeit entdeckt Chris Hebräer 10,25. Dort sagt Gott den Christen, sie sollen ihre Versammlungen* nicht verlassen. Chris erkennt, dass er Gott an die erste Stelle setzen muss. Er entscheidet sich, den Job nicht anzunehmen, damit er am Sonntagmorgen zum Gottesdienst gehen kann. Chris gehorcht Gott sofort.

* Versammlungen = Gottesdienste

Wie kannst du Gottes Geboten gehorchen?

____

____

____

So kannst du heute beten: Lieber Gott, ich habe dich lieb und will deinen Geboten gehorchen. Bitte zeige mir, was du von mir möchtest, und hilf mir, dir schnell zu gehorchen. Amen.

Lies Matthäus 7,24-27

Bin ich schuld daran?

Ich eile und säume nicht, zu halten deine Gebote.
Psalm 119,60

„Aber Mama", bettelte Sven, „ich muss jetzt zum Sportplatz. Sie haben vielleicht schon angefangen, die Mannschaften zu wählen. Wenn ich nicht bald dorthin komme, dann lassen sie mich nicht mehr mitmachen."

Die Mutter schaute Sven an. Sie sagte nichts. Sie brauchte auch nichts zu sagen. Sie änderte ihre Meinung über das Zimmer-sauber-Machen nie. Wirklich nie! Sven war für das Saubermachen verantwortlich. Es musste also von ihm getan werden. **Manchmal, wenn er nicht sauber gemacht hatte, versuchte er, die Verantwortung abzuschieben.** Er sagte etwa: „Ich habe es nicht gemacht, weil ich zu viele Hausaufgaben hatte." Doch ob zu viele Hausaufgaben oder nicht – seine Pflichten musste Sven erfüllen. Auch du bist für einige Aufgaben verantwortlich. Für etwas verantwortlich sein bedeutet, du musst anschließend Rechenschaft geben für deine Gedanken und dein Verhalten. Wenn du faul bist oder dich für den Ungehorsam entscheidest und eine Arbeit liegen lässt – wer ist dann schuld? Du!

Noch wichtiger ist, dass die Bibel sagt: Jeder von uns muss Gott Rechenschaft geben (Römer 14,12). Gott sagt dir in der Bibel, was er von dir möchte. Er erwartet, dass du ihm gehorchst. Er gibt dir die Kraft, das zu tun, was richtig ist. **Schiebe die Schuld nicht auf andere, wenn du es versäumt hast, deine Aufgaben zu erledigen**. Du bist verantwortlich!

Wenn du dir Psalm 119,60 merkst – wie wird dir dieser Vers helfen?

___

___

___

So kannst du heute beten: Lieber Gott, hilf mir, daran zu denken, dass ich vor dir verantwortlich bin. Gib mir die Kraft, dir schnell zu gehorchen – und das mit der richtigen Einstellung. Amen.

Lies 2. Korinther 5,9-10

Was geschieht, wenn ich Gott ungehorsam bin?

Ich eile und säume nicht, zu halten deine Gebote.
Psalm 119,60

Jona liebte Gott. Gott forderte Jona auf, nach Ninive zu gehen. **In Ninive wohnten sehr böse Leute, aber Gott hatte sie trotzdem lieb.** Jona sollte ihnen sagen, wie sie Vergebung für ihre Sünden bekommen könnten.

Jona kannte Gottes Gebot. „Eilte" er und „säumte" er „nicht", Gott zu gehorchen? Nein! Er eilte und rannte in die andere Richtung. Durch seinen Ungehorsam gegen Gott brachte Jona andere Menschen in Schwierigkeiten. Auch er selbst kam in große Not. Er wurde von einem großen Fisch verschluckt. Gott hielt ihn drei Tage lang in dem Fisch fest. Dort hatte Jona natürlich Zeit, darüber nachzudenken, wie schlecht es war, Gott nicht zu gehorchen. (Jona 1+2)

Auch für dich ist es schlecht, Gott nicht zu gehorchen. Wenn du absichtlich etwas falsch machst, betrübst du den Heiligen Geist. Weil du Gott lieb hast, solltest du das nicht tun wollen. Ungehorsam gegen Gott macht auch dich traurig. Du verlierst dann die Lust, mit Gott zu reden oder in der Bibel zu lesen. Vielleicht kommst du in Schwierigkeiten. Außerdem verpasst du die wahre Freude, die kommt, wenn du Gott freiwillig gehorchst.

Jona bedauerte, dass er Gott nicht gehorsam gewesen war. **Wenn du den Ungehorsam wählst, wird das ein anderer Mensch nicht immer merken.** Doch Gott weiß es. Gott weiß alles. Auch du wirst es wissen, so wie Jona. Und es kann dir leidtun, so wie ihm.

Warum ist es schlecht, Gott nicht zu gehorchen?

___

___

___

So kannst du heute beten: Lieber Gott, bitte lass mich nicht so werden wie Jona. Ich will dir freiwillig gehorchen. Danke, dass du mich liebst und mir hilfst, die richtigen Dinge zu tun. Amen.

Lies Epheser 4,30

Was geschieht, wenn ich Gott gehorche?

Ich eile und säume nicht, zu halten deine Gebote.
Psalm 119,60

Stell dir vor: Im Himmel werden wir David treffen. In der Bibel lernen wir eine Menge über ihn. Er war Hirte. Er spielte auf der Harfe. Er tötete den Riesen Goliat. Er wurde König. Gott inspirierte* ihn, viele Psalmen für die Bibel zu schreiben.

* inspirieren = eingeben, leiten

David liebte Gott wirklich und war bereit, ihm zu gehorchen. In Psalm 119,10 sagt David: „Ich suche dich von ganzem Herzen; lass mich nicht abirren von deinen Geboten." Was für ein gutes Gebet!

Wenn du bereit bist, Gott zu gehorchen, dann wird er dir seinen Segen und Frieden geben. Du wirst ihn auch besser kennen und anbeten lernen. Andere Menschen werden bemerken, dass du ehrlich, freundlich und liebevoll bist, und dass du fleißig arbeitest. Sie werden erkennen, dass du dabei große Freude hast! Sie werden wissen wollen, warum du so verändert bist. Dein Gehorsam Gott gegenüber ermöglicht es dir, den Menschen zu sagen, dass Jesus, dein Retter, dein Leben verändert hat.

Sehr viele Leute machen sich Sorgen. **Gott zu gehorchen, gibt dir Frieden ins Herz.** David hatte Frieden im Herzen, auch als er dem Riesen gegenüberstand. Warum? Weil er nicht säumte, also nicht zögerte, Gottes Geboten zu gehorchen. Bist du bereit, Gott zu gehorchen – heute und jeden Tag?

Warum sind Psalm 119,60 und Psalm 119,10 solche guten Verse zum Auswendiglernen?

___

___

___

So kannst du heute beten: Lieber Gott, ich will sein wie David und dich von ganzem Herzen suchen. Lass mich nicht von deinen Geboten abweichen. Amen.

Lies Philipper 4,7

Wenn ich Gott gehorche, geschieht dann nur noch Gutes?

Ich eile und säume nicht, zu halten deine Gebote.
Psalm 119,60

Ist es nicht schön, wenn die Leute gut von dir reden? Stell dir vor, wie es wäre, wenn Gott etwas Gutes über dich sagte! Über einen Mann mit Namen Hiob sagte Gott, er war „fromm und rechtschaffen" (Hiob 1,1). Hiob war ein Mann, der Gott von ganzem Herzen gehorchte.

Hiob liebte Gott und gehorchte ihm gerne. **Heißt das, dass es ihm immer gut ging? Nein!** Seine Tiere wurden gestohlen, seine Diener umgebracht. Seine zehn Kinder kamen bei einem Sturm ums Leben. Hiob verlor alles. Er wusste nicht, warum Gott all diese schlimmen Dinge zuließ. Doch Gott gab Hiob Kraft, diese Probleme durchzustehen.

Wenn du Gott auch in schweren Zeiten freiwillig gehorchst, sehen andere, welch besondere Kraft dir Gott schenkt. Probleme könnten dich von Gott abbringen. Gott jedoch benutzt Probleme, um dir zu helfen, ihm mehr und mehr zu vertrauen. Gott hat versprochen: „Ich will dich nicht verlassen" (Hebräer 13,5). **Wenn etwas Schlimmes geschieht, denke daran. Das wird dir helfen.**

Es wäre großartig, wenn denen, die Gott gern gehorchen, nur Schönes im Leben geschehen würde. Doch es läuft nicht immer alles bestens – bei Hiob war es auch nicht so. Hiob lernte, dass Gott ihm half, auch sehr schlimme Tage durchzustehen. Dies musst auch du lernen.

Was kannst du tun, wenn Schlimmes geschieht?

____

____

____

So kannst du heute beten: Lieber Gott, hilf mir, dass ich dir freiwillig gehorche, auch wenn schlimme Sachen passieren. Ich vertraue dir. Danke, dass du versprochen hast, mir zu helfen. Amen.

Lies Römer 8,35-37

Warum ist Gott gegen den Stolz?

Gott widersteht den Hochmütigen,
aber den Demütigen gibt er Gnade.
Jakobus 4,6

Kevin konnte nicht anders. Er raste um den Häuserblock. Das Metall an seinem neuen Fahrrad glänzte. Da er wusste, dass die Leute ihm zuschauten, fuhr er vom Bürgersteig und trat fester in die Pedale. Er hörte, wie Jonas rief: „Hey Kevin, warte! Zeig mir dein neues Fahrrad!" Doch Kevin streckte seine Nase in die Luft und sauste dicht an ihm vorbei. Kevin war stolz auf seine neuen Rennreifen. Er drehte sich um und brauste ein zweites Mal an Jonas vorbei. „Jonas bekommt nie ein so tolles Fahrrad", dachte er. „Und außerdem bin ich der beste Fahrer!"

Magst du es, wenn Leute dich bemerken? „Sieh mal, was ich gemacht habe!" – „Schau mir zu!" – „Schau, was ich habe!"– „Bin ich nicht cool, Mann?" Gott mag es nicht, wenn du solche stolzen Gedanken hast. Warum? Weil du die Aufmerksamkeit auf dich ziehst und nicht auf deinen Gott. Gott hat dir geholfen, all das zu tun oder zu bekommen, und doch nimmst du selbst all das Lob dafür an. Gott hasst den Stolz!

Stolz ist, wenn man zu viel von sich selbst hält. Es ist in Ordnung, dass du dich freust, wenn du gute Noten bekommst, beim Quiz den entscheidenden Punkt machst oder etwas Neues hast. Danke Gott dafür, aber sei nicht stolz. Stolze Menschen wollen von anderen gelobt werden. Sie verhalten sich herrisch und sogar unhöflich. **Jesus hatte keine „Schau-mich-an"-Einstellung.** Du solltest sie auch nicht haben.

Warum ist es falsch, mit etwas zu prahlen, das du hast oder das du kannst?

____

____

____

So kannst du heute beten: Lieber Gott, ich bin verschiedene Male stolz gewesen. Bitte, vergib mir das. Danke für das, was du mir gegeben hast, und für das, was du mir hilfst zu tun. Amen.

Lies 1. Korinther 4,7

Was bedeutet „demütig" sein?

Gott widersteht den Hochmütigen,
aber den Demütigen gibt er Gnade.
Jakobus 4,6

Kaum zu glauben! Jesus war mit seinen Jüngern zusammen. Lies, was passierte: „Da stand er vom Tisch auf, legte sein Obergewand ab und band sich ein Tuch aus Leinen um. Er goss Wasser in eine Schüssel und begann, seinen Jüngern die Füße zu waschen und mit dem Tuch abzutrocknen" (Johannes 13,4-5).

Jesus – Gott, der Sohn – wusch Füße! Die Leute trugen damals Sandalen. Die Straßen waren sehr staubig. Wenn jemand zu Besuch kam, musste ein Diener ihm die Füße waschen. War das wohl eine schöne Arbeit? Nein! Mochten die Diener das gern tun? Nein! Hatte jemand Jesus darum gebeten, die Füße zu waschen? Nein!

Jesus wählte diese Arbeit, um zu zeigen, dass er nicht zu stolz war, ein Diener zu sein. Jesus hatte ein demütiges Herz. **Ein Demütiger denkt mehr an andere als an sich selbst.** Er hat keine Probleme mit dem Stolz. Um demütig zu sein wie Jesus, musst du bereit sein, jemandem zu helfen, der Hilfe braucht. Auch wenn keiner „Danke" sagt oder „Gut gemacht"! Sogar, wenn keiner dadurch auf dich aufmerksam wird. Das ist schwer! Wir wollen, dass die Leute uns loben und uns Auszeichnungen geben.

Gott wird dir helfen. Suche nach Möglichkeiten, anderen zu dienen. Erwarte nicht, dass dir dafür jeder Aufmerksamkeit schenkt. Folge dem Beispiel von Jesus.

Wem kannst du heute dienen, und was kannst du für diese Menschen tun?

____

____

____

So kannst du heute beten: Lieber Gott, hilf mir zu lernen, wie ich dir mit einem demütigen Herzen dienen kann. Bitte lass mich heute für jemanden ein demütiger Diener sein. Amen.

Lies Philliper 2,3-4

Bin ich stolz oder demütig?

Gott widersteht den Hochmütigen,
aber den Demütigen gibt er Gnade.
Jakobus 4,6

Nebukadnezar war ein König. Er machte eine riesige, goldene Statue von sich selbst. Jeder musste sich davor verbeugen und diese Statue anbeten (Daniel 3). König Nebukadnezar war stolz. Stolz ist eine schwere Sünde. Die Bibel sagt: „Wo Hochmut ist, da ist auch Schande; aber Weisheit ist bei den Demütigen" (Sprüche 11,2).

Der stolze König Nebukadnezar wurde erniedrigt. Für sieben Jahre wurde er wie ein Tier. Er kroch auf dem Boden und aß Gras (Daniel 4,30)! Das stimmt wirklich! Gott erzählt uns von Nebukadnezar, um uns zu zeigen, dass er den Stolz hasst.

Wenn du mit dem angibst, was du kannst oder was du hast, dann hast du Probleme mit dem Stolz. **Gott möchte, dass du demütig bist und nicht stolz.** Er hat dich gemacht. Ohne ihn kannst du nichts Gutes tun. Sei Gott dankbar für alles, was du hast und was du kannst. Suche nach Möglichkeiten, anderen Menschen zu helfen. Sei fröhlich, wenn die anderen ein Spiel gewinnen.

Wenn du dich entscheidest, demütig zu sein, bekommst du vielleicht Gelegenheiten, anderen von deinem wunderbaren Retter zu erzählen.

Wenn du demütig vor Gott bist und ihn ehrst, wird er dein Leben mit Segen füllen. Stolz kann dich kaputtmachen. Denke daran, was mit Nebukadnezar geschah.

Wenn Leute dir schmeicheln, wie kannst du ihnen demütig antworten?

___

___

___

So kannst du heute beten: Lieber Gott, ich möchte anderen still helfen, auch dann, wenn keiner mich bemerkt. Wenn die Leute mich loben, dann hilf mir, auf dich hinzuweisen. Amen.

Lies Römer 12,15-17

Was ist ein Faulpelz?

Alles, was ihr tut, das tut von Herzen
als dem Herrn und nicht den Menschen.
Kolosser 3,23

Bist du faul? **Ein Fauler wartet und wartet und schiebt seine Arbeit vor sich her.** Das macht andere Menschen ärgerlich oder traurig. Tust du das?

Ein Fauler sitzt und sitzt da. Er denkt nach über dies und das. Er sollte jedoch dem Lehrer zuhören oder lernen. Bist du wie ein Fauler?

Ein Fauler hetzt durch seine Arbeit. Er tut sie so schlecht, dass er sie noch einmal machen muss. Tust du das?

Faule Christen strengen sich nicht an, um mehr über Gott zu erfahren. Sie lernen keine Bibelverse auswendig. Sie lesen nicht in der Bibel und beten nicht. Wie ist das bei dir?

Faule Menschen sind nicht bereit, sich anzustrengen oder ihre Aufgaben pünktlich zu erledigen. Sie denken nur an sich und an das, was sie wollen. Sie vergessen die Leute, die sich auf sie verlassen. Und am schlimmsten von allem: Sie vergessen Gott. Die Bibel sagt: „Wer nachlässig arbeitet, wird arm; ..." (Sprüche 10,4).

Sei kein Faulpelz! **Arbeite mit ungeteilter Aufmerksamkeit.** Weil du zu Gott gehörst, wird er dir bei allem helfen, was du tust. Er möchte, dass du jede deiner Aufgaben sofort anfängst. Dies wird anderen Menschen gefallen. Doch am besten ist: Dies wird Gott gefallen.

Nenne drei Aufgaben, die du diese Woche erledigen solltest:

___

___

___

So kannst du heute beten: Lieber Gott, ich möchte nicht faul sein. Hilf mir, bei aller meiner Arbeit mein Bestes zu geben. Ich will meine Arbeit für dich tun. Amen.

Lies Römer 12,11

Wer ist fleißig?

Alles, was ihr tut, das tut von Herzen
als dem Herrn und nicht den Menschen.
Kolosser 3,23

Deine Eltern fordern dich wahrscheinlich auf: „Mach deine Hausaufgaben!", „Räume dein Zimmer auf!", „Übe Klavier!". Kannst du die Liste verlängern? Die Versuchung ist groß, zu sagen: „Nein, jetzt nicht!" oder „Ich habe keine Lust!" Ein fleißiger Mensch beginnt sofort mit seiner Arbeit. Ein Fleißiger strengt sich an, eine Arbeit zu Ende zu führen und sie gut zu machen.

In Sprüche 13,4 steht: „Der Faule begehrt und kriegt's doch nicht; aber die Fleißigen kriegen genug." Faulpelze möchten viele Dinge haben. Sie bekommen sie nicht, weil sie nicht dafür arbeiten. **Fleißige Leute bekommen oft, was sie wollen, weil sie hart dafür arbeiten.**

Die Fleißigen oder Gewissenhaften räumen schnell das schmutzige Geschirr vom Tisch, anstatt aufzustehen und alles stehen zu lassen. Die Fleißigen stehen pünktlich auf, damit sie noch ihr Bett machen können. Die Fleißigen legen ihre Kleidung ordentlich hin und werfen sie nicht einfach auf den Fußboden. Du brauchst nicht lange, um diese Handgriffe zu verrichten. Sei sorgfältig und fleißig!

Arbeite, um Gott und nicht nur den Menschen zu gefallen. Beschwere dich nicht über das, was du tun sollst. Gib dein Bestes, weil Gott es so will. Wenn du versucht bist, faul zu sein, denke an Kolosser 3,23. Dann mache ein fröhliches Gesicht und fange an.

Bei welchen Arbeiten hat Gott dir diese Woche geholfen, fleißig und sorgfältig zu sein? Nenne einige:

____

____

____

So kannst du heute beten: Lieber Gott, ich möchte ein sorgfältiger, fleißiger Mensch werden. Wenn ich versucht werde, faul zu sein, erinnere mich an Kolosser 3,23. Amen.

Lies Kolosser 3,23-24

Was geschieht, wenn ich fleißig bin?

Alles, was ihr tut, das tut von Herzen
als dem Herrn und nicht den Menschen.
Kolosser 3,23

Gott sagt zu faulen Leuten, dass sie sich die Ameisen ansehen sollen. Wirklich! Keiner sagt zu den Ameisen: „Tu das!" oder „Geh dorthin!" Ameisen tun einfach das, was sie sollen. Weil sie den ganzen Sommer lang schwer arbeiten, haben sie die nötige Nahrung für den Winter. Keiner sagt zu den Ameisen: „Gut gemacht!" oder „Ich will dich dafür bezahlen!" Ameisen arbeiten und arbeiten, auch wenn keiner sie beachtet. **Die Bibel sagt: „Geh hin zur Ameise, du Fauler, sieh an ihr Tun und lerne von ihr!" (Sprüche 6,6).**

Wenn du fleißig bist, bekommst du vielleicht kein Geld für deine harte Arbeit. Die Leute bemerken es vielleicht nicht einmal. Aber Gott weiß es! Denke daran: Was auch immer du tust – du arbeitest für den Herrn. **Es gefällt Gott, wenn du deine Arbeit von ganzem Herzen tust. Er wird für deine Bedürfnisse sorgen.**

Durch Fleiß kannst du in deinem Glauben Fortschritte machen. Lerne neue Bibelverse auswendig. Wiederhole die Verse, die du schon kannst. Lies jeden Tag Gottes Wort. Nimm dir Zeit zum Beten. Du solltest nicht warten, bis dich jemand dazu auffordert. Sei einfach fleißig und tue es!

Fleißige Menschen sehen, was getan werden muss, und tun es. Denke an die Ameisen. Sie machen es genauso.

Warum sagt Gott, wir sollen uns die Ameisen ansehen?

___

___

___

So kannst du heute beten: Lieber Gott, hilf mir, bei allem, was ich heute tue, sorgfältig und fleißig zu sein. Hilf mir, von ganzem Herzen (mit ganzem Einsatz) zu arbeiten, um dir zu gefallen. Amen.

Lies Sprüche 6,6-8

Warum ist es wichtig, richtige Entscheidungen zu treffen?

... wählt euch heute, wem ihr dienen wollt
... Ich aber und mein Haus wollen dem HERRN dienen.
Josua 24,15

Julias Lehrerin fragte: „Wie viele Brüder und Schwestern hast du?“ Julia sagte: „Drei“, aber in Gedanken fügte sie hinzu: „so halb“. Julia und ihr älterer Bruder haben den gleichen Vater. Ihre Mutter hat ihren Vater nicht geheiratet. Danach kommt Andy. Julias Mutter hat auch Andys Vater nicht geheiratet. Später heiratete Julias Mutter und bekam noch ein Kind: Britta. Nun sind ihre Mutter und Brittas Vater geschieden.

Julias Mutter hat viele falsche Entscheidungen in ihrem Leben getroffen. Julia hat sich vorgenommen, Gott zu bitten, ihr zu zeigen, wen sie heiraten soll. **Julia möchte ihr Leben lang richtige Entscheidungen treffen, sodass sie Gott dienen kann.**

Richtige Entscheidungen zu treffen, bedeutet, Gottes Wort zu gehorchen. Jeden Tag musst du viele Entscheidungen treffen: Gehorche ich jetzt meiner Mutter? Lese ich in der Bibel? Strenge ich mich in der Schule an? Sage ich die Wahrheit?

Falsche Entscheidungen machen dich traurig oder machen dir sogar manchmal Angst. Falsche Entscheidungen betrüben auch Gott.

Triff richtige Entscheidungen – Tag für Tag. Das wird dir helfen, später einmal große Entscheidungen richtig zu treffen wie: „Wen soll ich heiraten?“ Die falsche Entscheidung – alle falschen Entscheidungen – verursachen Probleme, für dich und für viele andere Menschen. Julia kann das bestätigen.

Warum ist es so wichtig, den richtigen Ehepartner zu wählen?

___

___

___

So kannst du heute beten: Lieber Gott, ich brauche heute deine Hilfe, um die richtigen Entscheidungen zu treffen. Hilf mir auch später bei den großen Entscheidungen, die auf mich zukommen. Amen.

Lies Sprüche 4,26-27

Wie kann ich falsche Entscheidungen vermeiden?

... wählt euch heute, wem ihr dienen wollt
... Ich aber und mein Haus wollen dem HERRN dienen.
Josua 24,15

Stell dir vor, wenn du dich für eine Fernsehsendung entscheiden willst, könntest du Gott fragen: „Darf ich mir das anschauen?" Wenn deine Auswahl Gott gefällt, leuchtete ein grünes Licht auf – Los geht's! Wenn nicht, schaltet die Ampel auf Rot – Stopp!

Das wäre toll, oder? „Soll ich Jannik zu mir einladen?" – Grün! „Darf ich mir diese Seite im Internet ansehen?" – Rot! – „Muss ich auf meine kleine Schwester aufpassen?" – Rot ... oder vielleicht doch eher Grün?
Einige Entscheidungen sind sehr wichtig: Wen suche ich mir als Freund aus? Wie verhalte ich mich, wenn andere sich über mich lustig machen? **Es hilft dir, richtige Entscheidungen zu treffen, wenn du auf Gottes Wort achtest und dir vornimmst, ihm jedes Mal zu gehorchen.** Wenn du nicht weißt, was Gott von dir möchte, frage einen Menschen um Rat, der sein Christsein ernst meint. Ein aufrichtiger Christ liest und gehorcht der Bibel, betet und geht zum Gottesdienst. Er spricht vom Herrn Jesus Christus. Er lebt, um Gott zu gefallen.

Leider gibt es keine „Entscheidungs-Ampel", aber Gott gibt dir den Heiligen Geist. Er lässt ihn in dir leben. **Der Heilige Geist leitet deine Gedanken und hilft dir, richtige Entscheidungen zu treffen.** Wenn Gott dir zeigt, was du tun sollst, dann richte dich auch danach. Zu wissen, was du tun sollst, und dich dann davor zu drücken, ist eine sehr schlechte Entscheidung.

Nenne drei Dinge, die dir helfen können, richtige Entscheidungen zu treffen:

___

___

___

So kannst du heute beten: Lieber Gott, hilf mir, deinem Wort zu gehorchen und auf den Heiligen Geist zu hören, damit ich keine schlechten Entscheidungen treffe. Amen.

Lies Philipper 1,9-11

Was ist, wenn ich eine falsche Entscheidung treffe?

... wählt euch heute, wem ihr dienen wollt
... Ich aber und mein Haus wollen dem HERRN dienen.
Josua 24,15

Manchmal ist eine falsche Entscheidung nur ein Fehler; manchmal ist sie jedoch volle Absicht. König David traf absichtlich eine falsche Entscheidung. Er wollte Batseba heiraten. Sie war aber schon verheiratet. David befahl seinem Truppenführer, ihren Mann ganz vorn an die Front zu stellen, sodass er getötet würde. Danach heiratete David Batseba. Vielleicht meinte er, er käme mit dieser absichtlichen Sünde ungestraft davon.

Nathan, ein Prophet Gottes, wusste, was David getan hatte. Er zeigte David, was für eine schreckliche Sünde er begangen hatte. David bekannte Gott seine Sünde. Gott vergab ihm. Aber David musste trotzdem eine Strafe für seine Schuld tragen. Davids und Batsebas erstes Kind starb (2. Samuel 11–12).

Wenn du absichtlich etwas Falsches tust, denke nicht einfach: „Na und? Ich bekenne Gott meine Sünde. Er vergibt mir ja sowieso." Wegen der Sünde passieren traurige Dinge. Wenn du deinen Eltern oder deinem Lehrer absichtlich nicht gehorchst, dann hat das Folgen. Entweder bringst du dich selbst damit in Schwierigkeiten oder du musst mit einer Strafe rechnen. Das bekommen andere mit und du verlierst die Möglichkeit, anderen von Jesus zu erzählen, weil sie dir dann nicht mehr glauben.

Meine nicht, du könntest absichtlich sündigen und dann ungestraft davonkommen. Das klappte schon bei David nicht, und es klappt auch nicht bei dir. **Bekenne Gott deine Sünden und tu, was richtig ist.**

Was passiert, wenn du absichtlich etwas Falsches tust?

____

____

____

So kannst du heute beten: Lieber Gott, danke! Du hast mich daran erinnert, dass falsche Entscheidungen in meinem Leben zu Schwierigkeiten führen. Hilf mir, richtige Entscheidungen zu treffen. Amen.

Lies Römer 6,12-13

Was ist „göttlicher Rat"?

Neige deine Ohren und höre die Worte von Weisen ...
Sprüche 22,17

Joasch war sieben Jahre alt, als er König wurde. Als er die Krone bekam, klatschten die Leute in die Hände und riefen: „Es lebe der König!" (2. Könige 11,12). Woher sollte der kleine Joasch wissen, was er sagen und tun sollte, um so viele Menschen zu führen? Welch ein Druck lastete auf ihm! Er brauchte die Hilfe weiser Menschen, die Gott liebten.

Du bist zwar kein König, aber auch du musst viel Druck aushalten. Woher weißt du, was du sagen sollst? Woher weißt du, was du tun sollst? Wie Joasch brauchst auch du weisen, göttlichen Rat.

Göttlicher Rat hilft dir, zu wissen, was du tun sollst. Er kommt von Menschen, die Gottes Wort besser kennen als du. In Sprüche 22,17 sagt Gott: „Neige deine Ohren und höre die Worte von Weisen." Es ist ein großes Geschenk Gottes, wenn du Menschen kennst, die den Herrn Jesus Christus kennen. **Gott gibt dir vielleicht Eltern, Lehrer, Pfarrer, Sonntagsschullehrer und ältere Christen, die dich lehren**. Gottesfürchtige Menschen haben Bücher geschrieben, die dir helfen können, zu wissen, was du tun sollst.

Solange Joasch auf göttlichen Rat hörte, war er ein weiser König. Hörst du denen zu, die dir helfen können, weise zu werden?

Welche Menschen könnten dir göttlichen Rat geben?

So kannst du heute beten: Lieber Gott, hilf mir, auf deinen göttlichen Rat zu hören, sodass ich ein weiser Mensch werde. Amen.

Lies Sprüche 19,20

Warum ist guter Rat wichtig?

Neige deine Ohren und höre die Worte von Weisen ...
Sprüche 22,17

Gott erwählte Mose zum Führer. Die Leute wussten, dass Gott zu Mose sprach. Deshalb kamen sie zu ihm, wenn sie Streit oder Fragen hatten, um sich einen guten Rat zu holen. Tag für Tag, von morgens bis abends, stellten sie sich in einer Reihe an, um mit ihm zu sprechen. Mose fing an, müde zu werden.

Jitro, sein Schwiegervater, sagte zu Mose, dass dies für ihn allein zu viel Arbeit sei. Jitro sagte: „... ich will dir raten" (2. Mose 18,19). Er empfahl Mose, andere gottesfürchtige Männer zu beauftragen, ihm zu helfen. Mose hörte auf Jitros guten Rat und folgte seiner Anweisung. Als nun andere Männer ihm halfen, wurde Moses Arbeit leichter.

Es ist weise, auf das zu hören, was gute Ratgeber sagen. Sie können dich von Fehlern abhalten. Sie können dir Dinge in der Bibel erklären, die du nicht verstehst. Sie können dir helfen, richtige Entscheidungen zu treffen – zum Beispiel gute Freunde zu wählen oder bei der Schul- und Berufsauswahl.

Auch wenn du weiser wirst, gibt es immer noch Dinge, die du lernen musst. Mose war eine Führungspersönlichkeit, doch er brauchte guten Rat. In Sprüche 9,9 steht: „Unterweise den Klugen, und er wird noch klüger." **Lies weiter regelmäßig Gottes Wort. Gehorche dem, was es sagt.** So wirst du eines Tages fähig werden, vielen anderen guten Rat zu erteilen.

Nenne einige Dinge, die du von einem guten Ratgeber lernen könntest:

____

____

____

So kannst du heute beten: Lieber Gott, ich danke dir für die Menschen, die mir einen guten Rat geben können. Hilf mir, auf sie und auf dein Wort zu hören. Amen.

Lies 2. Mose 18,17-24

Wie kann ich schlechten Rat von gutem Rat unterscheiden?

Neige deine Ohren und höre die Worte von Weisen ...
Sprüche 22,17

„Auf, alles mir nach!", schrie Jan und schwang sich auf sein Fahrrad. Dirk fuhr hinterher und versuchte, mitzukommen. Den Fahrradweg hinunter, über die Straße, eine Zufahrtsstraße hinunter und die nächste hinauf.

An einer stark befahrenen Kreuzung stoppten die beiden zum Atemholen. Bis dorthin durften sie fahren. Doch Jan fing an, sein Fahrrad über die Fernstraße zu schieben, und sagte: „Komm, wir machen weiter!" Dirk wollte mitkommen, doch er wusste, dass dies eine schlechte Idee war, denn Gott befiehlt uns in Epheser 6,1, unseren Eltern zu gehorchen.

So wie bei der schlechten Idee eines Freundes fühlt man sich auch bei einem schlechten Rat nicht wohl. Gottes Geist lebt in dir, um dir erkennen zu helfen, ob der Rat, den jemand dir gibt, richtig oder falsch ist. Der Heilige Geist erinnert dich an Dinge, die du aus Gottes Wort gehört hast. **Guter Rat stimmt immer überein mit Gottes Wort!** Je mehr du aus Gottes Wort lernst, desto leichter wird es dir fallen, guten Rat von schlechtem Rat zu unterscheiden.

Das Richtige ist nicht immer das, was am meisten Spaß macht. Dirk wusste das. Vielleicht wäre er gern Jan hinterher gefahren, doch er entschloss sich, nach Hause zurückzukehren. – **Bittest du Gott, dir erkennen zu helfen, was richtig ist, und es dann auch zu tun?**

Wie hilft dir der Heilige Geist, zu entscheiden, ob ein Rat gut oder schlecht ist?

____

____

____

So kannst du heute beten: Lieber Gott, bitte hilf mir, zu entscheiden, ob jemand mir einen guten oder einen schlechten Rat gibt. Und dann hilf mir, das Richtige zu wählen. Amen.

Lies Psalm 32,8

Warum beschweren sich die Leute?

Seid allezeit fröhlich, betet ohne Unterlass,
seid dankbar in allen Dingen;
denn das ist der Wille Gottes in Christus Jesus an euch.
1. Thessalonicher 5,16-18

Sagst du manchmal etwas wie: „Diese blöde Aufgabe! Wieso müssen wir die eigentlich machen?" „Niemals wählt ihr mich. Ich bin jetzt endlich dran!" „Gibt es das schon wieder zum Abendessen? Ich hasse es!" „Mach dies, mach das! Warum muss ich so viel helfen?" „Warum darf er gehen und ich nicht?"

Wenn du dich beschwerst, vergisst du, dass Gott die Herrschaft hat. Du vergisst, dass Gott dich liebt. Du vergisst, dass Gott versprochen hat, dir zu geben, was du brauchst. Deine Beschwerden zeigen, dass du selbstsüchtig bist. Deine Klagen machen dich nur unglücklich und andere halten sich deswegen nicht gern in deiner Nähe auf. Es ist unmöglich, zu jammern und gleichzeitig Gott zu gefallen. Warum? Weil Gott sagt: „Seid allezeit fröhlich" und „seid dankbar in allen Dingen."

Jedes Mal, wenn du dich über das Essen, Hausaufgaben, Kleidungsstücke, Arbeiten oder irgendetwas anderes beklagen möchtest, dann stoppe und überlege, ob du stattdessen etwas Gutes sagen kannst. Sei froh, dass du etwas zu essen hast. Sei dankbar, wenn du gesund bist und in die Schule gehen kannst, wenn du helfen oder spielen kannst. **Bitte, dass Gott dir hilft, Worte zu sagen, die zeigen: Du glaubst, dass Gott gut ist.**

Hast du dich schon einmal über etwas beklagt, das sich als etwas Gutes herausstellte? Schreibe es auf:

____

____

____

So kannst du heute beten: Lieber Gott, bitte hilf mir, mit dem Jammern aufzuhören. Amen.

Lies 1. Thessalonicher 5,16-18

Was denkt Gott über Murren und Meckern?

Seid allezeit fröhlich, betet ohne Unterlass,
seid dankbar in allen Dingen;
denn das ist der Wille Gottes in Christus Jesus an euch.
1. Thessalonicher 5,16-18

Als Mose das Volk Israel anführte, hatten sie viel Grund, dankbar zu sein. Gott teilte das Rote Meer und führte sein Volk mit trockenen Füßen hindurch. **Danke, lieber Gott!** Gott sandte ihnen jeden Tag eine wunderbare Speise vom Himmel, das „Manna". **Danke, lieber Gott!** Mose schlug den Felsen mit einem Stock, und Gott sandte genug Wasser für die ganze durstige Menschenmenge. **Danke, lieber Gott!**

Danke, lieber Gott! Das hätten diese Leute immer wieder sagen sollen. Weißt du, was sie stattdessen taten? Sie beschwerten sich und sagten: „Wir brauchen wieder Wasser! Wir sind das Manna leid! Wir brauchen einen neuen Anführer!" Sie murrten sogar über Gott. Wegen dieser Sünde sandte Gott ihnen viele Schlangen zur Strafe – Giftschlangen, die die Menschen bissen! Viele Leute starben. Mose betete und Gott antwortete, indem er eine Möglichkeit zur Vergebung ihrer Sünden schuf (4. Mose 21,5-9).

Die Bibel sagt: „Tut alles ohne Murren und ohne Zweifel" (Philipper 2,14). Bedenke, dort steht „alles". Wenn du dich beschwerst, vergisst du, dass Gott versprochen hat, dir alles zu geben, was du brauchst. Gott ist der Herr, und er liebt dich. Sei fröhlich, sei dankbar und höre auf zu meckern!

Was meinst du: Warum ist Meckern Sünde?

____

____

____

So kannst du heute beten: Lieber Gott, hilf mir, dankbar zu sein und mit dem Murren aufzuhören. Amen.

Lies Philliper 2,14-15

Wie werde ich dankbar?

Seid allezeit fröhlich, betet ohne Unterlass,
seid dankbar in allen Dingen;
denn das ist der Wille Gottes in Christus Jesus an euch.
1. Thessalonicher 5,16-18

„Ich hasse meine Kleidung!", brüllte Lilli. „Was ist denn daran so schlimm?," fragte Steffi. „Ich finde, du siehst immer gut aus." Lilli runzelte die Stirn und blickte ihre Freundin an. „Sie sind alle so alt!", rief sie aus. „Ich bekomme nie etwas Neues. Ich bekomme einfach die alten Klamotten meiner Schwester, wenn sie ihr zu klein geworden sind. Ich weiß, dass meine Eltern nicht viel Geld haben, aber ich will auch einmal neue Kleidung haben, so wie alle anderen!"

Wenn du über etwas murrst, dann benimmst du dich wie Lilli und tust so, als ob Gott nicht wüsste, was er tut. Denke nicht so! **Denke für einen Moment an Gott.** Erinnere dich daran, dass er die Liebe ist und dass er dich liebt! Gott ist weise, und er weiß, was am besten für dich ist. **Gott ist mächtig, und er kann dir helfen!**

Danke Gott für all die großen Dinge, die er für dich getan hat. In der Bibel steht: „... sagt Dank Gott, dem Vater, allezeit für alles ..." (Epheser 5,20). Singe ihm ein Loblied, anstatt zu murren. Sage 1. Thessalonicher 5,16-18 auf und füge hinzu: „Ja, das will ich!" Tu dies, wann immer es dir nach Klagen zumute ist – über deine Kleidung, deine Familie, das Wetter, die Hausaufgaben oder was auch immer. Du kannst dankbar sein, wenn du nur willst.

Wie kannst du daran denken, dankbar zu sein, anstatt zu murren?

___

___

___

So kannst du heute beten: Lieber Gott, hilf mir heute dankbar zu sein, statt zu murren. Amen.

Lies Epheser 5,19-20

Was ist Klatsch?

Redet nicht schlecht voneinander.
Was ihr sagt, soll für jeden gut und hilfreich sein,
eine Wohltat für alle.
Epheser 4,29

Julia schleicht sich in der Pause an Kirsten heran. Sie senkt die Stimme und flüstert: „Weißt du schon, dass Maria in Mathe eine ganz schlechte Note geschrieben hat?“ Kirsten flüstert zurück: „Was? Ausgerechnet die?“

Julia antwortet: „Sie ist eben doch nicht so schlau, wie sie tut! Schau sie doch an; wie sie heute wieder aussieht – mit der Frisur und den Klamotten! Ist ja peinlich!“

Hört sich das an wie ein Gespräch, das Gott gefällt? Sagen Julia und Kirsten etwas, das gut und hilfreich für Maria ist? Nein! Was sie sagen, wird in Epheser 4,29 als schlecht bezeichnet. Das ist Klatsch.

Niemals sollte Klatsch aus deinem Mund kommen. **Klatsch ist, wenn jemand unfreundliche (und oft unwahre) Dinge über andere Leute sagt.** Klatsch ist Sünde. Du kannst versuchen, den Klatsch zu stoppen, wenn du andere schlecht reden hörst. Wenn Julia dir zum Beispiel etwas über Marias schlechte Note erzählen will, könntest du sagen: „Was können wir tun, um ihr bei der nächsten Arbeit zu helfen?“ Wenn jemand unfreundliche Worte über einen anderen sagt, dann könntest du sagen: „Es ist nicht richtig, so zu reden.“ Und dann könntest du das Thema wechseln. **Tu, was du kannst, um Klatsch zu stoppen.**

Was meinst du: Warum bezeichnet Gott Klatsch als Sünde?

____

____

____

So kannst du heute beten: Lieber Gott, bitte hilf mir, nicht über andere Menschen schlecht zu reden. Hilf mir, immer Worte zu wählen, die die anderen aufbauen. Amen.

Lies Epheser 4,29

Was richtet Klatsch an?

Redet nicht schlecht voneinander.
Was ihr sagt, soll für jeden gut und hilfreich sein,
eine Wohltat für alle.
Epheser 4,29

David und Tim waren die besten Freunde – bis zum letzten Sommer. Da schaffte David die Aufnahme in die Fußballmannschaft und Tim schaffte sie nicht. Tim war wütend, verletzt und eifersüchtig. **So sagte Tim anderen einiges, was er nie hätte sagen sollen.**

Er erzählte Oliver: „David ist nur deshalb in die Fußballmannschaft gekommen, weil sein Vater ein Freund des Trainers ist." Zu Sara meinte er: „David wird die Mannschaft ruinieren. Er ist zu fett, um schnell genug zu laufen."

Bald erfuhr David, was Tim über ihn herumerzählte. Nun war er verletzt und traurig. David und Tim waren nun keine Freunde mehr.

Die Bibel sagt in Sprüche 16,28: „Ein hinterlistiger Mensch sät Zank und Streit, und ein Lästermaul bringt Freunde auseinander." Leute, die klatschen, verraten deine Geheimnisse. Tim hatte David gesagt, dass er geweint hatte, weil er nicht in die Fußballmannschaft aufgenommen worden war. Sollte David das anderen erzählen? Nein! In Sprüche 11,13 steht: „Wer klatschsüchtig ist, wird auch anvertraute Geheimnisse ausplaudern; ein zuverlässiger Mensch schweigt."

Gott hört, was du sagst, wenn du klatschst. **Er weiß, welchen Schaden du damit anrichtest.** Eines Tages wird Gott dich fragen: „Warum hast du das gesagt?" Jesus sagt in Matthäus 12,36: „Ich sage euch aber, dass die Menschen Rechenschaft geben müssen am Tage des Gerichts von jedem nichtsnutzigen Wort, das sie geredet haben." Denke daran, dann wirst du nicht klatschen.

Wie kann Klatsch deinen Freundschaften schaden?

____

____

____

So kannst du heute beten: Lieber Gott, bitte hilf mir, mit meinen Worten vorsichtig zu sein und daran zu denken, dass du immer hörst, was ich sage. Amen.

Lies Sprüche 16,27-28

Wie kann ich andere aufbauen?

Redet nicht schlecht voneinander.
Was ihr sagt, soll für jeden gut und hilfreich sein,
eine Wohltat für alle.
Epheser 4,29

Weißt du, was dein Name bedeutet? Ein Mann in der Bibel hatte einen Namen mit einer ganz besonderen Bedeutung. **Er hieß „Barnabas", und sein Name bedeutet „Ermutiger".** Ist das nicht ein schöner Name? Die Bibel berichtet uns, dass Barnabas genau das tat, was sein Name sagt – er baute andere auf, indem er sie ermutigte.

Wann begegnen wir Barnabas im Neuen Testament zum ersten Mal? Direkt nachdem Saulus (später Paulus genannt) Christ wurde. Die Christen hatten Angst vor Saulus. In Apostelgeschichte 9,26-27 erfahren wir, dass Barnabas Saulus mit zu anderen Gläubigen nahm. Barnabas sagte ihnen, dass Saulus nun ein Christ war und dass sie keine Angst mehr vor ihm zu haben brauchten. Barnabas ermutigte Saulus, während sie gemeinsam reisten. Barnabas ermutigte die Leute, auf Gottes Wort zu hören und Gottes Wort zu glauben. Er ermutigte sie auch, für den Herrn zu leben.

Bist du ein Mutmacher, so wie Barnabas? Du kannst ein Mutmacher werden. Ermutige die Menschen, indem du Dinge sagst wie: „Das hast du gut gemacht." – „Danke, dass du so schwer arbeitest!" – „Ich bin gern in deiner Mannschaft." – „Gott hat dich lieb, und ich auch." – „Ich bin froh, dass ich dich kenne!" – „Du bist eine prima Freundin!"

Der Herr Jesus Christus, der in Barnabas lebte, half ihm, andere aufzubauen. Er kann auch dir dabei helfen.

Was möchtest du heute jemandem sagen, um ihn oder sie aufzubauen und zu ermutigen?

___

___

___

So kannst du heute beten: Lieber Gott, hilf mir, andere aufzubauen, indem ich sie ermutige. Amen.

Lies Apostelgeschichte 9,26-27

Was bedeutet „den Namen Gottes missbrauchen"?

Du sollst den Namen des HERRN, deines Gottes, nicht missbrauchen; denn der HERR wird den nicht ungestraft lassen, der seinen Namen missbraucht.
2. Mose 20,7

Dunkle Wolken erfüllen den Himmel. Es wird immer dunkler. Ein starker Wind weht. Du schaust aus dem Fenster. Blitze zucken und Donnergrollen ist zu hören. Du rufst aus: „O Gott, ein starkes Gewitter!"

Du sagst zwar „O Gott", aber du denkst dabei kein bisschen an den wahren und lebendigen Gott. Du sprichst nicht mit dem Einen, der die Macht hat, Gewitter zu senden und Gewitter zu beenden. **Du missbrauchst den Namen Gottes.**

Vielleicht siehst du gerade fern. Eine Familie hat einen großen Streit. Im Zorn stößt einer das Wort „Herrje!" (Verlästerung von „Herr Jesus") aus. Er sagt dies nicht mit Liebe oder Respekt. Die Worte werden nicht dazu gebraucht, um die, die sie hören, an unseren wunderbaren Retter zu erinnern. Diese Person missbraucht den Namen des Herrn.

Wenn du den Namen des Herrn missbrauchst, dann benutzt du den Ausdruck „Gott" nur als leeres Wort (z. B. „Um Gottes Willen!"), vielleicht sogar als zorniges Wort. Gott lebt jedoch! **Es ist deshalb schlimm und falsch, den Namen Gottes nur als leeres Wort zu verwenden.** Du solltest traurig sein, wann immer du hörst, wie jemand den Namen Gottes missbraucht.

Warum ist es falsch, den Namen Gottes zu missbrauchen?

____

____

____

So kannst du heute beten: Lieber Gott, dein Name ist wunderbar. Hilf mir, deinen Namen zu ehren und niemals zu missbrauchen. Amen.

Lies Psalm 86,11-12

Warum sollte ich mit meinen Worten vorsichtig sein?

Du sollst den Namen des HERRN, deines Gottes, nicht missbrauchen; denn der HERR wird den nicht ungestraft lassen, der seinen Namen missbraucht.
2. Mose 20,7

In der Bibel steht vieles über das Sprechen. Lies die Verse auf dieser Seite sorgfältig. Lies sie mehr als einmal durch.

„Eine linde Antwort stillt den Zorn; aber ein hartes Wort erregt Grimm“
(Sprüche 15,1).
„Wer unvorsichtig herausfährt mit Worten, sticht wie ein Schwert; aber die Zunge der Weisen bringt Heilung“
(Sprüche 12,18).
„Aus einem Munde kommt Loben und Fluchen. Das soll nicht so sein, liebe Brüder“
(Jakobus 3,10).
„Wer seine Zunge hütet, bewahrt sein Leben; wer aber mit seinem Maul herausfährt, über den kommt Verderben“
(Sprüche 13,3).
„Wenn jemand meint, er diene Gott, und hält seine Zunge nicht im Zaum, sondern betrügt sein Herz, so ist sein Gottesdienst nichtig“
(Jakobus 1,26).
Worte haben Macht. Dein Mund kann Gott loben oder seinen Namen missbrauchen. Was du sagst, kann Menschen helfen oder sie verletzen. Mit Worten kannst du Menschen erklären, wie sie Christ werden können. Die Leute hören dir genau zu. Wenn du als Christ den Namen Gottes missbrauchst, werden sie das nicht vergessen. Dann glauben sie dir wahrscheinlich auch nicht, wenn du ihnen versuchst zu sagen, dass der Herr Jesus ihr Retter sein will. Das kommt dir vielleicht unfair vor, doch die Leute behalten das Schlechte, was du sagst, länger als das Gute. Darum sei vorsichtig mit deinen Worten!

Warum sind deine Worte Gott wichtig?

____

____

____

So kannst du heute beten: Lieber Gott, hilf mir, daran zu denken, dass meine Worte Menschen verletzen oder ihnen helfen können. Hilf mir, nur das zu sagen, was dir gefällt. Amen.

Wie bekomme ich „weise Lippen"?

Du sollst den Namen des HERRN, deines Gottes, nicht missbrauchen; denn der HERR wird den nicht ungestraft lassen, der seinen Namen missbraucht.
2. Mose 20,7

Mandy redet gern. Sie erzählt, was sie gestern gemacht hat und was sie morgen vorhat. Sie schwatzt über Leute und Orte, sie spricht vom Sport, ihren Hausaufgaben, ihrem Computer, Fernsehsendungen, der Gemeinde, den Ferien und von dem, was sie mag oder nicht mag.

Haben Leute, die viel reden, „weise" Lippen? In Sprüche 10,19 steht: „... wer aber seine Lippen im Zaum hält, ist klug." **„Die Zunge im Zaum halten" heißt, zunächst einmal still zu sein und zu überlegen, was du sagen willst.** Warum sagt Gott, dass du deine Zunge „im Zaum halten" sollst? Jedes Mal, wenn du sprichst, ist es möglich, dass du etwas Unwahres, Unfreundliches oder Unwichtiges sagst. Wenn du sehr viel redest, hören dir die Leute vielleicht nicht mehr zu. Die Bibel sagt: „Die Worte eines weisen Menschen helfen zur Erkenntnis" (Sprüche 15,2).

Königin Ester wollte mit dem König sprechen. Sie hatte vor, Gottes Volk vor dem Tod zu erretten (Ester 4 bis 5). Sie musste nachdenken und beten, damit sie genau die richtigen Worte fand. Sie hatte danach wirklich „weise" Lippen. Wie kannst du „weise" Lippen bekommen? Die Bibel sagt: „HERR, behüte meinen Mund ..." (Psalm 141,3).

Sei vorsichtig, was du sagst. Hilf den Menschen durch deine Worte. Gebrauche Gottes Namen richtig. **Und denke an diese Regel: Bete mehr! Höre besser zu! Rede weniger!**

Warum hilft es dir, weise Lippen zu bekommen, wenn du zuhörst anstelle zu reden?

____

____

____

So kannst du heute beten: Lieber Gott, hilf mir, zu erkennen, wann ich reden und wann ich schweigen soll. Ich möchte „weise" Lippen haben. Amen.

Lies Jakobus 1,19

Was bedeutet „treu sein“?

Ein treuer Mann wird von vielen gesegnet ...
Sprüche 28,20

Noomi, ihr Mann und ihre beiden Söhne verließen ihre Heimat Bethlehem und zogen nach Moab. Während sie dort wohnten, starb Noomis Mann. Ihre Söhne heirateten. Sie nahmen Rut und Orpa zur Frau. Dann starben die beiden Söhne. Was für eine traurige Zeit muss das gewesen sein!

Noomi beschloss, wieder nach Bethlehem zurückzukehren. Rut und Orpa machten sich mit ihr auf den Weg. Noomi forderte die beiden auf, wieder nach Hause zu gehen (Rut 1,6-14). Orpa ging heim, doch Rut sagte zu Noomi: „... Wo du hingehst, da will ich auch hingehen; wo du bleibst, da bleibe ich auch. Dein Volk ist mein Volk, und dein Gott ist mein Gott“ (Rut 1,16). Rut war Noomi und Noomis Gott treu.

Treue heißt, fest zu einem zu halten. Christen müssen zuallererst Gott treu sein. Sei auch deiner Familie und deinen Freunden treu, es sei denn, sie sind Gott immer wieder absichtlich ungehorsam.

Wenn du einem Menschen treu bist, dann setzt du dich für ihn ein, wenn irgendjemand gemein zu ihm ist. Du sprichst gut über ihn. Du hilfst ihm bei Schwierigkeiten. Das tat Rut. Wegen ihrer großen Treue wurde sie reich gesegnet. **Willst du Ruts wunderbarem Beispiel folgen?**

Wie kannst du diese Woche einem Freund oder einer Freundin deine Treue zeigen?

____

____

____

So kannst du heute beten: Lieber Gott, bitte hilf mir, meiner Familie und meinen Freunden die Treue zu halten. Am meisten hilf mir, dir treu zu sein. Amen.

Lies Rut 1,16-17

Wie kann ich Gott treu sein?

Ein treuer Mann wird von vielen gesegnet ...
Sprüche 28,20

Johannes war Christ. Er wollte Gott treu sein. Mirko saß in der Schule genau hinter ihm. Er piekste Johannes mit einem Bleistift, grinste höhnisch und flüsterte: „Johannes, nur nicht wütend werden! Wenn du Christ bist, dann musst du mir vergeben!" Dann piekste er ihn noch einmal und lachte.

Was würdest du tun, wenn jemand wie Mirko dich ärgerte, weil du Christ bist? **Du brauchst mehr als deine eigene Kraft, um Gott treu zu bleiben.** Von Gott können wir „... Barmherzigkeit empfangen und Gnade finden zu der Zeit, wenn wir Hilfe nötig haben" (Hebräer 4,16).

Treue Christen lesen die Bibel und beten jeden Tag. Sie gehen treu zum Gottesdienst. Es ist leichter, Gott treu zu sein, wenn du Zeit mit anderen Christen verbringst. Christen, die Freunde sind, helfen sich gegenseitig, für Gott zu leben. Der wirkliche Test für deine Treue zu Gott ist, ob du ihm gehorsam bist.

Wenn du enge Freunde hast, die Gott nicht lieben und ihm nicht dienen, wird es dir schwer werden, Gott treu zu bleiben. Deswegen hat sich Johannes auch nicht Mirko zum besten Freund ausgesucht. Doch Johannes und seine Freunde beten für Mirko. Das gefällt Gott. Sei Gott treu und gehorche ihm von ganzem Herzen.

Wie kannst du Gott deine Treue zeigen?

____

____

____

So kannst du heute beten: Lieber Gott, danke, dass du mich liebst. Ich möchte dir treu sein, auch wenn es schwer ist. Amen.

Lies Hebräer 4,15-16

Warum ist es wichtig, treu zu sein?

Ein treuer Mann wird von vielen gesegnet ...
Sprüche 28,20

Wenn du weißt, dass du etwas tun solltest, aber keine Lust dazu hast, was denkst du dann? „Ich bin viel zu müde!" oder „Ich will etwas anderes machen!" oder „Ich will es tun, denn das ist das Richtige, und Gott wird mir dabei helfen!"

Wenn du das Letztere denkst, dann bist du dabei, Treue zu lernen. Das heißt, du lernst, Gott in deinen Gedanken, Worten und Taten treu zu sein. Das Beispiel vom treuen Knecht in Matthäus 25,21 zeigt, dass Gott Treue belohnt und segnet.

Wenn du sagst, du bist Christ, aber du bist nicht treu, dann vertrauen dir die Leute nicht. Sie möchten nicht so wie du werden. Sie möchten die wichtigen Dinge nicht hören, die du ihnen über Gott erzählen solltest.

Wenn du treu bist, können die Menschen sehen, dass Gott dich verändert hat. Du gehst weise mit deinem Geld um. Du setzt deine Zeit ein, um anderen zu helfen. Du liest in der Bibel und gehst zum Gottesdienst. Du gebrauchst deine Talente und Neigungen, um Gott zu dienen.

Die Entscheidung, Gott zu gehorchen, bringt große Freude. Wenn du treu bist, wirst du reich gesegnet werden. Gott verspricht es!

Warum ist es manchmal schwer, treu zu sein?

____

____

____

So kannst du heute beten: Lieber Gott, hilf mir, dir mit meinem Geld, meiner Zeit und meinen Talenten und Neigungen treu zu dienen. Ich möchte ein Mensch werden, auf den die anderen sich verlassen können. Amen.

Lies Matthäus 25,20-21

Bibelvers-Check

Hier sind einige wichtige Verse zu dem, was du bisher gelernt hast. Mache ein Häkchen in jeden Kreis, wenn du den jeweiligen Vers auswendig kannst.

○ **Psalm 119,34:** Unterweise mich, dass ich bewahre dein Gesetz und es halte von ganzem Herzen.

○ **Hebräer 13,17:** Gehorcht euren Lehrern und folgt ihnen, denn sie wachen über eure Seelen – und dafür müssen sie Rechenschaft geben –, damit sie das mit Freuden tun und nicht mit Seufzen; denn das wäre nicht gut für euch.

○ **Jakobus 1,22:** Seid aber Täter des Wortes und nicht Hörer allein; sonst betrügt ihr euch selbst.

○ **Sprüche 11,2:** Wo Hochmut ist, da ist auch Schande; aber Weisheit ist bei den Demütigen.

○ **Philliper 2,14-15:** Tut alles ohne Murren und ohne Zweifel, damit ihr ohne Tadel und lauter seid. Gottes Kinder, ohne Makel mitten unter einem verdorbenen und verkehrten Geschlecht, unter dem ihr scheint als Lichter in der Welt.

○ **Psalm 119,9:** Wie wird ein junger Mann seinen Weg unsträflich gehen? Wenn er sich hält an deine Worte.

○ **Philliper 4,8:** ...Was wahrhaftig ist, was ehrbar, was gerecht, was rein, was liebenswert, was einen guten Ruf hat, sei es eine Tugend, sei es ein Lob – darauf seid bedacht!

○ **Psalm 141,3:** HERR, behüte meinen Mund und bewahre meine Lippen!

Prima,

du hast alle Andachten über „Gott gehorchen“ durchgelesen.

Nun kannst du deine Entdecker-Seite „Gott gehorchen“ ausfüllen. Du hast sie mit dem Brief erhalten, in dem wir dir deine Entdecker-Seite Nr. 7 zurückgeschickt haben.

Wenn du die Entdecker-Seite Nr. 8 fertig ausgefüllt hast, dann falte sie an der Linie und stecke sie in einen Briefumschlag. Wenn du möchtest, lege auch den Zettel mit deinen Gebetsanliegen bei. Klebe eine Briefmarke auf den Umschlag und sende alles an die Adresse vom KEB-Mailbox-Club.

Jetzt
darfst du deine Entdecker-Seite Nr. 8 einschicken!

Wir werden uns deine Antworten ansehen und sie wieder mit einigen persönlichen Sätzen und deiner Entdecker-Seite Nr. 9 an dich zurückschicken.

Freue dich darauf, in den nächsten Andachten mehr über „Für Gott leben“ zu erfahren.

Dein KEB-Mailbox-Club

Für Gott leben

Was sagt Gott über die Achtung vor dem Leben?

Ich danke dir dafür, dass ich wunderbar gemacht bin ...
Psalm 139,14

Hat schon einmal jemand zu dir gesagt: „Du siehst genauso aus wie dein Vater", oder „Du hast das Lächeln deiner Mutter"? Warum ist das so? Du bist mit verschiedenen Eigenschaften geboren, die dich deinen Eltern ähnlich machen.

So wie es familiäre Ähnlichkeiten gibt, hat Gott, der Schöpfer, alle Menschen als sein Ebenbild geschaffen. Die Bibel sagt: „... Gott schuf den Menschen zu seinem Bilde ..." (1. Mose 1,27). Inwiefern bist du als Gottes Ebenbild geschaffen? Du hast eine Persönlichkeit. Du kannst über Dinge nachdenken. Du hast Gefühle wie Freude oder Traurigkeit. Du kannst Entscheidungen treffen. Gott hat dich auch mit einer Seele geschaffen, die ewig leben wird. So hat Gott dich wunderbar geschaffen. Gott erschuf das ganze Universum, doch allein der Mensch wurde zu seinem Ebenbild geschaffen.

Alles Leben ist wichtig oder wertvoll für Gott, doch weil du als Ebenbild Gottes geschaffen worden bist, hast du für ihn besondere Bedeutung. Kein Tier oder keine Pflanze ist so wie du ihm ähnlich geschaffen. In der Bibel befiehlt Gott: „Du sollst nicht töten" (2. Mose 20,13). Jedes Menschenleben ist für Gott wichtig. Keiner hat das Recht, einem anderen das Leben zu nehmen. **Gott möchte, dass du ihn ehrst, indem du das Leben achtest und schützt.**

Warum will Gott, dass du das Leben achtest?

____

____

____

So kannst du heute beten: Lieber Gott, danke, dass du mich zu deinem Ebenbild, dir ähnlich geschaffen hast. Hilf mir, mein Leben und das Leben der Menschen um mich herum zu achten. Amen.

Lies 1. Mose 1,26-27

Wie achteten Menschen der Bibel das Leben?

Ich danke dir dafür, dass ich wunderbar gemacht bin ...
Psalm 139,14

„Tötet alle kleinen Jungen, die den Israeliten geboren werden!", befahl der zornige Pharao, der König von Ägypten (2. Mose 1,22). Zwei israelitische Hebammen liefen eilig davon. Sie verstanden, was der Pharao geboten hatte, aber sie wollten Gott gehorchen.

Die Israeliten waren Sklaven in Ägypten. Der Pharao fürchtete, sie würden mit seinen Feinden gemeinsame Sache machen und gegen ihn kämpfen. Deswegen wollte er, dass die Jungen getötet wurden. Der Pharao hatte keine Achtung vor dem menschlichen Leben, doch die beiden Hebammen hatten sie. Sie schützten das Leben der kleinen Jungen.

Alles menschliche Leben ist Gott wichtig. Wann beginnt das Leben? Es beginnt, wenn Gott anfängt, ein Kind im Leib der Mutter zu formen. **Ungeborene Babys sind für Gott wertvoll.** Die Bibel sagt, Gott erschafft jede Einzelheit ihres Körpers schon bevor sie auf die Welt kommen (Psalm 139,13).

Wenn jemand eine Abtreibung durchführt (ein Kind vor oder während der Geburt tötet), tötet er ein Leben, das Gott geschaffen hat. Nur Gott hat das Recht, Leben zu geben und Leben zu nehmen. In vielen Ländern haben die Regierungen Gesetze erlassen, die das Töten ungeborener Babys erlauben. Bete dafür, dass die Regierungen aller Länder Gott gehorchen. Bete, dass sie bereit werden, menschliches Leben zu achten und zu schützen.

Schreibe ein Dankgebet an Gott für das Leben, das er dir gegeben hat:

____

____

____

So kannst du heute beten: Lieber Gott, danke, dass du mich geschaffen hast. Bitte, hilf mir, menschliches Leben zu schützen und es zu achten. Amen.

Lies Psalm 139,13-16

Wie kann ich Respekt vor dem Leben haben?

Ich danke dir dafür, dass ich wunderbar gemacht bin ...
Psalm 139,14

Magst du gerne Videospiele? Einige Videospiele machen viel Spaß, aber es gibt auch manche mit Gewalt. Diese Spiele ermutigen dich, andere zu „töten", um das Spiel zu gewinnen. Du meinst vielleicht, das sei nicht so schlimm – es sei doch nur ein Spiel. **Je öfter du jedoch solche Spiele spielst, desto weniger macht dir die Gewalt etwas aus.**

Gewalt gibt es im Fernsehen, im Kino, in unserer Musik – ja sogar in Comics. Manche Leute hören viel Musik, in der es um das Töten geht. Bald denken sie darüber nach, wie es wäre, anderen wehzutun – oder sich selbst. Einige schauen sich Filme an, in denen Leute töten oder getötet werden. Danach fangen sie an und versuchen, das Gesehene nachzumachen. Einige Kinder haben sogar eine Waffe mit in die Schule genommen, um andere zu verletzen oder zu töten.

Gott hasst diese Gewalt. Er sagt: „Du sollst nicht töten" (2. Mose 20,13). Es ist Sünde, jemanden zu töten oder sich das eigene Leben zu nehmen. Niemand hat das Recht, Leben zu nehmen. Gott will, dass du Achtung vor dem Leben hast – auch vor deinem eigenen.

Sei vorsichtig damit, was du dir anhörst und anschaust. **Fülle deinen Kopf nicht mit Gedanken über das Töten.** Schalte Fernsehprogramme oder Videospiele ab, in denen Gewalt vorkommt. Höre Musik, in der das Leben geachtet wird. Du ehrst Gott, wenn du das Leben achtest.

Nenne drei Dinge, die du tun kannst, um deine Achtung vor dem Leben zu zeigen:

______

______

______

So kannst du heute beten: Lieber Gott, bitte hilf mir, „Nein" zu sagen zu Videospielen, Fernsehsendungen und Musik, in denen es um Gewalt geht. Hilf mir, dich zu ehren, indem ich das Leben achte. Amen.

Lies Römer 12,9-10

Was sagt Gott über den Respekt vor Menschen, die Verantwortung für dich haben?

Ich danke dir dafür, dass ich wunderbar gemacht bin ...
Psalm 139,14

Jonas bewarf die Mädchen vor ihm im Bus mit Papierkügelchen. Der Busfahrer sagte, er solle aufhören, aber sobald er nicht mehr hinschaute, machte Jonas weiter. Katharinas Lehrer forderte sie auf, sich beim Anstellen nicht vorzudrängen. Katharina gab eine freche Antwort. Jonas und Katharina hatten keinen Respekt vor den Menschen, die für sie Verantwortung hatten und denen sie gehorchen sollten.

Begegnest du Menschen, die Verantwortung für dich haben, mit Achtung? Oder gibst du ihnen freche Antworten oder bist ihnen ungehorsam? Die Bibel sagt: „Jedermann sei untertan der Obrigkeit*, die Gewalt über ihn hat ...“(Römer 13,1). **„Untertan sein“ heißt, freiwillig gehorchen.** Gott hat vorgesehen, dass du deine Leiter und Lehrer achtest, indem du freundlich mit ihnen sprichst und ihnen gehorchst. Diese Personen hat Gott zu deinem Guten über dich eingesetzt. **Sie sind da, um dir zu helfen, die Regeln zu halten, sodass du sicher lebst.** Sie helfen dir, richtige Entscheidungen zu treffen, sodass du und die anderen gut miteinander auskommen.

* Obrigkeit = Menschen, die Gott über dich gesetzt hat.

Es ist Sünde, frech zu sein oder Menschen, die Verantwortung über dich haben, nicht zu gehorchen. Und es wird am Ende bestraft. Wenn du frech oder ungehorsam bist, machst du dir selbst und anderen Probleme. Falls du frech oder ungehorsam gewesen bist, bekenne Gott diese Sünde. Bitte ihn, dass er dir hilft, diese Personen zu achten.

Nenne einige Personen, denen du mit mehr Achtung begegnen musst:

____

____

____

So kannst du heute beten: Lieber Gott, bitte vergib mir, wo ich frech gewesen bin oder Menschen, die für mich Verantwortung haben, nicht gehorcht habe. Hilf mir, ihnen Achtung zu zeigen. Amen.

Lies Römer 13,1

Wie zeigte David Respekt vor der Autorität?

Ich danke dir dafür, dass ich wunderbar gemacht bin ...
Psalm 139,14

Gott versprach einem jungen Mann namens David, dass er eines Tages König von Israel werden würde. Bis dahin musste er die Autoritätsperson, die über ihm stand – König Saul –, geduldig respektieren. Eines Tages lobten die Frauen David, er sei ein besserer Soldat als Saul. Saul wurde eifersüchtig. Später, als David seine Harfe* spielte, überfielen Saul Hass und Eifersucht. Er warf den Speer nach David, doch Gott rettete Davids Leben. Von da an verfolgte Saul David. Er wollte ihn töten! * Harfe = Musikinstrument

David wusste, dass Gott vorhatte, ihn zum König zu machen. Er hätte sich gegen Saul wenden können. Doch David achtete Sauls Macht über ihn. Einmal ging Saul in eine Höhle. Er wusste nicht, dass David und seine Männer sich hinten in dieser Höhle versteckt hielten. Davids Männer wollten Saul töten, doch David lehnte das ab. Er schnitt ein Stück Stoff von Sauls Mantel ab, um zu zeigen, dass er ihn hätte töten können. Schon dadurch fühlte David sich schuldig, weil er etwas vom Mantel des Königs abgeschnitten hatte. Er respektierte die Autorität des Königs, obwohl König Saul Gott ungehorsam war. (1. Samuel 24)

Wie David, so kannst auch du Respekt vor Autoritätspersonen (Menschen, die Verantwortung für dich haben) zeigen. **Sei geduldig und warte darauf, dass Gott seinen Plan ausführt.** Zur rechten Zeit hat Gott David geehrt und zum König über Israel eingesetzt. **Gott wird auch dich ehren, wenn du Achtung vor Autoritätspersonen hast.**

Wie konnte David König Saul respektieren?

____

____

____

So kannst du heute beten: Lieber Gott, hilf mir, Menschen, die Verantwortung über mich haben, zu achten, auch wenn es schwer ist. Amen.

Lies 1. Samuel 24,4-8

Wie kann ich Menschen, die für mich Verantwortung haben, achten?

Ich danke dir dafür, dass ich wunderbar gemacht bin ...
Psalm 139,14

In der Bibel hat Gott uns Gebote oder Regeln gegeben. Seine Gebote zeigen dir, wie du Menschen mit Autorität achten kannst. Die wichtigste Autoritätsperson ist Gott. Sein erstes Gebot sagt: „Du sollst keine anderen Götter haben neben mir" (2. Mose 20,3).

Nichts sollte dir wichtiger sein als Gott. Er hat den ersten Platz verdient. Gib Gott den ersten Platz, indem du jeden Tag beim Bibellesen und Beten Zeit mit ihm verbringst. Gib ihm den ersten Tag der Woche, indem du sonntags zum Gottesdienst gehst.

Schon dem Namen Gottes gebührt Respekt. In einem anderen Gebot sagt Gott: „Du sollst den Namen des HERRN, deines Gottes, nicht missbrauchen" (2. Mose 20,7). Es ist respektlos, Gottes Namen als Fluch- oder Schimpfwort zu verwenden. Denke daran, dass Gott heilig ist. Gebrauche seinen Namen mit Ehrerbietung und Respekt.

Gott hat verschiedene Menschen als Autoritätspersonen über dich eingesetzt. Wahrscheinlich sind die ersten Menschen, die Verantwortung für dich haben und die dir einfallen, dein Vater oder deine Mutter. Ein Gebot Gottes sagt: „Du sollst deinen Vater und deine Mutter ehren ..." (2. Mose 20,12). **Eine der besten Möglichkeiten, deine Eltern zu ehren, ist, wenn du ihnen mit der richtigen Einstellung gehorsam bist.** Gott hat sich und andere Menschen als Autoritätspersonen über dich eingesetzt. Bitte ihn, dir zu helfen, sie zu respektieren.

Nenne zwei Möglichkeiten, deine Eltern zu ehren:

____

____

____

So kannst du heute beten: Lieber Gott, danke für meine Eltern. Hilf mir, sie zu achten, indem ich ihnen mit der richtigen Einstellung gehorche. Amen.

Lies 2. Mose 20,12

Was bedeutet „begehren“?

Die Frömmigkeit* aber ist ein großer Gewinn für den, der sich genügen lässt**. 1. Timotheus 6,6

* Frömmigkeit = in Ehrfurcht vor Gott leben

** sich genügen lassen = zufrieden sein mit dem, was du hast

„Gib mir deinen Weinberg!“, forderte König Ahab. (Ein Weinberg ist ein Garten, in dem Weintrauben angebaut werden.) Der Weinberg gehörte einem Mann mit Namen Nabot. Der Weinberg hatte schon Nabots Vater und davor seinem Großvater gehört. „Nein“, antwortete Nabot, „ich gebe dir meinen Weinberg nicht.“ König Ahab wurde wütend. Er stampfte zurück in seinen Palast, legte sich auf sein Bett und weigerte sich, etwas zu essen. Er schmollte, weil er seinen Kopf nicht durchsetzen konnte. König Ahab begehrte Nabots Weinberg. **Begehren ist ein starker Wunsch, etwas haben zu wollen, das dir nicht gehört.** Der König war so sehr gierig nach Nabots Weinberg, dass er später Nabot umbringen ließ. Begehren kann zu schrecklichen Dingen führen.

Aber Gott wusste, was in König Ahabs Herzen war. Nachdem Nabot umgebracht worden war, ging Ahab in den Weinberg, um ihn in Besitz zu nehmen. Gott sandte seinen Propheten Elia dorthin zu ihm. Elia richtete dem König aus, dass Gott ihn für seine schlimmen Taten bestrafen würde.

Die Bibel sagt: Passt auf „und hütet euch vor aller Habgier ...“ (Lukas 12,15). Gott warnt dich, nicht das haben zu wollen, was dir nicht gehört. Sei ihm lieber dankbar für das, was du hast. **Gib Gott den ersten Platz in deinem Leben, dann wirst du alles haben, was du brauchst.**

Was solltest du tun, wenn du dazu verleitet bist, etwas zu begehren?

____

____

____

So kannst du heute beten: Lieber Gott, zeige mir, wenn ich etwas begehre. Hilf mir, mit dem zufrieden zu sein, was du mir gegeben hast. Amen.

Lies Lukas 12,13-15

Was sagt Gott über Zufriedenheit?

Die Frömmigkeit aber ist ein großer Gewinn für den, der sich genügen lässt.
1. Timotheus 6,6

„Mama, kann ich mehr Taschengeld bekommen? „Ich will mir davon ... kaufen." Was würdest du in die Lücke schreiben: Musik-CDs, Kleidung, Videospiele, ein Handy ... vielleicht etwas, was viele deiner Klassenkameraden schon haben, und du möchtest es jetzt auch?

Hier sind einige Vorschläge aus der Bibel, die dir helfen, zufrieden zu sein:

1. Höre nicht auf zu beten. Frage zuerst Gott, ob du dir etwas kaufen oder darum bitten solltest. Gott wird dir helfen, herauszufinden, was richtig ist: „... in allen Dingen lasst eure Bitten in Gebet und Flehen mit Danksagung vor Gott kundwerden!" (Philipper 4,6).
2. Sei geduldig. Gott wird dir geben, was du brauchst, in dem Moment, wenn du es brauchst: „Und der Friede Gottes, der höher ist als alle Vernunft, bewahre eure Herzen und Sinne in Christus Jesus" (Philipper 4,7).
3. Sei zufrieden. Wenn Gott „Nein" sagt, dann denke daran, dass seine Antwort für dich am besten ist: dir genügen zu lassen, wie's dir auch geht (Philipper 4,11).
4. Hab Vertrauen. Gott wird für deine Bedürfnisse sorgen: „Mein Gott aber wird all eurem Mangel abhelfen nach seinem Reichtum in Herrlichkeit in Christus Jesus" (Philipper 4,19).

Zufriedenheit mit dem, was du hast, wird dir große Freude und Frieden im Leben geben. Paulus, der Schreiber des Philipperbriefes in der Bibel, lernte, in jeder Lage zufrieden zu sein. Das kannst auch du lernen!

Welchen der vier Schritte findest du am schwierigsten?

____

____

____

So kannst du heute beten: Lieber Gott, danke, dass du für alle meine Bedürfnisse sorgst. Mit deiner Kraft will ich zufrieden sein. Amen.

Lies 1. Timotheus 6,6-8

Wie kann ich zufrieden werden?

Die Frömmigkeit aber ist ein großer Gewinn für den,
der sich genügen lässt.
1. Timotheus 6,6

Einer der reichsten Männer der Welt wurde gefragt: „Wie viel Geld braucht man, um glücklich zu sein?" Er antwortete: „Immer ein paar Dollar mehr." Damit meinte er, dass er nie genug bekommen konnte. Er wollte immer noch mehr haben.

Viele Christen haben das gleiche Problem und wollen immer mehr haben. Die Bibel sagt: „.... lasst euch genügen an dem, was da ist. Denn der Herr hat gesagt: ‚Ich will dich nicht verlassen ...'" (Hebräer 13,5). **„Sich genügen lassen" heißt mit dem zufrieden zu sein, was man hat.** Wenn du unzufrieden bist, sagst du damit in Wirklichkeit, dass Gott nicht recht für dich sorgt. Wenn du den Herrn Jesus als deinen Retter angenommen hast, verspricht er dir, dich niemals, wirklich niemals, zu verlassen. **Er wird bei dir sein, zu Hause, in der Schule – wo immer du auch bist.** Er wird dir das geben, was du nötig hast. Mit Jesus im Leben kannst du zufrieden sein, so wie du bist – wie du aussiehst, wo du lebst und was du hast.

Immer wenn du anfängst, unzufrieden zu werden, sage dir „Stopp!" und danke Gott für das, was du schon hast. Danke ihm, dass er bei dir ist und sich um alles kümmert, was du nötig hast. Unser Vers sagt: „Die Frömmigkeit aber ist ein großer Gewinn für den, der sich genügen lässt." Wenn du Jesus hast, hast du alles, was du brauchst – und mehr! Bist du heute zufrieden?

Nenne drei Dinge, für die du Gott danken kannst:

____

____

____

So kannst du heute beten: Lieber Gott, danke, dass du es schenkst, dass Jesus immer bei mir ist. Hilf mir, in ihm zufrieden zu sein. Amen.

Lies 1. Thessalonicher 5,18

Was sagt Gott über Gier und Stehlen?

Die Frömmigkeit aber ist ein großer Gewinn für den,
der sich genügen lässt.
1. Timotheus 6,6

Marion liebte Erdbeeren. Eines Abends servierte ihre Mutter Erdbeeren zum Nachtisch. Als sie die Schüssel bekam, nahm Marion so viele daraus, dass nur wenige für ihren Bruder und ihre Schwester übrig blieben. Marion war gierig. Sie war nicht zufrieden damit, einige Erdbeeren zu nehmen und den Rest mit den Geschwistern zu teilen. Sie wollte alles für sich haben.
Gier ist ein starker Wunsch, alles zu bekommen, was du bekommen kannst. **Wenn du gierig bist, denkst du nur an dich selbst.** Die Bibel sagt: „Wer sich auf unehrliche Weise Gewinn verschafft, stürzt seine ganze Familie ins Unglück ..." (Sprüche 15,27).
Kevin bummelt durch ein Kaufhaus und sah sich den Angebotsstand mit DVDs an. Ein Film interessierte ihn besonders, doch er hatte nicht genug Geld dabei, um ihn zu kaufen. Kevin sah sich um, und als er sich unbeobachtet fühlte, schob er die DVD unter seine Jacke und verließ schnell das Kaufhaus. Kevin hatte gerade gestohlen.

Gottes achtes Gebot lautet: „Du sollst nicht stehlen" (2. Mose 20,15). **Stehlen bedeutet, etwas zu nehmen, was dir nicht gehört.** Du solltest mit deinen Händen arbeiten und dir Geld verdienen oder dein Taschengeld sparen, um dir das zu kaufen, was du brauchst. Du darfst es nicht einfach jemand anderem wegnehmen. Gier und Stehlen sind selbstsüchtige Begierden, die dich davon abhalten, zufrieden zu sein.

Was solltest du tun, wenn du versucht bist, gierig zu sein oder zu stehlen?

____

____

____

So kannst du heute beten: Lieber Gott, danke, dass du mich daran erinnerst, dass ich nicht stehlen oder gierig sein soll. Hilf mir, zufrieden zu sein mit dem, was ich habe. Amen.

Lies Epheser 4,28

Was geschah, als Achan habgierig war?

Die Frömmigkeit aber ist ein großer Gewinn für den, der sich genügen lässt.
1. Timotheus 6,6

„Hurra! Uns gehört der Sieg! Gott hat uns den Sieg über Jericho geschenkt." Gott half dem Heer Israels, die große Stadt Jericho zu besiegen. Doch als sie gegen die viel kleinere Stadt Ai in den Kampf zogen, verlor Israel die Schlacht. Josua, der Anführer, kam in tiefer Traurigkeit zu dem Herrn. Gott zeigte Josua, wo das Problem lag: „Israel hat sich versündigt" (Josua 7,11). Jemand hatte etwas Wertvolles aus Jericho gestohlen.

Gott hatte klare Anweisungen gegeben. Alle Schätze aus Jericho sollten in das Haus Gottes gebracht werden. Jeder, der selbst Schätze behalten würde, zog sich Gottes Strafe zu. Während des Kampfes gegen Jericho wurde ein Mann mit Namen Achan habgierig. Er nahm einige wertvolle Sachen und vergrub sie in seinem Zelt. Gott zeigte Josua, dass Achan der Schuldige war. Achan gab zu, was er getan hatte. Achan, seine Familie und sein ganzes Eigentum wurden vernichtet – nur wegen der Gier (Josua 7).

Wenn du in deinem Leben gierig bist, denke daran, dass dies schlimme Folgen für dich haben kann. **Denke daran, auf wie viele andere Menschen sich deine Gier auswirken kann.** Du gibst ein schlechtes Vorbild. Wegen dem, was sie an dir beobachten, hältst du Menschen vielleicht ab, Jesus als ihren Retter anzunehmen.

Wie wirkt sich deine Gier auf andere Menschen aus?

____

____

____

So kannst du heute beten: Lieber Gott, hilf mir, anderen ein Vorbild in der Frömmigkeit zu sein – indem ich mit dem, was mir gehört, zufrieden bin und nicht gierig. Amen.

Lies Josua 7,19-22

Wie kann ich Gier vermeiden?

Die Frömmigkeit aber ist ein großer Gewinn für den, der sich genügen lässt.
1. Timotheus 6,6

Gier ist ein starker Wunsch, etwas zu bekommen. Das Gegenteil von Gier ist Zufriedenheit – zufrieden sein mit dem, was Gott dir gegeben hat. Nur Gott kann dir helfen, zufrieden zu sein. Danke Gott für die Vergebung deiner Sünden und für all die guten Dinge, die du hast. Wenn du zufrieden bist, dann wirst du geben wollen, anstatt dir immer nur selbst Dinge zu wünschen.

Durch Beten und Bibellesen kannst du Gott deine Zeit geben. Du kannst Gott einen Teil deines Taschengeldes bei der Sammlung im Gottesdienst geben. **Du kannst deine Talente und Fähigkeiten in den Dienst Gottes stellen.** Vielleicht kannst du im Gottesdienst ein Lied singen oder ein Musikstück auf einem Instrument spielen. Kannst du gut malen? Dann könntest du ein Bild als Dekoration für euren Gruppenraum malen. Gott etwas zu geben, ist eine großartige Art und Weise, um Gier zu vermeiden.

Gott kann dir auch helfen, anderen etwas zu geben, anstatt gierig zu sein. Du kannst ihnen Bücher oder CDs ausleihen. Du kannst anderen beim Anstehen den Vortritt lassen. Du kannst andere beim Nachtisch zuerst nehmen lassen.

Bitte Gott, dir zu zeigen, wie du helfen kannst, die Bedürfnisse anderer zu erkennen. Lass dir von Gott helfen, zufrieden zu sein. Gib Gott und anderen etwas, dann hast du keine Zeit, gierig zu sein!

Wie kannst du dich vor Gier schützen?

___

___

___

So kannst du heute beten: Lieber Gott, hilf mir, zufrieden zu sein und dir und anderen etwas zu geben, um nicht gierig zu werden. Amen.

Lies Apostelgeschichte 20,33-35

Was sagt Gott über Geduld?

... Ein jeder Mensch sei schnell zum Hören,
langsam zum Reden, langsam zum Zorn.
Jakobus 1,19

„Warte!“, diese Anweisung ist mit am schwersten zu befolgen. Doch Gott gebraucht das Warten, um dich Geduld zu lehren. Geduld ist, wenn du auch in schweren Zeiten oder bei Langeweile ruhig warten kannst. Manchmal lässt Gott im Leben seiner Kinder Schweres geschehen, um ihnen zu helfen, Geduld zu lernen. Das kann eine schwierige Lektion sein!

Die Bibel sagt: „Meine lieben Brüder, erachtet es für lauter Freude, wenn ihr in mancherlei Anfechtungen* fallt, und wisst, dass euer Glaube, wenn er bewährt ist, Geduld wirkt“ (Jakobus 1,2-3). **Schwierige Zeiten in deinem Leben testen deinen Glauben an Gott.** Vielleicht würdest du am liebsten zu Gott sagen: „Hilf mir, dass es mir endlich besser geht!“ oder: „Hilf mir, dass ich bald ein neues Fahrrad bekomme!“ Willst du geduldig sein und weiter für Gott leben, auch wenn er sagt: „Warte “?

* Anfechtungen = schwierige Zeiten

Als Christ kannst du geduldig auf den Herrn warten, da du ja weißt, dass dein Leben unter seiner Herrschaft steht. „Harre* des HERRN! Sei getrost und unverzagt und harre des HERRN!“ (Psalm 27,14). **Wenn du Geduld zeigst, indem du auf den Herrn wartest, dann wirst du stärker.** Das nächste Mal, wenn du eine schwierige Zeit erlebst, dann lass Gott dies gebrauchen, um dich Geduld zu lehren. * harren = warten

Schreibe auf, wie Gott dich Geduld gelehrt hat:

___

___

___

So kannst du heute beten: Lieber Gott, danke für die schwierigen Zeiten in meinem Leben. Hilf mir, geduldig auf dein Wirken zu warten und deinem Plan zu vertrauen. Amen.

Lies Jakobus 1,2-4

Wie belohnte Gott Hiobs Geduld?

... Ein jeder Mensch sei schnell zum Hören,
langsam zum Reden, langsam zum Zorn.
Jakobus 1,19

Hiob war ein reicher Mann. Er hatte 7000 Schafe, 3000 Kamele, 500 Rinder und 500 Esel. Hiob und seine Frau hatten sieben Söhne und drei Töchter.

Aber am wichtigsten ist: Hiob glaubte an Gott. **Die Gemeinschaft mit Gott war Hiob wichtiger als alles.** Doch Gott ließ harte Zeiten in Hiobs Leben kommen. Eines Tages wurden alle seine Rinder, Esel und Kamele von Feinden gestohlen, und seine Schafe starben bei einem Brand. Seine Kinder aßen zusammen in einem Haus. Da kam ein starker Wind, und das Haus fiel zusammen und tötete sie alle. Hiobs Traurigkeit war schlimmer, als du dir vorstellen kannst. Dennoch sündigte Hiob nicht und machte Gott keine Vorwürfe (Hiob 1,14-21).

Danach ließ Gott zu, dass Hiobs ganzer Körper von schmerzhaften Wunden bedeckt wurde (Hiob 2,7). Hiobs Frau meinte: „Sage Gott ab und stirb" (Hiob 2,9). Es konnte nicht mehr viel schlimmer kommen. Dennoch sündigte Hiob nicht durch das, was er sagte. Hiob verlor alles außer seinem Glauben an Gott. Seine Freunde und seine Familie entmutigten ihn, doch Hiob war geduldig. Er glaubte, dass Gott regiert.

Die Bibel erzählt, wie Gott schließlich Hiobs Geduld belohnte. Er gab Hiob doppelt so viel zurück, wie ihm ursprünglich gehört hatte. Er gab Hiob auch wieder Kinder. **Gott gab Hiob mehr, als er am Anfang besaß (Hiob 42,12-13).**

Wie blieb Hiob Gott in allen seinen Schwierigkeiten treu?

____

____

____

So kannst du heute beten: Lieber Herr, hilf mir, in schwierigen Zeiten geduldig zu sein, und lass mich immer treu bei dir bleiben. Amen.

Lies Jakobus 5,11

Wie kann ich geduldig werden?

... Ein jeder Mensch sei schnell zum Hören,
langsam zum Reden, langsam zum Zorn.
Jakobus 1,19

„Ich wünschte, ich hätte einen eigenen Hund", dachte Tom. Er träumte, er würde mit ihm im Garten fangen spielen oder mit ihm auf der Wiese herumtollen. Er hatte seine Eltern gefragt, aber sie sagten, sie könnten sich keinen Hund leisten. Tom beschwerte sich nicht. Er betete und hoffte einfach weiter. Schließlich, nach langer Zeit, waren seine Eltern damit einverstanden, dass er einen Hund bekam. Toms' Geduld wurde belohnt!

Manchmal sagen Gott oder deine Eltern „nein" oder „warte", wenn du sie um etwas bittest wie einen Hund, ein Fahrrad oder ein Spiel. In solchen Zeiten solltest du vor dem Herrn „stille" sein und auf ihn warten (Psalm 37,7). Mach kein Theater und beschwere dich nicht. **Bete einfach weiter und vertraue darauf, dass Gott tut, was am besten ist.**

Vielleicht bittest du Gott um etwas viel Ernsteres – wie die Heilung eines Freundes, der im Sterben liegt oder ein großes Problem in der Familie. Still sein und auf Gott warten ist schwierig. Denke daran, dass Gott die Zukunft kennt. Zur Geduld gehört, dass du weißt: Gott wird das tun, was für dich am besten ist. Vielleicht musst du jahrelang warten. **Geduld bedeutet: Gott vertrauen, dass er zu seiner Zeit das Richtige tun wird.**

Wie hat Gott deine Geduld belohnt?

____

____

____

So kannst du heute beten: Lieber Gott, hilf mir, geduldig zu warten und darauf zu vertrauen, dass du meine Gebete genau zur richtigen Zeit beantworten wirst. Amen.

Lies Psalm 37,5-7a

Was sagt Gott über Zorn?

... Ein jeder Mensch sei schnell zum Hören,
langsam zum Reden, langsam zum Zorn.
Jakobus 1,19

Wann wirst du zornig? Wenn dein kleiner Bruder dein Zimmer verwüstet oder wenn deine Schwester sich deine Kleidung anzieht? Vielleicht geschieht es, wenn deine Eltern „Nein" sagen, wenn du etwas vorhast.

Zorn kann viele Probleme auslösen. Vielleicht sagst oder tust du etwas, wegen dem du später ein schlechtes Gewissen hast. Ärger kann Schuld und Scham verursachen. Er kann deine Freundschaften zerstören. Die Leute sind nicht gern mit einem wütenden Menschen zusammen. Zorn kann sogar deine Gesundheit ruinieren! **Es ist normal, wenn man ab und zu zornige Gefühle hat, aber unkontrollierter Zorn ist Sünde.** Gottes Wunsch für dich ist, dass du in Frieden lebst – mit ihm, mit dir selbst und mit anderen. Das ist nicht immer leicht!

Eine gute Regel ist: „... lasst die Sonne nicht über eurem Zorn untergehen" (Epheser 4,26). Mit anderen Worten: Lasst euer Leben nicht vom Zorn bestimmen. **Wenn du dich von deinem Zorn hast beherrschen lassen, gib es vor Gott zu und bitte um seine Vergebung.** Wenn du auf jemand wütend bist, sprich mit ihm. Versuche, das Problem zu lösen. Vielleicht wirst du sogar um Entschuldigung bitten müssen. Denke an unseren Bibelvers: „... Ein jeder Mensch sei schnell zum Hören, langsam zum Reden, langsam zum Zorn" (Jakobus 1,19).

Wie kann Zorn deinem Leben schaden?

____

____

____

So kannst du heute beten: Lieber Gott, bitte hilf mir, mit anderen geduldig zu sein und möglichst nicht zornig zu werden. Amen.

Lies Psalm 37,7b-8

Ist es überhaupt richtig, zornig zu sein?

... Ein jeder Mensch sei schnell zum Hören,
langsam zum Reden, langsam zum Zorn.
Jakobus 1,19

Eltern hatten ihre Kinder zum Herrn Jesus gebracht. Sie wollten, dass er sie segnete und für sie betete. Doch die Jünger wiesen die Kinder schroff zurück. Als Jesus das sah, war er darüber ungehalten. Er befahl den Jüngern, die Kinder zu ihm kommen zu lassen (Markus 10,13-16).

Ein anderes Mal ging Jesus in den Tempel (Ort der Anbetung). Dort sah er, wie die Leute Tiere kauften und verkauften, Geld wechselten und vielleicht sogar andere betrogen. Sie missbrauchten Gottes heiligen Tempel für ihre eigenen, gierigen Pläne. Da wies Jesus sie hinaus und warf ihre Tische um. Er erklärte: „Mein Haus soll für alle Völker ein Ort des Gebets sein, aber ihr habt eine Räuberhöhle daraus gemacht“ (Markus 11,17).

In diesen beiden Situationen war Jesus ungehalten über die Sünde. **Auch du solltest über die Sünde böse sein.** Es ist richtig, ärgerlich zu werden, wenn dir jemand Drogen anbietet. Du bist zu Recht empört, wenn du hörst, wie Gottes Name als Schimpfwort benutzt wird. Darüber zornig zu sein heißt noch nicht, dass du etwas Falsches tust. Gottes Wort warnt uns jedoch: „Zürnt ihr, so sündigt nicht“ (Epheser 4,26). **Wir sollen ärgerlich über die Sünde sein, aber uns von diesem Zorn nicht beherrschen lassen, damit wir nicht selbst schuldig werden.** Bitte Gott, dir die richtige Einstellung zu geben, besonders wenn es um den Zorn geht.

Warum solltest du über die Sünde zornig sein?

So kannst du heute beten: Lieber Gott, danke, dass du mich belehrt hast über die richtige Art von Zorn. Hilf mir, dass ich meinen Zorn nicht zur Sünde werden lasse. Amen.

Lies Epheser 4,26

Wie lerne ich Selbstbeherrschung?

... Ein jeder Mensch sei schnell zum Hören,
langsam zum Reden, langsam zum Zorn.
Jakobus 1,19

Selbstbeherrschung bedeutet: Du lässt Gott in dir wirken, damit du deine Gedanken, Gefühle und dein Handeln unter Kontrolle hast, anstatt dass du dich davon beherrschen lässt. Jesus hat uns gezeigt, wie man ein Leben mit Selbstbeherrschung führen kann. Als Kind hatte der Herr Jesus die Selbstbeherrschung, seinen Eltern gehorsam zu sein (Lukas 2,41-51). Als Mann zeigte Jesus Selbstbeherrschung, indem er sich weigerte zu sündigen, als er von Satan versucht wurde (Lukas 4,1-13). Auch im Sterben zeigte Jesus Selbstbeherrschung, als er denen vergab, die ihn kreuzigten (Lukas 23,34).
Selbstbeherrschung ist ein Teil der Frucht des Geistes, von der du schon früher in diesem Andachtsbuch erfahren hast (lies noch einmal Andacht Nr. 82). Durch die Kraft des Heiligen Geistes kannst du Selbstbeherrschung bekommen. Lass es zu, dass er kontrolliert, was du denkst, sagst und tust. Halte dich fern von Leuten und Orten, die dich dazu verleiten, deine Selbstbeherrschung zu verlieren.

Gib Gott jeden Morgen die Herrschaft über dich. Du könntest sagen: „Vater, ich gebe dir meinen Mund, damit er die Wahrheit redet. Ich gebe dir meine Hände, um anderen zu helfen. Ich gebe dir meinen Verstand, um reine Gedanken zu denken. Ich gebe dir meine Augen, um dein Wort zu lesen." Selbstbeherrschung zu entwickeln, bedeutet harte Arbeit. **Vertraue auf den Heiligen Geist und lass ihn in dir wirken.**

Auf welchen Gebieten deines Lebens fällt es dir am schwersten, Selbstbeherrschung zu haben?

___

___

___

So kannst du heute beten: Lieber Gott, ich gebe dir jeden Teil meines Lebens, damit er von deinem Geist beherrscht wird. Amen.

Lies Galater 5,22-23

Was sagt Gott über die Freundlichkeit?

Seid aber untereinander freundlich und herzlich
und vergebt einer dem andern,
wie auch Gott euch vergeben hat in Christus.
Epheser 4,32

Würden andere dich als „freundlich" bezeichnen? **Freundlichkeit ist, wenn du andere mit Liebe und Respekt behandelst.** Denke darüber nach, wie freundlich Jesus war, als er auf der Erde lebte. Obwohl die Menschen es nicht verdienten, behandelte er sie freundlich. Er war nett zu den Armen, den Kranken, den Kindern und den älteren Leuten. Er war freundlich zu seinen Freunden und zu seinen Feinden. Er zeigte sogar denen seine Freundlichkeit, die von anderen gehasst wurden.

Das größte Zeichen seiner Liebe und Freundlichkeit war, als Jesus am Kreuz für deine und meine Sünden starb. Er litt willig, blutete und starb einen grausamen Tod, damit uns vergeben werden kann. Er war sogar freundlich zu denen, die ihn umbrachten.

Weil Jesus uns als seinen Kindern solche Freundlichkeit entgegengebracht hat, sollten wir anderen mit der gleichen Freundlichkeit begegnen. Sei zu Hause freundlich, indem du hilfst, ohne dass dich jemand darum bittet. Sei in der Schule freundlich, indem du einem Mitschüler deine Freundschaft anbietest, den sonst niemand zu mögen scheint. Zeige deine Freundlichkeit in der Nachbarschaft, indem du einem älteren Menschen hilfst, den Gehweg zu kehren oder den Müll wegzutragen. Suche nach Möglichkeiten, anderen Gottes Freundlichkeit zu erweisen.

Wie kannst du diese Woche jemandem deine Freundlichkeit zeigen?

____

____

____

So kannst du heute beten: Lieber Gott, ich will anderen Liebe und Freundlichkeit erweisen. Bitte hilf mir dabei. Amen.

Lies Titus 3,4-5

Wie war Abraham freundlich zu Lot?

Seid aber untereinander freundlich und herzlich
und vergebt einer dem andern,
wie auch Gott euch vergeben hat in Christus.
Epheser 4,32

Abraham war ein wohlhabender Mann. Gott hatte ihm befohlen, seine Heimat zu verlassen und in ein neues Land zu ziehen, um dort zu wohnen. Gott hatte Abraham versprochen, dass seine Familie zu einer großen Nation werden und ein Heimatland besitzen würde (1. Mose 12,1-2).

Sein Neffe Lot zog mit Abraham und seiner Frau Sara. Abraham und Lot hatten beide viele Tiere und Knechte. Als sie in dem neuen Land ankamen, bemerkten sie, dass das Land nicht genug Futter und Wasser für all die Tiere hatte. Ihre Knechte stritten sich wegen dieses Problems (1. Mose 12,5; 13,7).

Abraham sagte zu Lot, dass sie sich trennen müssten, damit ihre Herden genug Futter und Wasser bekämen. Gott hatte das Land schon Abraham gegeben, doch Abraham machte Lot ein freundliches, großzügiges Angebot. **Er ließ Lot die erste Wahl.** Lot erwählte das beste Land mit sauberen Brunnen und gutem Boden. Abraham nahm, was übrig war. Er hätte das beste Land für sich behalten können, doch er entschied sich, Freundlichkeit zu beweisen, indem er Lot das bessere Land überließ (1. Mose 13,8-11).

Abraham hat uns ein großartiges Beispiel der Freundlichkeit gegenüber Familienmitgliedern gegeben. Es ist nicht immer einfach, so zu handeln, doch Gott kann dir dabei helfen!

Wie kannst du einem Mitglied deiner Familie Freundlichkeit zeigen?

____

____

____

So kannst du heute beten: Lieber Gott, hab Dank für meine Familie. Hilf mir, jedem aus meiner Familie Freundlichkeit entgegenzubringen, auch wenn es schwer ist. Amen.

Lies 1. Mose 13,8-11

Wie kann ich zu anderen freundlich sein?

Seid aber untereinander freundlich und herzlich
und vergebt einer dem andern,
wie auch Gott euch vergeben hat in Christus.
Epheser 4,32

Zur Freundlichkeit gegenüber anderen gehören deine Gedanken, Worte und dein Handeln. Denkst du zuerst an andere? Merk dir: Jesus zuerst, dann die anderen und zum Schluss du selbst. Das bedeutet: „... achte einer den andern höher als sich selbst" (Philipper 2,3).

Was wir sagen, trägt auch viel zur Freundlichkeit bei. Menschen mögen sagen: „Worte tun mir niemals weh", doch Worte können sehr wehtun. Manche Kinder erinnern sich ein Leben lang an die gemeinen Spitznamen, mit denen sie gerufen worden sind. Erst denken, dann sprechen! Wenn du nichts Gutes zu sagen hast, dann sei einfach still. Überlege dir etwas Freundliches, das du sagen kannst.

Schließlich gehören auch unsere Taten zur Freundlichkeit. Halte Ausschau nach Möglichkeiten, anderen zu helfen. Hilf einem Klassenkameraden, der nicht gut in der Schule ist. Hilf einem Nachbarn beim Rasenmähen. Hilf deiner Mutter, indem du auf deinen kleinen Bruder oder deine kleine Schwester aufpasst. Hilf einem kranken Freund, indem du ihm die Hausaufgaben mitbringst.

Deine Freundlichkeit kann dir helfen, anderen zu zeigen, dass du Christ bist. Vielleicht bekommst du die Gelegenheit, anderen von der großen Freundlichkeit zu erzählen, die der Herr Jesus dir erwiesen hat. Wenn du zu anderen freundlich bist, zeigst du ihnen die Liebe von Jesus.

Nenne drei Möglichkeiten, wie du diese Woche freundlich zu anderen sein willst:

____

____

____

So kannst du heute beten: Lieber Gott, ich will durch meine Gedanken, Worte und Taten anderen deine Freundlichkeit zeigen. Danke, dass du mir dabei hilfst. Amen.

Lies Philiper 2,3-4

Was sagt Gott darüber, anderen zu vergeben?

Seid aber untereinander freundlich und herzlich
und vergebt einer dem andern,
wie auch Gott euch vergeben hat in Christus.
Epheser 4,32

Vergebung heißt, dass ich meinen Zorn loslasse und aufhöre, mich an jemandem rächen zu wollen, der mir wehgetan hat. **Wahre Vergebung kommt von Gott.** Durch die ersten Menschen – Adam und Eva – ist die Sünde in die Welt gekommen. Seitdem haben die einzelnen Menschen Gottes Vergebung nötig. Jesus Christus – Gott, der Sohn – starb am Kreuz, um uns die Vergebung zu ermöglichen.

Wer an Jesus als seinen Retter glaubt, hat Vergebung erhalten. Er ist von seinen Sünden gereinigt. Wenn du den Herrn Jesus als deinen Retter angenommen hast, kannst du ihm für seine Vergebung danken.

Wenn du nun Gottes Vergebung erhalten hast, dann möchte er, dass du anderen vergibst, die dir wehtun. Unser Vers sagt: „Seid aber untereinander freundlich und herzlich und vergebt einer dem andern, wie auch Gott euch vergeben hat in Christus" (Epheser 4,32). **Vergib anderen, weil Gott dir vergeben hat.** Vielleicht hat jemand etwas Schlimmes zu dir gesagt oder dir etwas Gemeines angetan. Halte nicht an deinem Zorn gegen diese Person fest. Denke an all die sündigen Dinge, die Gott dir in deinem Leben schon vergeben hat. Danach vergib dem bereitwillig, der dich verletzt hat. Auch wenn dieser Mensch sich vielleicht nie für das entschuldigt, was er getan hat: Du kannst anderen vergeben, weil Gott dir vergeben hat.

Warum solltest du bereit sein, anderen zu vergeben?

____

____

____

So kannst du heute beten: Lieber Gott, danke für deine Vergebung. Hilf mir, anderen zu vergeben, so wie du mir vergeben hast. Amen.

Lies Kolosser 3,12-13

Wie ging Josef mit seinen Brüdern um?

Seid aber untereinander freundlich und herzlich
und vergebt einer dem andern,
wie auch Gott euch vergeben hat in Christus.
Epheser 4,32

Wenn jemand einen guten Grund hatte, seine Brüder zu hassen, dann war es Josef. Wir haben in diesem Buch schon früher erfahren, wie Josefs Brüder ihn in eine Grube warfen, Mordpläne gegen ihn schmiedeten und ihn schließlich in die Sklaverei verkauften. Mit Gottes Hilfe und Segen wurde Josef der zweitmächtigste Mann in Ägypten. Als eine schwere Hungersnot über das Land hereinbrach, kamen die Leute aus weiter Entfernung, um in Ägypten Getreide zu kaufen.

Eines Tages, als Josef die Nahrungsmittel austeilte, sah er seine zehn älteren Brüder vor sich stehen. Er erkannte sie, aber sie erkannten ihn nicht, weil er nun wie ein Ägypter aussah und sprach. Josef hätte sich an seinen Brüdern rächen können, aber das tat er nicht. Josef vergab ihnen. Er dankte sogar Gott dafür, dass er ihn nach Ägypten gesandt hatte. Josef erkannte, dass Gott seine Brüder gebraucht hatte, um seinen vollkommenen Plan durchzuführen. **Josef vergab voll und ganz.** Er lud seinen Vater, seine Brüder und ihre Familien ein, zu ihm nach Ägypten zu ziehen, wo er für sie sorgen konnte (1. Mose 50,16-21).

Wie Josef solltest auch du lernen, anderen zu vergeben, wie Gott dir vergeben hat. **Nur Gott kann dir die innere Kraft zur Vergebung schenken.**

Josef vergab seinen Brüdern. Warum kann man diese Vergebung mit der Vergebung vergleichen, die du von Gott bekommen hast?

____

____

____

So kannst du heute beten: Lieber Gott, danke, dass du mich etwas über Josef gelehrt hast. Hilf mir, anderen voll und ganz zu vergeben. Amen.

Lies 1. Mose 50,15-21

Wie kann ich denen vergeben, die mich verletzen?

Seid aber untereinander freundlich und herzlich
und vergebt einer dem andern,
wie auch Gott euch vergeben hat in Christus.
Epheser 4,32

Conni saß allein in ihrem Zimmer und weinte. Die älteren Kinder im Schulbus hatten sie wieder geärgert. Conni war verletzt und zornig.

Erik war schockiert. Er hatte zwar seine Eltern spätabends streiten gehört, doch damit hatte er nie und nimmer gerechnet: Sein Vater hatte den Koffer gepackt und war ausgezogen. Nun hatte Erik das Gefühl, er sei schuld daran. Erik war verletzt und traurig.

Jeder wurde schon in seinen Gefühlen verletzt. Manchmal fühlt sich solch eine Verletzung an, als ob man geschlagen oder getreten worden sei. Oft kommt mit der Verletzung der Zorn auf die Person, die die Verletzung verursacht hat. Was kann dir helfen, denen zu vergeben, die dich verletzen? **Denke an Gottes Vergebung.** Nur in seiner Kraft kannst du wirklich vergeben.

Bete für den Menschen, der dich verletzt hat. Bitte Gott, ihn zu verändern. Überlege, was du ihm Gutes tun kannst. Das fällt dir vielleicht schwer. Gott sagt aber nicht: „Sei nur freundlich zu deinen Freunden." Du sollst freundlich zu Freunden und Feinden sein.

Denke daran, wie Jesus denen vergab, die ihn ans Kreuz nagelten und zuschauten, wie er starb. Er sprach: „Vater, vergib ihnen; denn sie wissen nicht, was sie tun!" (Lukas 23,34). Bitte Gott um Hilfe, auch so vergeben zu können.

Wie kannst du denen vergeben, die dich verletzen?

So kannst du heute beten: Lieber Gott, ich bin von anderen verletzt worden. Mit deiner Hilfe vergebe ich jetzt ... (nenne Gott ihre Namen). Amen.

Lies Matthäus 5,44

Was sagt Gott über Ehrlichkeit?

Denn wir sehen darauf, dass es redlich* zugehe
nicht allein vor dem Herrn, sondern auch vor den Menschen.
2. Korinther 8,21

* redlich = ehrlich

Hast du schon einmal das Sprichwort gehört: „Ehrlich währt am längsten"? Auch wenn es nicht in der Bibel steht, ist es doch gut, daran zu denken, wenn du vor einer Entscheidung stehst.

Gott erinnert die Gläubigen daran, „... dass es redlich zugehe nicht allein vor dem Herrn, sondern auch vor den Menschen" (2. Korinther 8,21).

Manchmal kannst du zwischen Ehrlichkeit und Unehrlichkeit wählen. Es gibt Leute, die dir sagen, es sei in Ordnung, unehrlich zu sein, solange du dich nicht dabei erwischen lässt. Die Wahrheit ist: Du wirst erwischt – jedes Mal.

Gott kennt alle deine Taten und sogar deine Gedanken! Der Herr Jesus sieht alles, was du tust.

Handle aber auch ehrlich „vor den Menschen". Andere beobachten dich. Wenn du unehrlich bist, kann es sein, dass andere dir nicht glauben, wenn du ihnen von Jesus erzählst.

Ehrlichkeit ist für Gott so wichtig, dass er sogar will, dass deine Gedanken ehrlich sind. Die Bibel sagt: „Weiter, liebe Brüder: Was wahrhaftig* ist ... darauf seid bedacht!" (Philipper 4,8). Denke daran, dass Gott und andere dich beobachten. Denke und handle ehrlich.

* wahrhaftig = ehrlich, wahr

Woran können andere feststellen, dass du ein ehrlicher Mensch bist?

____

____

____

So kannst du heute beten: Lieber Gott, hilf mir, ehrlich zu denken und zu leben, damit mein Leben dir Ehre macht. Amen.

Lies 2. Korinther 8,20-21

Was geschah, als Jakob unehrlich war?

Denn wir sehen darauf, dass es redlich zugehe nicht allein vor dem Herrn, sondern auch vor den Menschen.
2. Korinther 8,21

Die Bibel erzählt von zwei Männern, Esau und Jakob. Sie waren Zwillinge – doch sehr unterschiedlich. Esau, der zuerst geboren war, ging gern auf die Jagd und hielt sich gern im Freien auf. Jakob arbeitete in der Nähe des Zeltes und kochte gern.

Eines Tages wollte ihr Vater Esau einen besonderen Segen geben. Jakob beschloss, seinen Vater zu betrügen, damit er anstelle von Esau den Segen bekam. Mit Hilfe seiner Mutter Rebekka bereitete er eine Mahlzeit zu. Danach band Rebekka Ziegenhäute um Jakobs Nacken und Hände. Der unehrliche Jakob brachte das Essen in das Zelt seines Vaters. Er gab seinem Vater das Essen und tat so, als ob er Esau wäre.

Isaak war wahrscheinlich über 100 Jahre alt. Er konnte nicht mehr gut sehen. Isaak streckte seine Hand aus und berührte die Hände seines Sohnes – sie waren behaart wie Esaus Hände. „Das muss Esau sein", dachte Isaak. Er nahm das Essen zu sich und segnete seinen Sohn. Jakob hatte seinen Vater betrogen! Als Esau zurückkam, war er wütend über das, was Jakob getan hatte. „Ich bringe meinen Bruder Jakob um", schrie Esau (1. Mose 27,41).
Jakob musste viele Jahre lang im Ausland leben. Später war Jakobs Schwiegervater oft unehrlich gegen ihn. **Oft wird das, was du anderen tust, dir auch angetan.** Welche traurigen Dinge geschahen in dieser Familie – und das alles nur wegen Unehrlichkeit.

Wie kann deine Unehrlichkeit anderen Familienmitgliedern schaden?

____

____

____

So kannst du heute beten: Lieber Gott, hilf mir, zu meiner Familie und zu meinen Freunden ehrlich zu sein. Amen.

Lies 1. Mose 27,41-43

Wie kann ich ehrlich sein in allen Dingen?

Denn wir sehen darauf, dass es redlich zugehe
nicht allein vor dem Herrn, sondern auch vor den Menschen.
2. Korinther 8,21

Dirk und sein Bruder David machen gern Wettspiele. Da Dirk der Ältere ist, schreibt er den Spielstand auf. David ist nicht besonders gut im Rechnen. Darum ist er froh, wenn Dirk die Punkteliste führt. Eines Nachmittags ist Dirk am Verlieren. Er denkt darüber nach, ob er nicht seinem Ergebnis ein paar Extrapunkte hinzufügen sollte. David würde es nicht merken. Was soll Dirk machen? Ist das wirklich so schlimm? Es ist ja nur ein Spiel.

Anita geht in den Supermarkt, um einige Sachen für ihre Mutter einzukaufen. Sie bezahlt die Waren, doch als die Kassiererin ihr das Wechselgeld gibt, merkt Anita, dass sie ihr 20 Cent zu viel herausgegeben hat. Was soll Anita tun? Macht das wirklich etwas aus? Es sind ja nur 20 Cent.

Aber vor Gott macht dies etwas aus. **Er möchte, dass deine Worte, Gedanken und Taten ehrlich sind.** Denke daran: Gott sieht alles, was du tust. Er weiß, wenn du ein Spielergebnis änderst oder zu viel gezahltes Wechselgeld behältst. Auch kleine Dinge machen ihm etwas aus.

Wenn andere sehen, dass du in kleinen Dingen ehrlich bist, dann vertrauen sie dir oft größere Aufgaben an und geben dir mehr Verantwortung. **Denke ehrlich, und dann handle auch ehrlich**. Es wird Gott gefallen, wenn du das tust.

Warum ist es wichtig, auch in kleinen Dingen ehrlich zu sein?

____

____

____

So kannst du heute beten: Lieber Gott, hilf mir, für dich ehrlich zu sein – auch in kleinen Dingen. Amen.

Lies Lukas 16,10

Was sagt Gott über Angst?

Wenn ich mich fürchte, so hoffe ich auf dich.
Psalm 56,4

König David wusste, was es heißt, Angst zu haben. Er erlebte viel Furchterregendes. Als Hirtenjunge musste er seine Schafe vor wilden Tieren schützen. Als junger Mann kämpfte David gegen einen Riesen, der ganz Israel eingeschüchtert hatte.

Später, als Erwachsener, führte David sein Heer in viele Schlachten und sein Leben war sehr oft bedroht. Dennoch: Bei all diesen furchterregenden Erlebnissen wusste David, was er gegen seine Angst tun konnte.

In Psalm 23,4 sagt David zu Gott: „Und ob ich schon wanderte im finstern Tal, fürchte ich kein Unglück, denn du bist bei mir." In einem anderen Psalm betet er: „Wenn ich mich fürchte, so hoffe ich auf dich" (Psalm 56,4). David erinnerte sich oft selbst daran, dass Gott da war, wo immer er auch hinging. **Gott war immer bei ihm.**

Es ist natürlich, wenn du manchmal Angst hast. Dennoch: Wenn du Jesus als deinen Retter angenommen hast, dann kannst du dir sicher sein, dass Gott die ganze Zeit über bei dir ist. Er hat in seinem Wort versprochen: „Ich will dich nicht verlassen ..." (Hebräer 13,5). **Er ist bei dir – jeden Augenblick an jedem Tag, wo auch immer du hingehst.** Wenn du Angst hast, dann mache es so wie David. Denke daran, dass Gott bei dir ist, und setze dein Vertrauen auf ihn.

Was tat David, als er Angst hatte?

____

____

____

So kannst du heute beten: Lieber Gott, danke, dass du immer bei mir bist. Hilf mir, dir zu vertrauen, wenn ich Angst habe. Amen.

Lies Psalm 23,4

Was taten die Jünger von Jesus, als sie Angst hatten?

Wenn ich mich fürchte, so hoffe ich auf dich.
Psalm 56,4

„Rudert um euer Leben! Wir sinken sonst!“ Die Jünger von Jesus hatten schreckliche Angst. Sie hätten nie gedacht, dass ihr Tag mit Jesus in solcher Angst enden würde.

Der Herr Jesus Christus hatte am Ufer des Sees von Galiläa gelehrt. Als der Abend kam, stiegen er und seine Jünger in ein kleines Boot, um auf die andere Seite des Sees zu fahren. Als sie losfuhren, schlief Jesus bald im Boot ein.

Dann kam ein starker Sturm auf. Die Wellen schlugen über die Bootswände, und die Jünger versuchten, das Boot vor dem Sinken zu retten. Sie fürchteten um ihr Leben, weckten Jesus auf und schrien: „Meister, fragst du nichts danach, dass wir umkommen?“ (Markus 4,38). Jesus stand auf und sprach zu dem Wind und zu den Wellen: „Schweig und verstumme.“ Er erteilte ihnen Befehle (Markus 4,39). Sofort hörten der Wind und die Wellen auf. Alles war still.

Jesus sprach zu seinen Jüngern: „Was seid ihr so furchtsam? Habt ihr noch keinen Glauben?“ (Markus 4,40). Die Jünger merkten, dass Jesus – Gott, der Sohn – große Macht über alles hatte. **Jesus wollte, dass sie lernten, ihm zu vertrauen, wenn sie Angst hatten.** Jesus möchte, dass auch du diese Lektion lernst!

Schreibe auf, wie es war, als du schon einmal Angst hattest und Jesus dir half, mutig zu sein:

____

____

____

So kannst du heute beten: Lieber Gott, danke, dass du bei mir bist. Hilf mir, dir zu vertrauen, wenn ich Angst habe. Amen.

Lies Markus 4,35-40

272

FÜR GOTT LEBEN

Was sollte ich tun, wenn ich Angst habe?

Wenn ich mich fürchte, so hoffe ich auf dich.
Psalm 56,4

Was macht dir Angst? Vielleicht die Dunkelheit, ein Gewitter oder etwas Ähnliches? Vielleicht hast du Angst, wenn du allein zu Hause bist, oder wenn du vor der ganzen Klasse etwas vortragen musst. Manchmal machen ernsthafte Probleme dir Angst, wie Krankheit oder die Scheidung der Eltern.

Ob die Angst eine kleine oder eine große Ursache hat – sie kann ein schlimmes Problem sein. Die Angst kann sogar deinem Körper schaden und dich krank machen. **Angst ist etwas Natürliches, das Gott in die Menschen hineingelegt hat.** Sie hilft dir, vor Gefahren zu entkommen. Doch wenn die Angst dich beherrscht, wird sie zum Problem.

Gottes Lösung für das Problem der Angst ist, ihm zu vertrauen. Nichts, was geschieht, kann Gott je überraschen. Er herrscht über alles. Hier ist ein besonderes Versprechen von Gott, an das du denken kannst, wenn du Angst hast: „... Sei mutig und entschlossen! Lass dich nicht einschüchtern, und hab keine Angst! Denn ich, der Herr, dein Gott, bin bei dir, wohin du auch gehst" (Josua 1,9). Gott ist bei dir, egal was geschieht. Sprich mit ihm über das, was dir Angst macht. Sage dir selbst diesen Vers auf und glaube dem, was er sagt. **Vertraue auf Gott, wenn du Angst hast. Er wird dich nie im Stich lassen!**

Was willst du tun, wenn du das nächste Mal Angst hast?

____

____

____

So kannst du heute beten: Lieber Gott, wenn ich Angst habe, dann hilf mir, daran zu denken, dass du bei mir bist. Hilf mir, auf dich zu vertrauen. Amen.

Lies Josua 1,9

Prima,

du hast alle Andachten zum Thema „Für Gott leben“ durchgelesen.

Nun kannst du deine Entdecker-Seite „Für Gott leben“ ausfüllen. Du hast sie mit dem Brief erhalten, in dem wir dir deine Entdecker-Seite Nr. 8 zurückgeschickt haben.

Wenn du die Entdecker-Seite Nr. 9 fertig ausgefüllt hast, dann falte sie an der Linie und stecke sie in einen Briefumschlag. Wenn du möchtest, lege auch den Zettel mit deinen Gebetsanliegen bei. Klebe eine Briefmarke auf den Umschlag und sende alles an die Adresse vom KEB-Mailbox-Club.

Jetzt

darfst du deine Entdecker-Seite Nr. 9 einschicken!

Wir werden uns deine Antworten ansehen und sie wieder mit einigen persönlichen Sätzen und deiner Entdecker-Seite Nr. 10 an dich zurückschicken.

Freue dich darauf, in den nächsten Andachten mehr über „Gott vertrauen“ zu erfahren.

Dein KEB-Mailbox-Club

Gott vertrauen

Was ist Gottes Vorsehung?

Wir wissen aber, dass denen, die Gott lieben,
alle Dinge zum Besten dienen ...
Römer 8,28

Sicher hast du schon Puzzles zusammengesetzt. Wenn du die Teile aus dem Karton schüttest, herrscht zunächst ein ziemliches Durcheinander! Und doch hat jedes Teil einen speziellen Platz. Wenn alle Teile am richtigen Platz liegen, dann ergeben sie ein schönes Bild!

Gott hat einen Plan für dein Leben. Dieser Plan besteht auch aus vielen Teilen. Gott hat viel Gutes für dich geplant. Er lässt aber auch schwere Dinge in deinem Leben geschehen. Wie bei einem großen Puzzle setzt Gott alle diese Dinge auf seine besondere Art zusammen. Dies nennt man Vorsehung. „Vorsehung" bedeutet, dass Gott immer für seine Kinder sorgt und alles, was in ihrem Leben geschieht, unter seiner Kontrolle hat. Die Bibel sagt: „Wir wissen aber, dass denen, die Gott lieben, alle Dinge zum Besten dienen ..." (Römer 8,28).

Manchmal verstehst du nicht, warum dir etwas passiert, doch bei Gott gibt es keine Überraschung. Du kannst Gott für seine Vorsehung danken, auch wenn du nicht sehen kannst, wie das Puzzle zusammengehört. **Versuche jeden Tag zu erkennen, wo und wie Gott wirkt.** Gott weiß und tut immer, was am besten für dich ist. Danke ihm heute für seine Vorsehung.

Wie hast du Gottes Fürsorge und Herrschaft erlebt?

____

____

____

So kannst du heute beten: Lieber Gott, danke für deine Vorsehung. Hilf mir, dir in allem zu vertrauen, was in meinem Leben geschieht. Amen.

Lies Römer 8,28-29

Hat Gott ein Ziel für mein Leben?

Wir wissen aber, dass denen, die Gott lieben,
alle Dinge zum Besten dienen ...
Römer 8,28

Warum gibt es mich? Viele Leute haben diese Frage gestellt. Gibt es einen Grund dafür, dass Gott dich auf dieser Welt leben lässt? Die Antwort ist „Ja". Gott tut alles aus einem bestimmten Grund. Viele Menschen meinen, nur dafür da zu sein, damit das Leben auf unserem Planeten weitergeht. **Aber Leben bedeutet so viel mehr, als einfach nur da zu sein.**

Gott hat dich als etwas Besonderes geschaffen, nach seinem vollkommenen Plan. Es gibt keinen zweiten Menschen so wie dich, selbst wenn du einen Zwillingsbruder oder eine Zwillingsschwester hast! Deine Persönlichkeit, die Art, wie du über die Dinge denkst; was dich zum Lachen oder zum Weinen bringt – all das unterscheidet dich von anderen. Gott hat dich absichtlich so geschaffen. Du bist einzigartig!

Gott hat auch ein Ziel (einen Plan), was aus dir werden soll. Er möchte, dass dein Leben ihn verherrlicht (ehrt). In der Bibel sagt Gott: „Denn ich weiß wohl, was ich für Gedanken über euch habe, spricht der HERR: Gedanken des Friedens und nicht des Leides, dass ich euch gebe das Ende, des* ihr wartet" (Jeremia 29,11). Gott hat gute Pläne für dein Leben. In seiner Voraussicht lässt er nur das zu, was am besten ist. Auch wenn Schweres geschieht: Denke daran, dass Gott ein Ziel für dich hat. **Er hat einen Plan, den er zu deinem Besten und zu seiner Ehre ausführt.**

* des = auf das

Schreibe drei Merkmale auf, die dich von deinem Freund oder deiner Freundin unterscheiden:

____

____

____

So kannst du heute beten: Lieber Gott, danke, dass du mich einmalig geschaffen hast. Danke, dass du ein gutes Ziel für mein Leben hast. Ich vertraue darauf, dass du deinen Plan für mich vollendest. Amen.

Lies Psalm 139,16-18

Was war Gottes Ziel für Josef?

Wir wissen aber, dass denen, die Gott lieben,
alle Dinge zum Besten dienen ...
Römer 8,28

Die Bibel erzählt von einem jungen Mann mit dem Namen Josef. Er wuchs zusammen mit zehn älteren Brüdern auf! Der Vater liebte Josef am meisten von allen. Er schenkte Josef sogar einen wunderschönen Mantel. Aber Josefs Brüder waren eifersüchtig.

Eines Tages waren die Brüder auf einem Feld und passten auf die Schafe ihres Vaters auf. Da sahen sie Josef kommen. Sie nahmen ihm seinen schönen Mantel ab und warfen ihn in eine tiefe Grube. Später verkauften sie Josef als Sklaven. Josef musste noch viele weitere schwere Zeiten erleben. Er kam sogar in Ägypten ins Gefängnis für etwas, das er nicht getan hatte. Als Josef im Gefängnis war, hatte der König einen seltsamen Traum. Gott gab Josef Weisheit, den Traum zu verstehen. Der König belohnte Josef, indem er ihm eine wichtige Aufgabe gab. Gott gab Josef den Gedanken, viel Getreide aufzubewahren, denn bald würde es kein Essen mehr geben. Josef gehorchte und viele Menschen wurden so vor dem Verhungern gerettet. (1. Mose 37–41)

Gott hatte für Josefs Leben gute Pläne, auch wenn es manchmal sehr schwierig war. **Gottes Ziel für Josef war, dass er lernte, ihm zu vertrauen und zu gehorchen.** Die schweren Zeiten bereiteten Josef auf die wichtige Arbeit vor, die Gott ihm geben wollte. Josef folgte Gottes Plan und sein Leben verherrlichte Gott (zeigte, dass Gott allmächtig ist).

Wie sorgte Gott für Josef? Schreibe zwei Begebenheiten auf:

___

___

___

So kannst du heute beten: Lieber Gott, danke für die guten Pläne, die du für Josef hattest. Bitte hilf mir, dir zu vertrauen und zu gehorchen wie Josef. Amen.

Lies 1. Mose 45,4-8

Wie reagiert Josef auf schwere Zeiten?

Wir wissen aber, dass denen, die Gott lieben,
alle Dinge zum Besten dienen ...
Römer 8,28

Stell dir vor, du würdest von deiner Familie gehasst werden. Stell dir vor, du würdest als Sklave verkauft. Stell dir vor, du würdest ins Gefängnis geworfen für etwas, das du nicht getan hast. Diese schlimmen Dinge geschahen mit Josef – wie in der Bibel berichtet wird.

Wie reagierte er darauf? Wurde er zornig auf Gott? Wollte er sich an seinen Brüdern rächen? Nein! **Obwohl es schwer war, vertraute Josef auf Gott und gehorchte ihm**. Er arbeitete schwer und machte seine Sache so gut er nur irgend konnte. Nach schwierigen Zeiten wurde Josef in Ägypten ein wichtiger Mann.

Eines Tages kamen seine Brüder, um Getreide zu kaufen. Sie erkannten Josef nicht, aber er erkannte sie. Josef hatte die Macht, sie zu bestrafen. Doch anstatt sie zu bestrafen, vergab Josef ihnen! Er sprach: „Ihr wolltet mir Böses tun, aber Gott hat Gutes daraus entstehen lassen ..." (1. Mose 50,20). Josef sorgte den Rest seines Lebens für seine Familie.

Josef sah, dass alles, was geschehen war, ein Teil von Gottes Plan war. Gott hatte für ihn gesorgt und sein Ziel mit ihm erreicht. Auch wenn Menschen vielleicht böse Pläne haben: **Gottes gute Pläne können nicht umgestoßen werden.** Josef reagierte auf seine schweren Zeiten mit Vergebung und Vertrauen auf Gottes Führung. Wie reagierst du auf schwierige Zeiten?

Wie solltest du auf schwierige Zeiten in deinem Leben reagieren?

____

____

____

So kannst du heute beten: Lieber Gott, danke, dass du die traurigen Dinge in meinem Leben in deine Hand nimmst und etwas Gutes daraus werden lässt. Hilf mir, zu vergeben und dir zu vertrauen. Amen.

Lies 1. Mose 50,18-20

Was war Gottes Ziel für Ester?

Wir wissen aber, dass denen, die Gott lieben,
alle Dinge zum Besten dienen ...
Römer 8,28

Ester konnte gut ein Geheimnis für sich behalten. Sie war ein junges Mädchen, das vor langer Zeit in Persien lebte. Die Bibel berichtet uns, wie sie zur Königin erwählt wurde. Königin Ester hatte ein Geheimnis, das noch nicht einmal der König kannte. Ihr Onkel Mordechai hatte sie ermahnt, nicht zu sagen, dass sie Jüdin war.

Ein stolzer Mann mit Namen Haman arbeitete für den König. Er sah es gern, wenn die Leute sich vor ihm verbeugten, um ihn zu ehren. Mordechai weigerte sich, sich vor irgendjemand anderem zu verbeugen außer vor Gott. Haman wurde zornig. Er erfuhr, dass Mordechai ein Jude war. Haman stellte ein schreckliches Gesetz auf. An einem bestimmten Tag sollten alle Juden umgebracht werden. Mordechai berichtete Ester von dem Gesetz. Er wollte, dass sie den König um Hilfe bitten sollte, doch Ester hatte Angst. Wenn sie ohne Einladung zum König ging, konnte er sie töten lassen. Ester sagte zu Mordechai, sie könne es nicht tun. Mordechai sandte ihr eine Antwort: Er teilte ihr mit, dass Gott sie vielleicht gerade für diese Zeit zur Königin eingesetzt hatte. (Ester 1-4)

Gott hatte eine besondere Absicht, als er Ester Königin werden ließ. Sie war genau am richtigen Platz, um das jüdische Volk zu retten. Vertraute Ester auf Gottes Plan für sie? Würdest du ihm an Esters Stelle vertrauen?

Was würdest du tun, wenn du Ester wärst?

____

____

____

So kannst du heute beten: Lieber Gott, danke, dass du einen besonderen Platz für mich hast. Schenke mir Mut, deinem Plan zu vertrauen. Amen.

Lies Ester 4,12-14

Wie reagierte Ester in schwierigen Zeiten?

Wir wissen aber, dass denen, die Gott lieben,
alle Dinge zum Besten dienen ...
Römer 8,28

Ester hatte es sehr schwer. Sie wollte ihrem Volk helfen, doch sie hatte Angst, zum König zu gehen. Ester kannte den wahren und lebendigen Gott. **Sie glaubte, dass Gott sie aus einem besonderen Grund hatte Königin werden lassen.** Ester vertraute auf Gottes Plan.

Sie sandte Mordechai diese Botschaft: „So geh hin und versammle alle Juden, ... dass ihr nicht esst und trinkt drei Tage lang ..." (Ester 4,16). Auf Nahrung zu verzichten, heißt „fasten". Wenn die Leute in der Bibel fasteten, dann nutzten sie diese Zeit gewöhnlich zum Gebet. Nach drei Tagen wollte Ester zum König gehen und für ihr Volk bitten. **Sie wusste, dass sie auf Gottes Plan vertrauen konnte, auch wenn das bedeuten konnte, dass sie sterben musste.**

Nach drei Tagen Fasten trat Ester vor den mächtigen König. Zu ihrer Erleichterung hieß er sie willkommen! Sie sprach mit ihm über Hamans bösen Plan. Der König ließ Haman daraufhin töten. Das einmal erlassene Gesetz konnte nicht geändert werden, aber es wurde ein neues Gesetz verfasst. Die Juden durften sich gegen ihre Feinde verteidigen. Gott gebrauchte Ester, um das jüdische Volk zu retten.

Wie reagierte Ester in schwerer Zeit? Sie tat zwei Dinge, und dies ist das Beste, was jemand in solcher Not tun kann: **Sie betete und sie vertraute auf Gott!** Denkst du daran, zu beten und Gott zu vertrauen, wenn du schwierige Zeiten erlebst?

In welcher Schwierigkeit deines Lebens ist es nötig, dass du betest und Gott vertraust? Schreibe es auf:

____

____

____

So kannst du heute beten: Lieber Gott, danke, dass ich in jeder Lage zu dir beten und dir vertrauen kann. Hilf mir, daran zu denken, wenn ich es schwer habe. Amen.

279

GOTT VERTRAUEN

Lies Ester 4,15-16

Was ist Gottes Ziel für mich?

Wir wissen aber, dass denen, die Gott lieben,
alle Dinge zum Besten dienen ...
Römer 8,28

Du lebst vielleicht nicht in einem Palast, so wie Josef oder Ester. Vielleicht wohnst du in einem großen Mietshaus in einer dicht bevölkerten Stadt. Vielleicht lebst du bei deinem Stiefvater oder deiner Stiefmutter und mit vielen Geschwistern. **Wo auch immer du lebst und wie auch immer deine Familie aussieht: Gott hat ein Ziel für dich.**

Ricardo nahm Jesus an, als er acht Jahre alt war. Er lebte in einer gefährlichen Umgebung. Dort gab es Banden und Drogen und Waffen. Ricardo wusste, dass es Gott nicht gefiel, wenn er Mitglied einer Bande wurde.
Manchmal fragte Ricardo sich: „Hat Gott ein Ziel für mich?" Um die Antwort zu finden, las er in der Bibel, betete und vertraute auf Gott. Er suchte nach Möglichkeiten, Gott zu ehren (zu zeigen, wie wichtig und wertvoll ihm Gott war). Wann immer er die Gelegenheit hatte, erzählte Ricardo seinen Freunden von Jesus. Einige von ihnen nahmen auch den Herrn Jesus an. Ricardo ging auch in eine Gemeinde. Er sang im Chor. Ebenso half er mit bei einem Kinderprogramm nach der Schule.

Was war Gottes Ziel für Ricardo? – Gott zu ehren und als helles Licht in seiner Nachbarschaft zu leuchten!

Das ist auch Gottes Ziel für dich. **Gott hat dir Möglichkeiten gegeben, ihn zu ehren.** Über viele dieser Möglichkeiten hat er dir etwas in der Bibel gesagt. Bitte ihn, dir jeden Tag zu zeigen, was du tun kannst, um ihn zu ehren.

Nenne drei Möglichkeiten, wie du Gott in deiner Nachbarschaft ehren kannst (zeigen kannst, wie wichtig und wertvoll dir Gott ist):

___

___

___

So kannst du heute beten: Lieber Gott, danke, dass ich ein helles Licht in meiner Nachbarschaft sein kann. Hilf mir, nach Möglichkeiten zu suchen, um zu zeigen, wie wichtig und wertvoll du mir bist. Amen.

Lies Epheser 1,11-12

Wie sollte ich auf schwere Zeiten reagieren?

Wir wissen aber, dass denen, die Gott lieben, alle Dinge zum Besten dienen ...
Römer 8,28

„Das ist ungerecht!" – „Warum passieren mir immer solche schlimmen Dinge?" Hast du schon einmal so etwas oder etwas Ähnliches gesagt? Oder gedacht? Wir alle gehen im Leben durch schwere Zeiten. Krankheit in der Familie oder Scheidung können schlimme Erfahrungen sein, die du durchmachen musst. Vielleicht hat deine Familie keine geeignete Wohnung, weil deine Eltern beide arbeitslos sind. Vielleicht lachen andere dich aus, weil du ein Christ bist.

Wie leicht kann es dir dann passieren, dass du in schwierigen Zeiten auf Gott zornig wirst. Du denkst vielleicht: „Wenn Gott mich wirklich lieben würde, dann würde er diese Not nicht zulassen." Das stimmt nicht. **Gott hat dich immer lieb und sorgt für dich!** Er lässt immer seinen Plan in deinem Leben geschehen. Gott nützt schwierige Zeiten, um dir zu helfen, ihm mehr zu vertrauen. So werden andere sehen, dass Jesus in dir wirkt, und dein Leben wird Gott ehren.

Wenn schwierige Zeiten kommen, dann denke daran: Gott ist souverän – er regiert! Er weiß um alles, was dir geschieht, und er lässt nur das zu, was am besten ist. Sage Gott, wie du dich fühlst. Bitte ihn, dir zu helfen, ihm zu vertrauen. Bitte ihn, dich innerlich ruhig zu machen. Danach warte geduldig darauf, dass Gott die Dinge zum Guten wenden wird.

Was ist Gottes Ziel für dein Leben? Was meinst du?

____

____

____

So kannst du heute beten: Lieber Gott, danke, dass du ein Ziel für mich hast. Hilf mir, dir zu vertrauen und darauf zu warten, dass du deinen Plan ausführst. Amen.

Lies Römer 8,38-39

Warum gibt es Leid in der Welt?

Der Gott aller Gnade aber, ...
der wird euch, die ihr eine kleine Zeit
leidet, aufrichten, stärken, kräftigen, gründen.
1. Petrus 5,10

Warum kann im Leben nicht immer alles gut gehen? Warum muss es Leid geben? **Gott möchte, dass du stark und ihm ähnlich wirst.** Das heißt: Manchmal erlaubt er, dass du leidest.

Leiden heißt, körperliche Schmerzen oder verletzte Gefühle zu haben. Manche Menschen leiden unter Krankheit und Schmerzen. Andere leiden wegen Traurigkeit, Zorn oder verletzten Gefühlen. Es gab kein Leid auf der Welt, bis Adam und Eva, die ersten Menschen, sündigten. **Ein Ergebnis dieser Sünde ist, dass Leid in diese Welt kam.** Nun macht jeder Leidenszeiten durch.

Manchmal lässt Gott Leid zu, weil er dir helfen will, ihm ähnlicher zu werden. Leiden kann dir helfen, geduldiger zu werden, während du auf Gottes Wirken wartest. Leiden kann dir helfen, Mut zu haben, während du darauf vertraust, dass Gott sich um dich kümmert.

Gott lässt dich mit deinem Leid nicht allein. Er ist immer da, um dir zu helfen. **Eines Tages wird Gott seine Kinder von allem Leid befreien.** Bis dahin vertraue darauf, dass er bei dir ist. Lass dir von ihm helfen, innerlich ruhig zu sein, während du leidest. Lass Gott das Leid in deinem Leben benutzen, um dir zu helfen, stark zu werden.

Gibt es etwas, das vielleicht Leid in dein Leben bringen kann? Schreibe es auf und dann sprich mit Gott darüber:

____

____

____

So kannst du heute beten: Lieber Gott, danke, dass du gut und weise bist. Danke, dass du in meinem Leid bei mir bist. Hilf mir, dir zu vertrauen. Amen.

Lies 1. Petrus 5,10-11

Wie kann ich Trost im Leiden finden?

Der Gott aller Gnade aber, ...
der wird euch, die ihr eine kleine Zeit
leidet, aufrichten, stärken, kräftigen, gründen.
1. Petrus 5,10

Erinnerst du dich noch an den Mann, der mehr als die meisten Leute gelitten hat? Sein Name ist Hiob. Hiobs Kinder kamen bei einem Sturm ums Leben. Er verlor sein Haus, alles, was er besaß. Außerdem hatte er eine schlimme Krankheit. Einige Leute sagten, Gott würde ihn bestrafen, aber Hiob wusste, dass Gott sich um ihn kümmerte. Er sprach mit Gott über seine Probleme und wie er sich fühlte. (Hiob 1)

Wenn du leidest, dann tu, was Hiob tat. Du fühlst dich vielleicht zornig. Vielleicht meinst du, Gott würde nicht auf dich achten. **Doch Gott kümmert sich um dich. Sprich mit ihm über deine Probleme.** Bitte ihn, dir zu helfen, geduldig und tapfer zu sein.

Gott tröstet seine Kinder vor allem durch sein Wort. Wenn du eine Bibel hast, dann lies einige Verse im Buch der Psalmen. Gottes Wort sagt, dass wir durch Geduld und den Trost der Bibel Hoffnung haben können (Römer 15,4).

Wenn du mit Gott sprichst und in der Bibel liest, gibt er dir vielleicht eine Antwort auf dein Problem. Es kann aber auch sein, dass er dich auf eine andere Weise tröstet. Vielleicht wird er dich einfach daran erinnern, dass er dich liebt und einen Plan für dein Leben hat. Sei wie Hiob und vertraue darauf, dass Gott am Werk ist – auch in deinem Leiden. **Lass dich von Gott trösten.**

Schreibe zwei Möglichkeiten auf, wie Gott dich trösten kann, wenn du leidest:

____

____

____

So kannst du heute beten: Lieber Gott, danke, dass du mich tröstest, wenn ich leide. Danke für dein Wort, das mir Hoffnung gibt. Hilf mir, auf deinen Plan zu vertrauen. Amen.

Lies Hiob 1,21-22

Was bedeutet Verfolgung?

Der Gott aller Gnade aber, ...
der wird euch, die ihr eine kleine Zeit
leidet, aufrichten, stärken, kräftigen, gründen.
1. Petrus 5,10

Weißt du schon, dass manche Menschen leiden müssen, weil sie an Jesus glauben? **Das Leiden für den Glauben wird, wenn es sehr schlimm ist, „Verfolgung" genannt.**
Deine Familienmitglieder oder Freunde verstehen vielleicht nicht, warum du Jesus als deinen Retter angenommen hast. Sie machen sich vielleicht lustig über dich oder sind auf andere Weise gemein zu dir. Dein Feind, Satan, möchte, dass du entmutigt bist oder auf Gott zornig wirst, wenn die Menschen dir so begegnen. Er will dich davon abhalten, dass du anderen von Jesus erzählst.

Gottes Wort sagt: „Leidet er aber als ein Christ, so schäme er sich nicht, sondern ehre Gott mit diesem Namen" (1. Petrus 4,16). Wie kannst du Gott ehren, wenn du verfolgt oder benachteiligt wirst? Die Bibel erzählt von einem Mann mit Namen Stephanus. Er glaubte an Jesus als seinen Retter. Er erzählte anderen von Jesus. Einige Leute hassten Stephanus deshalb und wollten ihn loswerden. Sie bewarfen ihn mit Steinen, bis er tot war. Doch während Stephanus starb, war er mutig und zuversichtlich. Er betete und sah, dass Jesus auf ihn wartete, um ihn im Himmel willkommen zu heißen. Stephanus ehrte Gott auch im Sterben (Apostelgeschichte 7,57-60).

Du wirst vielleicht niemals verfolgt wie Stephanus. **Wenn du jedoch auf eine andere Art verfolgt oder benachteiligt wirst, bitte Gott, dir Mut zu schenken, ihn zu ehren (zu zeigen, dass er dir wichtig ist).**

Was solltest du tun, wenn du verfolgt oder benachteiligt wirst, weil du an Jesus glaubst?

____

____

____

So kannst du heute beten: Lieber Herr, danke, dass du bei mir bist, sogar dann, wenn ich verfolgt werde. Hilf mir, dich mit meinen Worten und meiner Einstellung zu ehren. Amen.

Lies Apostelgeschichte 7,57-60

Was sollte ich tun, wenn ich verfolgt oder benachteiligt werde?

Der Gott aller Gnade aber, ...
der wird euch, die ihr eine kleine Zeit
leidet, aufrichten, stärken, kräftigen, gründen.
1. Petrus 5,10

Larissa ist zu einer Geburtstagsparty eingeladen. Es gibt Pizza. Wie gewohnt, will sie Gott vor dem Essen danken. Sie schließt die Augen und faltet die Hände. Als Larissa die Augen wieder öffnet, platzen alle lachend heraus: „Was machst du denn da?" Larissa wird rot und fühlt sich schrecklich. Sie ist gerade für ihr Christsein ausgelacht worden. So kann Verfolgung bei uns aussehen. In anderen Ländern ist das noch schlimmer.
Warum lässt Gott zu, dass seine Leute verfolgt werden? Manchmal lässt er die Verfolgung zu, weil sie uns hilft, zu lernen, fester auf ihn zu vertrauen. Vielleicht braucht Gott auch dein Vorbild, um andere, die leiden müssen, zu ermutigen.

Was solltest du machen, wenn du verfolgt oder benachteiligt wirst?

1. Denke daran: **Egal was passiert, Gott hat alles unter Kontrolle.** Er wird niemals mehr zulassen, als du mit seiner Hilfe ertragen kannst.
2. Denke daran, wie Jesus Christus, Gottes Sohn, um deinetwillen verfolgt wurde. Er ließ sich von Menschen schlagen und ans Kreuz nageln, damit deine Sünden vergeben werden können.
3. Bete und denke über Verheißungen aus Gottes Wort nach. Eine gute Verheißung ist die, die oben auf dieser Seite steht. Nach einer kleinen Weile wird Gott dir Geborgenheit schenken und dich stärken. **Vertraue auf ihn und tue weiterhin, was richtig ist.**
4. Mach dir bewusst: Wenn andere dich auslachen, weil du an Gott glaubst, dann **lachen sie über Gott** und nicht über dich.

Wie könntest du an Larissas Stelle antworten, sodass es Gott ehrt?

____

____

____

So kannst du heute beten: Lieber Gott, bitte hilf mir, dich zu ehren, auch wenn ich benachteiligt, ausgelacht oder verfolgt werde. Hilf mir, an die Verheißungen aus deinem Wort zu denken und zu tun, was richtig ist. Amen.

Lies Hebräer 5,8-9

Was ist, wenn meine Familie nicht an Jesus glaubt?

Der Gott aller Gnade aber, ...
der wird euch, die ihr eine kleine Zeit
leidet, aufrichten, stärken, kräftigen, gründen.
1. Petrus 5,10

Vielleicht denkst du, dass jedermann an Jesus glauben will, der die Frohe Botschaft hört. Doch das stimmt nicht. Vielleicht bist du die einzige Person in deiner Familie, die Jesus als ihren Retter angenommen hat. Vielleicht sind deine Eltern ärgerlich, dass du Christ geworden bist. Vielleicht machen sich deine Brüder und Schwestern lustig über dich. Es ist schwer, wenn deine Familie dich nicht versteht.

Bete jeden Tag für deine Familie. Bitte Gott, ihnen zu zeigen, dass auch sie Jesus brauchen. Wenn du trotz allem freundlich und gehorsam bist, kann deine Familie Gottes Liebe an dir sehen. **Gott kann dir die Kraft geben, freundlich zu sein, auch wenn sie es nicht sind.**

Du kannst Gott auch bitten, dass er dir hilft, deiner Familie von Jesus zu erzählen. Lass dir von Gott die richtigen Worte zur richtigen Zeit geben. Du kannst es nicht „machen", dass deine Familie an Jesus glaubt, doch Gott kann vielleicht deine – freundlichen! – Worte gebrauchen, um ihnen zum Verstehen zu helfen. Wenn du in eine Gemeinde gehst, in der Jesus als Retter verkündigt wird, lade deine Familie ein, mit dir dorthin zu gehen. Sie sagen vielleicht „Nein", aber gib nicht auf. Bete weiter. Sei weiter freundlich. Erzähle ihnen weiter von Jesus. Eines Tages werden sie vielleicht an Jesus als ihren Retter glauben. Dann wirst du sehr froh sein, dass du nicht aufgegeben hast.

Welche Familienmitglieder haben es nötig, Jesus anzunehmen? Schreibe ihre Namen auf:

____

____

____

So kannst du heute beten: Herr, danke für meine Familie. Hilf mir, freundlich und gehorsam zu sein und ihr von dir zu erzählen. Amen.

Lies Kolosser 4,6

Kann Gott mir helfen, wenn meine Familie umziehen muss?

Alle eure Sorge werft auf ihn; denn er sorgt für euch.
1. Petrus 5,7

Mit Tränen in den Augen sieht Maria zu, während die letzten Möbelstücke in einen großen LKW geladen werden. Ihre Familie zieht in eine andere Stadt. Maria wird ihre Freundinnen sehr vermissen. Sie macht sich Gedanken, ob sie neue finden wird. Und wie wird es in der neuen Schule sein?

Vielleicht zieht auch deine Familie um, und du kennst einige von Marias Fragen. Der Abschied von Freunden kann sehr schwer werden. Es kann schwierig sein, sich an neue Dinge und eine neue Umgebung zu gewöhnen. Die Bibel sagt: „Alle eure Sorge werft* auf ihn; denn er sorgt für euch" (1. Petrus 5,7). Du kannst dem Herrn Jesus erzählen, was dir das Leben schwer macht. **Du darfst wissen, dass er sich um dich kümmern wird.**

* werfen = abgeben

Denke daran, dass Gott alles, was geschieht, unter seiner Kontrolle hat. Er hat jeden Schritt deines Lebens geplant. Er kennt den neuen Ort, in den du ziehst – er ist schon da! **Er wird dort bei dir sein, in der neuen Nachbarschaft und in der neuen Schule.** Bitte Gott, dass er dir hilft, darauf zu vertrauen, dass er sich um dich kümmert. Bitte ihn, dir neue Freunde zu zeigen. Danke ihm dafür, dass er bei dir ist, wohin du auch gehst.

Wie kann Gott dir helfen, wenn du umziehen musst?

____

____

____

So kannst du heute beten: Herr, danke, dass du bei mir bist und dich überall, wo ich hingehe, um mich kümmerst. Amen.

Lies 1. Petrus 5,7

Wie kann ich gut mit meinen Geschwistern auskommen?

Alle eure Sorge werft auf ihn; denn er sorgt für euch.
1. Petrus 5,7

Manchmal sind die Menschen, mit denen du zusammenlebst, am schwersten zu lieben! Vielleicht sind dein Bruder oder deine Schwester und du sehr verschieden. Vielleicht bist du ordentlich und er oder sie ist unordentlich. Vielleicht schreibst du bessere Noten oder deine Geschwister sind besser als du im Sport. Vielleicht dürfen sie etwas, das du nicht darfst. Wie leicht werdet ihr wütend und streitet euch, besonders wenn ihr ein Zimmer teilt! Es ist oft schwer, mit Menschen auszukommen, die anders sind als du. Gib diese Not an Jesus ab.

Du hast dir deine Geschwister nicht ausgesucht – sondern Gott! Er hat jedes Mitglied eurer Familie geplant. Er weiß, wie jeder von euch ist. **Versuche Gutes über deine Geschwister zu denken.** Welche Begabungen haben sie? Welche Begabungen und Fähigkeiten hast du? Wie könnt ihr euch gegenseitig helfen? Vielleicht kannst du deinem Bruder bei einem Fach in der Schule helfen, das ihm schwer fällt. Vielleicht kann dir deine Schwester helfen, in irgend etwas gut zu werden.

Danke Gott für die Familie, die er dir geschenkt hat. Bitte ihn, dir zu helfen, deine Geschwister lieb zu haben, anstatt dich mit ihnen zu streiten.

Schreibe drei Dinge auf, die du an deinem Bruder oder deiner Schwester magst:

____

____

____

So kannst du heute beten: Herr, hab Dank für meine Brüder und Schwestern. Hilf mir, meine Familie zu mögen und mit jedem von ihnen gut auszukommen. Amen.

Lies Römer 12,18

Ist Gott auch im Krankenhaus bei mir?

Alle eure Sorge werft auf ihn; denn er sorgt für euch.
1. Petrus 5,7

Es kann schwer sein, Gott zu vertrauen, wenn du dich körperlich nicht gut fühlst. Wenn du schwer krank bist, musst du vielleicht ins Krankenhaus. Mag sein, du hast Angst, doch denke daran, dass Gott immer weiß, wo du bist. Er ist dort bei dir. Gott hat deinen Körper erschaffen. Er weiß mehr über ihn als der beste Arzt. **Er lässt nur das zu, was für dich am besten ist.** Er kann dem Arzt Weisheit geben, herauszufinden, was mit deinem Körper nicht stimmt und wie er dir helfen kann.

Wenn du ins Krankenhaus musst, gib diese Sorge an Jesus ab. Bete für deinen Arzt, damit Gott ihm hilft, zu erkennen, was er für dich tun kann. Bitte Gott, dir zu helfen, tapfer zu sein. Mit einem Schreiber der Bibel kannst du beten: „Wenn ich mich fürchte, so hoffe ich auf dich" (Psalm 56,4).

Vielleicht bekommst du die Gelegenheit, deinem Arzt oder der Krankenschwester zu erzählen, wie Gott dir hilft, tapfer zu sein. Oder vielleicht kannst du jemand anderem Mut machen, der Angst hat. **Ob du nur wenige Tage im Krankenhaus bleiben musst oder eine lange Zeit: Gott ist da.** Du kannst dich auf ihn verlassen. Er hilft dir und sorgt für dich!

Warum kannst du auch im Krankenhaus auf Gott vertrauen?

____

____

____

So kannst du heute beten: Herr, danke, dass du alles über meinen Körper weißt. Hilf mir, tapfer zu sein, auch wenn ich ins Krankenhaus muss. Amen.

Lies Psalm 23,1-4

Ist es richtig, wenn ich jemanden vermisse, der gestorben ist?

Alle eure Sorge werft auf ihn; denn er sorgt für euch.
1. Petrus 5,7

Nikos Großvater ist gestorben. Er fehlt Niko so sehr! Mit Tränen in den Augen denkt er daran, wie viel Spaß er mit seinem Opa gehabt hat.

Wenn jemand, den du lieb hast, stirbt, ist es normal, dass du traurig bist. Es ist in Ordnung, wenn du weinst. Gott weiß, wie dir zumute ist. Die verstorbene Person wird dir sehr fehlen, und du fragst dich vielleicht, warum er oder sie sterben musste. Gott hat alle deine Lebenstage geplant. Er wusste, wann wir geboren werden sollten. Er weiß, wann jeder sterben wird.

Die Bibel sagt: „Der Tod seiner Heiligen wiegt schwer vor dem HERRN" (Psalm 116,15). Ein Heiliger ist ein Mensch, der Jesus als seinen Retter angenommen hat. Wenn dieser Mensch stirbt, wird er bei Jesus sein. Wenn du Jesus als deinen Retter kennst, wirst du diesen Menschen einmal im Himmel wieder sehen. **Du darfst wissen, dass er im Himmel glücklich ist und Frieden hat.** Vielleicht bist du dir nicht sicher, ob ein Mensch, der gestorben ist, Jesus angenommen hat. Verlasse dich darauf, Gott weiß es. Gott tut immer, was gerecht und richtig ist.

Sprich mit Gott darüber, wie du dich fühlst. Gott ist dein himmlischer Vater. Er kann dich trösten, wenn du traurig bist. Ist es nicht gut zu wissen, dass du diese Sorge an Jesus abgeben kannst?

Erinnere dich an etwas Gutes über einen Menschen, der gestorben ist, und schreibe es auf:

____

____

____

So kannst du heute beten: Herr, wie gut, dass du weißt, wie ich mich fühle, wenn jemand, den ich lieb habe, gestorben ist. Hilf mir, das Gute an diesem Menschen in Erinnerung zu behalten. Amen.

Lies Jesaja 66,13a

Warum schreien Mama und Papa mich immer an?

Alle eure Sorge werft auf ihn; denn er sorgt für euch.
1. Petrus 5,7

Johannas Mutter war leicht reizbar und schrie oft. Johanna wusste, dass ihre Mutter hart arbeitete und sich Sorgen darum machte, ob sie genug Geld verdienen konnte, um ihre Rechnungen zu bezahlen. Johanna wusste, dass es nicht ihr Fehler war, wenn ihre Mutter schrie, aber es machte sie trotzdem traurig. Manchmal machte es sie auch wütend.

Vielleicht hast auch du einen Vater oder eine Mutter, die dich oft anschreien. Vielleicht verwenden deine Eltern dabei schlimme Wörter. Das ist nicht deine Schuld. Es ist normal, dass du dann traurig, verletzt oder sogar zornig bist. **Doch Gott kann dir helfen, deine Eltern lieb zu haben, auch wenn sie dich anschreien.**

Wähle dir eine Zeit, wenn alles ruhig ist, und sprich mit deinen Eltern über das Problem. Sage ihnen, wie du dich fühlst, wenn sie dich anschreien. Vielleicht haben sie nicht bemerkt, dass sie dich dadurch verletzen. Achte darauf, dass du deinen Eltern gehorchst, wenn sie dir eine Aufgabe geben. Du könntest sie vielleicht auch fragen, ob du noch etwas anderes tun kannst, um es ihnen leichter zu machen.

Vor allen Dingen bete für deine Eltern. Vielleicht ist es nötig, dass sie Jesus als ihren Retter annehmen, sodass er sie innerlich verändern kann. Denke daran, dass Gott deine Familie kennt. **Gib deine Sorgen mit deiner Familie an den Herrn Jesus ab. Du kannst ihm und seiner Hilfe vertrauen.**

Wie könntest du deinen Eltern zeigen, dass du sie liebst?

____

____

____

So kannst du heute beten: Lieber Gott, hab Dank für meine Eltern. Hilf mir, mit ihnen geduldig zu sein. Hilf mir, ihnen Liebe und Freundlichkeit entgegenzubringen. Amen.

Lies 1. Petrus 3,9

Wird Gott bei mir sein, wenn meine Eltern sich schieden lassen?

Alle eure Sorge werft auf ihn; denn er sorgt für euch.
1. Petrus 5,7

Geschiedene Eltern zu haben, ist für viele Kinder schwer. Es macht dir Angst, wenn du daran denkst, dass eure Familie auseinanderbricht. Es ist traurig, wenn ein Elternteil woandershin zieht. Aber Gott weiß das alles. **Er kann dir in jeder Lage helfen – auch bei einer Scheidung.** Du kannst diese große Sorge an den Herrn Jesus abgeben.

Eins sollst du wissen: Du bist nicht daran schuld, wenn deine Eltern sich scheiden lassen. Es gibt viele Gründe, warum manche Eltern entscheiden, dass sie nicht mehr verheiratet sein können. Die Scheidung ist eine Entscheidung von Erwachsenen. Du brauchst dich deswegen nicht schuldig zu fühlen.

Falls deine Eltern sich scheiden lassen, bitte Gott, dir zu helfen, die richtige Einstellung dazu zu haben. Es ist nötig, dass du liebevoll und freundlich zu beiden Elternteilen bist. Bitte Gott, dir Kraft zu geben, sie beide weiter lieb zu haben. Bete für deine Eltern. Wenn sie Jesus nicht als ihren Retter kennen, bitte Gott, dass er ihnen hilft zu merken, dass sie ihn brauchen. Bitte ihn, deiner Familie Heilung zu schenken, sodass alles wieder in guten Bahnen läuft. Bitte Gott auch, dass er dir hilft, ihm zu vertrauen. **Gott ist bei dir, egal wo du wohnst.** Er weiß, was in eurer Familie geschieht. Er ist dein himmlischer Vater und wird sich immer um dich kümmern.

Wie könntest du deinen Eltern helfen, wenn sie sich scheiden lassen?

____

____

____

So kannst du heute beten: Lieber Gott, danke, dass du dich immer um mich kümmerst. Hilf mir, meine Eltern zu lieben, egal, was geschieht. Amen.

Lies Jesaja 41,10

Kann Gott mir helfen, mit meiner Stiefmutter und ihren Kindern auszukommen?

Alle eure Sorge werft auf ihn; denn er sorgt für euch.
1. Petrus 5,7

Johannes war so traurig, als seine Eltern sich scheiden ließen. Johannes und seine Schwestern wohnten bei ihrem Vater. Zwei Jahre später heiratete Johannes' Vater eine Frau mit zwei Kindern. Nun hatte Johannes eine Stiefmutter und zwei Stiefbrüder. Johannes mochte es nicht, wenn seine Stiefmutter ihm etwas befahl. Am liebsten hätte er dann geschrien: „Du bist nicht meine Mutter!" Johannes machte sich Gedanken, ob sein Vater seine neuen Söhne vielleicht lieber hatte als ihn.

Lebst du in einer Stieffamilie? Vielleicht fühlst du dich manchmal wie Johannes. Du spürst, dass du wütend wirst, weil jemand anderes den Platz eines Elternteils einnimmt. Es ist auch schwer, sich an neue Geschwister zu gewöhnen.

Denke daran, dass Gott regiert und dass er alles weiß. Er kennt deine neue Familie ganz genau. Er hat es zugelassen, dass dein Stiefvater oder deine Stiefmutter nun für dich verantwortlich ist. Bitte Gott, dass er dir hilft, deinen Stiefvater oder deine Stiefmutter mehr und mehr zu lieben. Bitte ihn um Hilfe, dass du gut mit deinen Stiefgeschwistern auskommst. Gott hat sie in deine Familie kommen lassen. Finde heraus, was sie gern machen. Vielleicht macht es dir ja Spaß, etwas gemeinsam mit ihnen zu tun. **Gib diese Sorge an den Herrn Jesus ab.** Er kann dir helfen, dass du es lernst, deine Stieffamilie zu lieben.

Schreibe etwas auf, was du an deinem Stiefvater oder deiner Stiefmutter oder deinen Stiefgeschwistern magst:

____

____

____

So kannst du heute beten: Lieber Gott, gib mir Liebe zu meiner neuen Familie ins Herz. Hilf mir, meinem Stiefelternteil zu gehorchen und gut mit meinen Stiefgeschwistern auszukommen. Amen.

Lies Sprüche 20,24

Soll ich es sagen, wenn mich jemand belästigt?

Alle eure Sorge werft auf ihn; denn er sorgt für euch.
1. Petrus 5,7

Es ist schön mit anderen Menschen zusammen zu sein. Besonders mit denen, die uns gern haben. Vielleicht magst du es, wenn dein Vater oder deine Mutter dich in den Arm nehmen. Das ist in Ordnung. Aber manchen Menschen reicht das nicht. Sie wollen mehr von dir. Sie wollen dich dort berühren oder anfassen, wo es sich nicht gehört. Manchmal sind es sogar Menschen aus deiner eigenen Verwandtschaft oder gute Freunde. Leider sind manchmal auch Christen darunter. Einige Bereiche deines Körpers hat Gott gemacht, um dir erst dann eine besondere Freude zu schenken, wenn du verheiratest bist. Bis dahin warte.

Wenn dich jemand doch so belästigt, dann erzähle es einem Erwachsenen. Die Person, die dich so berührt, sagt vielleicht, dies sei ein Geheimnis, aber du darfst und musst es sagen. **Sprich mit Gott über deine Not.** Bitte ihn um Mut, es einem Erwachsenen zu erzählen. Vielleicht kannst du es es deinem Vater oder deiner Mutter erzählen, oder deinem Lehrer, dem Pastor deiner Gemeinde oder einem anderen Erwachsenen, zu dem du Vertrauen hast. **Du schämst dich vielleicht, aber das ist nicht deine Schuld.** Die Person, die dich belästigt, macht etwas falsch.

Wenn du Jesus als deinen Retter angenommen hast, dann sagt Gott, dass dein Körper ein Tempel ist – ein Ort, wo sein Heiliger Geist wohnt (1. Korinther 6,19-20). **Gott möchte, dass du ihn mit deinem Körper ehrst.** Lass ihn nicht von jemandem missbrauchen.

Was solltest du tun, wenn jemand deinen Körper missbraucht (ihn auf unangenehme Weise berührt)?

____

____

____

So kannst du heute beten: Lieber Gott, danke, dass du meinen Körper einmalig erschaffen hast. Gib mir den Mut, es zu sagen, wenn mich jemand auf unangenehme Weise anfasst. Amen.

Lies 1. Korinther 6,19-20

Kümmert sich Gott darum, wenn in meiner Familie Gewalt angewendet wird?

Alle eure Sorge werft auf ihn; denn er sorgt für euch.
1. Petrus 5,7

Alices Vater trank viel Alkohol und wurde dann wütend. Er schlug ihre Mutter, und manchmal schlug er auch sie. Alice wollte nicht, dass jemand das erfuhr. Sie trug Blusen mit langen Ärmeln, um ihre Blutergüsse zu verstecken. Alice überlegte, ob sie es nicht doch jemandem erzählen sollte. Aber sie hatte Angst, ihren Vater damit noch wütender zu machen.

Alice hatte Jesus als ihren Retter angenommen. Sie begann, ihre Sorgen auf Jesus zu werfen: Sie erzählte ihm von ihrem Vater und was er tat. **Sie wusste, dass Jesus sich um sie kümmerte.** Gott gab Alice Mut, mit ihrem Lehrer zu sprechen. Der Lehrer sagte zu Alice, es sei nicht ihre Schuld, dass ihr Vater sie verletzte. Der Lehrer fand Hilfe für Alices Familie. Wenn du in einer Familie wohnst, die Alices Familie ähnlich ist, dann denkst du vielleicht, dass sich niemand um dich kümmert. Doch Gott denkt an dich. Kannst du dich noch an Josefs Geschichte erinnern (Andacht Nr. 277)? Was hast du daraus gelernt? Auch wenn Menschen dir etwas Böses antun, kann Gott es zum Besten wenden (Römer 8,28).

Er möchte, dass du deine Sorgen auf ihn wirfst (sie ihm sagst und ihm die Lösung überlässt). **Er kann dir Mut geben, es einem Erwachsenen zu erzählen, was mit dir geschieht.** Wenn du in einer solchen Familie lebst, versuche nicht, es zu verheimlichen. Sage es jemandem und lass dir von ihm helfen.

Schreibe auf, was du tun kannst, wenn jemand bei euch zu Hause dir wehtut:

____

____

____

So kannst du heute beten: Lieber Gott, danke, dass du an mich denkst. Bitte gib mir den Mut, es jemandem zu erzählen, wenn ich zu Hause verletzt werde. Amen.

Lies Psalm 62,8-9

Wird sich Gott darum kümmern, wenn meine Familie kein Zuhause hat?

Alle eure Sorge werft auf ihn; denn er sorgt für euch.
1. Petrus 5,7

Hast du schon einmal zugeschaut, wie ein Vogel sein Nest baut? Er verwendet Zweige, Gras und anderes Material, um das Nest sicher und stabil zu machen. Gott hat dich mit dem gleichen Bedürfnis nach einem Ort der Geborgenheit geschaffen. Trotzdem gibt es Kinder, deren Familien kein geeignetes Zuhause haben. Manchmal wohnen sie zusammen mit anderen Familien in Wohncontainern. Manchmal wohnen sie in einem Asylantenheim. Weiß Gott, wo du wohnst, und kümmert er sich darum? Ja!

Es geht nicht immer alles gut – auch nicht in christlichen Familien. Ein Elternteil verliert vielleicht seinen Arbeitsplatz oder wird krank. Vielleicht reicht das Geld nicht mehr für eine geeignete Wohnung. **Gott weiß alles, was mit seinen Kindern geschieht.** Er ist nie überrascht. Immer führt er seinen vollkommenen Plan mit dir weiter zum Ziel. Die Sorge um eine Wohnung kannst du auch auf den Herrn Jesus werfen. Er will, dass du deine Nöte vor ihn bringst und ihm vertraust.

Wenn deine Familie heimatlos ist, dann seid ihr doch immer noch eine Familie. Sprich mit deinem himmlischen Vater. Erzähle ihm, was du brauchst und vertraue darauf, dass er dir hilft. Er kann für eine Arbeitsstelle oder eine Sozialwohnung sorgen. Er kann eurer Familie jemanden zu Hilfe senden. Was auch immer er tut: Es ist richtig und es wird gut.

Schreibe ein Gebet an Gott auf. Danke ihm in diesem Gebet, dass er für dich und für deine Familie sorgt:

____

____

____

So kannst du heute beten: Lieber Gott, ich bin froh, dass du alles über mich und über meine Familie weißt. Danke, dass du jeden Tag für uns sorgst. Amen.

Lies Philipper 4,6

Was ist Glaube?

Denn ich weiß wohl, was ich für Gedanken über euch habe, spricht der HERR: Gedanken des Friedens und nicht des Leides, dass ich euch gebe das Ende, des ihr wartet.
Jeremia 29,11

Sitzt du auf einem Stuhl? Hast du zuerst überprüft, ob er dich auch trägt? Nein! Wahrscheinlich hast du nicht einmal daran gedacht. Nun hebe deine Füße hoch. Dein ganzes Gewicht ruht jetzt auf dem Stuhl. Jetzt vertraust du allein darauf, dass der Stuhl dich trägt. Du hast Vertrauen zu dem Stuhl. **Glaube bedeutet Vertrauen.**

Die Bibel sagt: „Aber ohne Glauben ist's unmöglich, Gott zu gefallen ..." (Hebräer 11,6) Glaube an Gott bedeutet, dass ein Mensch Gott vertraut, ohne zu hinterfragen, was er gesagt hat. **Glaube bedeutet, sich nach Gottes Wort zu richten.** Glauben heißt, sich ganz auf Gott zu verlassen. Als du Jesus als deinen Retter angenommen hast, hast du dein Vertrauen auf ihn gesetzt. Nun, da du Christ bist, möchte Gott, dass du ihm weiterhin glaubst und vertraust.

Du brauchst Glauben, um mit den schwierigen Dingen, die in deinem Leben geschehen, fertig zu werden. Du brauchst Glauben, um „Nein" zur Sünde zu sagen. Du brauchst Glauben, um auf Gottes guten Plan für dich zu vertrauen.

In Hebräer, Kapitel 11, listet die Bibel eine ganze Gruppe von Menschen auf, die wegen ihres Glaubens an Gott Helden waren. Es waren Leute wie du und ich. Gott erzählt uns von ihnen, um uns zum Glauben zu ermutigen. **Gott ist dir treu – darum kannst du ihm vertrauen!**

Schreibe den Satz zu Ende: Für mich bedeutet der Glaube an Gott ...

____

____

____

So kannst du heute beten: Lieber Gott, danke, dass du mir treu bist. Hilf mir, dir in allen Dingen meines Lebens zu vertrauen. Amen.

297

GOTT VERTRAUEN

Lies Hebräer 11,1

Bin ich ein Zweifler?

Denn ich weiß wohl, was ich für Gedanken über euch habe,
spricht der HERR: Gedanken des Friedens und nicht des Leides,
dass ich euch gebe das Ende, des ihr wartet.
Jeremia 29,11

Hast du schon einmal die Worte gehört: „Ich glaube nur, was ich sehe"? Viele Menschen sind Zweifler – sie weigern sich so lange, etwas zu glauben, bis es bewiesen ist. **Auch Christen können Zweifler sein.** Sie haben Mühe, auf Gott und sein Wort zu vertrauen.

In Johannes 20,24-29 erzählt uns die Bibel von einem Zweifler mit dem Namen Thomas. Er war ein Freund und Nachfolger des Herrn Jesus. Jesus hatte seinen Nachfolgern gesagt, dass er sterben würde. Er hatte ihnen auch mitgeteilt, dass er wieder lebendig werden würde. Nachdem Jesus gestorben war, waren seine Jünger traurig und hatten Angst. Dann erschien ihnen Jesus – doch Thomas war nicht da. Als die anderen ihm erzählten, dass Jesus lebte, zweifelte Thomas. Er sagte zu ihnen, wenn er Jesus nicht selbst sehen und die Wunden von den Nägeln in seinen Händen betasten dürfe, so würde er es nicht glauben (Johannes 20,25).

Später erschien Jesus seinen Jüngern nochmals. Diesmal war auch Thomas dabei. Der Herr Jesus erlaubte es Thomas, seine Hände zu berühren, damit er nicht länger zweifeln würde. Nun glaubte Thomas. Er fiel auf seine Knie und betete Jesus als seinen Herrn an. Jesus sprach: „Weil du mich gesehen hast, Thomas, darum glaubst du. Selig* sind, die nicht sehen und doch glauben!" (Johannes 20,29). * selig bedeutet hier = glücklich

Eines Tages wirst du Jesus im Himmel sehen. Sei kein Zweifler bis dahin. Habe Vertrauen zu Gott – glaube an sein Wort.

Warum ist es falsch, an Gott zu zweifeln?

___

___

___

So kannst du heute beten: Lieber Gott, danke, dass ich zu dir und deinem Wort Vertrauen haben kann. Hilf mir, nicht zu zweifeln, sondern an dich zu glauben. Amen.

Lies Jakobus 1,6

Warum sollte ich Gott vertrauen?

Denn ich weiß wohl, was ich für Gedanken über euch habe, spricht der HERR: Gedanken des Friedens und nicht des Leides, dass ich euch gebe das Ende, des ihr wartet.
Jeremia 29,11

Hast du schon einmal einen amerikanischen Dollar-Schein gesehen? Darauf stehen die wichtigen Worte: „In God we trust". Das heißt: „Wir vertrauen auf Gott." Die Männer und Frauen, die Amerika gründeten, wussten, dass sie sich auf Gott verlassen konnten. Er verdient unser Vertrauen – unseren Glauben. Es gibt nicht allzu viel auf dieser Welt, was vertrauenswürdig ist. Dinge, die du kaufst, zerbrechen oder werden abgetragen. Sogar Menschen, die du lieb hast, verdienen nicht immer dein Vertrauen.

Doch Gott ist immer vertrauenswürdig. Das ist so, weil er nicht lügen kann. Er hält immer, was er verspricht. Und Gott hat auch die Macht, das zu tun, was er zugesagt hat. Wenn Gott dir sagt, dass du deine Sorgen auf ihn werfen sollst, weil er für dich sorgt – dann kannst du ihm vertrauen. Wenn Gott sagt: „Denn ich weiß wohl, was ich für Gedanken über euch habe ... Gedanken des Friedens und nicht des Leides, dass ich euch gebe das Ende, des ihr wartet"., so kannst du ihm vertrauen.

Gott hat immer treu erfüllt, was er versprochen hat. Die Bibel sagt: „... er ist treu ..." (Hebräer 10,23). Ganz gleich, was geschieht – du kannst auf Gott vertrauen. Er weiß alles über dein Leben, und er führt seinen Plan aus. Mach dir keine Sorgen. Zweifle nicht. **Vertraue auf Gott, der vertrauenswürdig ist.**

Schreibe zwei Gründe auf, warum du Gott vertrauen kannst:

___

___

___

So kannst du heute beten: Lieber Gott, danke, dass du vertrauenswürdig bist. Hilf mir, dir Tag für Tag mehr zu vertrauen. Amen.

Lies Jeremia 29,11-14a

Wie kann ich Gott vertrauen?

Denn ich weiß wohl, was ich für Gedanken über euch habe,
spricht der HERR: Gedanken des Friedens und nicht des Leides,
dass ich euch gebe das Ende, des ihr wartet.
Jeremia 29,11

Ein junger Mann namens David hatte ein RIESEN-Problem! Die Bibel berichtet von einem Riesen, der Goliat hieß. Dieser Riese schleuderte Israels Heer seine Drohungen entgegen. Er machte sich lustig über den wahren und lebendigen Gott. Alle Israeliten hatten Angst – sogar der König.

David wurde zornig, als er Goliats üble Worte hörte. Er ging zu König Saul und sagte, er wollte gegen diesen Riesen kämpfen. Doch David war noch jung. Er war kein mächtiger Soldat. Wie konnte er da gegen diesen riesigen Feind kämpfen?

David wusste, dass er selbst den Riesen nicht schlagen konnte – aber Gott. Als er die Schafe seines Vaters hütete, kamen ein Löwe und ein Bär und griffen sie an. Gott half David, beide zu töten. Das erzählte David König Saul. Dann fügte er hinzu: „Der HERR, der mich von dem Löwen und Bären errettet hat, der wird mich auch erretten von diesem“ [Riesen Goliat] (1. Samuel 17,37).

Wenn du ein Problem hast, kannst du tun, was David tat. **Denke daran, wie Gott dir vorher bei anderen Problemen geholfen hat.** Denke darüber nach, wie treu und vertrauenswürdig Gott ist. Und dann vertraue darauf, dass Gott dir wieder helfen wird. Er tat es für David! Mit Gottes Hilfe tötete David den Riesen. **Gott wird dir auch helfen, wenn du auf ihn vertraust.**

Schreibe auf, wie Gott dir bei einem großen Problem geholfen hat:

____

____

____

So kannst du heute beten: Lieber Gott, danke für die Gelegenheiten, bei denen du mir schon geholfen hast. Danke, dass ich dir bei Problemen aller Art vertrauen kann, auch wenn sie riesengroß sind. Amen.

Lies 1. Samuel 17,34-37

Löst Gott meine Probleme, wenn ich bete?

Denn ich weiß wohl, was ich für Gedanken über euch habe, spricht der HERR: Gedanken des Friedens und nicht des Leides, dass ich euch gebe das Ende, des ihr wartet.
Jeremia 29,11

Oft, wenn Menschen beten, löst Gott die Probleme – aber nicht immer. Ein Mann in der Bibel mit Namen Paulus hatte ein großes Problem. Vielleicht waren es körperliche Schmerzen. Was auch immer es war, Paulus wollte das Problem loswerden. Darum betete er dafür – nicht einmal oder zweimal, sondern dreimal. Jedes Mal bat er Gott darum, ihm das Problem abzunehmen (2. Korinther 12,7-8).

Gott beantwortete Paulus' Gebet, aber nicht so, wie du es dir vielleicht denkst. Gott sagte zu Paulus: „Lass dir an meiner Gnade genügen; denn meine Kraft ist in den Schwachen mächtig" (2. Korinther 12,9). Gottes Kraft zeigt sich am besten dort, wo wir schwach sind. Deshalb war seine Antwort an Paulus: „Nein." Gott ließ das Problem weiter bestehen. Gott wollte Paulus Kraft schenken, das Problem durchzustehen. So wollte er seine Gnade in Paulus' Leben zeigen.

Vielleicht nimmt Gott dir dein Problem, wenn du betest; doch manchmal möchte Gott dir die Gnade schenken, es auszuhalten. **Er möchte, dass dein Leben ihm Ehre und Lob bringt.** Manchmal geht dies am besten durch Leiden oder Schwierigkeiten. Wenn andere sehen, wie Gott dir Kraft schenkt, ihm zu vertrauen, werden sie ihn loben. Vielleicht werden sie auf diese Weise ermutigt, ihm auch zu vertrauen.

Warum nimmt Gott dir nicht immer alle Probleme ab?

___

___

___

So kannst du heute beten: Lieber Gott, danke, dass ich deine Kraft bekommen kann, um Probleme auszuhalten. Hilf mir, dir zu vertrauen – auch in Schwierigkeiten. Amen.

Lies 2. Korinther 12,9

Wie kann ich Gott in schweren Zeiten danken?

Denn ich weiß wohl, was ich für Gedanken über euch habe, spricht der HERR: Gedanken des Friedens und nicht des Leides, dass ich euch gebe das Ende, des ihr wartet.
Jeremia 29,11

Wahrscheinlich hat kein Nachfolger von Jesus mehr als Christ gelitten als Paulus. In 2. Korinther 11,23-33 berichtet Paulus über viele seiner Schwierigkeiten, die er durchzustehen hatte. Oft wurde er dafür, dass er Menschen von Jesus erzählt hatte, ins Gefängnis gesteckt. Er wurde viel geschlagen. Er erlitt mehrmals Schiffbruch und trieb auf dem offenen Meer. Er wurde von Banditen angegriffen. Er wurde fälschlich angeklagt. Sein Leben stand in steter Gefahr. Gegen Ende seines Lebens wurde Paulus in einem kalten, feuchten Gefängnis in Ketten gelegt. Schließlich sollte er getötet werden, weil er Christ war.

Beschwerte sich Paulus oder hatte er Selbstmitleid? Nein, er dankte Gott! In seiner dunklen Gefängniszelle schrieb Paulus diese Worte: „Freuet euch in dem Herrn allewege" (Philipper 4,4). Wie konnte Paulus sich freuen? **Er wusste, dass Gott regiert.** Er vertraute auf Gott, ganz gleich, was geschah.

Wie steht es mit dir? Bist du auch in schweren Zeiten dankbar? Lass dich nicht dazu verleiten, zu murren und dich zu beklagen oder dich selbst zu bemitleiden. Sei stattdessen dankbar. **Wie das geht? Denke an alles, was Gott für dich getan hat.** Danke ihm, dass er regiert und dass er da ist, um dir zu helfen.

Schreibe ein kurzes Gedicht, in dem du Gott dafür dankst, dass er dir auch in schweren Zeiten hilft:

____

____

____

So kannst du heute beten: Lieber Gott, hab Dank, dass du immer bei mir bist, um mir zu helfen, auch in schweren Zeiten. Amen.

Lies Philipper 4,4-6

Wie soll ich mich dem gegenüber verhalten, der mir wehtut?

Denn ich weiß wohl, was ich für Gedanken über euch habe,
spricht der HERR: Gedanken des Friedens und nicht des Leides,
dass ich euch gebe das Ende, des ihr wartet.
Jeremia 29,11

Wolltest du dich schon einmal an jemandem rächen, der dir wehgetan hat? Das ist eine normale Reaktion. Doch Zorngefühle werden, wenn man sie festhält, zu Bitterkeit und Hass. Sie können dich sogar körperlich krank machen.

Anstatt zornig zu sein oder zu hassen, solltest du vergeben. Vergebung heißt, dass du deinen Zorn und den Wunsch nach Rache loslässt. Die Bibel sagt, du sollst anderen vergeben „wie auch Gott euch vergeben hat in Christus"(Epheser 4,32). **Denke an all das, was Gott dir in deinem Leben schon vergeben hat.** Deine Sünde gegen Gott ist schlimmer als irgendetwas, das dir jemand antun könnte. Wenn du sein Kind bist, hat er dir alle deine schlechten Gedanken, Worte und Taten vergeben. Gott vergibt dir, denn Jesus Christus, sein vollkommener Sohn, hat die Strafe, die du verdient hattest, schon auf sich genommen!

Anderen zu vergeben, kann schwer sein. Doch der Herr Jesus hat gesagt, dass deine Beziehung zu Gott, dem Vater, nur dann in Ordnung ist, wenn du auch bereit bist, anderen zu vergeben (Matthäus 6,14-15). **Vielleicht kannst du die Verletzung nicht vergessen, aber du kannst dich entscheiden, dem zu vergeben, der dir wehgetan hat.**

Hältst du zornige Gefühle gegen jemanden in deinem Inneren fest? Dann sage es Gott und bitte ihn darum, dass er dir hilft, zu vergeben.

Warum ist es wichtig, zu vergeben?

___

___

___

So kannst du heute beten: Lieber Gott, danke, dass du mir alle meine Sünden vergeben hast. Hilf, dass ich bereit bin, anderen zu vergeben, die mir wehgetan haben. Amen.

Lies Epheser 4,31-32

Was bedeutet Durchhalten?

Denn ich weiß wohl, was ich für Gedanken über euch habe, spricht der HERR: Gedanken des Friedens und nicht des Leides, dass ich euch gebe das Ende, des ihr wartet.
Jeremia 29,11

Gibst du leicht auf, wenn etwas schwierig oder unbequem wird? Wer leicht aufgibt, wird entmutigt und denkt, dass eine Arbeit niemals fertig wird. Gott möchte, dass du Ausdauer hast, anstatt aufzugeben.

Durchhalten heißt, eine schwere Zeit durchzustehen und nicht aufzugeben. Die Bibel erzählt von einem Mann mit Namen Nehemia. Gott gab ihm eine große Aufgabe. Die Stadtmauer um Jerusalem war von Feinden zerstört worden. Nehemia war dafür verantwortlich, dass die riesige Mauer wieder aufgebaut wurde. Als Nehemia mit der Arbeit begann, tauchten viele Probleme auf. Nehemia hatte Angst und wurde entmutigt, aber er hielt durch, bis die Mauer fertig war! **Auch in deinem Leben wird es Zeiten geben, in denen du lieber aufgeben würdest.** Du hast dann vielleicht Mitleid mit dir selbst und denkst, dass es einfach zu schwer ist, Christ zu sein; doch Gott kann dir Ausdauer geben. Gott hat gute Pläne mit dir. Er möchte nur, dass du ihm vertraust, während er diese Pläne in deinem Leben erfüllt. Lass dich nicht entmutigen. Gib nicht auf. Mach weiter!

In Gottes Wort steht: „Lasst uns aber Gutes tun und nicht müde werden; denn zu seiner Zeit werden wir auch ernten*, wenn wir nicht nachlassen" (Galater 6,9). * ernten = belohnt werden

Schreibe diesen Satz zu Ende: Diese Woche werde ich durchhalten, indem ich …

___

___

___

So kannst du heute beten: Lieber Gott, bitte hilf mir, auch in den schweren Zeiten durchzuhalten, wenn ich lieber aufgeben möchte. Amen.

Lies Galater 6,9-10

Bibelvers-Check

Hier sind einige wichtige Verse zu dem, was du bisher gelernt hast. Mache ein Häkchen in jeden Kreis, wenn du den jeweiligen Vers auswendig kannst

○ **Hebräer 11,6:** Aber ohne Glauben ist`s unmöglich, Gott zu gefallen; denn wer zu Gott kommen will, der muss glauben, dass er ist und dass er denen, die ihn suchen, ihren Lohn gibt.

○ **Josua 1,9:** Siehe, ich habe dir geboten, dass du getrost und unverzagt seist. Lass dir nicht grauen und entsetze dich nicht; denn der HERR, dein Gott, ist mit dir in allem, was du tun wirst.

○ **1. Petrus 4,16.19:** Leidet er aber als ein Christ, so schäme er sich nicht, sondern ehre Gott mit diesem Namen. ... Darum sollen auch die, die nach Gottes Willen leiden, ihm ihre Seelen anbefehlen als dem treuen Schöpfer und Gutes tun.

○ **Philipper 4,4-5:** Freuet euch in dem Herrn allewege, und abermals sage ich: Freuet euch! Eure Güte lasst kund sein allen Menschen! Der Herr ist nahe!

○ **1. Korinther 6,19-20:** Oder wisst ihr nicht, dass euer Leib ein Tempel des Heiligen Geistes ist, der in euch ist und den ihr von Gott habt, und dass ihr nicht euch selbst gehört? Denn ihr seid teuer erkauft; darum preist Gott mit eurem Leibe.

○ **Psalm 27,1:** Der HERR ist mein Licht und mein Heil; vor wem sollte ich mich fürchten? Der HERR ist meines Lebens Kraft; vor wem sollte mir grauen?

○ **Galater 6,9:** Lasst uns aber Gutes tun und nicht müde werden; denn zu seiner Zeit werden wir auch ernten, wenn wir nicht nachlassen.

○ **1. Korinther 15,58** ... seid fest, unerschütterlich und nehmt immer zu in dem Werk des Herrn, weil ihr wisst, dass eure Arbeit nicht vergeblich ist in dem Herrn.

Prima,

du hast alle Andachten über „Gott vertrauen“ durchgelesen.

Nun kannst du deine Entdecker-Seite „Gott vertrauen“ ausfüllen. Du hast sie mit dem Brief erhalten, in dem wir dir deine Entdecker-Seite Nr. 9 zurückgeschickt haben.

Wenn du die Entdecker-Seite Nr. 10 fertig ausgefüllt hast, dann falte sie an der Linie und stecke sie in einen Briefumschlag. Wenn du möchtest, lege auch den Zettel mit deinen Gebetsanliegen bei. Klebe eine Briefmarke auf den Umschlag und sende alles an die Adresse vom KEB-Mailbox-Club.

Jetzt

darfst du deine Entdecker-Seite Nr. 10 einschicken!

Wir werden uns deine Antworten ansehen und sie wieder mit einigen persönlichen Sätzen und deiner Entdecker-Seite Nr. 11 an dich zurückschicken.

Freue dich darauf, in den nächsten Andachten mehr über „Stellung beziehen“ zu erfahren.

Dein KEB-Mailbox-Club

Stellung beziehen

Gibt es Dinge, die auf jeden Fall richtig oder falsch sind?

So seht nun sorgfältig darauf, wie ihr euer Leben führt, nicht als Unweise, sondern als Weise, und kauft die Zeit aus; denn es ist böse Zeit.
Epheser 5,15-16

„Das werde ich sagen!", schrie Julian. Luca wusste, dass er in Schwierigkeiten kommen würde, wenn jemand herausfände, was er getan hatte. „Warte, Julian. Wenn du das nicht erzählst, dann bekommst du auch was von meinem Taschengeld ab." „Hm!", überlegte Julian. „Für das Geld könnte ich mir was kaufen. Vielleicht ist das, was Luca getan hat, doch nicht so schlimm gewesen.

Musstest du schon einmal eine ähnliche Entscheidung treffen wie Julian? Vielleicht hast du gelogen, weil du dachtest: „Ach, das ist doch nur eine kleine Notlüge." Oder vielleicht hast du bei einer Klassenarbeit etwas von deinem Freund abgeschrieben, weil du eine gute Note haben wolltest. Vielleicht versuchst du, dich selbst zu betrügen, indem du denkst: „Meine Sünde ist schon nicht so schlimm!" oder: „Ich habe einen guten Grund dafür gehabt." **Die Bibel sagt uns, dass einige Dinge immer richtig sind und andere immer falsch.** Es ist zum Beispiel immer richtig, anderen Gottes Liebe zu zeigen. Anderes, wie zum Beispiel schlecht über andere reden, ist dagegen immer falsch. Gott ermahnt dich, dass du die Finger von diesen falschen Dingen lassen sollst, weil er weiß, dass sie dich verletzen.

Gott liebt dich und will das Beste für dich. In seinem Wort gebietet er: „... dass du tust, was recht und gut ist vor den Augen des HERRN, auf dass dir's wohlgehe ..." (5. Mose 6,18).

Schreibe eine Sache auf, von der du weißt, dass sie richtig ist; dann notiere eine Sache, von der du weißt, dass sie falsch ist:

____

____

____

So kannst du heute beten: Lieber Gott, danke, dass du mich liebst. Hilf mir, „Nein" zu allem Falschen zu sagen. Du hast gesagt, was richtig ist. Hilf mir, das zu tun. Amen.

Lies Epheser 4,25-28

Nimmt Gott die Menschen an, egal, wie sie leben?

So seht nun sorgfältig darauf, wie ihr euer Leben führt, nicht als Unweise, sondern als Weise, und kauft die Zeit aus; denn es ist böse Zeit.
Epheser 5,15-16

Die Bibel berichtet von zwei Städten, die du auf keiner Landkarte finden wirst – Sodom und Gomorra. Die Leute, die in diesen Orten wohnten, taten schreckliche Dinge. Gott hatte sie lieb, aber er hasste die falschen Dinge, die sie taten. Den Leuten war Gott jedoch egal. Sie lebten gern in der Sünde. Sie wollten sich nicht ändern. Gott konnte sie nicht länger auf so sündige Weise leben lassen. Das, was sie taten, war so schlimm, dass Gott sie mit dem Tod bestrafen musste. Sogar die Städte wurden völlig vernichtet. Deshalb findest du sie auf keiner Landkarte mehr!

Weißt du schon, dass es Gott etwas ausmacht, wie du lebst? Wenn du den Herrn Jesus noch nicht als deinen Retter angenommen hast, dann ist es für dich wichtig, zu erkennen: **Gott hat dich lieb, aber er nimmt deine Sünde ernst.** Er bestraft dich vielleicht nicht sofort wegen deiner Sünde, doch einmal wirst du für immer von ihm getrennt sein, wenn deine Sünde nicht vergeben wird.

Wenn du ein Christ bist, dann solltest du so leben wollen, wie Gott es möchte. Wenn du Gott freiwillig gehorchst und Nein zur Sünde sagst, dann gefällst du Gott und lebst als weiser Mensch, wie unser Vers sagt.

Kennst du jemanden, dessen Leben Gott nicht gefällt? Bete für diesen Menschen und sei ihm ein Vorbild durch dein weises Leben.

Warum achtet Gott darauf, wie du lebst?

____

____

____

So kannst du heute beten: Lieber Gott, danke, dass du mir hilfst, ein Leben zu führen, das dir gefällt. Bitte, hilf mir, weise zu sein und deinem Wort zu gehorchen. Amen.

Lies Epheser 5,3-4

Wie kann ich Entscheidungen treffen, die Gott gefallen?

So seht nun sorgfältig darauf, wie ihr euer Leben führt,
nicht als Unweise, sondern als Weise, und kauft die Zeit aus;
denn es ist böse Zeit.
Epheser 5,15-16

Die Bibel erzählt von König Rehabeam, einem König von Israel, der einen großen Fehler machte! Seine Freunde brachten ihn dazu, einige schlimme Dinge zu tun – und er tat sie! Nun waren die Leute von Israel zornig. Nichts war mehr so wie vorher. Hätte Rehabeam doch auf die gottesfürchtigen Männer gehört, die versucht hatten, ihm zu sagen, was richtig war. Doch nun war alles zu spät. Er hatte eine schlechte Entscheidung getroffen.

Hast du dich schon einmal dazu überreden lassen, etwas Falsches zu tun? Wie war es nachher? Warst du froh, dass du darauf gehört hattest oder hast du dir gewünscht, du hättest stattdessen das Richtige getan? **Oft weißt du sofort, was richtig und was falsch ist, doch manchmal ist die Entscheidung nicht so einfach.**

Wie kannst du Entscheidungen treffen, die Gott gefallen?

Erstens: Bete und bitte Gott, dass er dich erkennen lässt, was richtig ist.
Zweitens: Lies die Bibel. Suche nach Vorbildern und Hinweisen, die dir verstehen helfen, was richtig ist.
Drittens: Frage Leute, die Gott lieb haben, was sie an deiner Stelle tun würden.
Viertens: Wenn du weißt, was richtig ist: TU ES!

Schreibe die Namen von drei Personen auf, die dir helfen können, weise Entscheidungen zu treffen:

___

___

___

So kannst du heute beten: Lieber Gott, danke, dass du mir alles gegeben hast, was ich brauche, um weise Entscheidungen zu treffen. Wenn ich weiß, was richtig ist, hilf mir, es auch zu tun. Amen.

Lies Epheser 5,8-10

Achtet Gott darauf, wie ich mit anderen umgehe?

So seht nun sorgfältig darauf, wie ihr euer Leben führt,
nicht als Unweise, sondern als Weise, und kauft die Zeit aus;
denn es ist böse Zeit.
Epheser 5,15-16

Was ist dein Lieblingsessen? Welche Spiele machst du am liebsten? Gewöhnlich sind die Dinge, die wir am liebsten mögen, Dinge, an die wir gewöhnt sind. Es kann schwer sein, sich umzugewöhnen. Manchmal sind Leute gemein zueinander, nur weil sie unterschiedlich sind. Sie haben vielleicht eine andere Hautfarbe, sprechen eine andere Sprache oder haben eine andere Persönlichkeit als du. Vielleicht gefällt ihnen einfach das nicht, was du gern magst.

Gott sagt: Gemein zueinander sein ist Sünde. Er hat jeden lieb. **Jeder Mensch ist für Gott wichtig.** Es kommt nicht darauf an, wie er ist, wo er wohnt oder wie er aussieht. **Gott sagt, du sollst dir deine Meinung über Menschen nicht nach ihrem Aussehen bilden.** Die Bibel sagt: „... Ein Mensch sieht, was vor Augen ist; der HERR aber sieht das Herz an" (1. Samuel 16,7).

Kennst du Menschen, die anders sind als du? Als Christ hast du die Aufgabe, ihnen Gottes Liebe zu zeigen. Lerne sie kennen. Du wirst bald herausfinden, dass du mehr mit ihnen gemeinsam hast, als du dachtest. Du wirst anfangen, zu vergessen, dass sie anders sind.

Wie kannst du jemandem gegenüber, der anders ist als du, freundlich sein?

___

___

___

So kannst du heute beten: Lieber Gott, danke, dass du jeden liebst. Hilf mir, deine Liebe Menschen zu zeigen, die anders sind als ich. Amen.

Lies Philipper 4,5

Wie kann ich Respekt zeigen und dennoch treu zu Gott stehen?

So seht nun sorgfältig darauf, wie ihr euer Leben führt, nicht als Unweise, sondern als Weise, und kauft die Zeit aus; denn es ist böse Zeit.
Epheser 5,15-16

Die Bibel erzählt von einem Mann mit Namen Daniel, der Gott lieb hatte. Er gehorchte seinen Vorgesetzten und sie vertrauten ihm. Einige Männer wollten Daniel jedoch loswerden. Diese Männer überredeten den König, ein neues Gesetz zu erlassen, dass die Menschen nichts von Gott, sondern nur noch etwas vom König erbitten durften. Jeder, der das Gesetz brechen würde, sollte in die Löwengrube geworfen werden

Daniel hörte von dem Gesetz, aber er machte keine Einwände und beklagte sich nicht. Er tat nur das, was nach seinem Wissen richtig war. **Er betete zum einzig wahren Gott.** Die Männer des Königs wollten ihn zu den Löwen werfen lassen. Als der König hörte, was mit Daniel geschehen sollte, wünschte er sich, er hätte das Gesetz niemals erlassen. Er sagte zu Daniel, dass er hoffe, Gott würde ihn bewahren. Am nächsten Tag kam der König, um zu sehen, ob Daniel aufgefressen worden war – aber Daniel war nichts passiert! Gott hatte den Löwen das Maul zugehalten, und Daniel blieb bewahrt (Daniel 6,1-23).

Du gefällst Gott, wenn du den Menschen, die für dich verantwortlich sind, gehorchst. Wenn dir jedoch etwas aufgetragen wird, das dich zum Ungehorsam gegen Gott zwingt, dann bitte ihn um den Mut, das Richtige zu tun. So wie Daniel kannst du den Menschen, die Verantwortung haben, Respekt zeigen und dennoch für Gott einstehen!

Was solltest du machen, wenn eine Person, die Verantwortung für dich hat, von dir verlangt, dass du etwas Falsches tust?

So kannst du heute beten: Lieber Gott, danke für die Menschen mit Verantwortung, die du über mich eingesetzt hast. Hilf mir, ihnen mit Respekt zu begegnen und dir dabei gehorsam zu bleiben. Amen.

Lies Apostelgeschichte 5,27-29

Warum soll ich Gott gehorchen, wenn andere das nicht tun?

So seht nun sorgfältig darauf, wie ihr euer Leben führt,
nicht als Unweise, sondern als Weise, und kauft die Zeit aus;
denn es ist böse Zeit.
Epheser 5,15-16

Warum solltest du dich bemühen, das Richtige zu tun, wenn andere Leute mit dem Falschen, was sie tun, scheinbar ungestraft davonkommen? Vor langer Zeit war ein Mann namens Asaf unglücklich. Viele Leute kamen ungestraft davon, obwohl sie viele falsche Dinge taten. Er sagte Gott, wie ungerecht er das fand. Er bat Gott, ihm zu helfen, das zu verstehen.

Gott half Asaf, und er begann, die Dinge aus Gottes Sicht zu sehen. **Er erkannte: Gott wollte, dass er das Richtige tat, auch wenn andere mit dem Falschen, was sie taten, scheinbar so davonkamen.** Asaf erkannte, Gott wollte, dass er anders war als sie.

Du solltest anders sein als die Leute, die nicht zu Gott gehören. Sein Heiliger Geist wird dir helfen, die Kraft zum Gehorsam zu haben, gerade dann, wenn es schwierig ist. Gott hat dir Gutes für dein Leben versprochen, wenn du das Richtige tust.

Mache weiter und tu, was richtig ist, auch wenn andere Leute falsch handeln. Es scheint vielleicht so, als ob einige Menschen mit dem, was sie falsch machen, einfach so davonkommen, doch eines Tages wird Gott sie zur Rede stellen.

Bitte Gott, dass er dir hilft, die Dinge aus seiner Sicht zu sehen. Die Bibel sagt: „Lasst uns aber Gutes tun und nicht müde werden" (Galater 6,9).

Warum ist es wichtig für dich, richtig zu handeln, auch wenn andere Falsches tun?

____

____

____

So kannst du heute beten: Lieber Gott, danke, dass du mir die Kraft schenkst, zu gehorchen. Bitte hilf mir, das Richtige zu tun, egal, wie andere Menschen sich verhalten. Amen.

Lies Psalm 73,12-13 und 23-24

Wie kann ich Gott gehorchen, ohne andere zu verurteilen?

So seht nun sorgfältig darauf, wie ihr euer Leben führt,
nicht als Unweise, sondern als Weise, und kauft die Zeit aus;
denn es ist böse Zeit.
Epheser 5,15-16

Hast du schon einmal versucht, ein neues Spiel zu lernen, das eine Menge Regeln hatte? Es könnte sein, dass du das Spiel verlierst, wenn du eine Regel vergisst. Einige Leute meinen, mit dem Christsein sei es genauso. Sie meinen, um Gott glücklich zu machen, müssten sie eine Menge von Regeln lernen.

In biblischer Zeit machten die sogenannten Pharisäer, eine Gruppe religiöser Führer, genau das. Sie stellten eine Menge Regeln auf und behaupteten, nur derjenige könnte Gott gefallen, der alle Regeln auf ihrer Liste einhalten würde. Viele Pharisäer waren eifrig damit beschäftigt, andere zu verurteilen. **Sie vergaßen Gottes wichtigste Regel – anderen Menschen seine Liebe zu zeigen.** In der Bibel hat Gott dir Regeln oder Gebote gegeben, denen du gehorchen sollst. Du bist dafür verantwortlich, durch dein Verhalten Gottes Regeln zu halten. Vielleicht bist du mit dem, was andere machen, nicht einverstanden – doch du bist nicht für das verantwortlich, was andere Leute tun. **Lass Gott richten (entscheiden), ob die Taten jener Person richtig oder falsch sind.**

Deine Aufgabe ist es, anderen Gottes Liebe zu zeigen und ihnen zu helfen, das Richtige zu tun. Sei weise (klug). Sei nicht wie die Pharisäer, die gern bei anderen Fehler suchten und sie verurteilten.

Wie solltest du reagieren, wenn du denkst, dass andere etwas Verkehrtes tun?

___

___

___

So kannst du heute beten: Lieber Gott, danke, dass du mich liebst. Hilf mir, andere nicht zu verurteilen, auch wenn ich meine, dass sie etwas Falsches tun. Hilf mir, sie dennoch zu lieben. Amen.

Lies Römer 14,12-13

Hatte Gott wirklich vor, alle Menschen verschieden zu machen?

So seht nun sorgfältig darauf, wie ihr euer Leben führt,
nicht als Unweise, sondern als Weise, und kauft die Zeit aus;
denn es ist böse Zeit.
Epheser 5,15-16

Was würde geschehen, wenn Gott alle Menschen gleich gemacht hätte? Es wäre verwirrend und langweilig! **Gott hat jeden einzigartig gemacht.** Auch Zwillinge, die genau gleich aussehen, haben Merkmale, durch die sie sich unterscheiden. Gott hat uns Menschen unterschiedlich gemacht, damit jeder von uns eine wichtige Aufgabe erfüllen kann, die genau richtig für ihn oder sie ist. Die Bibel sagt, dass Gott jedem besondere Gaben gegeben hat. Wir „haben verschiedene Gaben nach der Gnade, die uns gegeben ist" (Römer 12,6).

Gott vergleicht unsere Unterschiede mit den verschiedenen Körperteilen. Wenn das Auge das Gleiche tun wollte wie das Ohr, dann könnten wir nicht sehen. Wenn der Fuß das Gleiche tun würde wie das Herz, könnten wir nicht gehen. Jeder Teil des Körpers ist wichtig.

Auch du bist etwas Besonderes und du bist wichtig. Gott hat dir Gaben und Fähigkeiten gegeben, die er auf besondere Weise gebrauchen kann. Er hat das mit Absicht getan. Er möchte, dass du fähig bist, die Arbeit zu tun, die er dir gegeben hat. Er hat dir genau den richtigen Körper, die richtigen Begabungen und die richtige Familie gegeben, sodass du fähig bist, ihm zu dienen. Danke ihm dafür, dass er dich so geschaffen hat.

Schreibe drei Gaben oder Fähigkeiten auf, die Gott dir gegeben hat:

___

___

___

So kannst du heute beten: Lieber Gott, danke, dass du mich einzigartig gemacht hast. Hilf mir, dankbar dafür zu sein, dass du alle so verschieden gemacht hast. Amen.

Lies 1. Petrus 4,10-11

Wie kann ich Menschen lieben, mit deren Verhalten ich nicht einverstanden bin?

So seht nun sorgfältig darauf, wie ihr euer Leben führt,
nicht als Unweise, sondern als Weise, und kauft die Zeit aus;
denn es ist böse Zeit.
Epheser 5,15-16

Als Jesus auf der Erde lebte, mochten viele religiöse Leiter die Männer und Frauen nicht, mit denen Jesus Zeit verbrachte. **Jesus aß zu Abend mit Leuten, die gestohlen und gelogen hatten.** Er war freundlich zu Menschen, die Gottes Gebote gebrochen hatten.

Wusste Jesus überhaupt, was sie getan hatten? Ja! Jesus ist Gott, der Sohn. Er wusste alles über die verkehrten Dinge, die diese Leute getan hatten. Er sagte niemals, dass ihre sündigen Verhaltensweisen richtig wären. Er erklärte, dass jeder, der sündigt, Gott braucht. Er zeigte ihnen seine Liebe, damit sie herausfanden, wie ihre Sünde vergeben werden konnte.

Kennst du Menschen, die solche Dinge tun, die die Bibel Sünde nennt? Mach auf keinen Fall mit, sondern sage ihnen, dass Gott sie liebt. Sei ihnen gegenüber freundlich. Lass sie sehen, dass Jesus in dir lebt.

Als Jesus auf der Erde war, sah er die Sünden der Welt. Er war nicht einverstanden mit den verkehrten Dingen, die die Leute taten, aber er zeigte ihnen dennoch Gottes Liebe, als er starb und wieder lebendig wurde. **Er kann dir die Kraft schenken, anderen seine Liebe zu zeigen, ganz gleich, wie sie sich verhalten.** „Liebe ist geduldig und freundlich" (1. Korinther 13,4).

Schreibe den Satz zu Ende: Ich sollte auch Menschen lieben, mit deren Verhalten ich nicht einverstanden bin, weil ...

____

____

____

So kannst du heute beten: Lieber Gott, danke, dass Jesus mich liebt, obwohl ich falsche Dinge getan habe. Hilf mir, anderen deine Liebe zu zeigen. Amen.

Lies 1. Korinther 13,4-6

Welche Lügen verbreitet Satan über Gott?

... denn er* ist ein Lügner und der Vater der Lüge.
Johannes 8,44
* er = Satan

Wusstest du schon, dass die ersten Menschen, die Gott erschuf, auch die ersten waren, die belogen wurden? Das geschah, als Satan, Gottes Feind, Adam und Eva dazu verleitete, Gott ungehorsam zu werden. Er ließ sie eine Lüge glauben.

Hast du schon gewusst, dass Satan, der Teufel, versuchen wird, auch dich zu etwas zu verleiten? Er möchte, dass du daran zweifelst, dass Gott die Macht hat. **Er will, dass du denkst, Gott kümmere sich nicht um dich, weil er Dinge wie Krankheit, Verletzungen und Krieg zulässt.** In Wirklichkeit begannen alle Krankheiten, Verletzungen und Kriege wegen der Sünde und Satan. Gott ist ein guter, liebevoller Gott. Die Bibel sagt: „... er ist freundlich und seine Güte währet ewiglich" (Psalm 106,1).

Satan möchte, dass du glaubst, er sei stärker als Gott. In Wirklichkeit hat Gott den Kampf mit Satan schon gewonnen. Als Jesus wieder lebendig wurde, nachdem er am Kreuz für unsere Sünden gestorben war, zeigte er damit, dass Satan keine Macht über ihn hatte. Wenn du Jesus als deinen Retter angenommen hast, dann hat Satan auch keine Macht mehr über dich. Die Bibel sagt: „... der in euch ist*, ist größer als der, der in der Welt ist**" (1. Johannes 4,4). * der in euch ist = Jesus ** der in der Welt ist = Satan

Satan wird „Vater der Lüge" genannt. Wenn du Angst hast oder unruhig bist, höre nicht auf Satans Lügen. Sprich stattdessen mit Gott. Bitte ihn, dass er dir hilft, die Wahrheit zu erkennen.

Warum brauchst du keine Angst vor Satan oder seinen Lügen zu haben?

____

____

____

So kannst du heute beten: Lieber Gott, ich weiß, du bist stärker als Satan. Ich weiß, dass du niemals lügst. Hilf mir, deinem Wort zu vertrauen und nicht Satans Lügen zu glauben. Amen.

Lies Johannes 8,43-45

Wie lügt Satan über Jesus?

... denn er* ist ein Lügner und der Vater der Lüge.
Johannes 8,44
* er = Satan

Viele Leute glauben, dass Jesus Christus ein guter Mensch und bedeutender Lehrer war, aber sie glauben nicht, dass er Gottes Sohn und ihr Retter ist. Sie glauben einer Lüge Satans. **Satan will, dass auch du glaubst, der Herr Jesus sei nur ein Mensch gewesen.** Er will nicht, dass du an Jesus als deinen Retter glaubst.

Doch Jesus war mehr als nur ein Mensch; er war auch gleichzeitig wahrer Gott. „Das Wort wurde Mensch und lebte unter uns" (Johannes 1,14). Jesus tat nie etwas Falsches. Er war vollkommen. „Denn er hat den, der von keiner Sünde wusste, für uns zur Sünde gemacht, damit wir in ihm die Gerechtigkeit würden, die vor Gott gilt" (2. Korinther 5,21). Kein anderer Mensch ist je vollkommen gewesen, ganz gleich, wie bedeutend er auch gewesen sein mag.

Weil Jesus Christus vollkommen war, konnte er sterben, um den Preis für deine Sünden zu bezahlen. **Weil er Gott ist, konnte er ins Leben zurückkehren.** „Nun aber ist Christus auferstanden von den Toten ..." (1. Korinther 15,20). Kein anderer berühmter Mensch konnte vom Tod auferstehen.

Denke daran: Satan ist ein Lügner. Höre auf Gottes Wahrheit. „Jesus spricht ...: Ich bin der Weg und die Wahrheit und das Leben; niemand kommt zum Vater denn* durch mich" (Johannes 14,6).

* denn = außer

Nenne zwei Punkte, an denen Jesus sich von jedem anderen Menschen, der je gelebt hat, unterscheidet:

___

___

___

So kannst du heute beten: Lieber Gott, hab Dank, dass du deinen Sohn gesandt hast, damit er für mich starb. Danke, dass du ihn wieder lebendig gemacht hast. Amen.

Lies Johannes 8,52-55

Wie lügt Satan über unsere Beziehung zu Gott?

... denn er* ist ein Lügner und der Vater der Lüge.
Johannes 8,44
* er = Satan

Gott schuf den Menschen, um eine enge, liebevolle Beziehung mit ihm zu haben. Gott gab Adam und Eva, dem ersten Mann und der ersten Frau, einen schönen Garten als Zuhause mit ausreichend Nahrung und einer schönen Aufgabe. (1. Mose 2,15). Vielleicht kam Gott jeden Tag in den Garten, um eine besondere Zeit mit ihnen zu verbringen (1. Mose 3,8).

Aber es gab einen, der wollte diese besondere Beziehung verderben. Das war Satan. Satan belog Eva und überredete sie zum Ungehorsam gegen Gott. Er überzeugte sie, dass Gott ihnen das Beste vorenthalten wollte und dass es nicht schaden würde, ihm ungehorsam zu sein. Als Adam und Eva Gottes Gebot übertreten hatten, wurden sie von Furcht und Scham erfüllt. Gott konnte sie nicht mehr in ihrem schönen Garten bleiben lassen. Die enge Gemeinschaft mit Gott war vorbei (1. Mose 3,1-8.23).

Satan möchte auch deine Beziehung mit Gott verderben. Er will dich davon überzeugen, dass dein himmlischer Vater nicht wirklich für dich sorgt. Er will nicht, dass du glaubst, dass Gott der **Herr ist.** Er will, dass du Gott ungehorsam wirst. **Höre nicht auf Satans Lügen.** Verbringe jeden Tag Zeit mit Gott. Vertraue ihm und gehorche Gottes Geboten. Bitte ihn, dich weise und stark zu machen, sodass du zu Satans Verführungen „Nein" sagen kannst.

Was kannst du tun, um deine Beziehung zu Gott zu vertiefen?

____

____

____

So kannst du heute beten: Lieber Gott, danke, dass du Zeit mit mir verbringen willst. Bitte hilf mir, dich besser kennenzulernen. Amen.

Lies 1. Mose 3,4-8

Welche Lügen verbreitet Satan über den Menschen?

... denn er* ist ein Lügner und der Vater der Lüge.
Johannes 8,44
* er = Satan

Hast du schon einmal etwas von „New Age“ gehört? Wahrscheinlich sagt dir dieser Begriff nichts. „New Age” ist eine Art zu denken und zu glauben, die sich gegen das richtet, was die Bibel lehrt. Die Lehren von „New Age“ sind nichts wirklich Neues. Sie stecken voller alter Lügen Satans über den Menschen.

Eine Lüge ist, dass die Menschen gut und keine Sünder sind. Gottes Wort sagt: „Sie sind allesamt Sünder ...“ (Römer 3,23). Eine andere Lüge ist die Reinkarnation. Das bedeutet, dass Menschen sterben und dann viele Male in verschiedenen Formen auf die Erde zurückkehren. Doch Gott sagt: „Jeder Mensch muss einmal sterben ...“ (Hebräer 9,27).

„New Age” lehrt auch, dass du wie Gott wärest. Viele Menschen sagen heute: „Du kannst alles tun – du selbst bist deine größte Macht.“ In der Bibel sagt uns Gott jedoch, dass er der einzig wahre und lebendige Gott ist. Jesus Christus – Gott, der Sohn – sagt: „... ohne mich könnt ihr nichts tun“ (Johannes 15,5).

Es gibt noch viele andere Lügen über die Menschen, die heute weit verbreitet sind. Satan lässt sie oft wie die Wahrheit klingen. Prüfe immer nach, um zu erkennen, ob ein Gedanke mit dem übereinstimmt, was in der Bibel steht. **Wenn ein Gedanke nicht mit der Bibel übereinstimmt, ist er falsch.** Lass dich nicht betrügen!

Was meinst du: Warum will Satan, dass die Leute der New-Age-Lehre glauben?

____

____

____

So kannst du heute beten: Lieber Gott, danke, dass du mir in deinem Wort die Wahrheit sagst. Hilf mir, Satans Lügen zu erkennen und mich nicht von ihnen betrügen zu lassen. Amen.

Lies 2. Timotheus 4,3-5a

Kann ich ohne Gott gut sein?

... denn er* ist ein Lügner und der Vater der Lüge.
Johannes 8,44
* er = Satan

„Warum habe ich das getan?" – „Ich kann gar nicht glauben, dass ich etwas so Schlimmes getan habe!" Hast du schon einmal so etwas gesagt oder gedacht, nachdem du etwas Falsches getan hattest? Auch wenn wir gut sein wollen – oft sind wir es nicht.

Gottes treuer Diener Paulus stellte sich ähnliche Fragen. Im 7. Kapitel des Römerbriefs schrieb er: „Denn ich weiß, dass in mir, das heißt in meinem Fleisch*, nichts Gutes wohnt. Wollen habe ich wohl, aber das Gute vollbringen kann ich nicht" (Römer 7,18). **Paulus meinte damit, obwohl er wusste, was richtig war, tat er es oft nicht.** Im Gegenteil, wovon er wusste, es ist falsch, das tat er nur allzu oft. Er erkannte, dass er nicht aus eigener Kraft gut sein konnte.

So wie Paulus kannst auch du nicht ohne Gott gut sein. Aber es gibt eine gute Nachricht für dich. **Wenn du ein Kind Gottes bist, dann lebt der Heilige Geist in dir.** Er kann dir die Kraft dazu geben, dass du tust, was richtig ist, und dich von dem fernhältst, was falsch ist. Sage Gott, wie nötig du seine Kraft brauchst, um das Richtige zu tun. Bitte ihn, dir durch seinen Geist zu helfen, dass du erkennst, was richtig ist.

Gehorche seinem Geist, wenn du eine Entscheidung treffen musst. Vielleicht brauchst du gerade jetzt Gottes Hilfe, um eine schlechte Gewohnheit aufzugeben.

* Fleisch bedeutet hier – in mir als Sünder

Sicher brauchst du Gottes Hilfe, um mit etwas aufzuhören. Schreibe es auf:

____

____

____

So kannst du heute beten: Lieber Gott, ich weiß, ich brauche deine Hilfe, um gehorsam zu sein. Bitte gib mir die Kraft, zu tun, was richtig ist. Amen.

Lies Römer 7,18-20

Warum kann ich mich nicht selbst retten?

... denn er* ist ein Lügner und der Vater der Lüge.
Johannes 8,44
* er = Satan

Einmal kam ein junger Mann und wollte mit dem Herrn Jesus sprechen. Er wollte wissen, wie er gerettet werden konnte. Vielleicht erwartete er, Jesus würde ihm sagen, dass er bereits alles richtig machen würde. Er kannte sich in der Heiligen Schrift aus, verbrachte viel Zeit im Gebet und tat sein Bestes, um ein guter Mensch zu sein. Die Antwort von Jesus überraschte ihn. Jesus ließ den jungen Mann wissen, dass alle diese Dinge gut waren, aber nichts davon würde ihn retten. Die Jünger waren ebenfalls überrascht. Die Bibel sagt: „Darüber waren die Jünger entsetzt und fragten sich: ‚Wer kann dann überhaupt gerettet werden?'" (Matthäus 19,25).

Gott sagt uns in seinem Wort, dass niemand sich selbst retten kann. Du bist mit einer sündigen Natur, die in dir ist, geboren. **Nur Jesus kann dir das Geschenk der Erlösung schenken, denn er hat niemals gesündigt.** „Denn er* hat den, der von keiner Sünde wusste, für uns zur Sünde gemacht ..." (2. Korinther 5,21). Weil Jesus die Strafe für deine Sünden auf sich genommen hat, kannst du gerettet werden.

Das Geschenk der Erlösung ist nur auf Grund von Gottes Liebe und Barmherzigkeit möglich. „Denn aus Gnade** seid ihr selig*** geworden durch Glauben, und das nicht aus euch: Gottes Gabe ist es ..." (Epheser 2,8).

* er = Gott

** aus Gnade = durch Gottes Geschenk

*** selig = gerettet

Wie kannst du von deinen Sünden gerettet werden?

____

____

____

So kannst du heute beten: Lieber Gott, danke, dass du das getan hast, was ich nicht tun konnte. Danke, dass du mich von meinen Sünden gerettet hast. Amen.

Lies Römer 3,22b-24

Gelten Gottes Verheißungen wirklich auch mir?

... denn er* ist ein Lügner und der Vater der Lüge.
Johannes 8,44
* er = Satan

Hat dir schon einmal jemand ein Versprechen gemacht und dich dann enttäuscht? Es gibt einen, der seine Versprechen an dich niemals brechen wird: Gott. In der Bibel steht: Gott hat uns die wertvollsten und allergrößten Versprechen geschenkt (2. Petrus 1,4). Zum Beispiel: Gott hat allen, die an seinen Sohn Jesus Christus glauben, das ewige Leben versprochen. Er hat versprochen, für seine Kinder zu sorgen. Er hat versprochen, immer Gebete zu hören und zu beantworten. **Er hat versprochen, immer bei dir zu sein, wenn du sein Kind bist.**

Satan, der Vater der Lüge, will dir einreden, dass Gott seine Versprechen nicht gehalten hätte. Er kann dich sogar so weit bringen, dass du glaubst, Gottes Verheißungen würden dir nicht wirklich gelten. Er will, dass du denkst, dass Gott dich vergessen hätte. Glaube nicht den Lügen Satans. Gottes Wort sagt: „Lasst uns festhalten an dem Bekenntnis der Hoffnung ...; denn er ist treu, der sie verheißen hat ..." (Hebräer 10,23).

Manchmal erhört Gott deine Gebete anders oder zu einer anderen Zeit als erwartet. In solchen Fällen versucht vielleicht der Satan, dich zu betrügen. Denke daran, dass Gott dich liebt. Er will für dich das Beste. **Er hält seine Versprechen genau zur richtigen Zeit.**

Nenne drei Verheißungen Gottes, die für dich gelten:

___

___

___

So kannst du heute beten: Lieber Gott, danke, dass du deine Versprechen hältst. Bitte hilf mir, auch meine Versprechen zu halten. Amen.

Lies 2. Petrus 1,3-4

Wie lügt Satan über die Bibel?

„Sie haben Gottes Wahrheit verdreht und
ihrer eigenen Lüge geglaubt.
Sie haben die Schöpfung angebetet und nicht den Schöpfer."
Römer 1,25

Satan will nicht, dass du deine Bibel liest. Er weiß, dass dies deinen Glauben festigt und dir hilft, die Sünde zu meiden. In der Bibel steht: „Ich behalte dein Wort in meinem Herzen, damit ich nicht wider dich sündige" (Psalm 119,11).
Um dich vom Bibellesen abzuhalten, wird Satan dich belügen. Er versucht vielleicht, dir einzureden, dass Gottes Wort voller Fehler sei. Aber Gott ist vollkommen. Er macht keine Fehler. Sein Heiliger Geist hat zu Männern gesprochen. Die Männer schrieben genau das auf, was Gott wollte. Die Bibel sagt: „Denn niemals haben sich die Propheten selbst ausgedacht, was sie verkündeten. Immer trieb sie der Heilige Geist dazu, das auszusprechen, was Gott ihnen eingab" (2. Petrus 1,21).

Vielleicht versucht Satan, dir einzureden, die Bibel sei nur ein gutes Buch. Gott sagt: „Denn die ganze Heilige Schrift ist von Gottes Geist eingegeben" (2. Timotheus 3,16). Jedes Wort, das Gott hat aufschreiben lassen, ist wahr, weil Gott nicht lügen kann.

Vielleicht will Satan dich auch davon überzeugen, dass das Bibellesen nicht so wichtig sei. Lass dich nicht von ihm betrügen. **Nimm dir jeden Tag Zeit, die Bibel zu lesen.** Gott sagt dir, du sollst sein Wort sorgfältig studieren, sodass du weißt, was dort steht und was es bedeutet. Wenn du das tust, wirst du Satans Lügen über die Bibel erkennen und widerstehen können.

Woher wissen wir, dass die Bibel Gottes Wort ist?

____

____

____

So kannst du heute beten: Lieber Gott, hab Dank für die Bibel. Hilf mir, jeden Tag darin zu lesen. Amen.

Lies 2. Petrus 1,21

Was soll ich – nach Satans Willen – über die Schöpfung glauben?

„Sie haben Gottes Wahrheit verdreht und ihrer eigenen Lüge geglaubt. Sie haben die Schöpfung angebetet und nicht den Schöpfer."
Römer 1,25

Stell dir vor, deine Familie wollte ein Haus bauen. Anstatt sorgfältig zu planen, wie euer Haus aussehen soll, nehmt ihr einfach alle Bretter, Nägel und Ziegel und werft sie hoch in die Luft. Fallen die Teile so zusammen, dass daraus ein schönes Haus entsteht? Natürlich nicht! Ein Plan wird gebraucht und auch jemand, der den Plan ausführt.

Ein Haus kann nicht ohne einen Erbauer entstehen. Genauso wenig ist die Erde ohne Schöpfer entstanden. „Am Anfang schuf Gott Himmel und Erde" (1. Mose 1,1). **Satan hat versucht, die Leute davon zu überzeugen, dass die Erde aus Zufall entstand – nach einer großen Explosion.**

Satan lügt außerdem, indem er sagt, dass nicht Gott die Menschen erschaffen hätte. Er sagt, dass sich die Menschen im Lauf einer langen Zeit aus Tieren entwickelt hätten. Gottes Wort sagt, dass das nicht wahr ist. „Da machte Gott der HERR den Menschen aus Erde vom Acker und blies ihm den Odem* des Lebens in seine Nase. Und so ward der Mensch ein lebendiges Wesen" (1. Mose 2,7).

* Odem = Atem

Warum will Satan, dass du glaubst, du seist zufällig entstanden? Er will nicht, dass du weißt: Du bist etwas Besonderes und hast einen liebenden himmlischen Vater, der dich nach seinem Bild geschaffen hat und vor dem du verantwortlich bist.

Glaubst du, dass Gott die Welt geschaffen hat? Warum?

___

___

___

So kannst du heute beten: Lieber Gott, danke für all die Dinge, die du geschaffen hast. Danke, dass du mich so geschaffen hast, wie du es dir vorgestellt hast. Amen.

Lies 1. Mose 2,4b-7

Was ist „okkult“?

„Sie haben Gottes Wahrheit verdreht und ihrer eigenen Lüge geglaubt. Sie haben die Schöpfung angebetet und nicht den Schöpfer.“
Römer 1,25

Weißt du eigentlich, dass du dich in einem Kampf befindest? **Die Bibel sagt, dass Christen in einem geistlichen Kampf stehen.** „Denn wir haben nicht mit Fleisch und Blut zu kämpfen, sondern mit Mächtigen und Gewaltigen, nämlich ..., mit den bösen Geistern unter dem Himmel“ (Epheser 6,12). Satan hat viele Menschen in okkulte* Praktiken hineingezogen. **Diese Praktiken wie Zauberei, Voodoo, Sterndeutung und Wahrsagerei richten sich gegen Gott und sein Wort.** * okkult = verborgen, geheimnisvoll
Viele Leute benutzen okkulte Praktiken als Religion. Sie beten die Erde, die Sonne, den Mond oder sogar Satan selbst an. Die Bibel sagt: „Indem sie die Schöpfung anbeteten und nicht den Schöpfer, haben sie Gottes Wahrheit verdreht und ihrer eigenen Lüge geglaubt“ (Römer 1,25). Andere verstricken sich in okkulte Praktiken, weil sie meinen, das mache Spaß. Sie lesen ihr Horoskop oder gehen zu Wahrsagern. Sie hoffen, übernatürliches Wissen und übernatürliche Macht zu erhalten, aber dieses Wissen und diese Macht kommen nicht von Gott. Sie kommen von Satan, der die Menschen dazu verleiten will, ihm zu dienen und ihn anzubeten. **Diese Dinge sehen vielleicht so aus, als ob sie nicht so schlimm wären, aber sie werden dich von Gott wegführen.**

Satan hat mit dir nichts Gutes im Sinn. Er will nicht, dass du der Wahrheit Gottes glaubst. **Gott sagt, du sollst dich von okkulten Praktiken fernhalten.** Vertraue auf ihn. Er hilft dir, deine geistlichen Kämpfe zu gewinnen.

Warum solltest du dich von okkulten Praktiken fernhalten?

____

____

____

So kannst du heute beten: Lieber Gott, hab Dank, dass du stärker bist als Satan. Hilf mir, okkulte Praktiken zu erkennen und mich davon fernzuhalten. Amen.

Lies Epheser 6,10-12

Können Menschen wirklich in die Zukunft schauen?

„Sie haben Gottes Wahrheit verdreht und
ihrer eigenen Lüge geglaubt.
Sie haben die Schöpfung angebetet und nicht den Schöpfer."
Römer 1,25

Was geschieht in der Zukunft? Um das herauszufinden, wenden sich manche Menschen an einen Wahrsager oder eine Wahrsagerin, manchmal auch „Medium" oder „Hellseher" genannt. Hellseher behaupten, die Zukunft zu kennen. Die meisten von ihnen stellen nur Vermutungen an. Manchmal sind ihre Vermutungen richtig und manchmal nicht. Einige Wahrsager sind jedoch nicht nur geschickt im Raten. Es gibt einige, die auf Satan und seine Dämonen* hören. Gottes Wort berichtet, wie ein Mann mit dem Namen Paulus einer Wahrsagerin begegnete. Sie war eine Sklavin und brachte ihren Herren durch ihre Wahrsagerei viel Geld. Sie stellte nicht einfach Vermutungen an. Sie wurde durch einen Dämon beherrscht. Die Bibel sagt, dass Paulus, der Gottes Wort verkündigte, dem Dämon befahl, sie zu verlassen. Als der Dämon, der in ihr wohnte, sie verlassen hatte, konnte das Mädchen nicht mehr in die Zukunft sehen. Satans Macht über sie war gebrochen (Apostelgeschichte 16,16-19).

* Dämonen = böse Geister, Helfer von Satan

Wenn du auf Wahrsager hörst, dann hast du „Gottes Wahrheit verdreht" und deiner „eigenen Lüge geglaubt". **Satan möchte dich davon abhalten, Gott im Blick auf deine Zukunft zu vertrauen.** Vielleicht denkst du, dass Wahrsagen nur Spaß wäre. Wer auf Wahrsager hört und sich nach ihren Anweisungen richtet, kann sich in große Gefahr bringen. Lass dich nicht durch Satans Lügen betrügen! **Vertraue auf Gott und sein Wort im Blick auf deine Zukunft.**

Warum sollst du nicht auf Wahrsager hören?

____

____

____

So kannst du heute beten: Lieber Gott, hab Dank, dass du die Zukunft kennst. Hilf mir, dir allein zu vertrauen und mich nicht durch Satans Verführungskünste täuschen zu lassen. Amen.

Lies Apostelgeschichte 16,16-18

Warum glauben manche Leute an Astrologie?

„Sie haben Gottes Wahrheit verdreht und ihrer eigenen Lüge geglaubt. Sie haben die Schöpfung angebetet und nicht den Schöpfer."
Römer 1,25

Hast du schon einmal etwas vom Tierkreis gehört? Er ist eine Scheibe, die in Segmente oder Zeichen eingeteilt ist. Jedes Zeichen steht für die Position der Sterne und Planeten in einem Jahr. Astrologen (Menschen, die sich mit dem Tierkreis befassen), benutzen diese Zeichen, um Horoskope zu erstellen. Horoskope schlagen dem Menschen vor, was sie entsprechend ihres Tierkreiszeichens tun oder lassen sollten. Außerdem machen sie Voraussagen, was den Leuten passieren soll. Viele Menschen lesen täglich ihr Horoskop in der Zeitung. Sie glauben, dass Sterne und Planeten sie beeinflussen, sich auf bestimmte Art und Weise zu verhalten. **Sie verlassen sich darauf, dass die Astrologie ihnen die Zukunft zeigt.**

Dein Feind, der Satan, möchte unbedingt, dass du mehr auf dein Horoskop vertraust als auf Gott. Er will, dass du meinst, die Astrologie könnte deine Fragen über die Zukunft beantworten. **Gott hat jedoch die Sterne nicht dazu geschaffen, dass sie deine Lebensfragen und die Fragen nach der Zukunft beantworten.**

Die Antworten auf diese Fragen befinden sich in der Bibel. Gott hat dir seinen Heiligen Geist gegeben, um dir zu helfen, sein Wort zu verstehen. Er hilft dir, klug zu werden, wenn du von ihm lernst und ihm im Blick auf deine Zukunft vertraust. Lerne mehr über Gottes großartige Schöpfung. Lobe ihn für die wunderbaren Dinge, die er geschaffen hat. Achte darauf, dass du den Schöpfer anbetest und nicht seine Schöpfung.

Wo kannst du Antworten auf deine Lebensfragen finden?

____

____

____

So kannst du heute beten: Lieber Gott, danke für deine wunderbare Schöpfung. Hilf mir, dir im Blick auf meine Zukunft immer zu vertrauen. Amen.

Lies 2. Timotheus 3,16-17

Was ist falsch an okkulten Spielen?

„Sie haben Gottes Wahrheit verdreht und
ihrer eigenen Lüge geglaubt.
Sie haben die Schöpfung angebetet und nicht den Schöpfer."
Römer 1,25

Hat dich schon einmal jemand aufgezogen und war anschließend überrascht, dass du verletzt warst? Vielleicht hat er dann gesagt: „Ich habe doch nur Spaß gemacht." Er dachte, was er getan hätte, wäre nur Spaß gewesen. Aber was wirklich dabei herauskam, hat dir geschadet. Einige Spiele funktionieren genauso – Spiele wie z. B. Tische- oder Gläserrücken. Es sieht so aus, als sei es nur Spaß, aber in Wirklichkeit können sie sehr schädlich sein. **Satan kann diese Spiele benutzen, um Macht über dich zu gewinnen.** Dadurch will er dich dazu bringen, Gedanken zu haben und Dinge zu tun, die gegen Gottes Anweisungen sind. Bei einigen Spielen musst du dir vorstellen, du würdest übernatürliche Kräfte besitzen, oder du musst Flüche aussprechen, einen Toten anrufen oder die Zukunft voraussehen. Einige Leute meinen, das sei nur ein harmloser Spaß. **Satan kann vortäuschen, dass etwas gut aussieht, was in Wirklichkeit schädlich ist.** Gottes Wort sagt uns, dass wir uns von okkulten Praktiken fernhalten sollen – von Dingen, die mit Geistern, Zauberei und Wahrsagerei zu tun haben. (5. Mose 18,10-13)

Gott liebt dich und will das Beste für dich. Satan will nur verletzen und zerstören. Gehorche Gottes Wort. Weigere dich, Spiele mitzumachen, die Verführungstricks von Satan sein könnten. Lass dich nicht von Satan dazu bringen, Gott ungehorsam zu sein. „... Seid stark in dem Herrn und in der Macht seiner Stärke ..., damit ihr bestehen könnt gegen die listigen Anschläge* des Teufels" (Epheser 6,10-11).

* Anschläge = Verführungstricks, Angriffe

Warum solltest du dich von okkulten Spielen** fernhalten?

** Vielleicht bist du auch schon in diese Situation gekommen. Wenn du solche Dinge schon getan hast, suche jemanden, mit dem du das vor Gott bringen kannst, oder schreibe uns.

____

____

____

So kannst du heute beten: Lieber Gott, danke, dass du mich liebst und mir in deinem Wort die Wahrheit zeigst. Hilf mir, dass ich mich nicht von Satans Tricks verführen lasse. Amen.

Lies 5. Mose 18,9-13

Woher kommt wahre Kraft?

„Sie haben Gottes Wahrheit verdreht und ihrer eigenen Lüge geglaubt. Sie haben die Schöpfung angebetet und nicht den Schöpfer."
Römer 1,25

In Karikaturen und Comic-Heften hast du vielleicht schon Figuren gesehen, die übernatürliche Kräfte haben. Sie können Erstaunliches tun, und niemand kann sie bremsen! Hast du dir schon einmal solche Kräfte gewünscht? Einige Leute meinen, dass du Kraft bekommen kannst, wenn du deinen Körper trainierst oder spezielle Tabletten einnimmst. Andere denken, dass du bereits übernatürliche Kräfte hättest – du müsstest sie nur zum Vorschein bringen! Was ist die Wahrheit? Woher kommt wahre Kraft?

Wahre Kraft kommt von Gott. Als du Christ geworden bist, hat Gottes Heiliger Geist begonnen, in dir zu leben. Nur Gott kann dir wirklich Kraft verleihen. Wenn du Gottes Kraft hast, dann bedeutet das nicht, dass du einen superstarken Körper besitzt. **Gottes Kraft ist eine innere Stärke, die dich fähig macht, für ihn einzustehen und dein Leben so zu führen, wie es ihm gefällt.**

Gott gibt dir die Kraft seines Heiligen Geistes, um dir zu helfen, dass du über die Sünde und den Satan siegst. Du kannst durch das Lesen von Gottes Wort und das tägliche Gebet an Gottes Kraft stark werden. Bitte Gott, dir die nötige Kraft zu schenken, damit du dich für Gott einsetzen kannst.

Gehorche Gott willig und tu, was richtig ist. Danke Gott für den Sieg, den er dir durch seine Kraft schenkt.

Was kannst du tun, um durch Gottes Kraft stark zu werden?

___

___

___

So kannst du heute beten: Lieber Gott, danke, dass du deinen Heiligen Geist gesandt hast, damit er in mir lebt. Hilf mir, mich auf deine Kraft zu verlassen und so die Sünde zu besiegen. Amen.

Lies Epheser 3,14-17

Wie kann ich weise werden?

Lass dir an meiner Gnade genügen;
denn meine Kraft ist in den Schwachen mächtig.
2. Korinther 12,9

Wenn du dir irgendetwas wünschen dürftest, was wäre das? Geld? Freunde? Gott versprach einem König mit Namen Salomo, dass er ihm geben würde, um was auch immer er bitten würde. Salomo bat Gott um Weisheit. König Salomo wusste, dass Weisheit von Gott kommt und sehr wertvoll ist. (1. Könige 3,5.7-12)

Weisheit bedeutet, zu wissen, was in Gottes Augen richtig ist, und es dann zu tun. **Hast du schon gewusst, dass Gott versprochen hat, dir Weisheit zu geben, wenn du darum bittest?** „Wenn es aber jemandem unter euch an Weisheit mangelt*, so bitte er Gott, ... so wird sie ihm gegeben werden" (Jakobus 1,5).

* mangelt = fehlt

Vielleicht fühlst du dich nicht besonders weise oder klug. Manchmal machst du vielleicht Fehler, obwohl du dich sehr angestrengt hast. Hier ist eine gute Nachricht für dich: Du musst nicht aus eigener Kraft weise (klug) werden. **Gott sagt, dass seine Macht dir die Stärke schenken wird, die du brauchst.** „Lass dir an meiner Gnade genügen; denn meine Kraft ist in den Schwachen mächtig" (2. Korinther 12,9).

Wenn du wirklich weise werden möchtest, dann bitte Gott um Weisheit. Lies sein Wort und gehorche ihm. Bitte ihn, dass er dir hilft, weise Entscheidungen zu treffen. Gott wird sein Versprechen halten.

Wie kannst du weise werden?

____

____

____

So kannst du heute beten: Lieber Gott, bitte schenke mir Weisheit. Hilf mir, dir in allem zu gefallen, was ich tue. Amen.

Lies 2. Chronik 1,7-12

Wo kann ich Antwort finden auf Dinge, die ich nicht verstehe?

Lass dir an meiner Gnade genügen;
denn meine Kraft ist in den Schwachen mächtig.
2. Korinther 12,9

König David führte ein sehr ungewöhnliches Leben. Manchmal hat er sich bestimmt gefragt, warum Gott beschlossen hatte, dass er so viel erleben und durchmachen musste. Es muss vieles gegeben haben, was David nicht verstand. Einige von Davids Fragen wurden wahrscheinlich während seines ganzen Lebens nicht beantwortet.

Gibt es Dinge, die du nicht verstehst? **Du kannst viele Antworten in der Bibel finden.** Gott kann dir auch beim Beten Verständnis schenken. Vielleicht hat Gott dir auch weise, gottesfürchtige Erwachsene zur Seite gestellt, die dir helfen, wenn du etwas nicht verstehst. Manchmal jedoch wirst du Fragen haben, die nicht beantwortet werden, bis du bei Gott im Himmel bist.

Wenn du etwas nicht verstehst, dann suche Antwort in Gottes Wort und bitte ihn, dir zu helfen. Wenn du weiterhin nicht verstehst, warum die Dinge sind, wie sie sind, dann beschließe, ihm trotzdem zu gehorchen. **Verlass dich nicht nur auf das, was du verstehst, sondern gib zu, dass Gottes Verstand größer ist als deiner.** Denke daran, dass er dich liebt.

Gott hat versprochen, dich zu führen, wenn du ihm gehorchst. In der Bibel steht: „Verlass dich auf den HERRN von ganzem Herzen, und verlass dich nicht auf deinen Verstand, sondern gedenke an ihn in allen deinen Wegen, so wird er dich recht führen" (Sprüche 3,5-6).

Schreibe etwas auf, was du in deinem Leben nicht verstehst:

____

____

____

So kannst du heute beten: Lieber Gott, hilf mir, dir zu vertrauen, wenn ich nicht verstehe, warum bestimmte Dinge geschehen. Amen.

Lies Jesaja 55,8-9

Spricht Gott zu mir?

Lass dir an meiner Gnade genügen;
denn meine Kraft ist in den Schwachen mächtig.
2. Korinther 12,9

Wie merkst du, wenn jemand mit dir redet? Normalerweise kannst du sehen, wie diese Person dich anschaut, und du hörst ihre Stimme. Wenn Gott mit dir spricht, dann kannst du sein Gesicht nicht sehen und du hörst seine Stimme nicht, aber er redet dennoch mit dir.

Gott kann durch sein Wort (die Bibel) zu dir sprechen. Wenn du in deiner Bibel liest, dann siehst du Gottes geschriebenes Wort vor dir. Gott möchte, dass du auf sein geschriebenes Wort genauso achtest, als ob er laut mit dir sprechen würde.

Gott kann durch seinen Heiligen Geist mit dir reden. Wenn du betest und über Gottes Wort nachdenkst, kann sein Heiliger Geist dich an Sätze aus der Bibel erinnern oder dir gute Gedanken über Gott geben. Wenn du dich fragst, ob etwas richtig oder falsch ist, kann sein Geist dir das richtige Verständnis geben, sodass du die richtige Entscheidung triffst.

Gott kann auch durch andere Christen zu dir sprechen. Manchmal gebraucht Gott Menschen, um dir verstehen zu helfen, was er dir zu sagen hat. Höre auf Menschen, denen Gott sehr wichtig ist und die Gott lieben. Bitte Gott darum, dass er dir hilft zu prüfen, ob das, was sie sagen, mit der Wahrheit in seinem Wort übereinstimmt. Gott spricht wirklich zu dir. Bist du bereit, auf ihn zu hören?

Wie kann Gott zu dir reden? Schreibe drei Möglichkeiten auf:

____

____

____

So kannst du heute beten: Lieber Gott, bitte hilf mir, auf dich zu hören und dir zu gehorchen, wenn du zu mir sprichst. Amen.

Lies Johannes 14,26

Ist Gott jedem gnädig?

Lass dir an meiner Gnade genügen;
denn meine Kraft ist in den Schwachen mächtig.
2. Korinther 12,9

Der Herr Jesus erzählte eine Geschichte von einem jungen Mann, der seinen Vater bat: „Gib mir das Geld, das mir zusteht, wenn du gestorben bist!" Obwohl diese Worte den Vater traurig machten, gab er dem Sohn, worum er bat.

Der junge Mann zog in eine große Stadt und gab sein Geld aus, wofür er wollte. Bald ging ihm das Geld aus. Er hatte keine Wohnung und nichts zu essen. Schließlich wurde ihm klar, wie falsch er sich verhalten hatte. Er hoffte: Wenn er darum bat, dann würde sein Vater ihn als Knecht einstellen. So beschloss er, nach Hause zu gehen.

Schon bevor er sein Elternhaus erreichte, lief ihm sein Vater entgegen und nahm ihn in die Arme. Der Vater war so froh, dass sein Sohn nach Hause gekommen war. Niemals hatte er aufgehört, ihn zu lieben. Sofort zeigte der Vater dem Sohn deutlich seine Liebe und Freundlichkeit, obwohl dieser sie nicht verdiente. Er hieß seinen Sohn wieder in der Familie willkommen und gab ein großes Fest, um seine Rückkehr zu feiern (Lukas 15,11-32).

Mit dieser Geschichte zeigt der Herr Jesus: **Gottes Gnade gilt jedem, der sich von seiner Sünde abwendet und zu Gott umkehrt.** Du kannst nichts tun, um dir Gottes Vergebung zu verdienen. Gott verspricht, dir zu vergeben, wenn du an Jesus als deinen Retter glaubst.

Wie zeigt sich Gottes Gnade in deinem Leben?

___

___

___

So kannst du heute beten: Lieber Gott, hab Dank für deine Gnade (Freundlichkeit). Danke, dass du mir vergeben hast, auch wenn ich es nicht verdient habe. Amen.

Lies Johannes 6,37

Hört Gottes Gnade irgendwann einmal auf?

Lass dir an meiner Gnade genügen;
denn meine Kraft ist in den Schwachen mächtig.
2. Korinther 12,9

Es war schrecklich! Er liebte seinen Herrn doch. Wie hatte er nur so etwas tun können? Wie sollte ihm das vergeben werden? Er schämte sich so sehr! So muss sich Petrus, einer von denen, die Jesus nachfolgten, gefühlt haben. In der Nacht, in der Jesus gefangen genommen wurde, hatte Petrus dreimal gesagt, dass er ihn nicht kennen würde. Und das, obwohl der Herr Jesus ihn vorgewarnt hatte. Wie würde der Herr Jesus sich ihm gegenüber nun verhalten? „Petrus, hast du mich lieb?" – Dreimal stellte der Herr ihm wenige Tage später diese Frage. Genauso oft wie Petrus behauptet hatte, ihn nicht zu kennen. Dreimal antwortete Petrus: „Ja, Herr, du weißt, dass ich dich lieb habe" (Johannes 21,15). Jedes Mal sagte Jesus daraufhin: „Weide meine Lämmer!" Das bedeutet: Kümmere dich um die, die an mich glauben! Da wusste Petrus: Es ist alles wieder gut! Seine Gnade mit mir hat nicht aufgehört.

Diese Geschichte ist ein wunderbares Beispiel von Gottes Gnade dir gegenüber. **Gott wird niemals aufhören, dich zu lieben, ganz gleich, was du tust.** Er wird dir immer vergeben, wenn du ihm deine Sünden bekennst. Seine Gnade hört niemals auf! **Dein ganzes Leben lang ist sie für dich da.** Durch Gottes Gnade hast du Leben und Gesundheit. Durch seine Gnade kannst du beten und Zeugnis geben. Durch seine Gnade vergibt Gott dir auch, wenn du ihm jeden Tag deine Sünden bekennst. Bist du nicht froh, dass Gott gnädig in deinem Leben wirkt? Hast du Gott heute schon für seine Gnade gedankt?

Schreibe ein kurzes Gebet auf, in dem du Gott für seine Gnade dankst:

____

____

____

So kannst du heute beten: Lieber Gott, danke, dass du immer vergibst. Hilf, dass ich dir meine Liebe zeige, indem ich dir gehorche. Amen.

Lies Klagelieder 3,22-23

Wie kann ich Gottes Gnade erfahren?

Lass dir an meiner Gnade genügen;
denn meine Kraft ist in den Schwachen mächtig.
2. Korinther 12,9

Eines Tages reiste ein Mann mit Namen Saulus in eine Stadt, um dort Christen festzunehmen. Er hasste sie und wollte sie davon abhalten, anderen von Jesus zu erzählen. Unterwegs umgab ihn plötzlich ein helles Licht und warf ihn auf den Boden. Dann hörte er eine Stimme, die sprach: „Saul, Saul, warum verfolgst du mich?“ Es war der Herr Jesus, der zu ihm sprach! Nun war Saulus nicht mehr der Gleiche. Er erkannte, dass Jesus wirklich Gott, der Sohn, ist. Er erfuhr, dass er Vergebung haben konnte – aus Gottes Gnade, aus seiner unverdienten Freundlichkeit. (Apostelgeschichte 9)

Hast du schon Gottes Gnade erfahren? **Gott liebt dich, obwohl du seine Liebe nicht verdient hast.** Gottes Wort sagt: „Gott aber erweist seine Liebe zu uns darin, dass Christus für uns gestorben ist, als wir noch Sünder waren“ (Römer 5,8). **Gott möchte dir deine Sünde vergeben und dich zum Mitglied seiner Familie machen – nicht, weil du es verdient hättest, sondern aus Gnade.** „Denn aus Gnade seid ihr selig* geworden durch Glauben, und das nicht aus euch: Gottes Gabe ist es“ (Epheser 2,8). Du erfährst Gottes Gnade, wenn du auf Gottes Sohn, den Herrn Jesus, vertraust und dich darauf verlässt, dass er dich von deiner Sünde errettet. Hast du Gottes Gnade schon erfahren?

* selig = gerettet

Wie kannst du Gottes Gnade erfahren?

____

____

____

So kannst du heute beten: Lieber Gott, danke, dass du mich liebst und mir durch den Herrn Jesus Christus deine Gnade zeigst. Amen.

Lies Römer 3,24-26

Wie kann ich aus Gottes Gnade leben?

Lass dir an meiner Gnade genügen;
denn meine Kraft ist in den Schwachen mächtig.
2. Korinther 12,9

Wir haben schon erfahren, wie Gott uns seine Liebe zeigt: durch die Vergebung unserer Sünden. Wir haben gelesen, wie wir seine Gnade in unserem Leben erfahren können. Doch wie können wir jeden Tag aus der Gnade Gottes leben?

Erstens: Du kannst für Gottes Gnade dankbar sein, die dich von der Strafe für die Sünde errettet hat. Wann hast du das letzte Mal Gott für den Herrn Jesus gedankt, der für deine Sünden starb und wieder lebendig wurde?

Zweitens: Du kannst auf Gott vertrauen und darauf, dass er dir Gnade schenkt, jeden Tag für ihn zu leben. Alles, was du tust, tust du durch Gottes Gnade. Können andere an deinem Tun und Reden erkennen, dass du dich auf Gott verlässt?

Drittens: Du kannst freundlich zu anderen sein und ihnen verzeihen, wenn sie dir wehtun. Die Bibel sagt: „Seid aber untereinander freundlich und herzlich und vergebt einer dem andern, wie auch Gott euch vergeben hat in Christus" (Epheser 4,32). Weil Gott dir seine Gnade dadurch gezeigt hat, dass er dir deine Sünden vergeben hat, solltest du auch anderen seine Gnade zeigen, indem du ihnen ebenfalls vergibst, wenn sie dich verletzen.
Bitte Gott, dass er dir hilft, für seine Gnade dankbar zu sein, dich auf seine Gnade zu verlassen und anderen heute seine Gnade zu zeigen!

Wie kannst du aus Gottes Gnade leben?

___

___

___

So kannst du heute beten: Lieber Gott, danke für die Gnade, die du mir geschenkt hast. Hilf mir, jeden Tag aus deiner Gnade zu leben. Amen.

Lies 2. Korinther 12,9

Prima,

du hast alle Andachten „Stellung beziehen“ durchgelesen.

Nun kannst du deine Entdecker-Seite „Stellung beziehen“ ausfüllen. Du hast sie mit dem Brief erhalten, in dem wir dir deine Entdecker-Seite Nr. 10 zurückgeschickt haben.

Wenn du die Entdecker-Seite Nr. 11 fertig ausgefüllt hast, dann falte sie an der Linie und stecke sie in einen Briefumschlag. Wenn du möchtest, lege auch den Zettel mit deinen Gebetsanliegen bei. Klebe eine Briefmarke auf den Umschlag und sende alles an die Adresse vom KEB-Mailbox-Club.

Jetzt

darfst du deine Entdecker-Seite Nr. 11 einschicken!

Wir werden uns deine Antworten ansehen und sie wieder mit einigen persönlichen Sätzen und deiner Entdecker-Seite Nr. 12 an dich zurückschicken.

Freue dich darauf, in den nächsten Andachten mehr über „Was ich glaube“ zu erfahren.

Dein KEB-Mailbox-Club

Was ich glaube

Gott ist drei in Einem!

Groß ist der HERR und hoch zu rühmen.
Psalm 48,2

Manchmal denkst du vielleicht: „Keiner versteht mich, keiner weiß, wie ich mich fühle, keiner versteht, warum ich das tue, was ich tue." Weißt du was? Gott weiß alles über dich – er kennt dich sogar besser als du selbst! Das funktioniert allerdings nicht andersherum. Niemand versteht Gott auch nur annähernd. Gott sagt: „... so viel der Himmel höher ist als die Erde, so sind auch meine Wege höher als eure Wege ..." (Jesaja 55,9).

Mit am schwersten zu verstehen ist die Dreieinigkeit. „Dreieinigkeit" bedeutet „drei in einem". **Gott ist drei Personen – Gott, der Vater, Gott, der Sohn und Gott, der Heilige Geist.** Diese drei Personen sind ein Gott – nicht drei Götter. Wir können das jetzt nicht voll und ganz verstehen, aber eines Tages, wenn wir Gott im Himmel begegnen, werden wir es verstehen.

Überleg mal, wie klein Gott sein müsste, wenn wir alles über ihn wissen könnten! Deshalb sei froh – es gibt mehr über ihn zu sagen, als wir verstehen. Die Bibel sagt: „Groß ist der HERR und hoch zu rühmen ..." (Psalm 48,2). **Jetzt versteht niemand wirklich alles über Gott, aber wenn wir in den Himmel kommen, werden wir ihn besser verstehen.**

Was würdest du gerne einmal von Gott über ihn selbst erklärt bekommen?

___

___

___

So kannst du heute beten: Lieber Gott, ich danke dir, denn du verstehst mich und kennst mich. Amen.

Lies Matthäus 28,19

Gott ist heilig!

Groß ist der HERR und hoch zu rühmen.
Psalm 48,2

Kennst du jemanden, der niemals Fehler macht? Kannst du dir jemanden vorstellen, der immer nur gut ist? Hast du schon einmal jemanden getroffen, der niemals lügt? Stell dir mal jemanden vor, der noch nicht einmal daran denkt, etwas Falsches zu tun oder zu sagen. So jemand wäre heilig. **Heilig sein bedeutet, vollkommen zu sein, ohne Sünde.** Niemand auf der Erde ist heilig. Es gibt nur einen, der heilig ist – und das ist Gott.

Gott, unser himmlischer Vater, ist heilig. Gott hat gesagt: „Ihr sollt heilig sein, denn ich bin heilig" (1. Petrus 1,16). Er möchte, dass seine Kinder heilig leben! Wie kannst du heilig leben, wenn du weißt, dass du manchmal sündigst? Denkt Gott wirklich, du könntest vollkommen sein? Nein, aber er will, dass du seine Kraft in Anspruch nimmst und dann dein Bestes gibst, um ihm ähnlich zu werden. Gottes Geist lebt in dir, um dir die Kraft für ein reines, heiliges Leben zu geben und um nicht zu sündigen. **Er wird dir helfen, „Nein" zur Sünde zu sagen.** Er wird dir auch helfen, ihm zu gehorchen und das Richtige zu tun.

Ist es nicht schön, dass unser himmlischer Vater ein vollkommenes Vorbild für uns ist? Unser Gott ist so groß und er ist es wert, dass wir ihn loben. Bitte Gott, dir zu helfen, ihm heute ähnlicher zu werden.

Was bedeutet „heilig sein"?

___

___

___

So kannst du heute beten: Lieber Gott, ich freue mich, dass du vollkommen bist. Ich möchte dir jeden Tag etwas ähnlicher werden. Amen.

Lies 1. Petrus 1,14-16

Gottes Wort ist wahr!

Groß ist der HERR und hoch zu rühmen.
Psalm 48,2

Manche Leute versuchen, Fehler in der Bibel zu entdecken, und lesen sie deshalb sorgfältig. Manche finden jedoch am Ende heraus: Die Bibel ist in Wirklichkeit wahr! **Gott macht niemals Fehler und er verbreitet auch keine Lügen. Er könnte uns niemals ein Buch über sich selbst geben, das in irgendeiner Weise falsch ist.** Gott hat viele Menschen gebraucht, um die Gedanken und Geschichten aufzuschreiben, von denen er möchte, dass wir sie erfahren. Jemand mag vielleicht sagen: „Obwohl es Gottes Buch ist, können diese Menschen doch Fehler gemacht haben. Vielleicht sind einige Dinge hineingeraten, die gar nicht stimmen."

Das ist nicht wahr! Gott hat den Schreibern mitgeteilt, was sie aufschreiben sollen, obwohl er sie die Geschichten auf ihre Art und Weise aufschreiben ließ. **Die Schreiber haben nichts in die Bibel eingefügt, was falsch ist.** In Gottes Wort gibt es überhaupt keine Fehler.

Einige Menschen sind nicht mit dem einverstanden, was in der Bibel steht. Zum Beispiel: Gottes Wort sagt: „Ihr sollt nicht ... lügen ..." (3. Mose 19,11). Das bedeutet, dass Lügen falsch ist. Einige Leute sagen, dass es in Ordnung sei, eine Notlüge zu erzählen, wenn man einen guten Grund dafür hat – aber sie haben sich getäuscht! **Du weißt: Die Bibel hat immer Recht. Das ist so, weil sie von Gott kommt und er keine Fehler macht!**

Warum ist es nie richtig zu lügen?

____

____

____

So kannst du heute beten: Lieber Gott, ich danke dir dafür, dass ich alles in der Bibel glauben kann und mich nicht fragen muss, ob es wahr ist. Amen.

Lies Psalm 33,4

Gott kann alles!

Groß ist der HERR und hoch zu rühmen.
Psalm 48,2

Was kann Gott tun? Alles, was er möchte! „Denn er sprach, und es geschah ..." (Psalm 33,9) – als er die Welt erschuf. Wir wissen nicht, wie er das machte, aber er hat es getan! Die Bibel sagt auch, er erhält alles „mit seinem kräftigen Wort" (Hebräer 1,3).

Die Bibel sagt: „HERR ... in deiner Hand ist Kraft und Macht, und es ist niemand, der dir zu widerstehen vermag" (2. Chronik 20,6). Gott kann alles tun, was er will, und niemand kann ihn stoppen! Denke aber daran, dass Gott auch vollständig gut ist. **Er missbraucht seine Macht nie, um dir zu schaden.**

Gott kann dir seine Kraft geben, damit du sie nützen kannst, wenn du sie nötig hast. Gottes Wort sagt: „Er gibt dem Müden Kraft, und Stärke genug dem Unvermögenden" (Jesaja 40,29). Du kannst deine Stärke niemand anderem weitergeben, aber Gott kann dir Stärke geben, wenn du sie brauchst, ohne dass er selbst dabei etwas von seiner Kraft verliert. Wie bekommst du Gottes Stärke, wenn du sie nötig hast? **Nimm sein Versprechen in Anspruch und Gott wird dir so viel Kraft geben, wie du brauchst.**

Wann hat Gott dir schon einmal die Kraft gegeben, etwas für ihn zu tun?

____

____

____

So kannst du heute beten: Lieber Gott, danke, dass du mir Stärke gibst, wenn ich sie brauche. Hilf mir, deine Kraft zu gebrauchen, um anderen zu helfen. Amen.

Lies Psalm 33,9

Gott hat einen Plan für mich!

Groß ist der HERR und hoch zu rühmen.
Psalm 48,2

Erwachsene fragen Kinder oft: „Was möchtest du einmal werden, wenn du groß bist?“ Es macht Spaß, darüber nachzudenken. Denk dran: Gott hat einen Plan für dich. **Weil Gott so großartig ist, sind Gottes Pläne für dein Leben auch großartig.**

Vor langer Zeit sagte Gott zu seinem Volk: „Denn ich weiß wohl, was ich für Gedanken über euch habe, ...“ (Jeremia 29,11), das bedeutet, welche Pläne er für uns hat. Gottes Plan zu befolgen bedeutet, ihm immer zu gehorchen – bei jedem Schritt deines Lebens. Lerne so viel wie möglich über Gott. Du kannst das tun, indem du die Bibel liest und Menschen zuhörst, die dir etwas von ihm erzählen. Gott tut immer das Richtige, deshalb hat er geplant, dass auch du gute Werke tust (Epheser 2,10). **Wenn du mit Gott redest und in seinem Wort (der Bibel) liest, wirst du erfahren, was du jeden Tag tun sollst.** Gott möchte zum Beispiel, dass du den Erwachsenen gehorchst, die für dich verantwortlich sind, und dass du nett zu anderen Leuten bist. Wenn du erkennst, was Gott von dir will, und es tust, wird er dir auch helfen herauszufinden, was du als Nächstes tun sollst. Dann wirst du Gottes Plan folgen, was auch immer du einmal werden möchtest: ob Arzt, Schreiner oder Busfahrer.

Schreibe ein Beispiel auf, wie du Gottes Plan in dieser Woche befolgt hast:

____

____

____

So kannst du heute beten: Lieber Gott, ich möchte versuchen, dir jeden Tag zu gehorchen. Bitte zeig mir deinen Plan. Amen.

Lies Epheser 2,10

Ich weiß: Gott liebt mich!

Groß ist der HERR und hoch zu rühmen.
Psalm 48,2

Woran kannst du erkennen, dass jemand dich liebt? Diese Person sagt dir etwas Nettes. Gott sagt dir etwas Schönes in der Bibel. Er sagt „Ich habe dich je und je* geliebt" (Jeremia 31,3). * je und je = schon immer

Wer dich liebt, hört dir zu, wenn du mit ihm redest. Gott hört dir zu, wenn du mit ihm redest, und er gibt dir Antwort! „Rufe mich an, so will ich dir antworten und will dir kundtun ... Dinge, von denen du nichts weißt" (Jeremia 33,3).

Wer dich liebt, gibt dir Dinge, von denen er oder sie weiß, dass du sie magst. Gott hat uns „reich beschenkt, damit wir es genießen können" (1. Timotheus 6,17). Danke ihm heute für etwas Gutes, das er dir gegeben hat.

Wer dich liebt, hilft dir, wenn du Hilfe brauchst. Gott sagt: „Rufe mich an in der Not, so will ich dich erretten" (Psalm 50,15).

Wer dich liebt, hält seine Versprechen. Gott tut das auch. Er ist „getreu in all seinen Worten" (Psalm 145,13). Gott löst seine Versprechen aus der Bibel immer ein.

Außerdem gilt: „Darin ist erschienen die Liebe Gottes unter uns, dass Gott seinen eingebornen Sohn gesandt hat in die Welt, damit wir durch ihn leben sollen" (1. Johannes 4,9). Niemand, der dich liebt, hat jemals so viel für dich getan!

Auf welche besondere Art und Weise hat Gott dir gezeigt, dass er dich liebt?

____

____

____

So kannst du heute beten: Lieber Gott, danke, dass du mir auf so viele verschiedene Weisen zeigst: Du liebst mich. Amen.

Lies 1. Johannes 4,9

Ich kann anderen Gottes Liebe zeigen!

Groß ist der HERR und hoch zu rühmen.
Psalm 48,2

Gottes Liebe anderen zu zeigen, scheint leicht zu sein; aber es bedeutet mehr, als nur nett zu anderen zu sein und ihnen nicht wehzutun. Um Gottes Liebe zu zeigen, wartest du, bis du an der Reihe bist, ohne ärgerlich zu werden. Du beneidest deinen Freund nicht um seine neue Kleidung. Du überlässt einem anderen den größten – oder den letzten – Teil vom Nachtisch. Du beschimpfst niemanden, um dich dafür zu rächen, dass er dir etwas angetan hat. Wenn andere schlecht über jemanden reden, überlegst du dir etwas Gutes, das du über ihn sagen kannst. Du erzählst keinem etwas Schlechtes, das ein Dritter über ihn gesagt hat. Du sagst anderen Dinge, die ihnen helfen, ihr Bestes zu geben. Du lachst niemanden aus, dem etwas schwerfällt, z. B. Fußballspielen. Du bemühst dich, deine Versprechen zu halten.

Jetzt denkst du vielleicht: „Manchmal bin ich so, aber nicht die ganze Zeit." **Nur Gott kann die ganze Zeit über auf vollkommene Weise lieben.** Bitte ihn, dir diese Woche zu helfen, wenn du einen Weg suchst, anderen seine Liebe zu zeigen. Manche Menschen sind einfach zu lieben; andere sind schwer zu lieben! Bitte Gott darum, dir dabei zu helfen, diejenigen zu lieben, die schwer zu lieben sind. **Er hilft dir auf großartige Weise, das zu tun, was richtig ist, und dein Leben wird anderen zeigen, wie liebevoll Gott ist.**

Wie kannst du heute jemandem Gottes Liebe auf besondere Weise zeigen?

____

____

____

So kannst du heute beten: Lieber Gott, ich danke dir, dass du mich immer liebst, selbst wenn ich nicht einfach zu lieben bin! Hilf mir, deine Liebe anderen zu zeigen. Amen.

Lies Epheser 5,1-2

Gott will, dass ich anderen von ihm erzähle!

Groß ist der HERR und hoch zu rühmen.
Psalm 48,2

Stell dir vor, in einem neu eröffneten Laden würden Kinder einfach so ein tolles Geschenk erhalten – und der Verkäufer würde dir sagen, du könntest das gerne allen deinen Freunden erzählen. Was würdest du tun? Du würdest sicher allen erzählen, wo sie dieses Geschenk bekommen.

Gott hat dir sogar ein noch besseres Geschenk gegeben! Wenn du Jesus als deinen Retter von der Sünde angenommen hast, hat Gott dir ewiges Leben gegeben. Das heißt: du hast jetzt Leben von Gott in dir. Dann, eines Tages, wirst du bei ihm im Himmel leben. Mit dem ganzen Geld der Welt könnte keiner ewiges Leben kaufen, aber Gott gibt es jedem, der Jesus als Retter annimmt. **Jemand hat dir erzählt, wie du dieses Geschenk bekommst, und Gott will, dass du anderen davon erzählst.** Stell dir vor, du hättest einem Freund erzählt, wie er jenes Geschenk im Laden erhalten könnte. Du hättest gesagt, er könnte es auch bekommen. Der Freund aber würde nur lachen und weggehen. Dann wärst du vielleicht traurig, aber du würdest auch wissen: Du hast das Richtige getan, als du ihm davon erzählt hast.

Was ist, wenn du jemandem erzählst, wie man das ewige Leben bekommt, und er lacht dich aus? **Es ist trotzdem immer noch richtig, davon zu sprechen.** Wirst du jemandem von Gottes Geschenk erzählen oder machst du ein Geheimnis daraus? Weißt du, wie du jemandem erklären kannst, wie er Jesus annehmen kann? Die Andachten Nummer 168 bis 173 können dir dabei helfen.

Was würdest du jemandem über Jesus erzählen?

____

____

____

So kannst du heute beten: Lieber Gott, hilf mir bitte dabei, diese Woche jemandem zu erzählen, wie er das ewige Leben bekommen kann. Amen.

342

WAS ICH GLAUBE

Lies Römer 1,16

Gott hat mich wunderbar gemacht!

Wenn wir schon jetzt Kinder Gottes sind,
was werden wir erst sein,
wenn Christus kommt! Dann werden wir ihm ähnlich sein ...
1. Johannes 3,2

Wenn du etwas „Neues schaffen" möchtest, wie z. B. ein Bild malen, dann strengst du dich sehr an, es zu etwas Besonderem zu machen. Du arbeitest daran, so gut du kannst. Die Bibel sagt: „Gott schuf den Menschen zu seinem Bilde, zum Bilde Gottes schuf er ihn; und schuf sie als Mann und Frau" (1. Mose 1,27). **Gott hat den Körper jedes Mädchens und jedes Jungen einmalig geschaffen.** Die Bibel sagt auch, er hat „meine Nieren bereitet" (Psalm 139,13). Das heißt: **Gott hat dich auch im Inneren einzigartig gemacht.** Er hat deinen Körper so gestaltet, wie er aussieht und funktioniert. Er hat deinen Verstand gemacht, sodass er auf seine Art und Weise denkt. Jemand, der wertvolle Bilder malt, wird ein Künstler genannt. Er arbeitet hart an jedem Bild. Seine Bilder werden Kunstwerke genannt. Keine zwei Bilder sind genau gleich. Manche Menschen geben viel Geld aus, um solche Bilder zu kaufen.

Die Bibel sagt, du bist Gottes „Werk" (Epheser 2,10). Das Wort bedeutet „Kunstwerk". Gott hat keine zwei Menschen innen und außen völlig gleich gemacht. **Du bist Gott sehr viel wert.** Er hat ein schönes Zuhause geschaffen, in dem du eines Tages bei ihm leben wirst.

Um dich daran zu erinnern, wie besonders du für Gott bist, lies Psalm 139 in der Bibel. Wenn du keine Bibel hast, lies einfach diese Seite noch einmal!

Warum bist du etwas Besonderes für Gott? Schreibe drei Dinge auf:

____

____

____

So kannst du heute beten: ***So kannst du heute beten:***
Lieber Gott, danke, dass es niemanden gibt, der genau so ist wie ich,
und dass ich etwas Besonderes für dich bin! Amen.

Lies Psalm 139,13-16

Ich darf zu Gottes Familie gehören!

Wenn wir schon jetzt Kinder Gottes sind,
was werden wir erst sein,
wenn Christus kommt! Dann werden wir ihm ähnlich sein ...
1. Johannes 3,2

Du müsstest jemanden ziemlich gern haben, um zu wünschen, dass er oder sie ein Teil deiner Familie werden sollte. Gott liebt dich tatsächlich so sehr! **Wenn du zu Gottes Familie gehörst, bist du sein Kind und kannst immer sicher sein, ihm nah zu sein.** Du kannst immer mit ihm reden. Das Beste ist: Eines Tages wirst du mit ihm und seinen anderen Kindern im Himmel leben. **Wie kommst du in Gottes Familie? Indem du Jesus aufnimmst.** Die Bibel sagt: „Wie viele ihn aber aufnahmen, denen gab er Macht, Gottes Kinder zu werden“ (Johannes 1,12).

„Jesus aufnehmen“ heißt: Sage Gott, dass du gesündigt (Dinge falsch gemacht) hast und es dir leidtut und du bereit bist, die Sünde zu lassen. Sage Gott, dass du daran glaubst, dass Jesus sein Sohn ist. Dass du glaubst, dass Jesus starb, um die Strafe für deine Sünde auf sich zu nehmen, damit du diese Strafe nicht erleiden musst. Sage Gott, dass du glaubst, dass Jesus wieder lebendig wurde und dass er jetzt im Himmel ist. Dann sage Gott, dass du sein Kind werden möchtest. Wenn du Jesus angenommen hast, gehörst du zu Gottes Familie!

Wie können Leute erkennen, dass du zur Familie Gottes gehörst? **Die Kinder in Gottes Familie gehorchen Jesus, ihrem Herrn.** Außerdem hören sie auf die Erwachsenen in dieser Familie. Die Bibel sagt: „Ihr Jüngeren, ordnet euch den Älteren unter“ (1. Petrus 5,5). Können die Menschen erkennen, dass du zu Gottes Familie gehörst?

Wie können andere erkennen, dass du zu Gottes Familie gehörst?

____

____

____

So kannst du heute beten: Danke, himmlischer Vater, dass ich in deiner Familie sein darf. Amen.

344

Lies Johannes 1,12

Es ist nötig, dass ich Gott meine Sünden bekenne (sie ihm sage)!

Wenn wir schon jetzt Kinder Gottes sind,
was werden wir erst sein,
wenn Christus kommt! Dann werden wir ihm ähnlich sein ...
1. Johannes 3,2

Ist es nicht schön, dass Gott seinen Kindern die Kraft gibt, „Nein" zur Sünde zu sagen? Du brauchst nicht nachzugeben, wenn Satan dich dazu verleiten möchte, etwas Falsches zu tun. Die Bibel sagt: „... Der Herr ist mein Helfer ..." (Hebräer 13,6). Was passiert, wenn du doch sündigst? Wenn du Gottes Kind bist, wird der Herr Jesus dich niemals verlassen. Aber Sünde stört deine Beziehung zu Gott. Es macht ihn traurig, weil er Sünde hasst.

Der Heilige Geist weist dich auf deine Sünden hin. Er zeigt dir, wenn etwas zwischen dir und Gott steht. Durch Sünde fühlst du dich weit von Gott entfernt. Wenn du aber deine Sünden bekennst, wird dir vergeben werden.

Deine Sünden Gott zu bekennen bedeutet, mit ihm übereinzustimmen, dass du etwas Falsches getan hast. Sag nicht: „Ich habe einen Fehler gemacht", oder: „Ich habe eine schlechte Wahl getroffen." Sage Gott, dass du gesündigt hast und dass es dir leidtut. Die Bibel sagt: „Wenn wir aber unsre Sünden bekennen, so ist er treu und gerecht, dass er uns die Sünden vergibt ..." (Johannes 1,9). Wenn du deine Sünden bekennst, wird deine Beziehung zu Gott wieder in Ordnung gebracht. Er wird deine Gebete hören und beantworten. Danke Gott für seine Vergebung und bitte ihn, dass er dir hilft, nicht mehr zu sündigen.

Warum ist es wichtig, dass du Gott deine Sünden bekennst?

____

____

____

So kannst du heute beten: Lieber Gott, danke, dass du mir immer vergibst, wenn ich dir meine Sünden bekenne. Amen.

Lies 1. Johannes 1,9

Gott kann mir den Sieg über die Sünde schenken!

Wenn wir schon jetzt Kinder Gottes sind,
was werden wir erst sein,
wenn Christus kommt! Dann werden wir ihm ähnlich sein ...
1. Johannes 3,2

Wenn du Gottes Kind bist, hast du einen Feind – Satan! Satan dachte vielleicht, er hätte den Kampf gewonnen, als Jesus am Kreuz starb. Das war der wichtigste Kampf aller Zeiten! Jesus Christus starb, um die Strafe für deine Sünden auf sich zu nehmen. **Jesus siegte, als Gott, der Vater, ihn wieder lebendig machte!** Sein Sieg über Satan ist auch dein Sieg. Jetzt kannst du über die Sünde siegen, wenn du Gott vertraust, dass er dir hilft.

Aber Satan will nicht, dass du die Sünde besiegst! Er versucht, dich vom Gehorsam gegenüber Gott abzuhalten. Er will nicht, dass du Gott gefällst. Es ist schwer für dich, Satan selbst zu bekämpfen, weil er stärker ist als du.

Aber denk daran: Der Heilige Geist in dir ist „größer als der*, der in der Welt ist" (1. Johannes 4,4). **Der Heilige Geist hilft dir, das Richtige zu tun, wenn Satan versucht, dich zum Sündigen zu verleiten.**

* der, der in der Welt ist = Satan

Es ist wichtig, dass du Gott jeden Tag um Hilfe bittest. **Lerne so viel du kannst aus der Bibel.** Das wird dir dabei helfen, nicht zu sündigen. **Gottes Wort und das Gebet sind deine „Verteidigungswaffen" gegen die Angriffe Satans.** Vertraue darauf, dass Gott dir Tag für Tag den Sieg schenkt.

Wie kann Gott dir den Sieg über die Sünde schenken?

____

____

____

So kannst du heute beten: Lieber Gott, danke, dass ich über die Sünde siegen kann. Hilf mir, darauf zu vertrauen, dass du mir jeden Tag diesen Sieg schenken wirst. Amen.

Lies Römer 8,11-12

Ich kann Gottes Waffenrüstung einsetzen!

Wenn wir schon jetzt Kinder Gottes sind,
was werden wir erst sein,
wenn Christus kommt! Dann werden wir ihm ähnlich sein ...
1. Johannes 3,2

Vor langer Zeit trugen Kämpfer Rüstungen, um sich im Kampf zu schützen. Gott gibt den Christen eine besondere Waffenrüstung im Kampf gegen Satan. **Du kannst diese Rüstung nicht sehen - sie ist unsichtbar.** Du kannst aber in der Bibel etwas darüber nachlesen, in Epheser 6,14-18. Diese Verse beschreiben jedes Teil der Waffenrüstung und erklären, wofür sie stehen.
Versuche die Lücken im Text zu ergänzen: Einen Teil nennt man den Gürtel der ______________________. Dieser Teil hilft dir herauszufinden, was wahr ist, damit du dich nicht durch Satans Lügen hereinlegen lässt. Ein anderer Teil ist der Panzer der ______________________. Er schützt dein Herz und hilft dir, das Richtige zu tun. Die Stiefel des Evangeliums des ______________________ helfen dir, anderen etwas von Gottes Frieden mitzuteilen. Der Schild des ______________________ bedeutet, Gottes Versprechen zu glauben. Er wird dich gegen die Angriffe Satans schützen. Der Helm des ______________________ schützt deinen Kopf (mit deinem Verstand). Er lässt dich sicher sein, dass du Gottes Kind bist und deshalb „Nein" zur Sünde sagen kannst. Das ______________________ des Geistes ist das Wort Gottes. Es hilft dir, Satan zu widerstehen. **Bitte Gott darum, dir zu helfen, seine Waffenrüstung einzusetzen, sodass du nahe bei ihm bleibst und nicht sündigst.** (Wenn du es nicht mehr weißt, lies noch einmal Andacht Nr. 102.)

Wie hast du die Waffenrüstung diese Woche in deinem Kampf gegen Satan eingesetzt?

____

____

____

So kannst du heute beten: Lieber Gott, lass mich daran denken, jedes Teil der Waffenrüstung jeden Tag zu gebrauchen. Amen.

Lies Epheser 6,14-17

347

WAS ICH GLAUBE

Gott kann mir Selbstbeherrschung schenken!

Wenn wir schon jetzt Kinder Gottes sind,
was werden wir erst sein,
wenn Christus kommt! Dann werden wir ihm ähnlich sein ...
1. Johannes 3,2

Vielleicht kennst du jemanden, der schnell wütend wird und andere schlägt oder gemeine Sachen zu ihnen sagt, um ihnen wehzutun. Vielleicht kennst du jemanden, der nicht mit Spielen oder Lesen aufhört, wenn es Zeit ist, zu Bett zu gehen. Diese Menschen lassen sich von ihren Gefühlen beherrschen. Sie haben keine Selbstbeherrschung.

Selbstbeherrschung ist ein Teil der Frucht des Geistes (Galater 5,22-23; Andacht 82). **Gott, der Heilige Geist will diese Frucht in deinem Leben wachsen lassen.** Du hast darüber etwas weiter vorn in diesem Andachtsbuch gelesen. Selbstbeherrschung bedeutet, selbst die Verantwortung für deine Gedanken, Gefühle und Handlungen zu übernehmen, anstatt dich von ihnen beherrschen zu lassen. Du wirst mit deiner Wut fertig, ohne jemandem wehzutun. Du kannst abends aufhören zu spielen oder zu lesen, weil du weißt, dass du genügend Schlaf brauchst.

Gott möchte, dass du dich selbst beherrschen kannst. Dann kann er dich gebrauchen und du wirst ihm besser dienen können. Du wirst auch anderen besser helfen können. Vielleicht wird dich jemand fragen, woher du diese Selbstbeherrschung hast. Du kannst sagen: „Mir hilft der Heilige Geist, denn ich bin Christ." Dann kannst du der Person vielleicht etwas von Jesus erzählen. Erlaubst du Gott, Selbstbeherrschung in deinem Leben zum Vorschein kommen zu lassen?

Woran können andere in deinem Leben sehen, dass du Selbstbeherrschung hast?

____

____

____

So kannst du heute beten: Lieber Gott, danke für die Frucht des Geistes. Hilf mir, in allem, was ich denke, fühle und tue, Selbstbeherrschung zu haben. Amen.

Lies Galater 5,22-23a

Mit Gottes Hilfe kann ich alles tun!

Wenn wir schon jetzt Kinder Gottes sind,
was werden wir erst sein,
wenn Christus kommt! Dann werden wir ihm ähnlich sein ...
1. Johannes 3,2

Ein Schreiber der Bibel sagt: „Ach, Herr HERR, siehe, du hast Himmel und Erde gemacht durch deine große Kraft ... es ist kein Ding vor dir unmöglich" (Jeremia 32,17). Ein anderer sagt: „Ich vermag* alles durch den**, der mich mächtig macht" (Philipper 4,13).

* vermag = kann / ** den = Jesus Christus

Wir brauchen alle immer mal wieder Hilfe. Manchmal benutzt Gott vielleicht eine andere Person, um dir zu helfen. Vielleicht betet ein Freund für dich, wenn du krank bist. Dein Lehrer kann dir bei einem Problem in der Schule helfen. **Es gibt andere Zeiten, in denen nur Gott dir helfen kann, etwas Schwieriges zu tun**, z. B. wenn du um Entschuldigung bitten musst oder nett zu jemandem sein willst, der dir wehgetan hat. Die Bibel sagt, dass Gott die Welt erschaffen hat und dass er dir die Kraft geben kann, alles zu tun. Gott kann dir bei allem, was du tun musst, helfen.

Wie bekommst du Gottes Hilfe? **Gott weiß, wann du Hilfe brauchst. Aber er will, dass du ihn darum bittest und dann darauf vertraust, dass er dir helfen wird.** Gibt es irgendetwas, das für Gott zu schwer wäre? Nein! Gottes Wort sagt: „... es ist kein Ding vor dir* unmöglich" (Jeremia 32,17). * dir = Gott

Wenn du das nächste Mal etwas Schwieriges tun musst, denk daran: Du kannst alles mit Gottes Hilfe!

Für welche Sache benötigst du diese Woche Gottes Hilfe?

___

___

___

So kannst du heute beten: Lieber Gott, du weißt, wann ich heute deine Kraft ganz besonders brauche. Hilf mir, stark zu sein, wenn diese Zeit kommt. Amen.

Lies Psalm 18,30

Mein Leben kann ein Zeugnis für andere sein!

Wenn wir schon jetzt Kinder Gottes sind,
was werden wir erst sein,
wenn Christus kommt! Dann werden wir ihm ähnlich sein ...
1. Johannes 3,2

Hast du dich verändert, seitdem du Jesus Christus als deinen Retter angenommen hast? Die Bibel sagt: „Ist jemand in Christus, so ist er eine neue Kreatur*; ..." (2. Korinther 5,17). **Als Jesus auf der Erde gelebt hat, war sein Leben ein Zeugnis, genau wie seine Worte. Ebenso kann auch unser Leben anderen ein Zeugnis sein (von Jesus erzählen).**

* Kreatur = Schöpfung

Wenn du Gott näher kennenlernst, werden sich Dinge in deinem Leben verändern. Du wirst nicht mehr tun wollen, was du früher getan hast und was Gott traurig gemacht hat, z. B. lügen, prügeln oder meckern. Stattdessen wirst du lieber tun wollen, was Gott gefällt, z. B. ehrlich, nett und geduldig sein.

Deine Freunde merken vielleicht, dass du anders als früher bist. Vielleicht merken sie es, wenn du lächelst, anstatt dich zu beschweren. Vielleicht sehen sie deine Geduld, wenn du scheinbar endlos warten musst. Dein Leben wird zu einem Zeugnis für Gott. Es wird auf Gott hinweisen. Deine Freunde könnten fragen, warum du dich verändert hast. **Dann kannst du mit deinen Worten Zeugnis geben (auf Jesus hinweisen).** Du kannst ihnen erzählen, dass du Jesus als deinen Retter angenommen hast und dass er dir dabei hilft, zu tun, was ihm gefällt. Lass dein Leben heute ein Zeugnis von Jesus sein!

Wie kann dein Leben ein Zeugnis für andere sein (auf Jesus hinweisen)?

____

____

____

So kannst du heute beten: Lieber Gott, danke, dass mein Leben ein Zeugnis von dir sein kann. Ich will anderen Menschen helfen, dich kennenzulernen. Amen.

Lies 2. Korinther 5,17

Ich kann andere zuerst an die Reihe kommen lassen!

Du sollst deinen Nächsten lieben wie dich selbst.
Matthäus 22,39

Gewinnen macht mehr Spaß als verlieren! Als Erster gewählt zu werden, ist besser, als Letzter zu sein. Wenn du bei etwas als Erster an die Reihe kommst, dann fühlst du dich wahrscheinlich geehrt. Viele Leute halten sich gerne für wichtiger als andere. Aber sollten Christen auch so denken?

Die Bibel sagt: „Einer komme dem andern mit Ehrerbietung zuvor" (Römer 12,10). Vielleicht gewinnst du den ersten Preis bei einem Wettbewerb. Das ist völlig in Ordnung. Aber wenn du entscheiden darfst, wer z. B. vorn stehen kann, den besten Sitzplatz bekommt, bei einem Spiel anfangen darf – dann gib den ersten Platz einem anderen. **Warum? Weil dies auch Jesus tun würde.** Viele Christen wollen sich so verhalten, wie Jesus sich verhalten hätte. Sie versuchen, an andere zu denken und an das, was diese brauchen oder gerne hätten. Andere Christen denken zuerst nur an sich selbst. Welcher Gruppe von Christen ähnelst du?

Jesus sagt: „Das ist mein Gebot, dass ihr euch untereinander liebt, wie ich euch liebe" (Johannes 15,12). **Wenn du andere liebst, dann lass sie zuerst an die Reihe kommen.** Das ist nicht immer leicht. Gott weiß, wie schwer das ist. Aber er hat versprochen, dir dabei zu helfen. Vertraue auf Gott, dass er dir durch den Heiligen Geist hilft, Jesus immer ähnlicher zu werden. Dabei lehrt er dich, andere Menschen an die erste Stelle zu setzen.

Wo kannst du diese Woche jemand anderem den ersten Platz einräumen?

____

____

____

So kannst du heute beten: Lieber Gott, es ist schwer, zuerst an andere zu denken. Hilf mir doch dabei, weil Jesus das auch tun würde. Amen.

Lies Philipper 2,3-4

Gott kann mir dabei helfen, andere zu lieben!

Du sollst deinen Nächsten lieben wie dich selbst.
Matthäus 22,39

Wie kannst du deinen Nächsten wie dich selbst lieben? **Frage dich zuerst: „Wie zeige ich, dass ich mich selbst lieb habe?“** Hier sind einige Beispiele dafür: Du isst, wenn du hungrig bist. Du ruhst dich aus, wenn du müde bist. Du nimmst keine Sachen zu dir, die dir schaden, wie z. B. Drogen. Manchmal gönnst du dir etwas, z. B. ein Eis!
Danach frage dich: „Wer ist mein Nächster?“ Ein Mann aus der Bibel stellte Jesus einmal diese Frage. Jesus erzählte ihm deshalb eine Geschichte, die dem Mann deutlich machte, wer sein Nächster war: Jeder, der seine Hilfe brauchte (Lukas 10,30-37).

Wenn du dich selbst liebst, zeigst du das, indem du dir Gutes tust. Die Liebe zu deinen Nächsten (zu anderen Menschen) zeigt sich darin, dass du ihnen Gutes tust.

Kennst du jemanden, der nicht genug zu essen hat oder Kleidung benötigt? Gibt es jemanden, der Hilfe bei den Hausaufgaben braucht? Kennst du ein Kind, mit dem niemand spielen möchte? Wie könntest du diesen Menschen ganz praktisch helfen?

Die beste Hilfe für andere ist jedoch: Erzähle ihnen von Jesus, damit sie Vergebung für ihre Sünden bekommen. Viele Menschen um dich herum benötigen deine Hilfe. Gott kann dir zeigen, wie du ihnen Gutes tun kannst. Bitte ihn darum, dir zu helfen, deinen Nächsten (andere Menschen) wie dich selbst zu lieben. Er wird es tun.

Schreib die Namen von drei Personen auf, denen du diese Woche helfen kannst:

So kannst du heute beten: Danke, lieber Gott! Du schickst mir Menschen zu Hilfe, wenn ich sie benötige. Gebrauche mich, einem anderen zu helfen, der mich nötig hat. Amen.

Lies Galater 6,9-10

Ich kann in Gemeinschaft mit Gott leben!

Du sollst deinen Nächsten lieben wie dich selbst.
Matthäus 22,39

Überleg mal: Der Schöpfer der Welt möchte, dass du jeden Tag Zeit mit ihm verbringst! Das bedeutet, „Gemeinschaft mit Gott haben". Wie machst du das?
Wie hatte Jesus Gemeinschaft mit Gott? Jesus zog sich oft an einsame Orte zurück und betete (Lukas 5,16). Sprichst du, sooft du kannst, allein mit Gott?

Jesus prägte sich die Bibel ein. Als der Teufel versuchte, Jesus zur Sünde zu verleiten, antwortete Jesus mit Bibelversen, die er vielleicht schon als kleiner Junge gelernt hatte. Einmal antwortete Jesus so: „Weg mit dir, Satan! Denn es steht geschrieben (5. Mose 6,13): ‚Du sollst anbeten den Herrn, deinen Gott, und ihm allein dienen" (Matthäus 4,10). Lernst du die Bibelverse in diesem Andachtsbuch? Sie werden dir helfen, nahe bei Gott zu bleiben. **Jesus ging „nach seiner Gewohnheit" in die Synagoge*** (Lukas 4,16). Zusammen mit anderen betete Jesus dort Gott an und lobte ihn. Versuchst du auch, das jede Woche zu tun? **Als Jesus eines Tages über Gott sprach, sagte er: „Ich tue allezeit, was ihm gefällt"** (Johannes 8,29). Er gehorchte Gott immer. Mach es ihm nach! * Synagoge = Haus, in dem man sich zum Gottesdienst traf

Jesus betete, lernte Bibelverse auswendig, ging zur Synagoge und gehorchte Gott. All das half ihm, in Gemeinschaft mit Gott zu leben. Diese Dinge helfen auch dir, in Gemeinschaft (in enger Verbindung) mit Gott zu leben!

Wie kannst du diese Woche in Gemeinschaft mit Gott leben?

____

____

____

So kannst du heute beten: Lieber Gott, ich bin froh, dass du mich in deiner Nähe haben möchtest. Hilf mir, in Gemeinschaft mit dir zu leben. Amen.

Lies Apostelgeschichte 2,42

Ich brauche die Gemeinschaft mit anderen Mitgliedern aus Gottes Familie!

Du sollst deinen Nächsten lieben wie dich selbst.
Matthäus 22,39

Zu deiner Familie gehören dein Vater, deine Mutter, du und deine Geschwister, sofern du welche hast. Vielleicht lebt ihr alle in derselben Wohnung, vielleicht auch nicht.

Wenn du Jesus als deinen Herrn annimmst, dann wirst du zusätzlich Mitglied einer neuen Familie: der Familie Gottes (Johannes 1,12). **Andere Christen sind deine Brüder und Schwestern in Christus.** Du brauchst deine Christen-Familie. Ihr könnt füreinander beten und teilen, was ihr habt, z. B. Geld und Essen. Ihr könnt zusammen Gott loben und mehr von ihm lernen. Die Mitglieder der Familie Gottes sind gerne zusammen. Sie beten, singen Lieder, mit denen sie Gott loben, lesen und lernen zusammen aus der Bibel und helfen sich gegenseitig, wenn sie Probleme haben.

Wo treffen sich Christen, um Gemeinschaft zu haben (zusammen zu sein)? Einige treffen sich in ihren Wohnungen, in Kirchengebäuden oder Gemeinderäumen. Bitte Gott, dass er dir hilft, andere Christen zu finden, mit denen du dich oft treffen kannst. Vielleicht gibt es ja eine Gemeinde in deiner Nähe, in der vom Herrn Jesus gelehrt (erzählt) wird. Du könntest dorthin gehen, um mit anderen Christen zusammen zu sein.

Die Bibel sagt: Wenn wir in Gemeinschaft (in enger Verbindung) mit Gott leben, dann haben wir auch untereinander Gemeinschaft, dann sind wir wie eine Familie (1. Johannes 1,7). **Gemeinschaft mit Gott zu haben, ist der beste Weg, um in guter Beziehung zu deinen Geschwistern in Gottes Familie zu leben.**

Wenn du schon ein Mitglied in Gottes Familie bist: Was gefällt dir am besten daran?

____

____

____

So kannst du heute beten: Lieber Gott! Danke, dass ich ein Mitglied in deiner Familie sein darf! Hilf mir, mit meinen Brüdern und Schwestern in der Familie von Christus gerne zusammenzusein. Amen.

Lies 1. Johannes 1,3

Die Menschen sind ohne Christus verloren !

Du sollst deinen Nächsten lieben wie dich selbst.
Matthäus 22,39

Bist du schon einmal verloren gegangen? Sich plötzlich von denen getrennt zu sehen, zu denen du gehörst, kann sehr unangenehm sein, selbst wenn es nur für ein paar Minuten ist. Es gibt aber auch noch eine andere Art, „verloren zu gehen". **Die Menschen, die Jesus nie als ihren Retter angenommen haben, sind wegen ihrer Sünden verloren.** Weil sie Sünder sind, sind sie für immer von Gott getrennt.

Menschen, die verloren sind, gehören nicht zu Gottes Familie. Sie haben nicht den Frieden Gottes, wenn etwas schief läuft. **Sie erleben auch nie die Freude, die Gott seinen Kindern schenkt.** Und sie haben auch nicht die Gewissheit, dass Gott auf ihre Gebete antworten wird. **Wenn diese verlorenen Menschen sterben, dann sind sie für immer von Gott getrennt.** Sie werden niemals zu Gott kommen können, an den wunderschönen Ort, der Himmel genannt wird und den er für die vorbereitet hat, die ihn lieben. Stattdessen kommen sie an einen schrecklichen Ort des Leids und der Bestrafung, der Hölle genannt wird.

Die Menschen, die noch nie Jesus als ihren Retter angenommen haben, wissen vielleicht gar nicht, dass sie verloren sind. Deshalb ist es für dich als Christ wichtig, ihnen davon zu erzählen, dass Jesus Christus der einzige Weg zum Himmel ist! Er hat gesagt: „... niemand kommt zum Vater denn* durch mich" (Johannes 14,6). Gibt es jemanden, dem du diese Woche von Jesus erzählen könntest? * denn = außer

Was würdest du einem verlorenen Menschen über Jesus erzählen?

___

___

___

So kannst du heute beten: Lieber Gott, bitte hilf mir, einem verlorenen Menschen von dir zu erzählen. Amen.

Lies Johannes 3,16

Gott wird mir Mut schenken, um von ihm zu erzählen!

Du sollst deinen Nächsten lieben wie dich selbst.
Matthäus 22,39

Jesus sagte zu denen, die ihm nachfolgten: „... ihr werdet ... meine Zeugen sein ..." (Apostelgeschichte 1,8). Dann kehrte er in den Himmel zurück. Ein Zeuge erzählt, was er gesehen hat und von dem er weiß, dass es wahr ist. **Die Jünger von Jesus konnten bezeugen, dass Jesus von denToten auferstanden (wieder lebendig geworden) war.**
Vielleicht denkst du: „Das war leicht für sie!" Aber das war es überhaupt nicht! Denn sie mussten das denselben Menschen sagen, die Jesus hatten umbringen lassen. Und wenn diese nun beschlossen, auch sie zu töten?

Trotzdem gaben die Jünger Zeugnis und erzählten von Jesus! Das muss sie sehr viel Mut gekostet haben! **Mut ist die Stärke, das Richtige zu tun, auch wenn es sehr schwierig ist.** Woher nahmen sie diesen Mut?
Jesus hatte ihnen auch gesagt: „... ihr werdet die Kraft des Heiligen Geistes empfangen ..." (Apostelgeschichte 1,8). Als sie dann den Heiligen Geist bekamen und er in ihnen lebte, bekamen sie auch die Kraft von Gott, wunderbare Dinge zu tun! **Sie konnten die Feinde von Jesus lieben! Mutig konnten sie ihnen erzählen:** „Jesus ist gestorben und wieder lebendig geworden, um eure Sünden wegzunehmen."

Es ist immer noch nicht einfach, von Gott zu erzählen! **Aber wenn du ein Kind Gottes bist, dann hat Gott auch dir seinen Heiligen Geist gegeben.** Bitte ihn um Mut, jemandem zu erzählen, was der Herr Jesus für dich getan hat.

Wie kannst du den Mut bekommen, jemandem von Jesus zu erzählen?

___

___

___

So kannst du heute beten: Danke, lieber Gott, für den Heiligen Geist, der mir den Mut gibt, von dir zu erzählen (Zeugnis zu geben)! Amen.

Lies Apostelgeschichte 1,8

Missionare sind Gottes besondere Boten!

Du sollst deinen Nächsten lieben wie dich selbst.
Matthäus 22,39

Lange nachdem Jesus in den Himmel zurückgekehrt war, trafen sich die Christen immer noch, um Gott anzubeten. Eines Tages sprach der Heilige Geist zu ihnen: „Gebt Barnabas und Saulus für die Aufgabe frei, zu der ich sie berufen habe!" (Apostelgeschichte 13,2).

Barnabas und Saulus wurden die ersten Missionare. Sie gingen in viele Städte und erzählten den Menschen von Jesus Christus. Sie halfen auch, Gemeinden zu gründen.

Jesus möchte, dass alle, die ihm nachfolgen, von ihm erzählen. Auch du kannst anderen von Jesus erzählen – dort, wo du wohnst, in der Schule oder wo immer du bist. **Manchmal wählt Gott Leute aus, damit sie hauptberuflich Missionare sind.** Missionare tun viele verschiedene Dinge. Manche sind Pastoren, Evangelisten oder Lehrer. Sie helfen Erwachsenen, jungen Leuten und Kindern, von Jesus zu erfahren. Andere Missionare sind vielleicht Ärzte, Handwerker, Piloten, Sekretärinnen oder Drucker. Oft benötigen sie eine besondere Ausbildung. Vielleicht müssen sie umziehen. Missionare sind darauf angewiesen, dass andere Christen sie mit ihrem Geld unterstützen, um leben und arbeiten zu können.

Missionare wissen, dass sie ausgewählt sind, eine ganz besondere Arbeit für Gott zu tun. Sie sind Gottes besondere Boten, die die gute Nachricht von Jesus in der ganzen Welt bekannt machen!

Warum brauchen wir Missionare?

____

____

____

So kannst du heute beten: Danke, lieber Gott, für die Missionare, die anderen Menschen von dir erzählen. Amen.

Lies Apostelgeschichte 13,2

Vielleicht will Gott mich zum Missionar berufen!

Du sollst deinen Nächsten lieben wie dich selbst.
Matthäus 22,39

Elisabeth hörte einen Missionar über seine Arbeit in einem anderen Land berichten. Während sie zuhörte, zeigte Gott Elisabeth, dass sie später einmal eine ähnliche Arbeit machen sollte.
Lukas betete eines Abends. Während des Gebetes ließ Gott ihn an ein bestimmtes Land denken. Lukas ahnte: „Später werde ich vielleicht als Missionar dorthin gehen."
Martina las den Vers in der Bibel, in dem Jesus sagt: „Nicht ihr habt mich erwählt, sondern ich habe euch erwählt und bestimmt, dass ihr hingeht und Frucht bringt ..." (Johannes 15,16). Da wusste sie: „Jesus will, dass ich Missionarin werde."

Elisabeth hörte den Vortrag eines Missionars, Lukas betete und Martina las in der Bibel. **Jedes der drei Kinder hörte Gottes „Ruf", Missionar zu werden, auf eine andere Weise.**

Gott wird dich nicht am Telefon anrufen, um dir zu sagen: „Werde Missionar!" Stattdessen wird er dir die Idee dazu geben und dir dann im Herzen die Gewissheit schenken, dass das sein Wille für dich ist.

Im Lauf der Jahre wird Gott dich immer wieder in Situationen führen, die dich für deine spätere Arbeit vorbereiten und dir immer wieder bestätigen, dass dies sein Plan für dein Leben ist. **Bleib nahe bei Gott und gehorche ihm in allen täglichen Entscheidungen.** Eines Tages beruft er dich vielleicht zum Missionar!

Wie kannst du erkennen, ob Gott dich vielleicht zum Missionar berufen möchte?

___

___

___

So kannst du heute beten: Lieber Gott, bitte hilf mir, auf dich zu hören und dir zu gehorchen, wenn du mich zum Missionar berufen möchtest. Amen.

Lies Johannes 15,16

Den Himmel gibt es wirklich!

In meines Vaters Hause sind viele Wohnungen ...
Ich gehe hin, euch die Stätte zu bereiten.
Johannes 14,2

„Den Himmel gibt es überhaupt nicht – er ist nur von Menschen ausgedacht!" Hast du schon einmal jemand so reden gehört? Die Bibel berichtet uns vom Himmel. **Der Himmel ist ein realer Ort, den es tatsächlich gibt.** Hier ist nicht der sichtbare Himmel gemeint, sondern Gottes Zuhause. Der dreieinige Gott – der Vater, der Sohn (Jesus) und der Heilige Geist – lebt dort. Gottes Engel sind auch da. Die Engel stehen um Gottes Thron und singen ihm Loblieder. Bei Gott im Himmel werden auch alle Menschen, die an Jesus als ihren Retter geglaubt haben, sein.

Der Himmel ist ein vollkommener Ort. Gott ist vollkommen heilig, und wo er ist, kann es keine Sünde geben. Im Himmel gibt es keine Krankheiten und keinen Tod. Kummer und Weinen gibt es dort auch nicht. Es ist ein Ort voller Freude und voller Frieden (Offenbarung 21,4).

Der Himmel ist ein wunderschöner Ort. Die Bibel sagt uns: Die Mauern ringsherum sind aus glitzernden Edelsteinen gemacht. Jedes Tor besteht aus einer einzigen riesengroßen Perle. Stell dir einmal eine Perle vor, die so groß ist, dass sie als Stadttor benutzt wird! Im Himmel gibt es eine breite Straße aus Gold. Die Stadt und die breite Straße sind aus reinem Gold gemacht, das glänzt wie Kristallglas (Offenbarung 21,18-21). Es macht Freude, sich vorzustellen, wie es im Himmel aussieht – aber stell dir vor: Es ist dort viel schöner, als wir es uns jemals ausmalen können! Und den Himmel gibt es wirklich!

Welche Personen aus der Bibel würdest du gerne einmal im Himmel treffen?

___

___

___

So kannst du heute beten: Lieber Gott, danke, dass du einen wunderschönen Ort geschaffen hast, an dem ich einmal für immer bei dir leben kann! Amen.

Lies Offenbarung 21,3-4

Jesus bereitet für mich einen Platz im Himmel vor!

In meines Vaters Hause sind viele Wohnungen ...
Ich gehe hin, euch die Stätte zu bereiten.
Johannes 14,2

Wenn sich ein Mann in biblischen Zeiten verlobte, dann baute er an das Haus seines Vaters für sich und seine Verlobte noch einen oder zwei Räume an. Wenn er damit fertig war, ging er zum Haus seiner Braut und holte sie ab. Er brachte sie zu sich nach Hause. Dort fand dann die Hochzeit statt. Anschließend lebten sie zusammen in den Zimmern, die er vorher an das Haus seines Vaters angebaut hatte. Dies ist ein Beispiel, das uns an das erinnert, was Jesus uns versprochen hat und was eines Tages geschehen wird.

Vor seinem Tod am Kreuz sagte Jesus seinen Jüngern, dass er bald weggehen würde. Seine Jünger waren verwirrt und traurig darüber. Aber Jesus tröstete sie: **Er versprach ihnen, dass er für sie eine Wohnung vorbereiten würde – im Himmel, dem Haus seines Vaters.**

Wenn du Jesus als deinen Retter angenommen hast, dann bereitet er auch für dich eine Wohnung im Himmel vor. **Wir wissen nicht genau, wie es im Himmel aussieht, aber es wird ein wunderschöner, vollkommener Ort sein.** Eines Tages wird Jesus kommen und diejenigen zu sich in den Himmel holen, die an ihn als ihren Retter glauben. **Wie schön, dass Jesus auch für dich eine Wohnung im Himmel vorbereitet!**

Warum dürfen wir uns auf den Himmel freuen?

____

____

____

So kannst du heute beten: Lieber Gott, danke, dass du eine wunderschöne Wohnung im Himmel vorbereitest, wo ich einmal mit dir leben werde! Amen.

Lies Johannes 14,2-3

Ich werde im Himmel belohnt werden!

In meines Vaters Hause sind viele Wohnungen ...
Ich gehe hin, euch die Stätte zu bereiten.
Johannes 14,2

Die Bibel sagt uns: „... die Gabe Gottes aber ist das ewige Leben ..." (Römer 6,23). **Du musst es dir nicht erst verdienen, um es zu bekommen.** Es ist kein Preis, den du in einem Wettkampf gewinnen kannst. **Das ewige Leben ist ein Geschenk, das Gott allen gibt, die an Jesus als ihren Retter glauben.**

Das ewige Leben bei Gott im Himmel ist das beste Geschenk, das du jemals bekommen wirst, doch das ist noch nicht alles! **Im Himmel wirst du außerdem noch für das belohnt, was du auf der Erde für Gott getan hast.**

In biblischer Zeit konnten Sportler eine Krone oder einen Kranz aus Blättern gewinnen, wenn sie in einem wichtigen Wettkampf siegten. Diese Blätterkrone verwelkte jedoch schon nach ein paar Tagen. Wie Paulus erzählt, haben die Sportler hart für diesen Kranz gekämpft, obwohl er doch so schnell verwelkte. Wir aber, die Gott dienen, werden einen Kranz gewinnen, der nie verwelken wird (1. Korinther 9,25).

Wie bekommst du eine Belohnung im Himmel? Wenn du Jesus, deinem Herrn, gehorchst. Wenn du dein Bestes gibst, um Gott zu gefallen. **Darum freu dich auf die Wiederkehr von Jesus auf die Erde.**

Niemand weiß, wie diese Belohnung aussehen wird. Aber du kannst sicher sein: Es lohnt sich, dass du dich dafür anstrengst!

Wie bekommst du eine Belohnung im Himmel?

___

___

___

So kannst du heute beten: Lieber Gott, danke für das ewige Leben, das du mir geschenkt hast! Du hast uns Belohnungen im Himmel versprochen. Ich danke dir dafür! Amen.

Lies 1. Korinther 9,24-25

Jesus wird wiederkommen!

In meines Vaters Hause sind viele Wohnungen ...
Ich gehe hin, euch die Stätte zu bereiten.
Johannes 14,2

Jesus versprach seinen Freunden, dass er wiederkommen würde. Vierzig Tage nachdem Jesus gestorben und wieder lebendig geworden war, ging er umhüllt von einer Wolke in den Himmel zurück. Seine Freunde sahen, wie er verschwand. Dann sagte ein Engel zu ihnen: „... Dieser Jesus ..., wird so wiederkommen, wie ihr ihn habt gen* Himmel fahren sehen" (Apostelgeschichte 1,11). * gen = in den

Wann wird Jesus wiederkommen? Das sagt uns die Bibel nicht. Sie sagt uns aber, dass wir bereit sein sollen, weil es zu jeder Zeit geschehen kann: „Darum seid wach und haltet euch bereit! ..." (1. Petrus 1,13 GNB).

Was wird geschehen, wenn er wiederkommt? „Denn er selbst, der Herr, wird ... wenn die Stimme des Erzengels und die Posaune Gottes erschallen, herabkommen vom Himmel ..." (1. Thessalonicher 4,16). **Alle, die Jesus als ihren Retter angenommen haben, werden aufgehoben in die Luft, dem Herrn entgegen.** Wirst du bereit sein, wenn Jesus kommt?

Woher weißt du, dass Jesus wiederkommt?

____

____

____

So kannst du heute beten: Lieber Gott, danke, dass Jesus bald wiederkommen wird. Hilf mir, mich auf sein Kommen vorzubereiten. Amen.

Lies 1. Thessalonicher 4,16-17

Nicht jeder wird bereit sein, wenn Jesus wiederkommt!

In meines Vaters Hause sind viele Wohnungen ...
Ich gehe hin, euch die Stätte zu bereiten.
Johannes 14,2

Wichtige Dinge brauchen eine Vorbereitung. Wenn du z. B. eine Reise mit dem Flugzeug machen willst, dann brauchst du ein Ticket (eine Art Fahrkarte). Und du musst rechtzeitig am Flughafen sein. Das gehört zur Vorbereitung auf deinen Flug.
Die Bibel sagt uns, dass Jesus auf die Erde zurückkommen wird, um die zu sich in den Himmel zu holen, die an ihn glauben. Aber nicht alle sind bereit! Wie kannst du dich auf die Wiederkunft von Jesus vorbereiten?

1. Glaube an den Herrn Jesus als deinen Retter. Das ist der einzige Weg, um in den Himmel zu kommen. Viele Menschen haben gehört, dass Jesus gestorben ist, um die Strafe für ihre Sünden zu tragen. Aber sie wollten sich nicht von der Sünde abwenden und an Jesus als ihren Retter glauben. Sie sind nicht vorbereitet, wenn Jesus wiederkommt.

2. Lebe so, wie es Gott gefällt. Manche Menschen haben Jesus als ihren Retter angenommen und dürfen in den Himmel kommen, aber sie sind nicht auf die Begegnung mit Jesus Christus vorbereitet. Sie leben nicht so, wie es Gott gefällt – und sie denken nicht daran, was die Bibel sagt: „Wir müssen alle offenbar werden vor dem Richterstuhl Christi, damit jeder seinen Lohn empfange für das, was er getan hat bei Lebzeiten, es sei gut oder böse" (2. Kor. 5,10). Wer Gott nicht treu dient, wird einmal sehr enttäuscht sein. Wie ist das mit dir? Hast du Jesus angenommen? Wirst du vorbereitet sein, wenn Jesus wiederkommt?

Wie würdest du jemandem erklären, wie er sich auf die Wiederkunft von Jesus vorbereiten kann?

____

____

____

So kannst du heute beten: Lieber Gott! Bitte hilf mir, diese Woche jemandem zu erklären, wie er auf dein Kommen vorbereitet sein kann. Amen.

Lies 1. Johannes 2,28

Ich möchte bereit sein, wenn Jesus wiederkommt!

In meines Vaters Hause sind viele Wohnungen ...
Ich gehe hin, euch die Stätte zu bereiten.
Johannes 14,2

Stell dir einmal vor: Ein Freund will dich abholen und zu einem ganz tollen Ort mitnehmen. Was würdest du tun, um darauf vorbereitet zu sein? Vielleicht würdest du dir saubere Kleidung anziehen. Wahrscheinlich würdest du nach deinem Freund Ausschau halten und dich sehr auf sein Kommen freuen.

Jesus Christus hat versprochen, eines Tages zu kommen und uns mit in den Himmel zu nehmen. Er möchte, dass wir vorbereitet sind. Das bedeutet jetzt aber nicht, dass du dir frische Kleidung anziehen und aus dem Fenster schauen sollst. Aber es gibt trotzdem einige Dinge, die du tun kannst, um dich auf die Wiederkunft von Jesus vorzubereiten.

Deine wichtigste Vorbereitung ist: Glaube an Jesus als deinen Retter. Nur diejenigen, die ihn angenommen haben, werden ihn treffen, wenn er wiederkommt. Wenn du den Herrn Jesus als deinen Retter kennst, dann achte darauf, dass du ihm gehorchst. Lies regelmäßig die Bibel, bete, höre auf sein Wort und erzähle anderen von Jesus.

Die Bibel sagt, Christen sollen „warten auf die selige* Hoffnung und Erscheinung der Herrlichkeit des großen Gottes und unseres Heilandes Jesus Christus" (Titus 2,13). Es wird eines der größten Ereignisse der Weltgeschichte werden. **Wir sollten vorbereitet sein und mit Spannung auf das Kommen von Jesus warten.** * selig = glücklich

Was kannst du tun, um dich auf die Wiederkunft von Jesus vorzubereiten? Nenne einige Dinge:

____

____

____

So kannst du heute beten: Lieber Gott, bitte hilf mir, deinem Wort zu gehorchen, damit ich auf das Kommen von Jesus vorbereitet bin. Amen.

Lies Titus 2,13-14

„Ewig" heißt „für immer"!

In meines Vaters Hause sind viele Wohnungen ...
Ich gehe hin, euch die Stätte zu bereiten.
Johannes 14,2

Du hast in deiner täglichen Stillen Zeit viel über Gott gelernt. Du hast Fragen beantwortet und Entdeckerseiten ausgefüllt. Vielleicht denkst du, das sei alles, was du über Gott und sein Wort lernen kannst – aber da irrst du dich!

Das Lernen über Gott hört niemals auf, weil Gott niemals aufhört! Gott ist ewig – er lebt für immer. Wenn du den Herrn Jesus Christus als deinen Retter kennst, dann hat Gott dir das ewige Leben gegeben. Wenn dein Körper stirbt, wird dein wirkliches Ich (der Teil von dir, der denkt, fühlt und entscheidet) in Ewigkeit weiterleben – für immer, bei Gott im Himmel. Was wirst du dann in Ewigkeit tun? Du wirst Gott loben für alles, was er ist und tut!

Du kannst noch viel mehr über Gott lernen! Höre nicht auf damit, nur weil du mit diesem Andachtsbuch fertig geworden bist. Blättere zurück und lies deine liebsten Andachten noch einmal. Lies, was du dir auf den Seiten notiert hast, um zu sehen, ob du auch tatsächlich getan hast, was du aufgeschrieben hast. **Bleib dran an deiner täglichen Stillen Zeit mit Gott.** Das ist eine gute Vorbereitung auf die Ewigkeit.

Was ist das Schönste, das du in diesem Andachtsbuch über Gott gelernt hast?

____

____

____

So kannst du heute beten: Lieber Gott, danke, dass du mich so viel über dich gelehrt hast. Hilf mir, auch weiterhin mehr und mehr zu lernen, sodass ich auf die Ewigkeit bei dir vorbereitet bin. Amen.

Lies Johannes 17,3

Bibelvers-Check

Hier sind einige wichtige Verse zu dem, was du bisher gelernt hast. Mache ein Häkchen in jeden Kreis, wenn du den jeweiligen Vers auswendig kannst.

○ **Jesaja 55,8-9:** Denn meine Gedanken sind nicht eure Gedanken und eure Wege sind nicht meine Wege. spricht der HERR, sondern so viel der Himmel höher ist als die Erde , so sind auch meine Wege höher als eure Wege und meine Geanken als eure Gedanken.

○ **Jeremia 32,17:** Ach, Herr HERR, siehe, du hast Himmel und Erde gemacht durch deine große Kraft und durch deinen ausgestreckten Arm, und es ist kein Ding vor dir unmöglich.

○ **1. Johannes 4,7-8:** Ihr Lieben, lasst uns einander lieb haben; denn die Liebe ist von Gott und wer liebt, der ist von Gott geboren und kennt Gott. Wer nicht liebt, der kennt Gott nicht; denn Gott ist die Liebe.

○ **Galater 6,10:** Darum, solange wir noch Zeit haben, lasst uns Gutes tun an jedermann, allermeist aber an des Glaubens Genossen.

○ **Epheser 2,10:** Denn wir sind sein Werk, geschaffen in Christus Jesus zu guten Werken, die Gott zuvor bereitet hat, dass wir darin wandeln sollen.

○ **Römer 1,16:** Denn ich schäme mich des Evangeliums nicht; denn es ist eine Kraft Gottes, die selig macht alle, die daran glauben.

○ **Matthäus 28,19-20:** Darum gehet hin und machet zu Jüngern alle Völker: Taufet sie auf den Namen des Vaters und des Sohnes und des Heiligen Geistes und lehret sie halten alles, was ich euch befohlen habe. Und siehe, ich bin bei euch alle Tage bis an der Welt Ende.

○ **Offenbarung 4,8:** ...Heilig, heilig, heilig ist Gott der Herr, der Allmächtige, der da war und der da ist und der da kommt.

Herzlichen Glückwunsch

Du hast das ganze Andachtsbuch „Tägliche Entdeckungen“ durchgearbeitet.

Zur Belohnung bekommst du einen schönen Preis, wenn du noch die letzte Entdecker-Seite ausfüllst. Du hast sie mit dem Brief erhalten, in dem wir dir deine Entdecker-Seite Nr. 11 zurückgeschickt haben.

Wenn du die Entdecker-Seite „Was ich glaube“ fertig ausgefüllt hast, dann falte sie an der Linie und stecke sie in einen Briefumschlag. Wenn du möchtest, lege auch den Zettel mit deinen Gebetsanliegen bei. Klebe eine Briefmarke auf den Umschlag und sende alles an die Adresse vom KEB-Mailbox-Club.

Jetzt
darfst du deine Entdecker-Seite Nr. 12 einschicken!

Wir werden uns deine Antworten ansehen und sie wieder mit einigen persönlichen Sätzen und natürlich dem Preis an dich zurückschicken.

Wir hoffen, dass dir die Andachten Freude gemacht haben.
Verbringe auch weiterhin jeden Tag Zeit mit Gott,
um ihn immer besser kennenzulernen.

Dein KEB-Mailbox-Club